SK오디세이아

백인호 지음

도서출판 정음서원

SK그룹은 한국 재계 서열 2위이고 2023년 창업 70주년을 맞는다. 한국 기업사(史)에서 다섯 손가락 안에 드는 장수 기업 집단이다. 70년 전 수원에서 중소직물 공장으로 출발한 선경직물이 오늘날 이런 거대 규모의 기업 집단으로 성장한 과정과 원동력은 무엇이었을까. 비상한 흥미를 자아내고 있다.

SK그룹은 시대 변화에 따르는 산업 구조 변화에 타이밍을 놓치지 않고 변신에 성공했다. 변신은 거의 천재적이었다. 섬유산업으로 출발했지만, 섬유가 사양산업으로 접어들자 재빠르게 화학산업으로 전환했으며, 화학에서 에너지 산업으로, 그리고 정보통신·반도체 산업으로 변신을 거듭해왔다.

SK의 성장사를 보면 SK는 어느 정도 성공을 거두었으면서도 그에 안주하지 않고 새로운 가능성에 도전을 서슴지 않았다. 그리고 새로운 도전에서 모두 성공했다. 창업 회장 최종건, 선대 회장 최종현, 그리고 최태원 현 회장 모두는 엄청난 에너지를 소유하고 있으며 도전 정신을 갖추고 있는 분들이다.

SK 성장사는 한편의 따뜻한 휴먼드라마를 보는 느낌을 받게 된다. 최종건 창업 회장은 그가 세상을 떠날 때 어떤 유훈이나 유언도 없이 친제인 최종현 선대 회장에게 '우애와 믿음'이라는 두 단어만을 남겨주었다. 재벌급 기업 집단의 기업 승계에 유례가 없는 형식을 선택했다. 최종현 선대 회장도 창업 회장이 바랐던 우애와 신임을 충실히 실행했으며 그 역시 세상을 떠날 때 후세들에게 기업 승계에 대해 어떤 형식의 문건도 유언도 남기지 않았다. 최태원 회장을 비롯한 후세 5형제(윤원, 신원, 창원, 재원)는 선대들이 만들어준 아름다운 전통을 이어받았으며 어떤 잡음도 없이 기업 승계를 마무리했다. 오늘날 SK그룹의 성장 에너지 원천은 이런 전통에서 비롯되어 있다. 재벌 성장사를 연구하는 저자의 관심을 집중시키는 것도 SK그룹 오너 가문의 그런 가풍이 어디서 온 것인가였다. 저자는 책에서 이런 점을 부각시키려 노력했다.

SK그룹은 아주 좋은 사사(社史) 자료를 가지고 있다. '기록의 SK 그룹'이라고 말할 수 있을 것이다. 저자는 'SK 60년사'(1953~2013) 자료에 많이 의존했으며 '최종현, 그가 있어 행복했다'(2008), '현대 오디세이아(기파랑 간)'(2021), '인간 최종건'(1987) 등 자료 등도 많은 도움이 됐다.

윤성은, 안준현 그룹 홍보실 팀장님(부사장)들의 자료 협력과 조언에 감사드리며 이상교 SKC 전 고문에게도 자료 제공과 조언에 감사드린다. 이 책을 내주기로 결심한 박상영 정음서원 사장님께도 감사드리며 타자와 원고 정리를 해준 정소영 스태프에게도 감사드린다.

2023년 1월

저자 백인호

차례

제2부 최종현의 제2의 창업

차례

제3부 글로벌 기업 SK

차례

제4부 새로운 도전과 응전

차례

제5부 행복 날개 SK

최태원과 바이든

SK그룹 최태원 회장과 조 바이든 미국 대통령은 2022년 7월 26일(현지시간) 백악관에서 만났다. 이날 두 사람의 만남은 만남의 형식부터 특별했다. 조 바이든 대통령이 코로나 19 바이러스에 확진되어 대면 면담은 되지 못했고 바이든 대통령은 관저에서, 최태원 회장은 백악관 루스벨트 룸에서 화상으로 연결됐다. 과연 21세기 디지털 시대의 만남 문화가 거리에 관계없이 이루어질 수 있다는 것을 보여주는 것이었다.

사회를 맡은 브라이언 디스 백악관 국가경제위원장이 회의 시작을 알리자 "이봐 토니(토니는 최태원 회장의 미국 이름이다), 어떻게 지냈어(Hey, How are you, Pal)?"라고 인사말부터 했다. 바이든 대통령은 "원래 당신 바로 오른쪽에 앉아 있어야 했는데 겨우 몇백 야드 떨어져 있는데 거기에 있지 못해 미안하다."고 웃었다.

최태원 회장은 '오늘 우리는 반도체, 전기차(EV) 배터리, 생명공학에 대한 주요 투자를 포함해 거의 300억 달러(약 39조 3000억 원)에 달하는 투자를 한다는 의미'라고 강조했다. 최 회장은 미국 투자

2022년 7월 26일 백악관을 방문한 SK그룹 최태원 회장과 조 바이든 미국 대통령의 화상 회의

총액의 절반은 미국 대학과 파트너십을 통한 연구개발(R&D) 프로그램과 패키지 기업 등 반도체 생태계에 투자할 계획이라고 설명했다. 바이든 대통령은 '이것은 큰 거래(Big deal)'라며 "나는 이 역사적인 발표에 대해 개인적으로 감사드리고 싶다."고 말했다. 바이든 대통령은 "지난 5월 방한 당시 만찬을 할 때 토니와 같은 테이블에 앉았다."라며 "다음에 오면 오벌 오피스(대통령 집무실)에서 꼭 나와 점심을 함께 먹도록 강요할 것"이라고 강요란 말을 넣어 유머러스하게 말했다.

바이든 대통령은 총 17분의 공개된 이 날 화상 회의에서 최 회장과 SK 임원들에게 모두 아홉 차례 "땡큐"를 외쳤다. 이날 회의에는 자니 러몬도 미국 상무장관도 배석했다.

최태원 SK그룹 회장은 이날 바이든 대통령과의 화상 회의에 앞서 지난해 11월 미국 방문 때 총 520억 달러(68조 3,000억 원) 규모의 미국 투자를 약속했었다. 최 회장은 바이든과의 화상 회의에서 앞으로 투자할 220억 달러의 구체적인 사업 방안을 제시한 것이다. 반도체, 생태계에 150억 달러, 세포·유전자 치료 분야에 20억 달러, 그린 에너지 분야에도 50억 달러 투입하는 것이다. 최 회장은 "한미 양국은 21세기 세계 경제를 주도할 기술과 인프라 구축을 위해 힘을 모으고 있다"며 "SK그룹의 협력은 핵심 기술과 관련한 공급망을 강화하는데 기여할 것"이라고 강조했다.

한국 재계 서열 2위, 섬유 기업 집단에서 화학, 정보통신, 에너지, 반도체로 성장한 SK그룹이 21세기 들어서 그룹이 어떤 방향으로 진화해갈 것인지는 최 회장과 바이든 대통령과의 화상 회의에서 그 모습이 드러났다. SK그룹은 향후 반도체 분야와 전기차(EV) 배터리, 세포·유전자 치료제, 그린(Green) 에너지 분야에 집중할 것이 확실해 보이는 것이다. SK그룹이 세포·유전자 치료제 분야에서 획기적인 성공을 거둔다면 인류에게 공헌하는 것은 계량적으로 계산할 수 없을 정도일 것이다. SK그룹의 그린 에너지에 대한 꿈도 우리의 관심을 끌고 있다. 지구 온난화에 의한 환경 위기를 해소하는 실마리를 제공해 줄 수 있기 때문이다.

제1부

최종건의 위대한 결심

1

최종건과 박정희

선경직물(현 SK그룹) 최종건 회장은 61년 10월 어느 날 박정희 국가재건 최고회의 의장 (추후 5, 6, 7, 8, 9대 대통령)의 수원 공장방문을 받았다. 최 회장은 기름때가 묻은 작업복 차림으로 기계를 손보는 중이었다. 최 회장은 깜짝 놀랐다. 국가 최고 권력자가 변방에 있는 중소 직물 공장 현장을 직접 방문하는 것은 상상이 되지 않는 일이었다. 당시 서울에서 수원까지는 비포장도로 2차선의 좁은 길이었다.

박정희 의장은 측근 참모(이병희 중앙정보부 서울지부장)로부터 수원에 양심적인 전도유망한 기업인이 있다는 보고를 받고 직접 만나야겠다는 생각을 해오던 것을 그날 단행한 것이다. 이 두 사람의 만남은 의미심장하고 상징성이 큰 것이었다. 대한민국의 국운을 바꾸는 신호탄을 쏘아올렸다고 할 수 있다.

박정희 의장은 이해 5월 16일 이른바 5·16 군사쿠데타로 권력을 잡았다. 혁명 정부는 혁명의 철학인 6개 조로 된 혁명 공약 제4항에서 '절망과 기아 선상에서 허덕이는 민생고를 시급히 해결하고 국가 자주 경제 재건에 총력을 경주한다'고 명시했다. 이 공약은 전혀 현실을 부풀린 것이 아니었다. 실제 끼니를 굶는 가구가 세끼를 정상적으로 먹는 가구보다 많았다. 혁명 공약은 신랄했다. '절망과...'라는 단어다. 오늘 두 끼 밖에 못 먹는 가구라 해도 내일 처지가 개선될 수 있다는 희망이 있으면 견딜 수 있는 것이다. 당시의 현실은 절망이라는 단어가 가장 적절했다. 제2공화국은 데모로 시작해 데모로 하루가 끝나는 데모 천국이었다. 제2공화국 막바지에는 경찰관들의 데모까지 있었다. 일인당 국민 소득은 67달러, 지구상의 최빈국 대열 중하위였다. 제2공화국은 경제개발 프로그램을 갖고 있지 않았다. 나라의 경제를 어느 방향으로 끌고 가 국민 생활을 어떻게 바꾸겠다는 청사진이 없는 것이다. 우리는 여기서 박정희 의장이 수원의 선경직물을 방문한 시점을 눈여겨볼 필요가 있다.

박 의장은 혁명을 일으킨 후 겨우 5개월 만에 선경직물을 방문했다. 혁명의 여진이 채 가시지 않은 때였다. 권력 기반이 완전히 굳혀지지 않은 시기인 것이다. 박 의장은 기아로부터 국민을 건지는 것이 그만큼 시급하다고 생각했던 것이다. 박 의장이 선경직물을 최초의 방문 기업으로 선택한 것도 주목해 봐야 한다. 박 의장에게 선경 이외 여러 기업들의 정보가 들어왔겠지만 선경직물을 선택한 이유가 무엇이었을까. 최종건 창업 회장의 「양심적인 기업인」이라는 이미지 때문이었을 것이다.

창업자의 철학은 중요하다. 창업자가 자신이 세운 기업을 어떤 방법으로 끌고 갈 것인가는 결국 그 기업의 성패를 좌우한다. 양심적인 기업, 높은 수준의 윤리를 바탕으로 하는 조직은 성공하고 장수한다. 이것은 국내만이 아니라 세계의 기업사(史)들이 증명하고 있다. 그런 의미에서 박정희 의장이 선경직물을 선택한 것은 그의 선택안(眼)이 수준 높았고 최종건 창업 회장의 양심적인 기업인 이미지도 때를 만난 것이다.(최종건 회장과 박정희 대통령은 이후에도 네 번이나 만나는 인연이 이어졌다. 우리는 앞으로 최종건 창업 회장과 최종현 선대 회장이 그룹의 성장 과정에서 수많은 양심적인 선택을 하는 것을 목격할 수 있을 것이다. 이 책에서는 그때마다 서술해 갈 것이다)

"최 사장(당시 직함)님, 수고가 많습니다. 소문대로 성실한 기업인이시군요."

박 의장은 최 사장의 작업복 차림에 호감이 갔던 것 같다. 박정희 의장이 최종건 사장에게 건넨 첫 마디였다.

"국사에 바쁘신데 이곳 시골까지 찾아주셔서 영광입니다."

최종건 사장은 대답했다.

"최 사장, 수출(輸出)을 연구하십시오. 군사 정부는 앞으로 강력한 수출 진흥 정책을 펼 것입니다. 외화(外貨, 달러)를 벌어들여야 합니다. 수출하려고 하는 기업들에게는 많은 지원이 있을 것입니다."

"잘 알겠습니다. 그 방면으로 노력해 보겠습니다."

두 사람의 대화는 짧게 끝났지만 이날 대화는 엄청난 의미를 담고 있었다. 대한민국을 '수출 드라이브'라는 폭풍 속으로 밀어 넣은 기폭제였고 '한강의 기적'이라고 세계인이 칭송했던 폭풍 성장을 가져온 시발점이었던 것이다. 최종건 회장이 이날 박정희 의장을 만난 것은 행운이었다. 수출에 눈을 뜨게 된 것이다. 선경직물은 섬유 업체로서는 최초로 홍콩에 메이드인 코리아(Made in Korea) 상표로 직물을 수출하게 되었고 외화를 벌어들이는 첨병 역할을 하게 된 것이다.

2

최종건, 최종현 형제

SK 그룹의 성장사는 선경직물부터 시작한다. 선경직물은 적산(敵產, Enemy Property) 기업이었다. 적산의 일반적인 의미는 적국이 국내 또는 점령지에 남긴 재산을 말한다. 한국에서 적산이라고 하면 해방 후 일본인들이 남기고 떠난 재산을 뜻한다.

1945년 8월 15일 해방 이후 맥아더 장군 산하 서울의 미 군정(美軍政)은 재 조선 일본인들을 쫓아냈고 그들의 조선 내 재산 반출을 불허했다. 최종건 SK그룹 창업 회장이 선경직물을 불하받아 SK그룹의 모태로 삼게 된 배경은 꽤나 우여곡절을 거쳤다.

1930년대 말에 설립된 선경직물은 일제가 경성(서울)과 만주 일대에 직물과 주단을 공급할 목적으로 세웠다. 선경직물은 1940년 10월 수원시 평동 4번지의 공장 부지 8000평을 매입하려고 했다. 지주는 마을 유지 차철순 씨였다. 차철순 씨는 일본 기업에게 땅을 팔려고 하지 않았다. 조상 대대로 내려오는 토지를 일본인에게 파는 것을 거부한 것이다.

이 지점에서 최종건 회장의 부친이신 최학배 공이 등장한다. 부농으로 신망이 두터운 최학배 공은 마을에 대형 직물 공장이 들어서는 것은 마을 발전에 이익이 많다는 점을 들어 차철순 씨를 설득했다. 차철순 씨는 땅을 사려거든 자신의 소유 1만 2천 평을 모두 매입하라고 요구했다. 최학배 공은 중재안으로 선경직물이 필요로 하는 8000평을 우선 매입하고 나머지 4000평은 5년 이내에 매입한다는 조건으로 계약을 성립시켰다. 선경직물과 차철순 씨는 1만 2천 평을 분할하지 않고 공동명의로 소유권 등기를 한다는 데 합의했다. 이런 인연으로 인해 최학배 공은 최종건 회장의 선경직물 입사를 주선할 수 있었고 훗날 이 합의는 최종건 회장이 선경직물을 불하받는 과정에서 결정적인 역할을 하게 된다.

SK그룹 창업 회장 최종건은 1926년 1월 30일 수원시 평동 7번지에서 태어났다. 부친 최학배 공과 모친 전주 이씨(동대, 同大)의 4남 4녀 중 장남이었다. 부친 최학배 공이 이재에 밝아 가세가 부유해 최종건 회장은 유년기를 유복하게 보냈다.

최 회장은 진취적이고 도전적인 기질이었다. 장난이 심했던 소년 최종건에게 부친이 회초리를 들라치면 조부는 사소한 일로 자주 매를 들면 어린아이들의 호연지기를 꺾는다며 손자의 기를 한껏 살려주었다. 최종건 회장은 보스기질이 강해 또래들이 많이 따랐다. 조부의 뜻에 따라 서당에서 한학을 배웠고, 열 살이 되던 해 부친 최학배 공의 간청을 조부가 받아들여 일본어를 배우는 소학교에 입학했다.

최종건은 유달리 일본인 학생과 자주 싸움을 벌였고 일본인 선생과 마찰이 심했다. 소년 최종건은 은연 중 지배계급인 일본인에 대한 저항 의식이 강했다. 최종건은 소학교 4학년 때 '품행이 방정하지 못하다'는 이유로 유급을 당했다. 1942년 수원 신풍소학교(新豊小學敎)를 졸업하고 같은 해 경성 직업학교 기계과에 입학했다. 경성 직업학교는 2년제 단기 직업학교였기 때문에 교과 과정이 실습 위주로 편성되었고 최종건은 이런 편제에 흥미를 느끼고 흠뻑 빠져들었다. 일본인 학생도 드물어 일본 학생과의 충돌도 없었다. 최종건 회장은 1944년 3월 경성 직업학교 기계과를 졸업하고 기계 정비사 자격을 획득했다.

최종건 회장의 18세 때의 일이다. 우리는 여기서 최 회장이 기계 정비 분야에 기초 지식을 가지고 있었다는 것을 기억해 둘 필요가 있다. 최 회장의 기계정비 지식은 추후 전화에 폐허가 된 선경직물의 직기(織機)를 재조립해 공장이 돌아갈 수 있게 하는 데 결정적인 역할을 하게 되는 것이다.

부친 최학배 공은 1944년 4월 최종건 회장을 선경직물에 입사하도록 주선했다. 최학배 공이 그런 영향력을 발휘할 수 있었던 것은 앞서 이야기한 수원시 평동 선경직물 공장 부지 8000평 매입에 도움을 주었던 것에서 비롯되었다.

최종건 회장의 선경직물 입사 최초 직급은 공무부 견습 기사였다. 최종건 회장의 유능함은 이때부터 빛나기 시작했다. 최 회장은 입사 반년 만에 직포반 제2조장이 되었다. 최 회장은 기회를 놓치지 않았다. 주로 여성으로 구성된 100여 명의 제직조(製織組) 직원들을 이끌면서 제직 기술(베를 짜는 방법)에 관한 기술과 경험을 쌓았다.

20대에 근접한 최 회장에게는 천금의 기회였다. 일생 중 가장 흡수성이 강한 시기였다. 훗날 최종건 회장이 부서진 공장에서 부품들을 찾아내어 직기 20대를 만들어 선경직물을 창업할 수 있었던 것은 이 시기에 얻은 지식과 경험이 절대적이었다.

선경 치안대 조직

1945년 8월 15일, 조국은 광복을 찾아 기쁨이 넘쳐 흘렀지만, 한편으로는 혼란과 파괴행위가 극심했다. 특히 일본인들이 소유했던 주택이나 공장, 농장에 대한 파괴행위는 극심했다. 선경직물도 예외는 아니었다.

1945년 8월 16일, 선경직물의 정문은 굳게 닫혀있었다. 선경직물도 파괴 대상 1호일 수 있었다. 최종건 회장은 고민하기 시작했다. 비록 일본인의 재산이지만 자신의 일터였고, 공장은 온전히 보존되어야 한다고 생각했다. 파괴되는 것을 막는 것이 최선책이라고 판단했다.

최종건 회장은 선경직물 직원과 마을 청년들을 모아 선경 치안대를 조직하고 선경직물의 보호에 나섰다. 일부 청년들은 일본인 재산을 보호하는데 반대하기도 했다. 그러나 평소 최 회장의 신망과 따르는 사람이 많아 치안대를 조직할 수 있었다. 최 회장 20세 때의 일이다. 선경직물은 미 군정이 들어서기까지 1개월 동안 고스란히 보전되었다.

1945년 9월 8일, 미군이 인천에 상륙, 38선 이남에 군정(軍政)을 선포하고 미 군정은 일본인 재산의 무분별한 거래로 야기되는 경제 혼란을 막기 위해 군정 법령 2호를 발동, 일본인의 재산 이양을 금지하고 이미 이양된 재산이라 할지라도 일본 정부가 포츠담 회담 선언을 수락하기로 내정한 1945년 8월 9일 이후 성립된 매매 행위에 대해서 효력을 박탈한다고 공포했다. 포츠담 회담 선언(Potsdam Declaration)이란 제2차 세계대전 막바지에 독일 교외 포츠담에서 열린 연합국 정상(미국 트루먼 대통령, 영국 처칠 수상, 소련 스탈린)

회담에서 일본이 포츠담 회담 선언을 인정했기 때문에 한국(조선)은 1945년 8월 9일 독립되었다는 것을 말한다.

하지만 일본인 재산에 대한 거래 열기는 식지 않았다. 일본인들은 본국으로 퇴각하면서 한 푼이라도 건지려 했고 횡재를 꿈꾸는 조선인들 사이에 이해가 맞아떨어졌기 때문이다. 일부 한국인(조선인)들은 횡재를 하기도 했다. 일본인이 경영하던 일부 생산 공장에서는 조선인들의 자치 위원회가 복수로 조직되어 조선인들끼리 경영권을 둘러싼 주도권 싸움이 벌어지기도 했다.

선경직물 역시 1945년 11월 11일 적산(일본인 재산)으로 지정되고 미 군정의 관리를 받게 되었다. 그해 12월, 미 군정은 적산 관리요령에 의거 선경직물 관리인으로 황청하, 김덕유 두 사람을 관리인으로 위촉했다. 두 사람은 조선인으로 각각 1백 주의 주주였다. 두 사람은 서울 사람이었다.

최종건 회장은 선경직물의 정상적인 가동을 원했다. 그러나 공장을 가동하려면 두 관리인의 허락이 있어야 했다. 최종건 회장은 서울로 올라와 두 관리인을 만나 공장을 정상가동 시킬 것을 요구했다. 관리인 김덕유는 '일단 관망해 보자'는 소극적인 반응을 보일 뿐이었다. 두 관리인들에게는 최종건 회장은 부담스러운 존재였다.

광복 직후 혼란기에 최종건 회장이 선경 치안대를 조직, 그 리더로 공장을 지켜온 것이 고마운 것이 아니라 위압적인 존재로 보였다. 그러나 두 주주는 최 회장의 열의와 집념을 언제까지나 무시할 수 없어 결국 최종건 회장을 생산부장으로 임명해 공장 가동에 들어가게 했다. 1946년 초 최 회장이 만 20세 때 일이다.

1946년 2월 선경직물은 조업을 재개했고 최 회장은 방치되었던 직기들을 점검하고 수리했다. 두 주주는 공장장에 황철하(황청하 주주의 실제)와 총무부장에 표덕은(김덕유 주주 생질)을 임명했으나 두 사람은 직물에 관한 한 문외한이었기 때문에 선경직물은 최종건 회장의 책임하에 운영되었다.

1947년 직물 업계는 호황기를 맞이했다. 미 군정이 해방을 맞이한 한국민들에게 생활의 기본이 되는 의류를 원활하게 지원해 준다는 정책과 업계의 자율적인 노력이 맞아떨어진 결과였다. 선경직물은 급증하는 수요에 대응하기 위해 작업반을 주야간으로 편성하고 24시간 가동했다. 북한은 1948년 5월 14일 예고 없이 남한에 전기 공급을 끊는 단전(斷電) 조치를 했다. 직물 업계 생산 활동은 위축되었다. 선경직물은 자가발전 시설이 완비되어 별다른 영향을 받지 않고 정상가동을 계속했다. 선경직물은 1948년 8월 15일에 대한민국 정부 수립에 따라 미 군정청으로부터 대한민국 정부에 이관되어 국무총리 직속 기관인 관재청으로 넘어갔다.

1949년 3월, 만 23세가 된 최종건 회장은 교하 노(盧)씨 노순애 여사를 아내로 맞이한다. 최종건 회장은 그해 여름 선경직물 생산부장직을 사퇴했다. 사퇴의 사유는 공식적인 기록은 없다. 선경직물이 1947년 수준의 생산량을 보였던 것을 감안하면 의외의 선택이었다.

최종건 회장은 퇴직 후 원사(原絲) 도매업에 뛰어들었다. 여기서도 최종건 회장의 수완은 뛰어났다. 원사 도매업계 경쟁은 치열하다. 시장 흐름은 변화무쌍하다. 최 회장은 남다른 사교성과 신용을 바탕으로 외상 거래가 가능할 정도가 됐다.

최 회장은 원사의 비수기와 성수기를 꿰뚫어 보는 안목이 뛰어났다. 1950년 6월 최 회장은 원사 확보의 결정적인 시기라고 판단, 선경직물 퇴직 후 무은 자금은 총동원해 인기를 확보했다. 최 회장은 원사 열 한고리를 확보해 서울시 동대문구 창신동에 있는 창고에 보관했다. 원사 열한 고리는 당시로서는 대단한 물량이었다. 그날이 6월 24일이었다.

다음날 6월 25일 북의 남침으로 전쟁이 발발했고 최 회장의 원사확보를 통한 막대한 수익을 창출해 보겠다는 꿈은 깨지고 말았다. 최회장은 일신의 안전이 시급한 문제였다. 최 회장은 수원 인근의 친척집으로 피신할 수밖에 없었다. 수원이 북 인민군에게 점령당하자 어느 좌익 인사의 밀고로 최 회장은 1950년 8월 체포되어 수원시 팔달면 내무서로 압송되었다. 최 회장의 죄명은 '반동분자'였다.

유엔(UN)군의 1950년 9월 15일 인천상륙작전 성공은 최 회장에게는 생사의 갈림길이었다. 전세의 불리함을 느낀 인민군이 남한 우익인사들을 학살하기 시작하는 시점인 것이다. 최종건 회장은 대동청년단 총무 이성길 씨의 도움으로 수원 내무서를 탈출했다. 사지에서 벗어난 것이었다.

최 회장의 탈출 후 행보가 눈길을 끈다. 처음 간 곳이 선경직물이었다. 공장은 9월 미군의 폭격으로 폐허가 되어 있었다. 공장 골조조차 사라지고 없었다. 한편 최 회장은 서울 창신동 창고에 보관해 놓은 원사 열한 고리를 찾아 나섰다. 전쟁의 와중에서도 원사는 그대로 남아 있었다. 최종건 회장의 사업 생애 중 섬유 산업을 떠나 이종 사업에 손을 대고 방황하는 시기가 이때 시작되었다.

최 회장은 인견사 열한 고리를 동대문 시장에서 매각하고 꽤 큰돈을 쥐게 되었다. 그리고 전시에 유흥 사업에 뛰어들기도 했고, 석유판매, 비료 판매 사업도 했다. 전시 하의 석유나 비료는 암시장이 형성되어 있어 초보자는 이 시장에서 성공하기가 쉽지 않았다. 최 회장은 자신이 모은 자금은 물론 부친이 도와준 자금까지 모두 잃고 말았다. 최 회장은 이 때문에 부친 최학배 공으로부터 질책을 받고 부친의 신뢰를 상실했다는 것을 기억해 둘 필요가 있다.

최종건 회장이 여러 사업을 하는 중에도 그의 진정한 관심은 선경 직물에 꽂혀있었다. 그가 청춘을 바쳤고 강한 애정을 느끼고 있는 곳이었기 때문이다. 최 회장은 거의 매일같이 시간을 내어 선경직물 공장을 둘러보았고, 잿더미를 헤치고 폭격으로 녹아내린 직기의 부품을 만져보기도 했다.

동생 최종현의 아름다운 양보

최종건 회장은 53년 어느 날 우리 섬유 산업사에 남는 위대한 결심을 하게 된다. 최 회장은 자신의 손으로 선경직물을 가동시켜 볼수 없을까 하는 생각을 하게 되는 것이다. 당시 청년 최종건에게는 자금도 적산인 선경직물을 장악할 수 있는 법적 지위도 없었다. 그러나 최종건 회장은 결심했고 이를 실행에 옮기기 시작했다. 우선 법적 지위를 가져야 했다. 최 회장은 관제청으로부터 선경직물을 불하받는 것이 필수였다.

최 회장은 수원 일대에서 관제청 통으로 이름난 방구현 씨를 찾아 만났다. 선경직물은 앞서 이야기한 대로 미 군정에서 대한민국 국무총리 산하로 이관되어 관제청이 관리하고 있었다. 관제청은 적산을 '귀속재산'이라는 이름으로 바꾸고 불하 업무를 다루는 정부기관이다. '귀속재산처리법'은 귀속재산의 임차인 또는 관리인에게 '그 재산을 선량한 관리자의 주의로서 보존하며 그 재산의 가치 또는 효용을 감소시키지 아니할 것'을 요구하고 있다 6 25 지전 관리인이었던 최청하나 김덕유는 9.18 수복 이후 선경직물의 재산의 가치나 효용성을 보존하기 위한 어떤 조치도 취하지 않았을 뿐 아니라 한번도 선경 직물 공장을 찾지도 않았다. 그들은 선경직물의 관리 책임을 포기한 상태였다.

관제청 통이었던 방구현 씨로부터 반가운 소식이 전해졌다. 방구현 씨는 선경직물을 차철순 씨의 명의로 불하받아 이를 최종건 회장에게 넘기는 것이 가능하다는 것이었다.

차철순 씨는 우리가 기억할 수 있는 인물이다. 선경직물이 1944년 수원의 공장 부지 8000평을 매입할 당시 1만 2천 평의 땅을 소유한 지주였고 나머지 4000평을 5년 이내 매입하기로 합의하고 공동명의로 소유권 등기를 한 바 있다. 방구현 씨는 차철순 씨로부터 최종건 회장이 나머지 4000평을 매입하는 조건이면 선경직물 불하를 승낙하겠다는 합의를 이끌어낸 상태였다. 차철순 씨는 4000평의 땅을 처분하는 것이 목적이었고 최종건 회장은 선경직물 불하가 목표였기에 두 사람의 이해가 맞아떨어졌다.

문제는 4000평의 매입자금을 마련하는 것이었다. 최종건 회장은 연이은 사업 실패로 매입자금이 있을 수 없었다. 그는 부친 최학배 공에게 지원을 바랐다.

최학배 공은 두 가지 이슈로 고민에 빠졌다. 하나는 차남 최종현의 유학자금을 마련해주는 것이고 둘째는 최종건 회장의 사업 자금을 지원해주는 것이었다. 둘 다 중요하다.

최종현은 1950년 3월 수원 농림고등학교를 졸업하고 같은 해 5월 서울대학교 농과대학 농화학과에 입학했고, 1953년 초 미국 유학을 준비하고 있었다. 당시 젊은 엘리트들에게 미국 유학은 꿈이었고 이상이었다. 최종현은 학구적이었다. 학문의 선진국 미국 대학에서 좀 더 높은 수준의 공부를 꿈꾸고 있었다.

부친 최학배 공은 차남 유학을 도와주는 쪽으로 기울어져 있었다. 장남에게는 이미 사업 자금을 지원해 준 바 있고 최근 사업 실패를 보면서 무언가 믿음이 덜 가는 것이었다.

차남 최종현은 아버지의 고민을 알아차렸다. 최종현은 어느 날 "아버님, 저의 유학은 1, 2년 늦어도 됩니다. 형의 사업 자금은 늦출 여유가 없습니다. 사업은 때를 놓치면 성공할 수 없습니다. 먼저 형의 사업 자금을 주시고 형의 사업이 잘되면 그때 유학가도 되겠습니다." 라고 부친에게 간청했다. 부친 최학배 공은 차남의 아름다운 우애 어린 간청을 받아들여 최종건 회장에게 20만 환을 지원했다. 꽤 거금이었다. 우리는 여기서 최종현 회장이 자신의 유학을 지체시키면서도 형의 사업 자금을 지원케 해준 사실을 기억해 두어야 한다. 이 아름다운 양보는 추후 SK그룹이 대재벌로 성장하면서 기업승계 과정이 아무런 다툼없이 이어져 온 계기를 마련해주었기 때문이다.

최종건 회장은 1953년 4월 8일 선경직물 공장 부지 1만 2천 평 중 4000평을 매입하고 차철순과 공동명의로 "귀속재산 선경직물(주) 우선 매수원"을 관제청에 제출했다. 1953년 7월 27일 최종건 회장은 관제청에서 나온 선경직물의 "귀속재산 매각통지서"를 받았다. 매각 통지서에는 매각 대금을 130만 환으로 기록하고 있었다. 엄청난 거금이었다. 선경직물의 매각 대금이 그토록 거금인 것은 시가 감정이 잘못된 데다 그간 체납된 임대료가 가산되었기 때문이다. 매각 대금이 높게 책정되었어도 이의를 제기할 수 없었다. 한번 결정된 매각 대금은 포기할 수는 있어도 이의 신청은 허용되지 않는 것이 규정이었다.

매각 대금이 높게 책정됨에 따라 두 가지 어려운 문제가 생겼다. 하나는 동업 조건으로 사업 자금을 지원하기로 한 방구현씨가 높은 매각 대금에 질려 약속을 파기한 것이다. 하나는 매각 대금 전체를 떠안게 된 최 회장의 대응 능력의 한계였다. 계약 체결까지는 3주일의 여유밖에 없었다. 그 기간을 넘기면 계약은 무효가 된다. 최종건 회장에게 그나마 위안이 되는 것은 매각 대금의 10%만 내면 매수 계약이 이루어진다는 것이었다. 130만 환의 10%, 13만 환도 만만찮은 돈이다. 당시 선경직물은 원사를 구입하는데도 급급한 형편이었다.

최종건 회장은 고민 끝에 재조립이 불가능한 직기를 고철로 처분하고 기관실의 보일러와 발전기를 팔기로 결정했다. 물론 그렇게 한다 해도 13만 환에는 어림도 없는 돈이었다. 그런데 직기나 발전기 등을 처분하는데도 문제가 있었다. 불하 전까지는 정부 재산이기 때문에 법률상으로 문제가 있었다.

고민에 빠져있는 최종건 회장에게 희소식이 왔다. 지주 차철순 씨로부터였다. 차철순 씨는 본인이 소유하고 있는 지가증권(地價證券)으로 귀속재산 매수계약금을 우선 납부하고 최종건 회장이 1년 내에 전액을 반제해주는 내용이었다. 당시 관제청은 불하 대금 납부에 지가증권으로 대신 할 수 있도록 했고, 액면가대로 인정했다.

지가증권이란 1951년 농지개혁법에 따라 정부가 매수한 토지의 보상금으로 지주에게 발행한 유가증권이다. 당시 지가증권은 액면가의 50% 이하로 거래되는 곳이 허다했다.

차철순 씨는 지가증권을 액면가로 팔 수 있었고 최 회장은 매수 대금을 납부할 수 있어 두 사람에게 이익이 되었다.

1953년 8월 14일, 최종건 회장은 선경직물 매입 대금 130만 환의 10%인 13만 환을 지가증권으로 납부하고, 10년 분납 조건으로 선경 직물 주식회사 주식 50만 주 중 200주(황청하, 김덕유 지분 각 100주)를 제외한 49만 9,800주를 차철순 씨와 공동명의로 매수한다는 내용의 귀속재산 매수 계약을 체결했다. 꿈이 현실로 실현되었다.

선경직물은 9월 들어 자리를 잡아갔다. 추석을 앞두고 최종건 회장은 그동안 비축해 둔 인조견 400필을 한꺼번에 출하했다. 당시 한 필당 가격은 900환, 일시에 36만 환의 거금을 확보할 수 있었다.

최종건 회장은 밀린 노임부터 해결했다. 최 회장은 차철순 씨에게 지가증권으로 빌린 13만 환 전액을 갚았다. 그리고 차철순 씨로부터 선경직물 공동 매수인으로서의 권리 포기 각서를 받았다. 최종건 회장은 이로써 선경직물의 단독 소유자가 되었다. 한국 섬유산업 성장사(史)의 한 페이지를 쓰기 시작한 것이다.

최종건 회장은 1953년 10월 1일을 선경직물 창립일로 선포했다. 현 SK그룹의 창립기념일은 4월 8일로 변경됐고, 2023년은 SK그룹 창업 70년이 되는 해이기도 하다.

'닭(장닭 Rooster) 표' 인조견

선경직물은 우리 섬유 산업을 성장으로 이끄는 수많은 히트상품을 개발해냈다. 그중의 하나가 유명한 '닭표' 인조견 옷감이었다.

1955년 들어서면서 국내 직물 업계는 전시 인플레이션에 따른 경기 침체로 침체 국면을 맞았다. 그러나 선경직물만은 제품이 창고에 쌓일 틈도 없이 팔려나갔다. 선경직물의 인조견 "루스터(장닭)는 지누시를 하지 않고도 재단이 가능한 유일한 안감이었다. 선경직물이 이처럼 좋은 품질의 안감을 생산할 수 있었던 것은 최종건 회장의 품질 제일주의 철학에서 비롯된 것이었다. 최종건 회장은 선경직물을 국내 일류 직물 공장으로 키우기를 희망했고 이를 위한 최선의 방법은 최고 품질 제품을 생산하는 것이라고 생각했다.

최종건 회장의 품질 제일주의는 '해방 10주년 기념 산업박람회'에서 빛을 발했다. 1955년 10월 1일부터 12월 20일까지 창경원에서 개최된 산업박람회에서 선경직물의 '닭표' 인조견은 상공부 장관상을 수상했다. 시골의 일개 중소기업에 불과한 선경직물이 유수의 대기업을 물리치고 상공부 장관상을 수상한 것은 이변에 속했다. 그때까지 일부 수요자에게만 알려졌던 닭표 안감은 전국적인 브랜드로 떠올랐다. 선경직물 성장의 기폭제가 되었다.

동대문 시장을 찾는 고객들은 의례 "닭표 있어요?" 하고 묻곤 했다. 닭표 안감이 인기를 끌자 가짜가 범람했다. 선경직물의 '닭표'는 법적으로 보호받을 수 있는 등록된 상표는 아니었다. 선경직물은 가짜를 막기 위해 제품에 '선경직물'이라고 음각한 마크를 부착시키기도 했다. 그러나 가짜 소동을 막기에는 역부족이었다. 선경직물은 그런 와중에서도 안감시장을 석권하면서 공전의 히트를 쳤다.

선경직물이 생산하는 「닭표」 안감은 소비자들에게 선풍적인 인기를 끌었지만 양단이나 뉴똥같은 견직물은 그렇지가 못했다. 당시 동대문 시장에서는 '홍콩 양단'이 최고의 인기상품이었다. 홍콩 양단은 태아산업 공사에서 생산하는 견직제품으로 소비자들이 매우 선호하는 제품이었다. 최종건 회장은 시장이 왜 그런지 고민했다. 최 회장은 견직물 부진이 세련되지 못한 문양(紋樣)과 도안에서 비롯되었다고 판단했다. 최 회장은 이 부분을 개선하려면 뛰어난 도안사가 필요하다는 결론에 도달했다.

최 회장은 동대문 시장에서 도안에 평판이 높은 한 젊은이에 대한 이야기를 들었다. 그 젊은이는 2~3일에 한 번씩 동대문 시장에 나타나 시장의 흐름을 살펴보고 사라진다는 것이었다. 최종건 회장은 며

칠 동안 동대문 시장을 지켜보다가 그 젊은이를 만나는 데 성공했다. 조용광이라는 청년이었다. 공업학교 기계과를 졸업하고 서울대 미대에서 응용미술을 전공한 재사였다. 공업학교 기계과에서 미대 응용미술을 공부한 특이한 이력이었다. 조용광 청년은 동 업계 홍콩 양단 생산으로 유명한 태아산업에서 일하다 프리랜서로 있었다. 그는 문직기의 기계적 특성을 잘 이해하고 있었고 직물의 시장 동향에도 밝았다.

최종건 회장은 그에게 파격적인 대우를 제시하면서 선경직물의 도안사로 근무해 줄 것을 제안했다. 조용광은 당장 선경직물로 입사할 처지가 아니었다. 조용광은 프리랜서로 있으면서 1년 치 선주문을 받아놓은 처지였다. 최 회장은 조용광에게 1년을 기다리겠다며 능력 있는 다른 도안사를 추천해달라고 부탁했다. 조용광은 자신의 동생인 홍익대 미대 출신인 조용민을 소개했고 조영광 자신도 1년 후 선경직물에 입사했다.

최종건 회장의 인재에 대한 욕심은 특별했다. 최 회장은 조용광을 공장장 직을 맡기는 파격적인 인사를 단행했다. 조용광의 영입은 곧 가시적인 성과를 가져왔다.

조용광은 공장의 현황을 파악해가는 과정에서 이해가 되지 않는 이상한 점을 발견했다. 72인치 짜리 대폭(大幅) 문직기로 30인치 소폭(小幅) 견직물을 짜고 있는 점이었다. 이것은 비효율이었다. 대형 트럭에 잡제품 한두 점만을 운반하는 거나 마찬가지였다. 소폭 견직물을 고수해 오는 것은 시장이 대폭을 원하지 않는 데다 소폭이 관행이었기 때문이라는 것이었다. 조용광은 최 회장에게 60인치 짜리 대폭 견직물을 생산하자는 건의를 했다. 최종건 회장은 이 제의를 받아들였다. 이것은 국내 직물 업계에 신선한 충격을 주는 것이었고 고정 관념을 깨는 혁신이었다.

1959년 여름, 선경직물은 대폭 견직물을 생산하기 시작했다. 최종건 회장에게는 그러나 이것은 부담이 큰 것이었다. 가을 성수기를 대비해 여름 비수기에 제품을 비축해 놓아야 하기 때문에 심한 자금 압박을 받을 수밖에 없었다. 선경직물을 이 단계에서 직원이 수백 명에 이르는 중견 기업이 되어 있어 임금 압박도 컸다. 문제는 가을 성수기에 대폭 견직물이 얼마나 선전하느냐에 달려 있었다. 60인치 대폭 양단은 10월 하순에 들면서 소비자의 반응이 급상승하기 시작했다. 소규모로 소비된 대폭 양단이 입소문을 타고 타올랐던 것이다. 11월에는 동대문 시장 이외의 도매상들에게서 주문이 쇄도했다. 12월 들어서 대폭 양단은 재고가 바닥이 났다. 대성공이었다.

봉황새 이불감

최종건 회장, 조용광 공장장은 1958년 1월, 60인치 대폭 견직물의 성공에 이어 또 다른 혁신을 준비했다. 한 폭짜리 이불감을 개발하는 일이었다. 당시까지만 해도 우리 민족에게는 한 폭짜리 유똥 이불감은 상상이 안되는 것이었다.

선경직물의 문직기는 최대 72인치 폭의 견직물 생산이 가능한 것이었다. 이 장점을 살려 72인치 이불감을 생산한 뒤 양쪽에 10인치씩 색동 끝단을 다는 것이었다. 92인치의 대폭 이불감이 생산되는 것이다. 더구나 우리 민족의 고유 색상인 홍청의 색동을 다는 것이다.

문제는 이불감에 들어갈 도안이었다. 어떤 도안을 넣을 것인가?

최종건 회장은 숙고 끝에 도안 아이디어를 찾아냈다. 이불감에 봉황(鳳凰)새를 그려 넣는 것이었다. 봉황은 동아시아 지역에서 전설에 나오는 상상 속의 새로 봉은 수컷, 황은 암컷을 뜻한다. 전설에 따르면 이 새가 나타나면 천하가 크게 태평하게 된다는 것이다. 봉황은 닭의 머리, 뱀의 목, 제비의 턱, 거북의 등, 물고기의 꼬리를 갖추고 오색의 깃털을 가졌으며 오울의 소리를 낸다고 전해진다. 대한민국의 대통령기에 봉황이 새겨져 있다. 영어권의 불사조(phoenix)의 의미와 유사하다.

조용광 공장장은 즉시 봉황새 무늬 도안에 착수했다. 그의 전공과목이기도 하다. 1958년 3월 중순 도안은 완성됐다. 도안 착수 40일 만이다. 1958년 4월 중순에 시제품이 나왔고 1958년 5월 선경직물은 '봉황새 이불감'을 시장에 내놓았다. 봉황새 이불감은 시장에 출하되자마자 날개 돋친 듯이 팔리기 시작했다. 선경직물은 철야 작업을 했으나 수요를 맞출 수 없었다. 즐거운 비명이었다. 봉황새 이불감은 어느새 프리미엄이 형성되었다. 봉황새 이불감은 예비 신부가 필수적으로 준비해야 하는 혼수 감으로 명성을 얻었다. 여기에는 이불감의 품질에 더해 봉황이 그려져 있는 도안 때문일 수도 있다. 신혼 첫날 밤 봉황이 그려져 있는 이불을 덮는다는 것은 축복받는 일로 생각하기 마련이었다.

1958년 11월, 선경직물은 제4공장과 염색가공 공장 신축을 끝내고 본격적인 가동에 들어갔다. 비로소 일관 생산 공정을 완비한 것이다. 문직 생산량은 거의 3배로 증가되었다.

선경직물은 닭표 안감의 인조견뿐만 아니라 봉황새 이불감으로 본견 부문에서 직물 업계의 선두 주자로 올라서 위상이 달라졌다. 직원 수만 해도 1000여 명이 넘는 규모면에서 대기업의 위용을 갖췄다. 그럼에도 최종건 회장의 생활에는 변함이 없었다. 그는 출퇴근에 중고 GMC 트럭을 이동수단으로 삼았다.

나일론(Nylon) 직물 생산

1958년 11월, 최종건 회장은 새로운 도전을 시작했다. 나일론 직물 생산을 시작한 것이다. 당시 나일론은 꿈의 섬유였다. 나일론은 화학적 방법에 의해 중합된 합성고분자를 원료로 하는 섬유 중 주류를 이루는 섬유이다. 1935년 미국의 화학 기업인 듀폰에서 일하던 화학자인 캐러더스(Carothers, 하버드 교수)는 실크 스타킹을 대체할 섬유를 연구하던 중 나일론 66을 합성하는데 성공했다. 나일론은 값싸고 질긴 덕분에 널리 보급되면서 합성 섬유의 대명사로 알려지게 되었고, 현재는 일반명으로 사용되고 있다.

나일론은 비단 비슷한 질감을 가진 소재다. 나일론을 생산한다는 것은 '합성 직물 생산시대'를 연다는 뜻이다. 당시 나일론은 일단 생산하기만 하면 판로는 문제가 없을 정도로 인기 있는 제품이었다. 그러나 나일론 생산에는 몇 가지 문제점도 따른다.

첫째, 원사(原絲)의 안정적인 공급을 받기 위해서는 달러화가 필요한데 공정 환율보다 훨씬 비싼 시중의 '암달러'를 사용할 수밖에 없어 막대한 출혈을 감수해야 한다. 제직 상의 기술적인 문제도 걸림돌이었다. 직물은 날실(經絲, 세로선)과 씨실(違絲, 가로선)로 이루어지는데, 어떤 직물이든지 제직 과정에서 실이 끊어지거나 실밥이 생기는 현상을 방지하기 위해 날실에 풀을 먹여야 한다. 그런데 나일론 원사는 여느 원사와는 달리 사이징(Sizing, 풀먹이기)이 쉽지 않고 제직 시에는 정전기가 발생하여 제대로 직물을 생산할 수가 없었다. 결국 선경직물 실무진들은 습기가 정전기를 방지한다는 사실을 알아 냈다. 실무진들은 직기 바닥에 물을 뿌린 거적을 깔아놓고 이를 숯 불로 태워 김이 피어오르게 하면서 직물을 짜는데 성공했다. 원시적인 방법이었다. 이렇듯 원시적인 방법으로 만든 나일론 직물도 만들 기가 무섭게 팔려나갔다.

선경직물은 이와 같은 시행착오와 도전을 거쳐 1958년 11월에 가서는 어느 정도 외제 나일론과 품질이 비슷한 나일론 태피터 (Taffeta)를 생산하기 시작했다. 선경직물은 1959년 3월 산업은행 으로부터 1만 달러를 대부받아 사이징 설비를 구축, 대량 생산 체제를 갖추었다. 1959년 들어 중소직물 업체에서도 나일론 직물을 생산 하기 시작했지만, 선경직물의 적수는 되지 못했다.

그러나 선경직물은 뜻하지 않은 암초에 부딪혔다. 1959년 2월 13일 일본 정부는 재일동포의 북송(北送, 북한으로 이주)을 결정하고 같은 해 6월 11일 북한적십자사와 일본적십자사는 재일교포 북송에 관해서 합의를 이룬다. 이에 한국 정부는 6월 15일을 기해 일체의 대일 통상을 중단하는 대응조치를 단행했다.

이것은 직물 업계에 치명타를 가하는 것이었다. 직물 업계는 대일 통상 중단 직전 원사 수입처를 미국에서 일본으로 전환해 놓았던 것이다. 이 사태로 인해 나일론 직물의 대량 생산을 계획하고 있었던 선경직물은 심각한 원사난(原絲難)에 빠졌고 조업 중단이라는 최악의 사태에 빠지고 말았다. 사원들에 대한 임금이 체불될 수밖에 없었다. 선경직물의 시련은 여기에서 그치지 않았다. 1959년 9월 16일 사라호 태풍의 강타였다. 사상 최악의 태풍으로 기록되는 사라호 대풍은 사망 528명, 실종 304명, 수재민 25만 4000여 명을 내는 참사였다. 모든 경제 활동이 위축되었고 직물 업계도 자유로울 수 없었다. 선경직물의 은행 부채와 사채 규모는 늘어만 갔다.

폴리에스터 직물 생산(비상탈출구)

최종건 회장은 새로운 돌파구를 모색했다. 그는 폴리에스터 직물에 눈을 돌렸다. 선진국에서는 이미 나일론 시대가 가고 폴리에스터 섬유가 각광을 받고 있었다.

폴리에스터란 천연 섬유에 대비되는 대표적인 합성 섬유(인조섬유) 중 하나로 대량 생산이 가능해 상대적으로 저렴하다. 1940년에 발명되어 2차 세계대전이 끝난 이후 1950년대 중반에 접어들어 대중화되기 시작했다. 나일론 다음으로 강도가 높은 섬유로서 물에 젖어도 강도의 변함이 없다.

나일론 제직은 국내의 중소 제조업체들까지 뛰어든 상황이어서 불황 타개책으로 적절치 않았다. 최종건 회장은 숙고를 거듭한 끝에 폴리에스터 생산의 용단을 내렸다. 선경직물이 합성 섬유 생산업체로 한 단계 업그레이드되는 것이었다. 선경직물은 1959년 12월 일본의 데이진(帝人), 도레이사로부터 폴리에스터 원사 「데도론」을 도입하기 시작했다. 선경직물은 나일론 직물을 거울삼아 폴리에스터 원사의 정전기 발생 문제를 쉽게 해결했다. 폴리에스터 직물은 제직 후 염색 가공공정이 간단하지 않다. 선경직물은 정확한 데이터가 없어 염색 불량이 속출하는 고전을 했으나 이를 극복해냈다. 선경직물의 폴리에스터 직물은 출시되자 시장의 호평을 받았다. 선경직물은 데도론 직물의 독점 생산으로 직물 업계의 전반적인 불황 속에서도 현상 유지가 가능했다.

하지만 1960년 들어서도 직물 업계의 불황은 호전되지 않았다. ICA의 원사 구매 자금 감축으로 인해 원사 수급이 악화된 데다가 상대적으로 품질이 우수한 밀수품의 범람으로 고전을 면치 못하고 있었다. 당시 한국은 「밀수공화국」이란 오명이 있을 정도로 각종 공산품의 밀수가 극성을 부리고 있었다. 최종건 회장은 그런 가운데서도 유독 증설에 정성을 거듭했다. 그는 자금 악화에 시달리면서도 품질을 위한 시설 도입에 투자를 아끼지 않았다.

최종건 회장은 신제품(곰보나일론) 생산으로 일거에 불황을 털어낼 수 있다는 야심찬 계획을 가지고 있었다. 이를 위해 최 회장은 대한중기 공작소에 엠보싱 캘린더(Embossing Calender, 압형기)를 발주했다. 조용광 공장장이 도안한 돋을 무늬가 마치 곰보같다고 해서 최종건 회장은 제품명을 '곰보나일론'이라고 이름을 붙였다. 그러나 엠보싱 캘린더가 완성되기도 전에 4.19혁명이 일어났다. 4.19혁명으로 인해 사회 전반의 민주화가 급속하게 진행되면서 극심한 경제적인 혼란이 야기되었다. 경기는 전반적으로 위축되었고 자금 순환의 악화로 생산과 수요가 격감되었다. 대부분의 기업들이 자금난, 판매난, 노사난 등 이른바 삼난(三難)을 겪었다. 특히 노사난은 선경직물의 야심작 곰보나일론 시판 계획에 직접적인 영향을 미쳤다. 엠보싱 캘린더를 발주했던 대한중기 공작소가 노사 분규를 겪으면서 예정되었던 납품 기일을 맞추지 못했던 것이다. 하지만 선경직물은 4.19 혁명이 몰고 온 노사 분규의 소용돌이에 휘말리지 않았다. 창업이후 일관되었던 노사 간의 연대 의식과 일체감 덕분이었다. 물론 최종건 회장의 폭넓은 인간관계 관리가 뒷받침된 것은 말할 필요가 없을 것이다. 그러나 경기 침체로 인한 원사 수입 부진 때문에 선경직물은 또다시 조업 중단위기에 처했다. 최종건 회장은 해마다 되풀이되는 원사난을 해소하기 위한 근본대책 마련에 고심했다. 섬유 산업을 계속하려면 원사의 안정적인 확보는 결정적인 문제였다.

1960년 8월 엠보싱 캘린더가 납품되어 곰보나일론이 시장에 선을 보였다. 최종건 회장은 만면에 미소가 떠올랐다. 예상했던 대로 곰보나일론은 선풍적인 인기를 끌었다. 선경직물은 활기를 되찾았다. 때마침 정부의 원사 구매자금이 풀려 일본으로부터 수입된 원사가 직물 업계에 밀려왔다. 시중에 원사가 넘쳐났다. 최종건 회장은 모든 수단을 동원해 원사 확보에 나섰다. 사내 일부 간부는 이에 적극적인 반대 의사를 나타내기도 했다. 그러나 최 회장은 일시적인 체불과 사채를 이용하면서까지 원사 비축에 힘을 기울였다. 원사난으로 조업 중단을 경험한 오너로서는 최선의 선택이었다. 사원들도 결국 최 회장의 이런 선택에 공감했다.

원사 비축은 예상치 못했던 곳에서 막대한 수익을 가져다 주었다. 정부는 1960년 8월 13일 기준의 고정 환율을 기존의 500대 1에서 650대 1로, 1961년 1월 1일을 기해 1000대 1로 인상했다. 환율 인상은 여기에서 그치지 않았다. 제2공화국 정부는 불과 한 달도 안되어 환율을 다시 1300대 1로 올렸다. 환율 인상은 누구도 예측 못한 일이었다. 모든 원자재 값이 두 배 이상 폭등했다. 선경직물은 환율 인상으로 엄청난 환차익 이득을 볼 수 있었고 수년간 누적되어 온 부채를 일소할 수 있었다. 최종건 회장은 1961년 4월 서울시 종로구 당주동으로 이주, 활동 무대를 수원에서 서울로 옮겼다. 뜻깊은 이주였다.

3

직물 수출 1호

최종건 회장은 수출로 새로운 돌파구를 마련하기로 결심했다. 1962년 1월의 일이다. 최종건 회장은 1961년 10월 박정희 국가 재건 최고 회의 의장(추후 대통령)과 만났을 때 "수출을 연구하시오."하던 말을 잊지 않았다.

최종건 회장은 1956년 개설한 서울 연락 사무소를 1961년 11월 서울시 종로구 당주동의 천일빌딩 5층으로 이전하고 수출업무를 본격화하기 위해 선경직물(주) 서울 사무소를 확대 개편했다. 서울 사무소장에는 선경직물 경리과장인 이문재를 임명했다.

박정희의 군사 정부는 1962년 1월 연간 경제성장률 7%를 목표로 하는 제1차 5개년 경제개발계획을 발표했다. 최종건 회장은 경제개발 5개년 계획에 적극 참여할 것을 결심했다. 경영진을 보강했다. 김영한 상무를 전무로 승진시키는 한편, 조선 농기구 제작회사 생산부장을 지낸 고종균씨를 지배인으로 발령하고 서울 금융조합 이사를 역임한 둘째 처남 노성우를 경리부 장으로 발령했다.

1962년 2월 정부는 울산공업단지 기공식을 거행했다. 최종건 회장은 이에 발맞춰 공장의 시설 개선, 품질과 생산성 향상을 위해 시설 자금 융자를 신청했다. 수출은 쉽지 않았다. 선경직물이 국내에서는 유수의 직물업체로 성장하기는 했지만, 수출을 대행하는 무역회사들의 반응은 극히 냉담했다. "대기업 계열의 직물 회사들도 수출을 못 하는데 선경직물같은 중소기업이 무슨 수출이냐"는 식이었다.

당시의 수출 전선 분위기는 비관적이었다. 일부 무역회사는 'Made in Japan'이라고 표기할 것을 권유하기도 했다. 최종건 회장이 이를 받아들일 리가 없었다. 최종건 회장은 상공부에서 수출 계획서만 제출하면 수출 자금(무역 금융)을 융자해주겠다는 제안을 받아들이지 않았다. 수출에 대한 전망이 확실하지 않았기 때문이다. 어디까지나 정도를 택하겠다는 신념이었다.

선경직물 직원들은 낙담하지 않았다. 선경 직원들은 국내 무역회사를 뛰어넘어 해외 무역회사와 직접 상담을 벌이는 방법을 택하기로 했다. 이토추(伊藤忠) 상사의 한국지사 도움을 받아 홍콩 소재 무역회사 주소록을 확보했다. 선경의 직원들은 닭표 안감의 견본(16 Denier Rayon Twill) 과 마당 CIF(원가, 보험료, 운임 합산 가격) 오퍼를 발송했다. '박정희 수출 드라이브'가 시동을 거는 순간이었다.

선경이 보낸 견본은 기묘한 반응으로 돌아왔다. 오퍼를 발송한 지 한 달 뒤에 홍콩에 나가 있던 국내 한 무역상이 선경직물의 견본을 들고 최종건 회장을 찾아왔다. 그는 거래처인 홍콩의 광홍공사(広弘公司)에 들렀다가 선경직물견본에 대해 호의적인 반응을 보이는 것을 보고 이를 전하기 위해 왔다는 것이다. 이한산업(주)의 김상수 부장이었다. 김상수 부장은 견본 그대로의 품질이 보장되고 적정한 가격이 합의되면 수입을 추진하겠다는 광홍공사의 의견을 전달했다.

선경직물은 희소식에 흥분했다. 최종건 회장은 이문제 서울 사무소장을 수원공장으로 불러 긴급 간부 회의를 열었다. 최종건 회장은 이 회의에서 수출을 하는데 지켜야 할 세 가지 원칙을 제시했다. '첫째 최저 수출원가를 계산해 낸다, 둘째 이익은 없더라도 손해 나지만 않는다면 이번 수출 상담을 성사시킨다, 셋째 모든 조건이 합의되어 수출이 실현되는 경우 재고품을 수출하지 않고 보다 나은 제품을 새로 생산, 수출함으로써 선경직물의 해외 신인도를 높인다' 였다.

여기서 우리는 셋째 지시사항을 눈여겨 볼 필요가 있다. 최 회장은 수익보다는 기업의 명예를 중시한 것이다. 최 회장이 제시한 원칙에 의해 산출해 낸 인견 능직의 생산 원가는 마당 14센트였다. 그런데 홍콩 광흥공사에서 보내 온 최종 오퍼 가격은 11.3센트였다. 10만 마(1만 3000달러)를 수출할 경우 예상되는 손실액이 우리 돈 351만 환에 달했다. 여기에 정부에서 보조해 주는 신규상품 수출 장려금(282만 5000환)을 고려하면 최종 손실액은 70만 환이었다. 최종건 회장은 70만 환의 손실을 감수하는 결단을 내렸다.

홍콩의 광흥공사의 수출 신용장이 도착한 것은 1962년 2월 초순이었다. 1962년 4월 8일 우리나라는 비로소 인견 직물 수출국이 되었다. 선경직물이 이룬 쾌거였다. 최종건 회장은 비록 적자 수출이기는 하지만 수출을 이뤄낸 기쁨으로 운동회를 열어 사원들을 격려했다. 인견 직물은 1963년 3월 7일 수출 장려금 교부대상 상품목에 올랐다. 선경직물의 닭표 안감은 홍콩 섬유 시장에서 호평을 받았다. 선경직물은 홍콩의 바이어들과 직거래를 틀 수 있었다.

1962년 한 해 선경직물은 4만 6000달러의 수출 실적을 올릴 수 있었다. 최종건 회장은 1962년 8월 11일 무역업을 목적으로 하는 선경 산업을 설립한다. 대표이사 사장 최종건, 이사에 최종현, 노성우,

김덕유, 감사에 김영환이 선임되었다. 여기서 이사에 최종현 선대 회장이 이름을 올린 것을 기억해 둘 필요가 있다. 당시 최종현 선대 회장은 미국에서 유학 중이었다. 그러나 최종건 창업 회장은 실제인 최종현 선대 회장을 이사로 선임해 먼 장래를 위한 포석을 깔아놓은 것이다.

이후 선경산업은 동남아 각국의 무역상들을 상대로 직물 견본을 발송하면서 새로운 거래처를 개척하려고 노력을 기울였으나 실적은 미미했다. 수출을 위해 전문인력을 충원하기에는 선경직물의 역량이 다소 부족했다. 수출 전문인력은 고임금에다 유능한 사람들은 삼성 등 대기업들이 거의 차지했다.

4

최종현 등장

1962년 3월 24일 선경직물은 자본금을 종전의 500만 환(1만 주)에서 5000만 환(10만 주)으로 증자하고 증자분 전액 4500만 환을 불입했다. 몸집은 커졌으나 창업 이래 가장 심각한 경영난에 봉착했다. 손해를 감수한 첫 수출로 인한 손실이 적지 않은 데다 그해 여름 섬유업계의 불황은 극심했다. 최종건 회장이 적수공권으로 선경직물을 창업한 지 10년째 접어드는 해였다. 최종건 회장 36세 때였다. 선경직물의 자금 사정은 매우 취약했다. 사채를 주로 빌려 썼고 동대문 포목상에서 받은 선수금이나 수출 대금으로 직원들 월급을 줄 정도였다. 선경직물은 1962년 이전에 설치한 구형 직기 100여 대를 새 직기로 교체하는데 무리했고 직물 업계의 유래없는 과열 경쟁까지 겹쳐 경영수지는 급격히 악화되었다. 게다가 1962년 6월 10일 0시 군사 정권에 의해 기습적으로 단행된 제2차 화폐개혁은 극도의 경기 위축을 가져왔다. 2차 화폐개혁이란 5.16 이후 반년 만에 2배로 늘어난 통화를 회수하고 경제개발 5개년 계획에 필요한 내자를 총동원하기 위해 '환'을 '원'으로 바꾸고 단위를 10대 1로 낮춘 조치를 말한다. 2차 화폐개혁은 실패한 정책으로 평가받는다. 선경직물은 화폐개혁 영향으로 직원들의 월급이 4개월이나 밀리고 세금 체납으로 일부 직기에 체납 딱지가 붙기도 했다.

당시 선경직물의 경리부장 이문제의 주요 일과는 동대문 사채 시장에 수표장을 들고 나가 연수표를 할인, 미리 발행한 연수표가 은행에 돌아오는 것을 결재하는 것이었다. 선경직물은 회사 규모가 급성장하면서 운영 자금 규모도 커지며 최종건 회장이 혼자 힘으로 자금 조달을 하는 데 한계에 다다르게 된 것이다. 최종건 회장 자신도 혼자서 회사의 모든 업무를 처리하는데 한계를 느끼기 시작했다. 이것은 선경직물이 전적인 변화를 가져와야 하는 것을 의미했다. 최 회장은 아우인 최종현의 귀국을 바라고 있었다. 아우의 도움이 절실했다. 최 회장이 선경 산업을 설립하면서 최종현을 주주 겸 이사로 선임한 것도 귀국을 유도하기 위한 것이었다.

최종현은 미국 위스콘신대 화학과 3학년에 편입, 1956년 4월에 졸업 후 같은 해 10월 명문 시카고 대학 대학원 경제학과에 입학, 10여 년 동안 학업에 열중하고 있었다. 최종현은 화학 전공에서 경제학과로 방향을 바꾸었고 유명 경제 칼럼니스트가 되는 것이 희망이었다.

최종현은 부친 최학배 공으로부터 귀국을 종용하는 한 통의 서찰을 받은 바 있다. 최학배 공은 서둘러 귀국해 형 최종건의 사업을 도와주라는 내용의 편지를 보냈다. 최종현은 1962년 10월 3일(미국 현지시간) 한 통의 급전(急電)을 받았다. 부친의 별세 소식을 알리는 전보였다. 최학배 공은 최종건 회장의 서울 당주동 자택에서 고혈압으로 쓰러진 후 1962년 10월 2일 서울 성모병원에서 운명했다. 최종현은 더 이상 미국에서 머물 수 없었다. 최종현은 10여 년의 유학 생활을 정리하고 1962년 11월 4일 귀국했다.

최종현은 1962년 11월 5일 곧바로 선경직물의 부사장으로 취임했다. 최종현 부사장 33세 때 일이다. SK그룹의 성장사(史)에서 한 획을 긋는 순간이었다.

최종현 부사장이 브리핑을 받아 본 결과 선경직물이 직면한 위기는 생각했던 것보다 훨씬 심각한 것이었다. 사원들의 임금은 4개월째 체불된 상태였고 부채는 3,200만 원에 달해 있었다. 이것은 당시 선경직물의 월간 매출액이 3000만 원인 것을 감안 하면 너무 과중한 것이었다.

최종현 부사장은 타개책을 구상하기 시작했다. 최종현의 저력이 서서히 나타나기 시작하는 시점이었다. 최종현은 회사가 처한 상황을 조직적으로 분석, 재평가했다.

한편 최종건 회장은 최종현 부사장에게 비스코스(Viscose) 한국 대리점 김병세 사장과 이토추 상사 서울 지점의 간바야시 다게노리 과장을 소개해 주었다. 이 두 사람과 긴밀한 관계를 유지하면서 한국과 일본의 섬유업계 동향과 흐름에 관해 자문을 받으라는 취지였다.

최종현 부사장은 기업 경영의 가장 핵심적인 요소가 기획(Planning)이라고 생각했다. 이것은 그의 지론이었다. 기업이 한 경제단위로서 사업계획을 가져야 하는 것은 필수라고 생각했다. 나침판 없이 어떻게 목표한 항해에 성공하겠는가. 우리는 최종현 부사장의 이런 지론과 철학을 앞으로 SK그룹 성장 과정에서 수없이 보게 될 것이다.

최종현 부사장은 선경직물의 계획성 없는 무리한 과잉 투자가 위기를 불러왔다고 분석했다. 정곡을 찌른 것이었다. 최종건 회장과 최종현 부사장의 기업 성장을 바라보는 견해가 일치하지 않는 부분도 있었다. 최종건 회장의 저돌적 추진성과 최종현 부사장의 치밀성이다. 이 두 가지 요소가 다 갖춰지면 이상적이다. 선경직물은 최종현 부사장의 경영 참여로 질적인 도약과 변화를 이룰 수 있는 계기가 마련되었다.

최종현 부사장의 첫 작품

최종현 부사장이 주목한 것은 인견사 수입 공매불(輸入公賣弗, 달러)였다. 여기에 비상 탈출구가 있어 보였다.

국내 직물 업계는 과잉생산에도 불구하고 고급합성 직물에 대한 수요는 갈수록 증가되었다. 일부 원사 수입업자들은 정부가 공매하는 원사도입용 달러를 독점하다시피 했다. 이들은 공매불에 프리미엄(웃돈)을 붙여 직물 생산업자에게 팔아 차익을 챙겼다. 이들의 농간에 의해 국내 원사 가격은 수입원가에 비해 터무니없이 상승했고 직물 생산 업계는 해마다 원사 파동을 겪게 되었다.

공매불을 둘러싼 이런 파행적인 일이 벌어질 수 있었던 것은 당시 정부의 외화보유고가 충분하지 못한 데서 오는 것이었다. 정부가 수입 원자재별로 쿼터(수량 제한)를 정해서 달러를 배정하고 이를 수입업자에 파는 구조였다. 직물 생산업자들은 이렇게 한 다리를 거쳐 원사를 확보할 수밖에 없었다.

최종현 부사장은 정부의 인견사 공매불(달러)을 매입하기로 하고 면밀한 조사를 했다. 공매불을 확보하면 국내 수입업자들을 거치지 않고 원사를 직수입하는 이익이 있다. 공매 달러를 매입하기 위한 자금은 최종건 회장이 책임지기로 했다. 최종건 회장은 선경직물의 제품을 담보로 매입자금을 마련하는 수완을 보였다. 1962년 12월 최종현 부사장은 시카고 대학 동창의 초대로 미8군 사령부에서 열린 크리스마스 파티에 참석했다. 최종현 부사장은 그 파티에서 소개받은 USOM(United States Operation Mission, 한미경제협력위원회) 킬렌(Killen) 처장으로부터 귀중한 정보를 얻었다. 당시 유솜(USOM)의 위력은 대단했다. 한국경제의 대미(大美) 의존도가 심해 유솜은 한국경제의 사활을 쥐고 있었다. USOM은 1963년에 인견사 수입 달러를 배정하지 않을 방침이라고 귀띔해 주었다. 칠렌은 미국의 잉여 농산물인 면화(棉)를 팔기 위해서라고 했다. 인견사 수입불이 배정되지 않는다면 국내 직물 업계는 사망 선고를 받는 거나 다름없는 일이다. 최종현 부사장이 꿈꾸고 있는 선경직물의 위기 탈출 계획도 물거품이 되고 마는 것이다. 선경직물의 존립 자체가 흔들릴 수밖에 없는 것이다. USOM이 이미 확정한 1963년분 인견사 수입불은 427만 4000달러는 1962년 인견사 수입 배정액 815만 1000달러의 50% 수준으로 국내 인견사 실 수요량의 절반도 못 미치는 것이었다.

최종현 부사장은 국내 원사 수입업자들이 보유하고 있는 인견사 공매 달러를 매입하기로 결정했다. 공매 달러는 용도가 제한되어 있다. 따라서 용도, 즉 수입 품목의 인기도에 따라 프리미엄이 거래되는 것이 당시의 관행이었다. 인기 있는 품목은 공매불의 불하 가격보다 수배의 프리미엄이 붙기도 했다. 인견사 공매불은 인기가 낮았다. 인견사 수입업자들이 담합해서 적당히 배분하는 형식이었다. 따라서 국내 수입업자들이 보유하고 있는 인견사 수입 달러를 매입하는 것은 어려운 일은 아니었다. 최종현 부사장은 1달러당 5원씩의 프리미엄을 주고 불과 한 달 사이에 10만 달러를 매입할 수 있었다. 최종현 부사장은 정부가 추진하는 원사 도입용 공매 달러 입찰에 참여, 상반기분의 3분의 1 이상을 낙찰받음으로써 업계를 경악게 했다.

공매 달러 대량 확보로 선경직물의 자금 사정이 일시에 호전되는 것은 아니었다. 사정에 따라 공매 달러를 프리미엄을 붙여 매각하면 거대한 환차익이 생겨나기 때문에 든든한 비상수단을 가진 것이다. 실제로 일부 간부들은 공매 달러를 원사 수입업자들에게 팔아 자금 조달을 하자는 의견이 나오기도 했다.

신용장 개설 후 원사가 도입되자 이번에는 원사를 그대로 매각해서 운영 자금으로 사용하자는 의견이 속출했다. 우리는 여기서 최종건 회장이 1961년 10월 박정희 국가재건 최고회의 의장이 수원의 선경직물을 방문해 '성실한 기업인'이기에 선경직물을 방문했다는 기록을 기억할 수 있다. 최종건 회장, 최종현 부사장 두 형제가 환차익을 겨눠 '정도'를 벗어날 리가 없다는 것을 여기서 볼 수 있다.

최종현 부사장은 자신이 계획한 대로 직수입한 원사를 직물로 생산함으로써 그 이윤 폭을 세 배나 늘어나게 했다. 최종현 부사장의 첫 작품은 대성공이었다. 선경직물의 자금 사정은 호전되었다. 최종현 부사장은 체불된 직원들의 임금을 최우선해서 해결하도록 지시했다. 최종현 부사장을 바라보는 사원들의 불안은 사라지기 시작했다. 미국에서 10여 년 동안 대학에서 공부만 해 온 최종현 부사장의 기업 일선에서 보여줄 능력에 대해 일부 사원들이 불안을 가졌던 것은 사실이었다. 어떻든 이번 공매 달러 성공으로 최종건, 최종현 두 형제의 결합이 절묘한 조화를 이루었다는 평가가 나오기 시작했다.

수출 실적 링크제 (홍콩의 300만 마 대박)

1963년 1월 5일 정부는 '수출 실적 링크제' 실시를 발표했다. 수출을 늘리고 불요불급한 비생산적인 수입을 억제하기 위해서였다.

수출 실적 링크제는 수출한 만큼 수입을 허가해 주는 것이다. 수출 링크제에 따라 수출을 많이 하는 기업에게 더 많은 혜택이 돌아가게 된다.

최종현 부사장은 선경직물이 홍콩 지역에 견직물 수출 실적이 있고 관련 법규에 따라 홍콩 지역에 견직물 수출 독점권을 신청할 수 있다는 것을 찾아냈다. 선경직물은 독점권을 신청했고, 1963년 2월 13일 상공부로부터 독점권 승인을 받았다.

최종현 부사장은 홍콩 직물 시장의 현황을 파악하기 위해 1963년 3월 홍콩으로 떠났다. 홍콩은 당시 자유 중개 무역 도시이자 동북아 무역 중심지로 국내 업자의 발길이 잦은 곳이다. 우리나라는 당시만 해도 홍콩에 오징어와 농업부산물인 목화씨(棉實) 정도를 수출하는 게 고작이었다. 최종현 부사장은 국산 직물 수출 전망이 의외로 밝은 것에 놀랐다. 당시의 홍콩 직물 수입업계는 일본의 독무대였다. 섬유 선진국인 일본은 홍콩 시장을 독점하다시피 했고 가격 횡포가 심했다. 홍콩 시장은 수입 다변화를 모색하는 시기였다. 1962년 첫 수출로 인해 선경직물에 대한 현지 평판도 좋았다. 최종현 부사장은 한 달 정도 홍콩에 머물면서 현지 업자들과 긴장되고 끈질긴 상담을 벌였다. 마침내 1962년의 수출량 30배인 인견 능직 300만 마를 주문받는데 성공했다.

수출 단가도 좋은 수준이었다. 1962년의 11.3센트에 비해 2.9센트가 높은 가격이었다. 이는 선경직물이 산출한 최저 수출 단가인 14센트보다 0.2센트가 높은 것이었다. 수출 총액은 42만 6000달러로 1962년 실적의 37배가 넘는 것이었다. 당시의 외환 사정으로는 거금이었다. 암시장에서는 수출 달러에 대한 프리미엄은 달러당 70~80원 선에 형성되어 있었다. 수출 달러는 돈이 되는 인기 있는 것이었다. 1963년 4월에는 프리미엄이 달러당 80원에 이르렀다. 선경직물은 42만 6000달러의 수출 계약을 다른 직물 업체에 양도하기만 해도 3000만 원의 막대한 차익을 얻을 수 있었다.

최종현 부사장은 정도를 걸었다. 그는 인견 능직 300만 마 전부를 선경직물이 생산한다는 방침을 세웠다. 최종현 부사장은 42만 6000달러 중 인견사 1천 500고리 확보에 필요한 15만 달러를 떼어 놓은 다음 나머지 27만 6000달러를 구상무역(Bater Trade) 달러로 전용하는 포트폴리오 프레임을 짰다. 최종현 부사장은 엄청난 수익이 보장되는 나일론 원사에 대한 구상무역 허가를 상공부에 제출했다. 여기에는 강력한 경쟁업체가 있었다. 미국에 견직물 18만 2000마를 수출한 실적이 있는 조선견직(주)였다. 강자였다. 업계는 조선견직에 돌아갈 것으로 보았다. 그러나 도입 허가는 선경직물에 떨어졌고 나일론 원사 수입 9만 달러가 배정되었다. 선경직물은 이로써 이미 확보하고 있는 인견사 수입 공매 달러 10만 달러와 나일론 원사 수입 공매 달러 9만 달러로 일거에 8000만 원을 벌어들였다. 최종현 부사장의 눈부신 활약이었다.

선경직물은 체불 노임과 누적 부채 2000만을 해소하고 무역 업계의 본산지인 서울 중구 소공동 복창 빌딩에 선경 산업 서울 사무소를 개설했다. 선경직물은 위기를 타개한 여세를 몰아 향후 증가될 수출 물량에 대비하기 위해 직기 1000대 증설 계획을 세웠고 1965년 9월 15일 자산재평가 적립금 4500만 원을 자본금으로 전입, 몸집을 키웠다.

선경은 최악의 경영난을 극복하면서 연이은 경사가 이어졌다. 1963년 6월 선경직물은 '5.16혁명 1주년 기념 산업박람회'에서 직물 부문에서 상공부 장관상을 수상했고, 1963년 8월 15일 최종건 회장은 '제18회 광복절 기념식'에서 정부가 수여하는 공업부문 금탑산업 훈장을 받았다. 최고의 훈격이었다. 금탑산업훈장이 주어진 공적은 국내 직물 업계 발전에 기여한 공로와 최초의 직물 수출을 이뤄낸 업적이었다.

5

신제품 개발과 선경의 비약

뜻이 있는 곳에 길이 있다고 했다. 선경직물은 일단 경영위기에서 벗어나기는 했지만, 회사를 성장시킬 새로운 동력이 필요했다. 신상품 개발은 필수였다. 1950년대 선경직물을 이끌어 왔던 '닭표 안감', '봉황새 이불감' 그리고 '곰보 나일론'은 1960년대 들면서 경쟁력을 잃었다.

크레퐁 선풍

최종현 부사장은 1964년 초, 일본 출장에서 귀국하면서 일본에서 치마 하나를 구입해 왔다. 일본에서 잘 팔리고 있던 제품이었다. 치마의 원단은 '폴리에스터 크레퐁'으로 여성용 블라우스나 원피스에 쓰이면서 일본에서 선풍적인 인기를 끌고 있는 직물이었다. 크레퐁 직물은 춘추복에 넓게 쓰일 수 있었고, 여름 비수기에 적당한 제품이 없어 고민하는 선경직물에게는 개발 욕구를 자극할 만한 것이었다.

최종현 부사장은 치마를 선경직물 수원공장으로 보내 제품 개발을 지시했다. 하지만 폴리에스터 크레퐁은 쉽게 짤 수 있는 제품이 아니었다. 당시로서는 최첨단 기술이 숨어 있는 직물이었다. 폴리에스터 원사 자체가 보통실이 아닌 연사(撚絲, 꼬인 실)였고 직물의 조직이 특수해 서너 개의 직기로 제직할 수 있는 것도 아니었다. 당시 선경직물의 기술진 수준으로는 제직이 어려웠다.

최종건 회장은 해답은 일본에 있다고 보았다. 최 회장은 이토추 서울 지점장 간바야시 다카노리를 찾아갔다. 최종건 회장은 이토추의 데트론을 구매한다는 조건으로 일본 기술자를 소개받았다. 초빙된 일본 기술자는 불과 한 달 만에 폴리에스터 크레퐁 시제품 생산에 성공했다. 시제품이었지만 품질은 일본 제품에 손색이 없었다.

최종현 부사장은 국내 시판에 앞서 동남아 일대에 크레퐁 오퍼를 띄웠다. 첫 반응은 오스트레일리아에서 왔다. 오스트레일리아는 크레퐁 10만 마(수출 금액 3만 6000달러)를 주문했다. 선경은 1964년 4월, 오스트레일리아 선적을 마치고 국내 시장 반응을 보기 위해 명동의 유명 양장점에 출하했다.

당시 명동은 유명 양장점이 밀집해 있었고, 패션 유행을 만들어내는 메카였다. 최종현 부사장은 소비자들의 반응을 측정하기 위해서는 동대문 시장보다는 명동이 적절하다고 판단했다. 최종현 부사장의 판단은 적중했다. 선경이 제품을 출하한 지 불과 일주일 만에, 명동 양장점의 주인들은 수원공장으로 달려와서 남아있는 크레퐁을 모두 실어가고 말았다. 이 바람에 최종건 회장은 동대문 시장 상인들에게 한바탕 즐거운 곤욕을 치렀다. 동대문 상인들은 오랜 거래처인 자신들을 따돌리고 명동에 먼저 제품을 출하한 선경에 섭섭함을 표출한 것이다. 당연한 항의였다. 최종건 회장은 '국내 사정을 잘 모르는 아우(최종현 부사장)의 실수'라고 동대문 상인들을 달랬다.

크레퐁은 날개 돋친 듯 팔려나갔다. 선경직물은 밤낮을 가리지 않고 크레퐁 생산에 들어갔다. 그럼에도 동대문 상인들 몫은 생산할 수 없었다. 명동의 양장점 주인들이 현금을 싸들고 수원공장에 내려와 진을 치고 있었기 때문이다. 선경은 최종현 부사장의 합류로 성장에 탄력을 받기 시작했다. 세인들은 이를 두고 최종건 회장의 추진력, 최종현 부사장의 기획력이 절묘한 조화를 이루고 있다고 했다.

직물연 회장 최종건

1964년 4월 27일, 최종건 회장은 한국직물공업 협동조합 연합회(이하 직물연) 회장에 피선되었다. 당시 섬유 산업계를 대표하는 조직으로는 직물연과 방직협회가 있었다. 섬유 산업이 내수 및 수출 산업으로 각광을 받으면서 두 단체는 영향력과 권위를 자랑하고 있었다. 특히 직물연은 정부로부터 배정된 원사도입 달러를 업계에 배정하는 업무를 수행하고 있었기 때문에 영향력이 막강했다. 직물 업계는 원사도입 달러 쿼터를 얼마를 받느냐에 따라 사활이 걸리는 것이다.

최종건 회장은 직물연 대의원의 압도적인 지지로 당선되었다. 최종건 회장은 직물연 총무부장 최무현을 전무로 승진시켜 직물연의 조직을 강화했다. 최종건 회장의 신임을 받았던 최무현은 이후 선경 그룹의 선경직물사장으로 발탁되었다. 최종건 회장은 소공동에 있던 직물연의 사무실을 시민회관(현 세종회관) 뒷편 당주동으로 옮겼다.

최종건 회장은 또 하나의 막강한 권한을 정부로부터 위임받는 정치력을 발휘했다. 직물연은 직물 수출 검사법에 의한 수출 검사 업무를 맡게 되었다. 이것은 당시 우후죽순처럼 난립한 직물 수출 업체들이 불량품을 수출해 'Made in Korea'의 성가를 떨어뜨리는 사례가 빈발하는 데 따른 조치로 국가적으로 중요한 일이었다. 최종건 회장의 신망이 얼마나 두터웠나를 알 수 있는 대목이다.

앙고라 탄생 - "남방셔츠 자락 자르겠습니다"

1964년 10월, 선경직물은 또 하나의 히트상품을 냈다. 앙고라 개발이 그것이다. 앙고라 개발에는 당시 조선일보 방일영(方一榮) 사장과의 숨은 이야기가 있다. 최종건 회장과 방일영 사장은 절친이었다. 두 분은 사업 영역은 다르지만 일주일에 3~4번은 만나는 각별한 사이였다. 두 분은 어늘 날 술자리에서 우연히 만났지만 금방 흉금을 털어놓을 수 있는 상대라는 것을 알았다. 훗날 조선일보 회장에 오른 방일영은 1975년 10월 '사보선경(社報鮮京)'에서 저녁녘이 되면 예고도 없이 훌쩍 나의 방문을 열고 나타나 "형님, 한잔합시다"라고 하는 것이 버릇이었다고 기록하고 있다. (방일영 회장은 후일 최종현 회장과도 친하게 교류했다)

1964년 9월 방일영 사장은 선경 산업 당주동 사무실에 들러 최종건 회장과 시국에 대한 한 담소를 나누고 있었다. 그 자리에는 수원 공장 공장장에서 선경 산업 상무로 승진한 조용광이 동석했다. 조용광 상무는 최종건 회장이 동대문 시장에서 도안으로 유명하던 시울대 미대 출신인 그를 삼고초려해 입사시킨 그 사람인 것을 우리도 알고 있다.

조용광 상무는 방일영 사장이 입고 있는 남방셔츠에 눈길이 갔다. 조용광 상무는 방일영 사장의 남방셔츠가 우수한 원단으로 제직된 것을 금방 알아봤다. 조상무는 저 정도의 직물이라면 국내 시장에서도 호평을 받을 수 있을 것이라고 생각했다. 조용광 상무는 실례를 무릅쓰고 방일영 사장께 "사장님, 죄송하지만 셔츠의 일부분을 잘라내도 되겠습니까?"라고 말씀드렸고 "좋습니다."라고 방일영 사장은 흔쾌히 승낙했다.

조용광 상무는 자른 셔츠의 자투리를 수원공장으로 가져가 성분을 분석했다. 분석 결과 조상무가 생각했던 앙고라(Angora)제품이 아니었고 폴리에스터 연신사(延伸絲)로 제직된 일본 제품이었다. 조용광 상무는 그 무렵 국내에서도 연신사가 생산되고 있는 사실을 알고 있었다. 조용광 상무는 앙고라 시제품 생산 개발에 본격적으로 착수했다. 한 달 동안 연구 끝에 선경직물은 앙고라 시제품 개발에 성공했다. 선경직물은 대량 생산에 들어갔고 국내 시장을 석권했다.

박정희 대통령과의 두 번째 만남

박정희 대통령은 1964년 10월 15일, 제1회 수출의 날 기념행사에 참석한 뒤 선경직물을 다시 방문했다. 「수출의 날」이란 박정희 정권이 수출 드라이브 정책을 론칭 시킨 후 1억 달러 수출에 성공하자 이를 기념하기 위한 행사였다. 한국의 경제 성장사(史)에서 뜻깊은 행사였다. 최종건 회장은 이번 박정희 대통령의 방문을 예상하고 있었다. 최종건 회장은 61년 10월 박정희 의장 방문은 뜻밖이었기 때문에 기름때 묻은 작업복으로 맞이한 일이 있다. 최종건 회장은 공장 장 고종균과 함께 브리핑을 준비하고 있었다.

최종건 회장은 박정희 대통령에게 브리핑하는 내용에서 선경이 국내 최초로 아세테이트 원사(原絲) 공장 건설을 계획하고 있다고 밝혔다. 이미 사양 산업에 접어들고 있는 아세테이트 공장을 짓겠다는 것은 의외였다. 박정희 대통령은 의아했고 최종건 회장에게 그 이유를 물었다. 최종건 회장은 최종현 부사장의 건의에 따라 아세테이트 인견사 사업 진출을 먼저 하고 그것을 디딤돌로 삼아 폴리에스터 원사 사업에 진출하기로 결심한 상태였다. 최종현 부사장은 비교적 제조 공정이 단순한 아세테이트사(絲)부터 시작해 기술 축적을 한 다음 폴리에스터쪽으로 진출하는 것이 성공을 보장받는 과정이라고 판단했다. 당시 아세테이트사 국내 수요는 5000톤을 넘어서고 있었다. 사양 산업이기 때문에 독점 생산이 가능했다. 최종건 회장은 박정희 대통령에게 아세테이트사의 성공 가능성을 브리핑했고 박 대통령은 전적인 지원을 약속했다.

선경은 최종건 회장의 브리핑이 있은 2년 후 폴리에스터 원사 생산에 진출한다(이 부분은 이 책 다음 장에서 자세히 소개한다). 최종건 회장과 박정희 대통령과의 인연은 여기에서 그치지 않는다. 박정희 대통령 내외는 1964년 12월 6일 서독 뤼브케 대통령의 초청을 받고 서독을 공식 방문한다. 박정희 대통령의 서독 방문은 한국경제 성장사에 뜻깊은 이정표를 찍는 것이었다. 박 대통령은 경제개발에 필요한 자본이 형성되어 있지 않은 상태에서 외자를 유치하는 것이 첩경이라고 생각했다. 이른바 차관을 일으키는 것이다. 서독은 전후 경제 부흥에 성공해 서방사회에서 제1의 달러 보유국이었다. 박 대통령은 달러 부국 서독에서 차관 교섭을 위해 서독을 공식 방문하는 것이다.

한국 정부가 원하는 차관 액수는 2천만 달러였다. 서독은 차관은 일으켜 주겠으되 담보로 한국의 광부와 간호사를 파견해주고 그들이 받게 되는 임금을 담보로 해달라는 조건을 달았다. 역사적 기록으로 남은 서독 파견 광부, 간호사는 이런 배경으로 이뤄졌다.

박정희 대통령 내외는 서독 국가 원수 영부인에 대한 선물을 무엇으로 할까 고심하다 국산 옷감으로 정했고 국산 옷감을 즐겨 사용해왔던 육영수 여사는 선경 제품을 직접 지정했다. 이는 선경직물의 품질이 외국 원수의 영부인에게 선물해도 아무 손색이 없는 수준이라는 것을 증명하는 것이다. 이 사실이 알려지면서 선경직물에 대한 선호가 높아졌고 판매도 증가했다.

1964년 국내 직물 업계는 불황이 극심했다. 1964년 5월 3일, 무역자유화를 전제한 환율 인상은 원사 가격의 폭등을 유발, 구매력의 격감으로 도산하는 직물업체가 속출했다. 하지만 최종현 부사장에 의해 내수 생산 위주에서 수출 생산으로 전환을 끝낸 선경직물은 불황을 거뜬히 이겨냈다. 선경직물은 1964년 한 해 인견 능직과 나일론 직물 수출로 80여만 달러의 수출 실적을 올렸다.

최고의 히트상품 '깔깔이'

선경의 65년은 2년 전 추진했던 '직기 1000대 증설' 달성으로 시작했다. 대외적으로는 월남(베트남) 파병으로 한국경제에 월남 특수가 일기 시작할 때였다. 선경직물은 직기 1000대 증설에 힘입어 수출 생산에 전력할 수 있었다. 선경은 이 해 32만 달러의 수출 실적을 올렸다. 이것은 지난 해에 비해 100% 넘게 신장된 것이었다.

최종건 회장은 1965년 2월 수원 상공 회의소 회장에 선출되었고 같은 해 7월 수출 조합법에 의해 창립된 한국 수출 조합 이사장에 선임되는 등 공인으로서의 활동 영역을 높여나갔다. 그의 나이 39세 때 일이다.

선경에 있어서 1965년의 하이라이트는 '깔깔이(Geogette)'의 개발이었다. 1965년 여름 최종현 부사장은 거래은행 지점장들과 저녁 자리를 갖는 기회가 있었다. 최종현 부사장은 유독 시선을 끄는 치마를 입은 종업원을 발견했다. 최종현 부사장은 한눈에 예사롭지 않은 원단으로 만든 치마라고 직감했다. 최 부사장은 "그 치마 내게 팔 수 있겠나. 값은 따지지 않을테니." 하면서 실제 가격의 10배를 지불해서 그 치마를 구입했다.

최종현 부사장은 다음날 조용광 상무에게 보여주었다. 치마의 재질은 명주처럼 부드러우면서도 약간 까칠까칠한 촉감을 주었다. 통풍이 잘되어 여름철 모시 대용으로 쓰기에도 적격이었다. 최종건 회장으로부터 여름철 비수기에 대비할 옷감을 개발해 보라는 지시를 받고 있던 조용광 상무는 이 치마가 비수기에 딱 맞는 것이었다. 하지만 치마의 원단은 선경직물이 제직할 수 있는 것이 아니었다. 치마의 원단인 조제트(Geogette)라는 직물은 폴리에스터 가연사(假撚絲)로 제직된 특별한 기술이 요구되는 제품이었다. 조제트는 사전적인 의미로 촘촘하게 꼰 명주실로 오글오글하게 짠 얇은 천을 말한다.

최종건 회장은 이번에도 이토추 측에 기술 지원을 요청했다. 최 회장은 간바야시 지점장에게 최고 수준의 기술료를 제시했지만 거절당했다. 간바야시 지점장은 크레퐁의 경우를 반복하지 않겠다고 단호히 말했다(우리는 선경직물이 일본의 크레퐁 기술 지원을 받아 오히려 일본에 앞서는 전례를 알고 있다). 최종건 회장은 조용광 상무와 함께 일본의 장섬유(長纖維) 본고장인 후쿠이(福井)와 가나자와(金澤) 직물 공장을 견학했다. 최 회장과 조 상무는 가연사를 고압 스팀에 찌면 연지(撚止)가 가능하다는 것을 알아냈다. 선경직물은 수개월 간의 실험 끝에 1965년 11월 조제트 제직 가연사를 생산해냈다. 개당 2,700선으로 가연한 실을 섭씨 100도의 온도로 30분간 스팀해야 한다는 것을 알아냈다.

1966년 5월 선경직물은 드디어 폴리에스터 조제트를 시장에 출하했다. 시장의 반응은 가히 폭발적이었다. 국내 소비자들은 이 신비의 옷감에 열광한 것이다.

1965년 12월 19일 선경직물은 신주 10만 주(5000만 원)을 발행, 자본금을 1억 원으로 증자했다. 당시 이 정도의 몸집이면 중견 기업을 넘어 대기업 반열을 넘보는 것이었다.

같은 달 선경에 대졸 신입 사원 2명이 입사했다. 선경은 창업 이후 최초로 대졸 신입 사원을 뽑은 것이다. 두 주인공은 서울대학교 경영학과(서울 상대 후신)를 졸업하고 ROTC 경리장교로 군 복무를 마친 손길승(孫吉丞)과 이순석(李順石)이었다. 손길승과 이순석은 당시 중소기업에 지나지 않았던 선경직물에 입사, 훗날 선경의 성장과 발전에 중추적인 역할을 하게 된다. 두 사람은 각각 회장과 부회장직에 올라 샐러리맨 신화를 창조한다(손길승 회장에 대해서는 다음 기회에 자세하게 설명하게 된다).

6

꿈의 폴리에스터 원사(原絲)

섬유업자가 원사 메이커가 되는 것은 강력한 힘을 갖는 것을 의미한다. 신분이 을(乙)에서 갑(甲)으로 변하는 것이다. 선경은 1966년 아세테이트 원사 공장과 폴리에스터 원사 공장 두 축을 동시에 추진한다. 최종건 회장과 최종현 부사장은 1966년 1월 30일 임원 회의를 소집한다. 이날 회의에는 첫 대졸 신입 사원인 손길승과 이순석도 참석했다. 최종현 부사장은 「선경」 5개년 계획을 발표했다.

최종현 부사장의 발표에 임원들의 반응은 덤덤했다. 최종현 부사장의 계획이 거창하고 실현이 불가능한 것으로 보였기 때문이다. 당시의 선경의 힘으로는 임원들이 그런 반응을 보이는 것도 무리는 아니었다. 당장 그 같은 계획을 실현하기에 필요한 인력과 재원이 문제였던 것이다.

하지만 최종현 부사장의 아세테이트 사업을 디딤돌로 폴리에스터 사업으로 진화한다는 계획은 차곡차곡 진행된다. 선경직물이 1965년 8월 14일 신청했던 아세테이트 공장 건설 차관 지불 보증 승인 신청서에 대한 동의안이 1966년 3월 21일 국회에 제출되어 1966년 4

월 9일 통과되었다. 최종건 회장은 본격적으로 차관 도입에 나섰다. 당시의 차관 도입 절차는 국회의 동의뿐만 아니라 정부의 승인 절차가 필수였다. 최종건 회장은 별 문제가 없을 것으로 보았다.

1966년 4월 22일 일본 도쿄에서 열린 한일청구권 합동위원회에서 한국에 대한 9,500만 달러의 차관 집행 계획이 확정되었다. 국내 기업인들이 앞다투어 일본으로 달려갔다. 섬유 업체 만이 아니라 타 분야 산업체 기업들도 합세했다.

1966년 9월 6일 아세테이트 공장 건설 차관에 대한 정부의 지불 보증이 정식으로 승인되었다. 최종건 회장은 10월 초순 아세테이트 건설팀을 이끌고 일본으로 건너갔다. 차관 도입처인 이토추가 추진하는 일본 정부의 E/L(Export License) 수출 면허 발급업무를 지원하기 위해서였다. 당시 대일 상업 차관은 양국 정부의 승인을 받아야 했다. 선경화섬의 아세테이트 건설 차관은 제2차 5개년 계획에 들어있던 사업인 만큼 정부의 우선순위에 올라와 있었다.

그러나 최종건 회장은 한국 정부가 통보한 차관 우선순위가 일본 정부의 참고 자료에 불과하다는 사실을 알고 당황하지 않을 수 없었다. 최종건 회장은 일본 정부의 차관 승인을 받아 내기 위해 혼신의 힘을 발휘했으나 역부족이었다. 최종건 회장은 차관 승인을 받는 데는 주일 한국 대사관 김동조 대사가 키맨이라는 것을 나중에 알았다. 김동조 대사는 당시 대장성에서 차관 승인의 키를 잡고있는 후쿠다 장관과 친밀한 관계를 유지하고 있다는 정보도 입수했다. 후쿠다 장관은 후일 일본 총리를 역임한 인물이다. 최종건 회장은 김동조 대사와 접촉을 시도했다. 하지만 대일 차관을 얻기 위해 김 대사에 줄을 대는 기업인이 너무 많아 접촉 기회가 쉽지 않았다. 최종건 회장은 장기영(張基榮) 경제기획원 장관 겸 부총리가 김 대사와 친밀하다는 것을 알고 장 부총리의 소개 편지를 들고 김 대사와 만나게 되었다. 최종건 회장의 사정을 들은 김동조 대사는 적극적인 협력을 약속했다. 일본 대장성은 1966년 1차년도 차관 한도액이 소진되어, 결국 1967년에 가서야 차관 도입은 성사되었다. 차관 도입은 험로였다.

최종건 회장은 아세테이트 공장 부지로 수원시 정자동 600번지 일대의 전답으로 결정했다. 울산 공업 단지가 입지 조건이 낫고 땅값도 저렴했지만 자신이 뿌리를 박고 살아온 고향의 발전을 위해 수원을 선택했다. 최 회장의 이러한 애향심을 이해한 지주들의 적극적인 호의를 얻어 공장 부지는 쉽게 마련되었다.

한편 최종현 부사장은 공장 건설에 동참할 인재 확보에 나섰다. 최종현 부사장은 원사 공장 건설 구상을 다듬을 때부터 김병세 씨와 친교를 맺어왔다. 김병세 씨는 서울시 성북구 하월곡동에서 해외 통상이라는 봉제 업체를 운영했던 업계의 베테랑이었다. 선경직물은 김병세 씨의 해외 통상을 인수해 해외 섬유로 상호를 바꾼 일이 있다. 최종현 부사장은 김병세 씨의 처남 신상곤 씨와 친교를 유지해왔다. 신상곤 씨는 삼성 재벌 무역회사인 삼성 물산에 근무하고 있던 엘리트였다. 최종현 부사장은 신상곤을 통해 그의 서울대 동기인 한일 나일론 기술자들과 접촉했다.

1966년 6월 15일 최종건 회장은 선경합섬을 설립했다. 선경합섬 설립을 계기로 최종현 부사장은 7월 31일 신상곤을 영입하는데 성공했고, 이어 8월에는 서울대 화학공학과, 섬유공학과 출신인 강석웅, 김채식, 이기동, 박승효 등을 영입했다.

최종현 부사장은 영입 인사를 주축으로 아세테이트 공장 건설을 위한 건설팀을 구성했다 건설팀은 기획 신상곤, 공무 강석웅, 기술 김채식, 생산 이기동, 업무 박승효로 조직되었다. 팀장은 최종현 부사장 자신이 맡았다.

최종현 부사장은 아세테이트 공장 건설을 추진하는 한편 비밀리에 폴리에스터 공장 준비에 들어갔다. 이것은 엄청난 일이었다. 아세테이트 공장 건설만 해도 벅찬 일인데 폴리에스터 공장 건설을 병행하는 것은 어지간한 배짱으로는 생각할 수 없는 것이었다. 문제는 폴리에스터 제조 기술 이전이었다. 이 기술은 일본에 있었다. 일본의 데이진이 이 방면의 패권을 가지고 있었다. 최종현 부사장이 1966년 12월부터 데이진 측에 기술 이전을 타진하고 있었지만, 수익성이 좋은 폴리에스터 제조기술을 한국 기업 측에 팔고 싶은 생각이 애초부터 없었다.

폴리에스터 제조기술은 원래 데이진의 독점 기술이었지만 그 후 도요보(東洋紡), 니치레이, 아사히카세이(旭化成) 등이 자체 기술로 개발해서 시장을 형성하고 있었다. 최종현 부사장이 데이진과 협상에서 고전하고 있는 것을 본 이토추의 부사장은 도요보(東洋紡)의 기술 이전을 주선하겠다고 제의했다. 하지만 최 부사장의 의지는 단호했다. 그는 일류기술이 아니라면 기업의 장래는 없다고 보았다. 최종현 부사장은 "나는 도요보의 기술로 폴리에스터 사업을 시작할 생각은 없다. 도요보 기술로는 앞으로 일류 폴리에스터 메이커로 발전할 수 있는 가능성은 없기 때문이다. 당장 급하다고 해서 아무 기술이나 살 수는 없다. 기업의 생명은 장래성에 달려 있기 때문이다."라고 당시의 심정을 술회하고 있다.(선경 40년사)

한편 데이진은 한국의 흥한화섬공업㈜과 ㈜전남방직으로부터 폴리에스터 제조기술 이전 제의를 받고 있었다. 흥한화섬공업의 박흥식 사장과 전남방직의 김용주 사장은 섬유업계의 거물이었다. 이 두 사장과 최종현 부사장은 골리앗과 다윗의 싸움에 비견될 수 있다.

화신(和信)백화점 그룹의 박흥식 사장과 초대 주일 특명전권공사를 지낸 김용주 사장은 일본에서도 알아주는 거물이었다. 박흥식 사장은 일제 시대부터 데이진의 오야(大屋晋三) 사장과 친분을 나누고 있는 사이였다. 그럼에도 불구하고 데이진 경영진은 한국 측 폴리에스터 사업 파트너로 선경을 선택했다. 데이진 경영진은 직접적인 기술 이전보다는 기업 합작형태의 동업에 관심이 있었다. 그런 이유로 데이진은 기업인으로 안목을 갖춘 최종현 부사장이 이끄는 선경과의 합작이 적절하다고 판단한 것이다.

그러나 최종현 부사장은 폴리에스터 사업 역시 아세테이트 사업과 마찬가지로 기술료만 지불하고 독자적으로 공장을 건설한다는 계획이었다. 최종현 부사장은 폴리에스터 공장 건설에 대한 한국 정부의 허가를 받아낸 후에 데이진 측과 단순한 기술 이전이냐 합작형태의 동업이냐를 결정하기로 했다.

1967년 9월, 선경의 아세테이트 공장 건설 차관 550만 달러가 일본 정부에 의해 승인되었다. 선경은 한고비를 넘겼다. 선경이 폴리에스터 공장 허가를 받아내자 데이진 측은 합작 투자를 강력히 주장하고 나왔다. 이를 예상하고 있었던 최종현 부사장은 기술 축적 없이 아세테이트 공장과 폴리에스터 공장을 단독으로 경영하는 것보다는 조건에 따라 합작형태는 불리할 것이 없다고 결론을 내렸다.

최종현 부사장은 건설팀과 함께 일본으로 건너갔다. 협상은 집요하고 치열하게 진행되었다. 양측은 총 2600만 달러를 50대 50으로 투자해 일산(日産) 7t 규모의 폴리에스터 원사 공장(중합부문 제외)을 건설하는 데 합의했다. 기술 부문은 데이진 측이, 경영은 선경 측이 맡기로 했다.

데이진 측은 선경의 자금 능력이 궁금했다. 총 투자 금액 2,600만 달러의 50%인 1,300만 달러를 선경이 과연 동원할 수 있을까. 데이진 측은 나가지마(中鳥村太) 부사장을 한국에 파견했다. 최종건 회장은 특유의 기지를 발휘한다. 상대방을 압도할 수 있는 분위기를 조성하는 것이다. 워커힐에서 열린 만찬 회장에 참석한 한국 측 인사들의 면면은 화려했다. 청와대의 이후락 비서실장, 박충훈 부총리 겸 경제기획원 장관, 김정렴 상공부 장관 등 3공 정권 실세들이 망라되었다. 외자 유치에 몰두하던 3공 정부로서는 선경의 합작 기업 성공을 도와주기 위한 배려도 있었을 것이다. 나가지마 부사장은 놀라움을 금치 못했다. 이런 수준의 배경을 가지고 있는 선경이라면 자금 동원 능력은 의심의 여지가 없다고 생각했다. 나가지마 부사장이 돌아간 후 폴리에스터 합작회사 설립은 일사천리로 진행되었다.

그러나 문제는 지금부터였다. 선경은 현실적으로 1,300만 달러의 외자(달러)를 만들어내야 하는 일이었다. 최종현 부사장은 정부로부터 외화를 대출받는 방법 이외에 다른 방법은 없다고 생각했다. 그리고 그는 1967년 5월 18일 금융통화위원회가 제정한 외화대출 취급규정 제2조를 발견해냈다. 외화대출 규정 제2조는 '상공부 장관이 정하는 바에 따라 허가된 수출, 가공수출, 또는 외화표시 군납산업 시설재 및 기타 수입대금에 해당되면, 한국 외환은행으로부터 융자를 받을 수 있다'는 규정이었다.

선경-데이진 폴리에스터 합작법인은 이제 설립 단계에 있었으므로 이 규정을 적용하기 위해서는 정치적인 해석이 필요했다. 이것은 난감한 사안이었다. 최종건 회장은 최종현 부사장으로부터 보고를 받자 문제를 풀 수 있는 사람은 박정희 대통령밖에 없다고 판단했다. 박정희 대통령은 마침 연두 순시 차 부산 해운대 극동 호텔에 머물고 있었다. 최종건 회장은 대통령 비서실을 통해 특별 면담을 신청했다.

숨 막히는 순간이었다. 최종건 회장과 박정희 대통령이 3번째 만나는 자리였다.

"대통령 각하, 섬유산업을 수출 전략 산업화하기 위해서는 선진 국 기술과 자본을 도입하는 길이 필수입니다. 이번 선경은 일본에서 폴리에스터 기술과 자본을 들여오는데, 외화대출이 필요합니다. 정부의 도움이 필요합니다." "그렇습니까. 관계 부처에 지시해 놓겠습니다." 박 대통령은 사안을 이해하고 흔쾌히 약속했다.

이 면담 이후 1967년 9월 생산품 전량을 수출한다는 조건으로 상공부 장관으로부터 폴리에스터 원사 공장 건설을 위한 외화 융자 추천을 받았다. 선경은 정부가 민간 기업에 외화자금을 대부한 첫 번째 기업이 되었다.

1968년 3월 18일 선경화섬과 일본의 데이진은 폴리에스터 사업 합작 투자에 관한 기본 협약을 체결했다. 이 협약에는 최종현 부사장과 데이진 부사장이 양쪽의 대표 자격으로 서명하고 최종건 회장이 연대보증인으로 서명했다. 1968년 3월 25일 아세테이트 기공식이 정식으로 거행되었다. 선경의 성장사, 우리나라 섬유 산업사(史)에 한 획을 긋는 행사였다.

선경에게 남은 문제는 두 공장 건설에 소요하는 내자(內資)를 조달하는 것이었다. 두 공장 건설에 필요한 내자는 14억 원(아세테이트 공장)과 18억 원(폴리에스터 공장)이었다. 예정 공기는 15개월. 매월 2억 원 이상의 자금을 마련해야 했다. 당시 선경 전체의 월간 매출은 2억 원에도 미치지 못했다. 선경 임원들은 자금 조달에 최종현 부사장을 믿고 있었다. 최종현 부사장 자신도 "자금 조달에 관한 한 내게 맡기라."고 공공연히 말했다. 최종현 부사장의 자금 조달 방법은 기상천외한 것이었다. 내자(국내에서 조성하는 자금)를 국내가 아닌 일본에서 일으키는 것이었다. 그리고 그는 일본으로 떠났다. 최종현 부사장은 데이진으로부터 300만 달러의 폴리에스터 원사를 연불로 들여오면서 그 지불 보증을 아세테이트 공장 차관 공여자인 이토추에 맡기는 방법으로 내자 조달 문제를 해결했다. 최종현 부사장의 아이디어는 정밀하기 그지없는 것이었다.

아세테이트 공장은 1968년 12월 25일, 예정 공기를 9개월이나 앞당겨 준공되었고 1969년 2월 10일 폴리에스터 공장이 완공되었다. 이 역시 공기를 9개월이나 앞당긴 것이었다. 선경의 두 공장 준공으로 국내 원사 생산 능력은 일산(日産) 35.5t에서 48t 규모로 증대되었고, 선경은 이로써 국내 총 원사 생산 규모의 26%를 차지하게 되었다. 선경은 아세테이트와 폴리에스터 원사를 동시에 생산하게 됨으로써 국내 원사 메이커의 1인자의 자리에 올랐다.

최초의 섬유 기업 집단

선경은 비록 아세테이트와 폴리에스터 공장을 외국 기업과 합작형태로 건립했지만 독자적인 기술 추구와 사업 확장에 힘을 쏟았다. 선경화섬은 아세테이트 사업을 추진할 때 아세테이트 토우(Tow)기술 이전은 의도적으로 추진하지 않았다. 아세테이트 토우는 셀룰로스 아세테이트 토우의 준말로 주로 담배 필터용으로 많이 사용된다. 선경화섬은 일본으로부터 설비만 도입한 채 독자적인 기술 개발에 들어갔다. 선경 기술진은 1969년 2월 생산부장 김재기와 관련 기술팀이 2년여의 실험 끝에 개발에 성공했다.

1970년 12월, 선경은 아세테이트 토우를 생산하기 시작했다. 이후 전매청의 필터 플라그 물성 시험과 제조 시험에 성공, 전량이 전매청에 납품되었다. 선경이 생산하는 '스카이론(Skyron)'은 원사 품질면에서 국내 외에서 높은 평가를 받았다. 일본 기술원 섬유 공업소의 분석에서도 선경의 폴리에스터는 기술 제공자인 데이진 제품보다 우수한 품질을 인정받았다. 선경의 스카이론은 이전의 깔깔이, 앙고라, 크레퐁 등의 명성에 힘입어 다양한 수요처를 확보할 수 있었다.

국내 폴리에스터 수요량은 매년 기하급수적으로 증가했다. 1967년 1,368t에 불과하던 수요량은 1968년 2,928t으로 증가했고, 1969년 예상 수요량은 4,765t에 이르렀다. 그러나 국내 수요량에 비해 선경의 생산 능력은 2,555t에 불과했다. 이에 따라 폴리에스터 공장 건설을 위한 외화자금 융자 조건의 하나였던 '전량 수출조건'이 정부에 의해 해제되었다. 선경이 생산하는 폴리에스터 원사 전량이 국내에서 시판되게 되었다.

선경화섬과 데이진은 증가하는 폴리에스터 수요에 맞추기 위해 증설 계획을 추진했다. 양사는 기존의 일산 7t 규모를 일산 21t 규모로 증설한다는 제1차 증설 계획에 착수했다. 1969년 7월 1일에는 폴리에스터 공장이 선경화섬에서 분리되어 합작법인 '선경합섬'이 설립되었다.

최종건 회장과 최종현 부사장은 원사 공장 건립에 전력했지만, 본업인 '직물 부문'을 소홀히 다루지 않았다. 최종건 회장, 최종건 부사장의 꿈은 섬유의 수직계열화를 이루는 것이었다. 중간제 직물(織物) 생산이 모태였는데 이제는 실(絲)을 생산하고 최종으로 본제품을 만드는 수직계열화의 완성인 것이다.

선경직물은 수출에서 주목할 만한 시장세를 보였다. 1968년과 1969년의 수출의 날에 2년 연속 국무총리 표창을 수상했다. 선경직

물은 1968년 360만 달러의 수출 실적을 올렸고 1969년에는 전년
대비 130% 신장한 8백 33만 달러를 수출했다. 선경은 1968년 8월
23일 울산직물을 설립하고 같은 해 10월 울산시 우정동 396번지 일
대 약 4만 평의 부지에 공장 기공식을 가졌다. 1969년 12월, 울산직
물은 일본 마루베니이이다(丸紅食反田)로부터 차관을 도입하여 자
동 직기 800대를 들여왔고, 1970년 3월 본격적인 가동에 들어갔다.
선경은 파죽지세의 성장을 거듭했다.

7

선경직물 사장 최종현

1970년 12월 30일 최종현 부사장은 선경직물 사장으로 임명됐다. 1962년 7월 부사장으로 취임한 이후 8년 만에 사장으로 승격됐다. 그의 나이 41세 때다. 1970년 하반기에 들어서자 선경직물의 경영부실에 대한 개선의 목소리가 높아졌다. 최종현 사장은 이런 부담을 안고 사장에 취임했다.

선경직물은 수출에 전력하기 위해 수출 창구였던 선경산업을 흡수합병하고 자본금을 4억 원으로 늘렸다. 선경은 창업 이후 최초로 업무 부담을 위해 사장급 인사를 단행했다. 거대 그룹으로의 변신을 위한 시동을 건 것이다. 해외섬유 사장에 김영환, 울산직물 사장에 김덕유가 임명되었고, 최종현 사장은 선산섬유 사장을 겸임했다. 최종건 회장은 선경화섬과 선경합섬 사장만을 맡고 기타 4개사의 회장에 취임했다.

최종현 사장은 선경직물의 문제점들을 뜯어고치기 시작했다. 최사장은 첫 간부 회의에서 선경직물의 적자 요인이 무엇인지를 물었다. 간부들 대부분은 고용 인원이 과다하다고 답했다. 당시 선경직물은 직기 800여 대가 가동되고 있었다. 한때는 1,200대가 가동되었고 종업원 수는 2,000명이었다. 선경직물은 노후 시설 교체로 직기가 800대로 줄어들었으나 종업원 수는 2,300명이었다.

최종현 사장은 '기업은 영구히 존속 발전해야 하며, 기업이 발전하기 위해서는 많은 이윤을 내야 한다. 이윤을 내기 위해서는 먼저 손해를 보지 말아야 하며 손해를 보지 않기 위해서는 손해를 보게 하는 원인부터 제거해야 한다'고 생각했다. 그의 기업관이기도 했다.

최종현 사장은 경영정상화를 위해 뼈를 깎는 심정으로 감원 조치를 단행했다. 생산 담당 이사 겸 공장장인 이강석을 위원장으로 하고 각 부장을 위원으로 하는 인력정비위원회를 구성, 2,300명에 달했던 인원을 1,200명으로 줄였다. 이로 인해 1인당 월평균 직포(織布) 생산량은 150마에서 120마로 줄어들었지만, 결과적으로 30% 이상의 생산성 증대 효과를 거둘 수 있었다.

최종현 사장은 기업 경영 기법에도 변화를 주기 시작했다. 그는 미국에서 공부한 경제학을 바탕으로 체계적인 경영마인드를 직원들에게 집어넣기 시작한 것이다.

최종현 사장은 첫 생산 회의를 주재했다. 생산 회의란 판매 부서와 생산 부서, 그리고 이 두 부서를 조정하는 판매관리 부서의 직원이 모여 제품의 생산과 판매에 관한 사항을 협의하는 회의였다. 그런데 최종현 사장이 참석한 회의에서는 회의가 잘 진행되지 않을 뿐만 아니라, 결론도 제대로 도출되지 않았다. 최 사장은 그 이유를 곧 간파했다. 의사소통(Communication)에 문제가 있었다.

예컨대 '풀 커패서티(Full-Capacity)'라는 용어 하나를 놓고도 최종현 사장은 모두가 이해할 만한 구체적인 수치로 나타나야 한다고 생각한 반면, 직원들은 과거의 생산 실적에 입각, 최저 수치와 최고 수치 등에 매여 기준이 들쭉날쭉했기 때문이다.

최종현 사장은 이때의 상황을 훗날 '의사 전달에 있어서 용어 정의의 중요성'을 글(선경 사보 1975년 3월호)에서 밝혔다. 최종현 사장은 인사위원회 회의에서도 동일한 문제점을 발견했다. '승격'이라는 용어가 각자 다르게 이해되고 있었기 때문에, 승격 심사 과정에서 적절한 결론을 이끌어내지 못하는 것이었다. 회의에서 시간만 끌다가 적당히 '안배형식'의 결론을 맺거나 혹인 최종 결정권자인 사장에게 결정을 미루곤 했다. 인사관리 체계가 정확히 자리 잡지 못했기 때문이었다.

최종현 사장은 승격에 관한 일정한 기준을 마련하여 직위, 경력, 통솔력, 관리능력, 전문지식, 노무 실적 등의 항목을 만들어 승격 심사에 임할 것을 지시했다.

최종현 사장은 공장의 불량품이 줄어들지 않는 것에 대해서도 관심을 쏟았다. 당시 선경직물의 완제품 생산 공정은 생산1부의 제직 공정과 생산2부의 후처리 공정으로 이루어진 구조였다. 생산 1, 2 부장 모두 성실하고 능력을 갖춘 우수한 간부 사원이었지만, 각자가 맡은 일에만 충실할 뿐 부서 간 대립과 반목이 심했다. 업무를 수행하는 과정에서 사전 협의나 정보 교환을 하는 일은 거의 없었다. 최종현 사장은 여기에서 조정(調整, Coordination)이 얼마나 중요한가를 인식했다. 최 사장은 불량품 발생이 줄어들지 않고 있는 원인은 부서 간의 조정이 되지 않고 있는데 있다는 결론에 도달했다.

최종현 사장은 1975년 2월호 '사보선경'에 실린 조직 운영에 있어서 조정(Coordination)이라는 글에서 조정의 중요함을 강조했다. 최종현 사장의 「조정(Coordination)」이론은 훗날 그 유명한 SKMS(SK그룹 경영철학)의 근간을 이루게 되는 것이다(SKMS에 대해서는 다른 장에서 자세히 다룰 것이다).

최종현 사장은 이제 선경직물은 해외시장에서 성장을 찾아야 한다고 판단했다. 올바른 발상이었다. 1971년 4월 2일 선경 직물 뉴욕 지사를 설립했다. 초대 지사장에 박영수(朴永壽)를 임명했다.

그 무렵 국내 시장의 폴리에스터 섬유는 공급 과잉 양상을 빚고 있었다. 불과 2년 사이 일산 18톤 규모의 한국포리에스텔(주)이 준공되었고, 선경합섬 또한 일산 규모가 크게 늘어나 1971년 국내 폴리에스터 생산량은 전년에 비해 151%나 폭증했다.

최종현 사장이 뉴욕 지사를 설립한 것은 미국 시장을 개척하기 위한 교두보를 마련키 위한 것이었다. 미국 시장은 세계 최고의 품질을 자랑하는 화학 섬유의 본거지였다. 힘겨운 도전이었다. 그러나 선경합섬은 품질과 가격 경쟁력이 있었다.

선경합섬은 1971년 5월 폴리에스터 원사 1,500톤을 수출했다. 1971년 하반기에 들면서 국내 경기 전체가 호황 국면으로 접어들면서 선경의 경영 실적도 정상궤도에 진입했다. 선경은 원사 공장 건립에 따른 후유증을 극복하면서 활기를 되찾았다. 하지만 선경은 1971년이 저물어가는 12월 25일 커다란 불운을 맞이했다. 국내 화재 사상 최악의 참사 중 하나로 꼽히는 대연각(大然閣)빌딩 화재 사건이었다. 선경 그룹은 1969년 4월 극동 건설이 건설한 대연각빌딩이 준공되자, 선경직물, 선경화섬, 선경합섬, 선일섬유, 선산섬유 서울 사무소 등이 입주했다. 선경은 10층 전 층을 사용했다. 선경은 2명의 사원이 순직하는 등 막대한 피해를 입었다. 최종건 회장은 마침 일본에 출장 중이었으나 급히 귀국, 사태 수습에 나섰다. 선경은 인근의 삼풍 빌딩에 임시 사무실을 차리고 업무를 계속하도록 했다. 최종건 회장은 건물주 김용산 회장이 구속되자 6개월 동안 극동 건설의 사장직을 맡아주는 우정을 발휘하기도 했다. 선경은 대연각빌딩 화재로 보관 중이던 현금과 유가증권, 수출 신용장(L/C), 인사카드, 출고 관계 증빙 서류 등 일체의 서류 등이 소실되는 피해를 입었다. 선경은 거래 내역 파악에 애를 먹었다. 하지만 평소 선경에 신뢰를 갖고 있던 거래처가 거래 관계를 자진 신고해줌으로써 손실을 줄일 수 있었다.

우리는 여기서 미담(美談) 하나를 기록하는 즐거움을 맛볼 수 있다. 그것은 손길승이라는 젊은 사원의 이야기다. 손길승은 선경그룹이 최초로 대졸 사원 2명을 입사시킨 사원 중 한 사람이다. 서울대 경영대를 나와 ROTC 경리장교로 군 복무를 마치고 1965년 12월에 입사한 사람이다. 손길승은 빌딩이 불길에 휩싸이고 고층에서 사람들이 추락하는 와중에 10층 사무실까지 뛰어 올라가 회사 서류 일부를 건져오는 용기를 발휘했다. 그 시각에는 엘리베이터 작동이 멈춘 때였다. 죽음을 무릅쓴 일이었다. "당시 이것저것 따질 겨를이 없었다. 다만 회사 손실을 줄이는 것만 생각했다. 추후 생각해보니 일을 어지간히 사랑했던 것 같다."라고 손길승은 회고했다. 손길승 30세의 일이다.

최종현 사장은 1972년 4월 28일 뉴욕 지사에 이어 런던 지사와 시드니 지사를 개설했다. 초대 런던 지사장에는 김항덕(金恒德), 시드니 지사장에는 이덕규(李德圭)를 임명했다. 선경은 1972년 한 해 폴리에스터 원사, 편물, 각종 봉제품 수출에 주력, 1971년의 실적에 비해 60.4%가 증가한 2,898만 달러를 수출해 제9회 수출의 날에 은탑산업훈장을 수상했다.

워커힐(Walkerhill)호텔 인수

최종건 회장은 1972년 12월, 정부가 연내에 워커힐호텔을 불하할 방침이라는 정보를 입수했다. 최 회장이 정보를 입수한 시점은 꽤 늦은 편이었다. 서울시 광장동에 소재한 워커힐호텔은 당시 한국을 대표하는 최상위 고급 관광호텔이었다. 서울 시내 중심에서 벗어나 있지만, 남한강을 직접 내려다볼 수 있는 경관은 절경을 이루고 있다. 워커힐호텔 회의장에 서 있으면 남한강 위에 떠 있는 황홀감이 느껴지는 곳이다.

「워커힐」이라는 이름이 붙여진 것은 6.25 한국 전쟁에 참가한 월튼 해리 워커(Walton Harris Walker) 장군의 이름을 딴 것이다. 워커 장군은 미 육군 사관학교를 나와 세계 1차, 2차 전쟁에 참가했고, 6.25 한국 전쟁에도 참전했다. 워커 장군은 미 8군 사령관으로 "내가 여기에서 죽더라도 끝까지 한국을 지키겠다."라는 명언을 남겼다. 그는 50년 12월 3일 교통사고로 경기도 양평에서 전사했다.

워커힐호텔은 1962년 개관했다. 3공화국은 주한 미군들의 휴양지의 필요성을 느끼고 주한 미군들이 주말을 보낼 수 있는 시설로 워커힐을 조성했다. 당시 주한 미군들은 주말만 되면 일본으로 관광 여행을 가버려 외화를 벌 수있는 기회를 놓치고 있었다. 워커힐은 개관과 동시에 정부 교통부 산하의 국제관광공사로 이관되어 운영되고 있었다. 그러나 10년 동안 적자경영으로 부채가 누적되어 경영난을 겪고 있었다.

정부는 장충동에 있는 영빈관과 함께 워커힐도 민간에게 불하하는 방침을 세웠다. 이에 따라 관광공사는 1971년 워커힐을 KAL(대한항공)의 한진그룹(주) 한진상사에 불하하기로 내정한 상태였다. 내정 가격은 19억 5,000만 원이었다. 최종건 회장은 또다시 특유의 추진력을 발휘한다. 최 회장은 한진그룹이 내정 가격이 부담스러운 수준이고, 20년 분할 상환을 주장하면서 정부와 협상을 벌이고 있다는 정보를 입수했다. 최종건 회장은 최종현 사장과 숙의, 정부의 내정 방침을 뒤집을 수 있는 명분을 만들어 냈다. 최종건 회장과 최종현 사장이 만들어 낸 방안은 워커힐 호텔 정부 내정 가격보다 높은 가격으로, 그것도 일시불로 인수하겠다는 것이었다. 선경이 제시한 인수가격은 26억 3,200만 원이었다. 매우 현실적이고 정부가 매력을 느낄 수 있는 것이었다. 최종건 회장은 이 방안을 관련 부처에 제안했다. 연내 불하에 쫓기던 김신(金信) 교통부 장관에게는 주목할 만한 제안이었다.

김신 장관은 1972년 2월 29일, 박정희 대통령에게 선경의 제안을 보고했다. 대통령은 교통부 장관이 들고 온 서류를 보면서 무언가 생각에 잠겼다. 김신 장관은 초조했다. 박정희 대통령은 "선경에 매각하시오. 선경의 최종건 회장은 아무 일이나 성실하게 할 사람이오. 그 대신 조건을 하나 붙이시오." 하면서 결재 서류 여백에다가 '세계에서 제일가는 호텔로 발전시킬 것'이라고 직접 썼다. 박 대통령과 최종건 회장이 1961년 10월 선경직물 수원공장에서 만난 이후 네 번째 만남이 되는 셈이었다.

첫 만남 때 최종건 회장은 기계를 수리하는 작업복 차림이었다. 박 대통령은 그때의 최 회장의 순수한 모습과 성실성이 깊게 각인되었던 것으로 보인다. 선경의 워커힐호텔 인수는 재계에 큰 충격을 던져 주었다. 선경은 이로써 제조업이 아닌 호텔 분야로 영역을 확대했다.

8

최종건 회장 타계

　1973년은 최종건 회장이 선경 직물을 창업한 지 딱 20년이 되는 해였다. 성년을 맞이한 것이다. 최종건 회장은 1973년을 맞이하면서 남다른 회포에 쌓였다. 최종건 회장의 기업관을 관통하는 것은 '사명감'이었다. 그는 자신의 세대가 "겨레의 장래를 가름할 무거운 사명을 지니고 있다"고 종종 말했다. 그런 사명감을 바탕으로 '뚫지 못할 난관은 없다'고 믿으며 저돌적인 추진력과 정신력으로 일관한 것이 최종건 회장의 인생 전부였다.

　그는 1971년 7월 3일 자 조선일보에 실린 '나의 기업 경영'이라는 인터뷰 기사에서도 이렇게 밝힌 바 있다. "일본 최대의 섬유 메이커인 데이진(帝人) 사장 오오야(大屋普三) 씨가 그 회사에 50년간 근무하는 동안 12번이나 목을 매려 했다면서, 고난과 시련을 이겨냈다는 옛날을 회고한 적이 있습니다. 한 사람이 기업을 이끌 때 그의 피눈물은 자기 기업을 '작품'으로 볼 수 있는 안목을 만들어준다는 겁니다. 저도 20여 년간 열정과 용기가 다시 우러나는 것처럼 느끼곤 합니다."

하지만 최종건 회장은 워커힐 인수 직후 뜻밖의 중환(重患)을 얻어 경영 일선에서 물러나게 된다. 1970년 서울대 병원 한용철 박사는 최종현 사장을 불러 최종건 회장의 병명이 폐암일지도 모른다는 진단 결과를 전해 주었다. 최종현 사장은 최종건 회장에게 미국에 가서 치료받을 것을 강권했다. 최종건 회장은 최종현 사장과 주위의 강권에 못 이겨 1973년 초 미국으로 건너갔다. 최종건 회장은 미국 보스톤의 월터리드 육군병원에 입원하여 정확한 진단을 받았다. 그는 현지 의료진으로부터 자신의 병명을 알게 되자 치료를 거부하고 귀국했다. 그에게는 선경에 산적한 현안을 해결하고자 하는 마음뿐이었다.

귀국 후 최 회장은 자신의 병을 노출시키지 않으려고 평소보다 쾌활한 표정을 보여 주었다. 그의 병명은 가족들에게도 철저히 비밀로 부쳐졌고, 최 회장 자신은 말 못 할 고통을 혼자서만 삭여갔다. 최종건 회장은 1793년 5월 다시 미국으로 건너가 코발트광선 치료를 받았지만, 그에게 남은 건 6개월의 생존 기간이 남았다는 의사의 통고였다. 현대의학으로도 폐암 치료는 인간의 능력을 벗어난 영역이었다.

최종건 회장은 병세가 더욱 악화되자, 선경의 임직원을 한 사람씩 만나기 시작, 모두를 격려했다. 최 회장은 특별한 의미가 서려 있는 수원의 원사 공장을 찾았고, 직물 공장을 둘러봤으며 망치 소리가 요란한 울산의 공장 건설 현장을 찾는 것을 마다하지 않았다. 최종건 회장은 병세가 악화되자 문병객들에게 자신의 초췌한 모습을 보여주지 않으려고 일체의 면회를 사절했다.

최종건 회장은 마침내 1973년 11월 15일 밤 9시 55분 가족들이 임종을 지키는 가운데 서울대학교 부속 병원에서 영면(永眠)에 들었다. 향년 48세였다. 최 회장의 절친한 교우인 이병회 무임소장관은 "오호, 종건이! 부르면 금방이라도 어디선가 달려 나올 듯하건만 유명(幽明)의 법계가 이렇게 멀고도 차가움을 한하고 오열할 따름일세."라며 애절한 심경을 드러냈다. 최 회장은 1973년 11월 19일 경기도 화성군 봉담면 상리의 선영에 마련된 유택에 안치되었다.

아름다운 기업 승계

최종건 회장은 따로 기업승계에 대해 유훈(遺訓)이나 유언(遺言)을 남기지 않았다. 어떤 문건도 남기지 않았다. 왜 그런 선택을 했을까?

최종건 회장이 타계할 당시의 선경그룹의 기업 규모는 그룹의 모습을 갖추고 있었다. 당연히 기업승계의 문제가 제기될 수 있었다. 우리는 여기서 몇 가지를 추론해 볼 수 있다. 그 이전에 방일영(方一榮) 조선일보 회장이 1975년 11월 '사보선경'에 쓴 '고 최종현 회장을 회고하며'의 칼럼을 찾아보는 게 우리가 추론하려는 해답의 실마리를 찾을 수 있을 것이다. 방일영 회장은 그 칼럼에서 "그(최종건 회장)는 운명하기 며칠 전 병실로 찾아간 나를 보고 '이삼 년은 더 살아 있어야 할 텐데'라고 쓸쓸히 웃었지만 '뭐 종현이가 있으니까 걱정은 없어'라고 했을 때 나는 전신을 뒤흔드는 일종의 감명을 느꼈다. 그는 기업에 전심전력을 기울이다 거목이 쓰러지듯 세상을 떠난 것으로서, 죽는 순간까지 선경을 생각하는 마음과 동생인 최종현 회장에 대한 우애(友愛)와 신임(信任)은 한결같이 변함이 없었던 것이다."

최종건 회장은 친동생인 최종현 회장을 순수한 혈연의 관계를 존중해서, 현실적으로 일어나는 재산의 분배 등 숫자로 생겨날 수 있는 어떤 것도 마음속에 두지 않았던 것으로 보인다. 둘째 신임이라는 워드다. 믿는다(信)는 다른 말이 신임이다. 고 최종건 회장은 최종현 회장을 동생 이전에 '믿을 수 있는 인격체'로 보았던 것을 알 수 있다. 믿는다는 것은 인간을 묶는 가장 강력한 힘이다. 종교를 가진 종교인들이 그 본보기다. 종교인들은 순교도 사양하지 않는다. 수천억의 거래도 믿음이 강하면 아무 문서 없이도 거래가 가능하다. 고 최종건 회장은 유훈이나 유언 대신 우애와 신임을 남겨 놓았다. 최종건 회장의 이런 아름다운 후계 구도는 대를 잇게 되는 것을 우리는 앞으로 보게 될 것이다.

형제(兄弟)

최종현 회장은 1974년 1월 1일 자 서울 경제 신문에 '형제(兄弟)'라는 타이틀의 글을 썼다. 형(최종건 창업 회장)을 잃은 슬픔과 형제 사이에 사업을 이끌어왔던 원칙과 어려움에 대해 간략하지만 솔직하게 심경을 토로했다. 최종현 회장은 불시에 고 최종건 회장의 자녀 3남 4녀의 자제를 거느려야 하는 일에 대해서 각오를 밝힌 것이 눈에 띈다. 다음은 최종현 회장의 글 전문이다.

1974년 1월 1일
나는 最近에 나로서는 唯一한 兄님을 잃었다. 父母의 고마움을 父母를 잃은 다음에야 더욱 절실하게 알게 되듯이 나는 兄을 잃은 다음에 더욱 兄의 고마움과 아쉬움을 느끼게 되는 것 같다.

늘 부모님들이 兄弟 사이에 誼좋게 지내라고 하시는 말씀이 귀에 쟁쟁하다. 兄弟가 誼좋게 지내면 남이 칭찬을 하고 그렇지 못하면 남의 화제 거리가 되는 경우를 흔히 본다.

친할수록 禮儀를 지키고 情보다는 理性을 앞세우라는 가르침이 세상살이에 중요하다고 느껴진다.

특히 兄弟의 경우에는 더욱 그러하다.

아버지가 事業을 하시다가 어느 때에는 아들한테 넘겨주기 위하여 父子가 같이 하는 것을 흔히 보기도 한다. 이것을 또 사람들은 부러워한다.

그러나 兄弟가 事業을 같이 하는 것은 어려운 점이 많다고들 한다. 사업이란 원래에 이해관계가 복잡하게 얽혀있기 때문에 특히 兄弟간이나 가까운 親知간에는 조심을 해야한다고 들어왔다.

利害關係라는 것은 돈과 權威와 名譽 등이라고 본다. 事業을 같이하는데 이 세 가지의 要素의 利害關係에 아옹다옹하면, 그 사이도 벌어지게 마련이다. 兄님과 나 사이에 그러한 일은 서로 양보해 왔다. 또 兄님이나 나나 公과 私를 분별하기에 努力을 해왔다고 생각한다.

私的인 世界에서 兄은 어디까지나 나의 다시없는 兄님이었고 특히 父母님이 돌아가신 다음에는 兄은 우리 집안의 總帥였으며 그의 말은 우리 집안에 거의 絶對的인 權威를 갖고 있었다.

그러나 私的인 世界를 벗어나 事業關係에 들어오면 公的立場에서 相互意見을 尊重하는데 努力을 해왔고 기탄없는 의논으로 (Discuss) 서로 信賴를 얻어 兄弟간에 남달리 힘을 얻었다고 自負한다. 兄님과 나와는 비슷한 性格이면서도 여러 모로 달랐다.

그리고 性格의 長短點이 서로 잘 補完될 수 있었다는 점에서도 理想的인 「파트너」라고 周圍 사람들이 말을 한다.

이제 兄님은 3男 4女를 놓고 세상을 떠나셨다.

나의 2男 1女를 합하여 5男 5女 - 열의 2世를 거느려야 한다. 대단히 어깨가 무겁다고 느껴진다. 그러나 兄님이 살아계실 때 이상으로 잘 하여야 한다는 주위 사람들의 期待에 어긋나지 않도록 하여야겠다는 데는 나도 同感이고 이것이 바로 創業者이신 나의 兄님의 遺訓이라고 나는 믿고 있다.

〈鮮京織物社長〉

제2부

최종현의 제2의 창업

9

최종현 회장 시대 개막

최종현 회장은 1973년 11월 24일 선경화섬과 선경합섬의 사장으로 취임하면서 선경의 경영권을 정식으로 승계했다. 1973년 11월 30일, 최종현 사장은 경제인으로서는 최고의 영예인 금탑산업훈장을 수훈했다. 꾸준히 수출에 진력한 결과였다.

최종현 회장에게 1974년 한해는 고심의 시간이었다. 1973년 1차 오일쇼크가 몰고 온 세계적 불황은 1974년 한 해를 최악의 상황으로 치닫게 했고 선경도 그 예외는 될 수 없었다. 하지만 최종현 회장은 낙관주의자다. 사태를 비관적으로 보지 않았다. 그는 "선진국들이 긴축 정책을 지속하면 심한 실업 사태가 유발되기 마련이고 그 대응책으로 1974년 상반기 아니면 하반기부터는 경기 부양책을 쓰게 될 것이다. 따라서 경기는 서서히 호전될 것이다."라고 확신했다. "따라서 불황에 직면해서도 결코 위축되거나 주저할 것이 아니다. 더 적극적인 자세로 이를 극복해 나가야 한다."라고 정면 돌파의 결심을 다졌다. 최 회장의 이런 현실 인식은 선경에 행운이었으며 구매 개게에도 큰 자극제가 되었다.

최종현 회장은 차제에 선경그룹의 본질적인 변화를 모색하기 시작했다. 현재의 섬유 산업 단일 구조를 탈피, 세계적 차원의 기업으로 성장하는 원대한 목표를 설정하는 것이다. 최종현 회장은 1975년 신년사를 빌어 자신의 '뉴(New) 선경' 구상을 구체적으로 밝혔다.

1975년 최종현 회장의 신년사는 오늘의 SK그룹이 있게 한 '제2 창업 선언'으로 불리고 있다. 1975년 1월호 사보선경(社報鮮京)에서 최 회장은 이렇게 말하고 있다. "나는 선경을 국제적 차원의 기업으로 부각시키기 위해 두 가지 명제(命題)를 분명히 제시하여, 여러분이 적극적으로 실천해 줄 것을 당부하고자 합니다. 첫째 명제는 석유로부터 섬유에 이르는 산업의 완전 계열화를 확립시키는 것입니다. 우리의 섬유 산업을 유지, 발전시키기 위해서는 석유화학 공업에의 진출이 불가피한 것이며, 더 나아가서는 석유 정제 사업까지도 성취시켜야 하겠습니다. 둘째 명제는 기업 확장과 더불어 경영능력을 배양시키는 것입니다. 섬유 공업에서 석유 정제 사업에 이르는 방대한 규모를 성취해 나가는 데는 수억 달러에 달하는 자본력과 고도의 경영능력을 갖춰야 한다고 생각합니다."

최 회장이 '명제(命題)'란 단어를 사용한 것이 흥미롭다. 최 회장은 '논리학적으로 뜻이 분명한'이란 뜻의 명제를 사용해 그가 전하고자 하는 뜻을 분명히 했다. 그의 목표는 두 가지에 꽂혀 있다. 하나는 「경영능력 배양」이다. '섬유에서 석유정제 사업' 이 부분이 의미심장하다. 선경은 이제 석유화학 쪽까지 사업 영역을 넓히게 된다는 것을 말하고 있기 때문이다. 최종현 회장이 밝힌 신년사 구상은 1991년 울산 석유 콤플렉스 완성으로 1979년 SKMS 정립 및 1989년 SUPEX 추구법 도입으로 완료되었다. 우리는 이 두 개의 명제에 대한 자세한 성공 과정을 앞으로 보게 될 것이다.

사원연수원 설립

쇠를 만들려면 용광로가 필요하다. 최종현 회장은 1975년 3월 7일 선경 연수원을 설립한다. 국내 대기업 그룹으로서는 최초이다. 최회장이 선언한 그룹의 경영능력 배양을 위한 첫발을 내딛는 것이다. 임직원들을 교육시키기 위한 것이다.

선경 연수원은 총 건평 300평으로 256명이 숙식하며 교육받을 수 있다. 서울시 광장동 워커힐 내에 설치됐다. 개원 첫해 선경 연수원에서는 연 5,094명의 임직원이 교육받았으며, 이에 소요된 교육 시간은 선경 내 3급 이상의 전 임직원의 통상 근무시간의 1.7%에 해당하는 것이었다. 꽤 큰 비용이 투입되었다. 선경 연수원은 선경의 경영 이념의 하나인 '인간 위주 경영'을 위한 공간이었다.

선경의 경영 이념은 1974년 4월 경영기획실의 설립 이후 본격적으로 구체화하기 시작했고, 1974년 9월 21일 구체화 되었다. 선경의 경영 이념은 이후 인간 위주의 경영, 합리적인 경영, 현실을 인식한 경영이라는 SKMS의 경영 원칙으로 정립된다.

최종현 회장은 선경의 경영 이념을 구현하기 위해 관리자로서 구비해야 할 자질에 대해서도 언급했다. 그것은 '가시(可視)적이고 외형적인 것이 아닌 눈에 보이지 않는 요소'였다. 우리는 최종현 회장이 선경직물 사장에 취임 직후 사원들과의 의사소통(Communication) 과정에서 조정(Coordination)과 협력(Cooperation) 과정의 용어 정의와 통일성을 강조했던 것을 기억할 수 있다. 이 두 개념이 모두 SKMS 동적 요소를 이루게 된다.

경영기획실 설립

최종현 회장은 선경의 경영 이념을 주도할 경영기획실을 1974년 4월 1일 설립했다. 최무현 선경합섬 부사장을 초대 실장으로 발령냈다. 최 회장이 직접 관리했다. 그룹 차원의 경영전략, 장기경영기획 등 기업 경영의 본질 문제를 다루었다. 종전의 기획부서가 사업계획을 수립, 점검하는 정도의 기능을 수행하는 수준이었다면 경영기획실은 최종현 회장 자신의 경영 이념을 체계적으로 실천해 나가는 구심적 역할을 했다. 최종현 회장이 1976년 10월 2일 경영기획실 회의에서 밝힌 바에 의하면 경영기획실을 만든 이유는 '회장을 보좌하는 업무와 함께 그룹 내 각 관계사 간의 코디네이터(조정자) 역할을 맡기기 위해서'라고 했다.

최초의 기획실은 경영관리반, 기획조사반, 재정반, 홍보반 등 4개 반으로 운영되었으며, 1975년 2월 사무 전산화 업무를 개발하기 위해 전산반을 추가했다. 1976년 12월, 경영기획실은 선경 각 관계사에서 선발한 임직원을 대폭 보강했다. 기획실이 더욱 강력해졌다. 그것은 제1차 오일 쇼크 파동의 여파로 그룹 각사에 예기치 못한 문제가 발생하고 자회사들이 늘어나면서 더욱 적극적이고 체계적으로 대처할 수 있는 일종의 관제탑이 필요했기 때문이다.

경영기획실은 독립된 종합적 스태프 기구로서 회장의 업무를 보좌하는 기능도 가졌다. 최종현 회장은 엘리트 사원들로 구성된 기획실로부터 많은 도움을 받았으며 비서실은 두지 않았다. 이후 경영기획실은 1990년대 구조조정 추세에 맞춰 1994년 조직을 축소할 때까지 유지되었다.

선경은 1998년 5월 경영기획실을 해체하고 구조조정 추진 본부를 설치했다. 구조조정 업무를 추진하기 위해서다. 구조조정 본부는 사업 구조조정 역할에 충실하면서 그룹의 사업구조를 고도화하고 경쟁력을 강화하는데 주력하게 된다. 선경은 1975년 선경 운영위원회를 설치한다. 선경의 각 계열사는 서로 완전히 독립된 운영체계를 갖고 있지만 종합적인 운영에 관한 기본 방침의 협의가 필요할 때가 있고, 회장의 의사결정에 계열사의 보좌가 필요할 때도 있다. 이러한 필요성에 따라 특별 기관으로 설치된 선경 운영위원회는 선경 계열사들의 최고 경영자들의 코디네이션 기구로서의 역할을 수행했다. 1978년 8월 1일 규정을 제정하고 정식 기구로 발족시켰다. 초대 운영위원으로는 ㈜선경 김태휴 사장, 선경종합건설 조종태 사장, ㈜선경 유석원 사장, 선경화학 강석웅 사장 등 5명이 임명됐다. 운영위원회 운영은 경영기획실장이 관장했다.

꿈의 매출 1000억

최종현 회장이 '제2 창업'을 선언할 당시 우리나라 경제는 성장세가 무뎌진 시기였다. 석유 파동으로 인한 선진국들의 경기 침체, 세계 인플레이션 지속으로 수출 주도형으로 고도성장을 추구해 온 우리나라는 타격을 받을 수밖에 없었다.

우리 경제는 1974년 8.6%의 성장에 이어 1975년에도 7.4%의 성장을 이룩했다. 이는 1973년 16.5%라는 경이적인 고도성장에는 못 미치는 것이었다. 하지만 주요 선진국들의 마이너스 성장 또는 저성장에 비해서는 높은 성장이었다. 당시 우리나라의 수출 상황은 보면 1974년 3분기부터 둔화되기 시작하여 4분기에는 전년 동기 대비

5.5% 마이너스 성장을 보인 극심한 침체 현상을 보였다. 그에 따라 1974년 선경의 주력 기업인 선경직물, 선일섬유, 선경합섬, 선경화섬 등의 재무 상황도 많은 취약점을 안게 되었다.

1974년 선경은 직물 부분에서 1억 6,400만 원의 적자를, 원사 부분에서는 6억 900만 원의 흑자를 기록하여, 당기순익 4억 4,300만 원으로 매출액 대비 이익률은 1.3%라는 저조한 경영실적을 보였다. 1975년 상반기에도 석유 파동이 몰고 온 여파로 경기 침체 현상이 계속되었으나, 하반기에 이르러 수출이 회복세를 되찾았다. 경기가 회복 국면을 보이자 선경의 경영실적도 호조를 보이기 시작했다. 물론 여기에는 최종현 회장의 불황 극복 대책이 일익을 담당했다.

결국 선경은 불황을 극복하고 1975년 직물 부분에서 5,400만 원, 원사 부분에서 11억 8,200만 원의 흑자를 기록, 1974년에 비해 178% 증가한 경영실적을 올렸다. 게다가 선경직물은 1975년 상반기에 1,763만 달러의 수출 실적을 올려 국내 직물 수출 업계 중 랭킹 1위를 차지했다. 우리는 12년 전인 1963년, 선경직물이 홍콩에 32만 달러의 직물을 수출해 대박을 터뜨렸다고 흥분했던 것을 기억에 떠올릴 필요가 있다. 이러한 경기 회복세는 다음 해 1976년에도 계속 이어져 선경 주력 기업 매출 총액은 1,160억 6,000만 원을 기록, 창업 이후 최초로 1,000억원 대 무대를 밟았다.

선경합섬의 R&D 계기

1960년대 말 선경합섬은 국내 유일의 아세테이트 섬유 메이커인 동시에 폴리에스터 섬유 최대 규모의 제조업체다. 과거 면(棉)섬유에만 의존해 오던 국민의 생활 패턴을 바꾸는 데 중요한 역할을 했다. 선경합섬이 이렇듯 1960년대 말 화학섬유업계에서 한자리를 차지하면서 전위적인 역할을 맡아온 것은 수원공장과 울산 공장에 설치된 「기술개발부」 덕이었다.

1960년대 합섬업계는 생산 시설의 증설에 치중할 수밖에 없는 '설비경쟁 시대'였다. 현재에 와서는 끊임없는 기술 혁신이 기업의 생존에 필수라는 것을 모두가 알고 있지만 1960년대는 기술 개발(R&D)은 황무지나 다름없었다. 당시 급증하는 수요를 따라잡기 힘들 정도로 제품을 만들기만 한다면 전량이 팔려나갔기 때문에 연구개발은 필요 없는 일이었다. 하지만 시간이 흐를수록 국내 화섬업계는 시설경쟁이 빚은 과잉 설비와 신제품 개발의 부진 등으로 국제 경쟁력을 잃어가기 시작했다.

선경합섬은 1973년 제1차 석유 파동을 겪으면서 기업이 정체되지 않기 위해서는 끊임없는 신제품 개발과 기술 혁신을 통해 경쟁력을 높여나가야 한다는 것을 절감했다. 최종현 회장은 1974년 4월 기술개발부를 발족시키고 연간 총매출액의 2% 이상을 연구 개발비에 투자하도록 했다. 당시로서는 대담한 결정이었다.

1975년부터 1976년까지 선경합섬 개발부에서는 고섬광성(高閃光性) 필라멘트사(絲), 카티온 다이어블(Cation Dyeable)사(絲), 웨이스트 얀(Waste Yan) 제조 방법들을 개발하는 성과를 이뤄냈다. 선경합섬이 1975년 10월 국내 최초로 개발한 폴리에스터 카티온 다이어블사(絲)는 'SDLC'라는 이름으로 1976년 초부터 본격적으로 생산하기 시작했다.

선경합섬은 KIST(Korea Institute of Science Technology, 한국과학기술연구원) 석유화학 분야 연구진을 이끌고 있는 최삼권(崔

三權) 교수팀과 제휴했다. 과학자의 실험 성과를 기업에 활용하는 한편 기업의 기술 혁신을 위한 연구개발을 유도하기 위한 것이었다. 이른바 산학협동 체제였다.

1977년 11월 16일 발명 특허를 취득한 제전성 폴리에스터 섬유 제조 방법은 선경합섬의 이기동 상무를 중심으로 한 기술진과 최삼권 교수가 이끈 KIST 섬유화학 연구진이 공동 연구 끝에 2년여 만에 개발해 낸 산학협동의 첫 번째 쾌거였다. 선경합섬은 미국에서 제전성 폴리에스터 섬유 제조 방법에 대한 발명 특허(제4211859호 및 제4277584호)를 취득하고, 1978년에는 상공부 주최 발명 장려대회에서 금상의 영예를 안았다.

23년 만의 사옥(社屋)

1975년 6월 1일 선경은 경영기획실 운영위원회 회의에서 선경 제품의 상표, 포장, 표지물 및 인쇄물에 이용할 사명(社名)의 한자체, 한글체, 영자체 등을 확정하고 회사의 고유색(社色)으로 '스카이 블루'를 지정했다. 각 계열사의 편의를 제고하는 것이 목적이었다.

1975년 11월 사보선경(社報鮮京)은 한국 능률협회에서 주최하는 제5회 전국 하우스 오건(House Organ) 컨테스트에서 잡지 형태 사내지(社內紙) 부문에서 최고상을 수상했다. 신문 방송학과 교수 네 명의 심사로 이루어진 컨테스트에서 타사를 압도하는 최고의 평점으로 금상을 획득한 것이다.

1976년 6월 21일 선경은 창립 23년 만에 자체 사옥을 마련하고 입주했다. 1956년 종로구 연지동에 선경직물(주) 서울 연락 사무소를 개설한 이후 그동안 당주동, 소공동, 을지로, 견지동 등 자체 사옥 없이 옮겨 다녔다. 제조업이 주였던 선경의 특성상 생산설비 투자에 치중하게 되었고 회사 규모가 방대해지기 이전이어서 자체 사옥의 필요성이 절실하지 않았던 게 그 이유였다. 거기에다 최종건 회장과 최종현 회장의 외형보다는 내실을 중요시한 실용주의도 한 몫을 한 것이다.

그런데 회사 규모가 커지면서 전 직원을 수용할 만한 빌딩을 구하기가 어려워졌고 사내에서도 사옥 마련을 요구하는 목소리도 높아졌다. 선경은 이 같은 상황에서 을지로 입구 한국전력(韓國電力) 옆 동화빌딩이 매물로 나온 정보를 입수하고 인수하기로 결정했다. 서울 중심부에 있는 최 요지의 빌딩이었다. 남대문로 2가 5번지의 3에 있던 동화빌딩은 1971년 2월에 건축된 것으로 대지 223평, 지하 3층, 지상 19층, 연건평 4,275평이었다. 1976년 4월 13일 16억 8,100만 원에 낙찰받았다.

10

선경의 경영철학
SKMS(SK Management System)

우리는 최종현 회장이 1975년 신년사에서 경영능력 배양을 명제(命題)로 표명했던 것을 기억할 수 있다. 선경이 다른 기업과 다른 뚜렷한 특징 중의 하나는 선경만의 독특한 매뉴얼, 즉 특유의 경영관리체계가 있다는 것이다. 독자적인 경영관리체계가 있는 기업은 국내에서 선경이 유일하고 세계적으로도 흔치 않은 것이다.

1979년 선경은 1970년 중반부터 구체화 시켜왔던 경영이념과 경영기법을 집대성해 SKMS를 완성한다. 최종현 회장의 회장 취임 후 6년 만의 일이다. 선경은 1979년 3월 15일부터 3월 18일까지 3박 4일 동안 서울 도봉구 소재 아카데미 하우스에서 전 임원이 참여하는 세미나를 개최했다. 그룹의 경영관리체계 정립을 위해 다양한 의견을 수렴하기 위해서다. 관계회사의 모든 임원이 참석한 세미나에서 치열한 난상토론을 거쳐 선경의 경영관리 지침이 확정됐다. 유명한 SKMS였다.

SKMS의 연원은 1975년까지 거슬러 올라간다. 최종현 회장은 경영 기본 이념과 경영관의 각 요소에 대한 정의를 내리고 체계화하라는 지시를 내렸다. 경영기획실은 수년간의 연구와 토론 과정을 거쳐 선경의 경영관리체계를 정리해 낸다. 하지만 최종현 회장은 경영기획 관리실의 정리 내용이 너무 이론에 치우쳐 있다고 이를 수정토록 지시했다. 경영기획실은 최종현 회장의 기업 경영 경험을 선경의 경영 관리체계와 접목시켜 1979년 마침내 SKMS를 만들어 낸다.

SKMS의 가장 큰 바탕은 역시 최종현 회장의 경영철학이다. 최종 현 회장은 SKMS 정립 이유에 대해 "내가 체험한 경영 현실을 후배 들에게 물려주기 위해서"라고 분명히 밝히고 있다. 이 가운데 SKMS 의 핵심적 초점은 '사람을 활용하는 문제'에 맞춰져 있다. 서울대 경 영대학 조동성 교수는 '최종현 경영론'이라는 부제가 달린 「SK의 SUPEX(Super Excellent)」라는 논문에서 다음과 같이 분석했다.

'최종현 회장은 21세기에 선경이 서구 기업들과의 경쟁에서 이길 수 있는 우위 요소는 서구기업들이 이미 우위 요소를 확보하고 있는 마케팅, 재무, R&D가 아니라 지난 300년 동안 서구의 경제학이 해 결하지 못한 문제 중 하나인 사람의 능력을 활용하는 문제라고 인식 하고 SKMS를 통해 이를 선경의 핵심 경쟁 우위 요소로 삼으려고 했 다.'

사람의 능력을 최대한 활용하기 위해서 최종현 회장은 '눈에 보이 지 않는 요소'를 끌어낼 수 있어야 한다고 생각했다. 이것은 인간의 능력으로 도달할 수 있는 최고의 수준을 말하는 것이다. 최 회장은 이를 경영에 있어서 동적(動的) 요소라고 전제하고 이와 상반되는 정 적 요소를 관리하는 것만으로는 경쟁 우위에 나설 수 없다고 주장했 다. '경쟁 우위에 선다고 할 때 누구나 가지고 있는 정적 요소로만 경 영(최 회장은 이것은 Conventional Management라고 한다)은 하 게 되면 불가능하다. 사람 속에 들어있는 생산적 자질, 이것을 캐내어 활용하면 경쟁 우위에 설 수 있다. 이것이 동적 요소의 관리이며 동적 요소 관리는 인사부서에서 하는 것이 아니라 매일 부원을 접하는 부서장이 활용할 수 있는 것이어야 한다고 주장했다. 실제 경영에는 경영학에서 미처 다루지 못했거나 눈에 보이지 않는 요소 가운데 경영활동에 중요한 영향을 미치고 있는 요소들이 있다. 이 요소들은 주로 사람의 속이나 사람들 사이에 존재하기 때문에 겉으로 잘 보이지 않지만, 사람의 능력을 최대한 발휘케 하는 데는 크게 영향을 미치는 것들이다. 최종현 회장은 이점을 중요하게 여겼다. 날카로운 시각이었다.

송병락 서울대 교수(경영학)는 그의 저서 '우리나라가 세계에서 가장 잘 사는 나라가 되는 법'에서 다음과 같이 말하고 있다. '최종현 회장은 SKMS는 서양식 경영 모델과 동양식 경영 모델을 사람 면에 중점을 두어서 혼종(混種)시킨 것이라고 말한 적이 있다. 그리고 무엇보다도 덕(德)으로 인간의 보이지 않는 능력을 최대한 발휘할 수 있게 만들어야 한다는 사실을 강조했다. 그는 인간의 마음과 두뇌의 중요성을 역설했다. 또한, 지위 고하를 막론하고 모든 사람을 「매니저」로 만드는 것이 SK의 철학이라고 말했다'

최종현 회장의 「사람」을 이해하는 방법은 심오하다. 사람을 움직이게 하는 것은 물질이 아닌 정신이라는 것이다. 인간의 능력으로 도달할 수 있는 최고의 수준은 높은 보상(샐러리)이 아니라 마음에서 나오게 된다는 것이다. 최 회장은 그런 의미에서 이상주의자다.

한국고등교육재단

최종현 회장은 1974년 11월 14일 한국고등교육재단(Korea Foundation For Advanced Studies)을 설립한다. 선경그룹이 그렇게 돈 많은 기업으로 성장하기 이전이다. 최 회장은 세계 수준의 학자를 양성해 학술 발전을 통한 국가 발전을 촉진하기 위해 이 재단을 설립했다. 최종현 회장은 세계적으로 손색이 없는 아카데미 설립을 꿈꿔 오던 것을 실현한 것이다. 최종현 회장은 이미 70년대 초반 대학 설립을 위한 20년 계획을 마련했고 적당한 시기에 경영 일선에서 물러나 대학 설립에 전념할 계획이었다. 그러나 최종건 창업 회장이 뜻하지 않게 일찍 별세하자 대학 설립의 꿈을 접을 수밖에 없었다.

한국고등교육재단은 사회과학, 순수 자연과학, 동양학 등에서 고등교육 증진에 기여할 우수한 학자를 양성하는 곳이다. 연구 분야에 동양학(東洋學)이 들어있는 것이 눈에 띈다. 최종현 회장은 서양 학문만이 아니라 동양 학문도 도외시 되어서는 안 된다는 생각 끝에 동양학을 넣은 것이다. 한국고등교육재단은 독특한 조건을 갖고 있다. 장학금 수혜자는 단 한 가지의 의무를 지켜야 하는 것이다. '일체의 부업을 갖지 않고 학업에 전념하는 것'이다. 일반적으로 기업이 제공하는 장학금에는 어떤 조건이 붙기 마련이다. 한국고등교육재단에서는 국내에서 낙후된 학문 분야를 골라 지원했다. 사회과학 분야, 순수과학 분야 및 국학 분야였다. 이들 분야는 학문의 균형 발전을 위해서는 반드시 필요한 분야임에도 불구하고 사회로부터 관심이나 지원이 인색해 뒤처져 있었다. 이 재단에서는 동양의 전통문화를 계승, 발전시키기 위해 동양학 연구를 하기 원하는 우수한 대학생을 선발해 한학의 주요 전적에 대한 소정의 학습 과정을 이수케 한 후 해외에서의 박사 과정을 지원하는 장학 사업을 실시했다.

1997년부터는 미래정보 통신 분야의 학문 및 산업 발전을 선도할 최우수 교육 인력, 기술 인력, 정책 인력을 양성하기 위해 정보통신 공학 분야 및 정책 분야에서 장학생을 선발해 국내 학부과정, 대학원 석박사 과정 및 해외 박사 과정을 지원하고 있다. 4차 산업혁명에 따른 디지털 산업의 등장에 따라 재단의 지원 분야도 자연스럽게 변화한 것이다.

2000년대에 들어서는 아시아 지역 학자들의 학문 교류와 연구 협력을 활성화해, 아시아의 학문 발전과 상호 이해를 증진하도록 국제 학술 교류 지원 사업을 실시하고 있다. 아시아 각국의 젊고 유망한 학자들을 한국으로 초청해 한국 내 대학 및 연구기관에서 국내 학자들과 협력해 연구를 진행하도록 지원하는 사업이다. 한국고등교육재단은 1974년 설립 이후 45년 동안 600여 명의 학자를 비롯해 3,000여 명의 인재를 배출했다.

MBC 장학퀴즈

최종현 회장은 나라의 인재를 키우는 일이라면 무엇이든지 마다하지 않았다. 선경그룹 성장하고는 별 관계가 없는 것이어도 개의치 않았다. 1973년 MBC는 새로운 야심적인 프로인 고등학생을 대상으로 하는 '장학퀴즈' 론칭을 앞두고 스폰서(후원자)를 구하는데 애를 먹고 있었다. 예능이나 드라마가 아닌 장학 프로에 대기업들은 관심을 두고 있지 않았다. 최종현 회장은 MBC의 스폰서 제안을 주저 없이 받아들였다. 최 회장은 프로의 성격이 마음에 들었다. 고교생들의 실력 향상을 위한 것이었기 때문이다. 나라에 필요한 장래 인재를 키우는 것으로 흥미 있는 프로로 보았다. 사내에서는 일부 반대도 있었다. 사원들은 선경은 TV를 통해 광고할 소비 제품이 없다는 것이 반대 이유였다. 1973년 2월 18일 MBC장학퀴즈 프로는 첫 전파를 내보냈다. 이 프로의 인기는 폭발적이었다. 아무도 예상하지 못한 일이었다. 국민적 프로가 되었다. 장학퀴즈가 방송되는 시간대에는 온 가족이 함께 시청하면서 스스로가 출연 학생이 되어 퀴즈의 정답을 찾는 「장학퀴즈 신드롬」 현상까지 생겼다. 프로의 국민적 학습 효과도 대단했을 것이다. 이 프로를 진행한 차인태 아나운서는 단숨에 전국적인 유명 인사가 되었다. 이후 장학퀴즈는 인기 장수 프로그램으로 자리 잡았고 「SK 기업이미지」를 제고하는데 큰 역할을 했다. SK그룹의 사회 공헌 활동의 시발점이라고 할 수 있다.

1996년 10월 MBC 프로그램 개편에 의해 종영된 장학퀴즈는 1997년 1월부터 EBS(교육방송)를 통해 'EBS 장학퀴즈'로 변신해 현재까지 방송되고 있다.

SK가 동일한 프로그램을 40년간 단독으로 후원할 수 있었던 것은 '인간 위주 경영'을 최우선 경영 원칙으로 삼고 있었기 때문이다. 이 프로그램을 통해 배출된 인재들이 사회 각 분야에 진출해 역량 있는 인재로 일하고 있다는 점이 국가뿐 아니라 기업의 사회 공헌이란 측면에서 볼 때 커다란 의미를 갖고 있다. 경제 부국으로 성장한 한국은 이들 인재들이 자산이 되어 오늘의 발전을 이룩했다.

장학퀴즈는 2000년 1월 중국(中國)에도 진출했다. SK는 'SK장원방(壯元枋)'을 북경 TV와 공동으로 제작, 2000년 1월 1일부터 주말 고정 프로그램으로 방영하고 있다. SK장원방은 단순한 문답 퀴즈를 지양하고 출연자의 창의력을 유도하고 팀워크를 개발할 수 있는 방식으로 진행해 중국 내에서 좋은 반응을 보이고 있다. SK장원방은 SK 고유의 인재양성 정신을 중국에 심고 있다. 이 과정에서 중국과의 자연스러운 문화적, 인적 교류가 이뤄지고 있음은 물론이다. SK 장원방은 '십년수목, 백년수인(十年樹木, 百年樹人 / 10년 앞을 내다보고 나무를 심고, 100년 앞을 내다보고 사람을 키운다)'의 뜻을 품고 중국 내륙에 소개됐다. SK장원방을 통해 배출된 학생들이 중국의 미래를 짊어지고 나갈 인적 자산이라는 점에서 의미심장하다. 이들이 한국과 중국 간의 교류 증진 및 우호 증진에 밑거름이 되기 때문이다. SK는 SK장원방 프로그램의 전후에 내보내는 공익 광고로 중국 사회에 좋은 반향을 일으켰다. SK는 공익 광고에서 '패기의 정신'을 비롯, '선의의 경쟁', '책임과 권한', '시기와 질투' 등 중국 청소년들이 갖추어야 할 자질에 대해 주로 다루었다.

장학퀴즈는 2013년 2월로 방송 40주년을 맞았다. 그동안 1950회 방송됐으며 출연 학생은 1만 6,000여 명에 달했다. 중국의 장학퀴즈인 SK장원방은 650여 회가 방송됐으며 출연 학생은 3,400여 명, 출연희망자가 10여만 명에 이르고 있다. 우리는 여기서 한 사람의 결단이 얼마나 위대한가를 알 수 있다.

11

선경종합무역상사

1970년대 중반은 수출 드라이브 시기였다. 정부는 1975년 수출 진작을 위해 종합무역상사 제도를 도입하면서 종합상사에 많은 유인책을 썼다. 최종현 회장도 종합무역상사로 탈바꿈하기 위해 서서히 시동을 걸었다. 1976년 1월 1일 선경직물은 같은 계열사인 선일섬유를 흡수합병하고 상호를 ㈜선경으로 변경한다. 최종현 회장은 1975년부터 그룹의 최고경영진과 함께 종합무역상사 진출 문제를 신중히 검토했다. 국내 대기업들은 종합무역상사 설립을 앞다투어 추진했고, 1975년 한 해에만 삼성물산, 대우실업, 한일합섬, 국제화학, 쌍용 등 5개사가 종합무역상사로 지정되었다.

최종현 회장은 이왕 종합무역상사를 설립하는 이상 실질적인 종합무역상사를 설립해야 한다고 판단했다. 종합무역상사는 원래 일본이 발전시킨 일본 고유의 기업형태였다. 일본의 종합상사는 '미사일에서 라면까지'라는 표현이 있을 만큼 취급 품목이 다양하다. 이토추 같은 대표적인 일본종합상사는 150여 개의 세계 지점망을 가지고 있다. 전후 일본 경제가 비약적으로 발전한 것은 종합무역상사의 힘이 절대적이었다. 우리나라의 종합무역상사는 정부 주도하에 시작되었다는 점에서 그 설립 목적은 크게 달랐다. 한국의 종합무역상사는 수출 신장이라는 국가적 정책 목표를 달성하기 위해 정부에서 인위적으로 창조해낸 기업군이라 할 수 있다. 따라서 1975년 4월 정부가 발표한 종합무역상사 육성 방안은 채찍과 당근이 섞여 있었다.

정부는 종합무역상사 지정 요건으로 ①자본금 10억 원 이상 ②연간 수출 실적 5,000만 달러 이상 ③해외 지사 수 10개 이상 ④종합무역상사로 지정된 날로부터 1년 이내에 기업을 공개할 것을 내세웠다. 특히 ②번 요건인 연간수출 5,000만 달러 수출 실적은 50만 달러 이상의 수출 품목이 7개 이상, 100만 달러 이상의 수출국가 수가 10개국 이상이라는 조건을 붙였다. 정부의 정책 의도는 수출 품목을 다양화하고 수출 지역을 확대하는 것이었다. 기업들에게 꽤 큰 부담을 주는 조건이었다.

반면 이러한 자격 요건을 충족시키는 기업에게는 ①국제 입찰 경합 시 우선 지원 ②원자재 수입 요건 개방 ③완제품 비축재를 위한 Local L/C 개설 허용 ④외국환 은행 다수 거래 허용 ⑤보증신용장(Standby L/C)의 회전사용 허용 ⑥해외 지사 등급 외환관리법 상 특종으로 분류, 50만 달러 이상의 해외 지사의 외환자금 보유 허용 ⑦수출조합 및 협회의 가입 조건 완화, 가입비 경감 등의 혜택을 주는 것이었다. 정부가 제시한 조건은 업계가 탐낼만한 최상의 메뉴였다.

정부는 1976년에 종합상사 지정 요건을 더욱 까다롭게 만들어 추가로 고시했다. 변화된 지정 요건은 ①수출 실적은 5,000만 달러 이상에서 1억 달러 이상으로 ②수출 품목은 7개 이상에서 10개 이상으로 ③해외 지사 수 조건이 추가되었는데, 이는 수출 실적 가운데

중동(中東)이 15% 이상, 중남미가 30% 이상, 아프리카가 30% 이상
이어야 한다는 내용이었다.

선경은 15개 나라에 100만 달러 이상 수출한 종목이 15개 이상
이어야 한다는 조건과 중남미, 아프리카, 중동 등지에 대한 수출 등
의 항목을 충족해야 하는 것이었다. ㈜선경은 이를 해결하기 위해
1976년 완구, 운동 용구, 가정용 통신기기, 동식물성 원재료, 각 부
품 생산업체들을 계열화해 상품 다양화에 전력을 기울였다. 인수 및
신설 기업으로는 선경기계, 선경금속이 있었고, 계열화 기업으로는
경성고무와 영남방직이 있었다. 또한, 전자·전기 제품 전담부서인 일
반 상품부를 확충, 보강해 4부 12개 과로 발족시켰다. 한편 6개였던
해외 지사 망을 16개로 확장하고 총력전을 펼쳐나갔다.

1976년 11월 12일 ㈜선경은 종합무역상사로 지정받는데 성공했
다(상공부 고시 제10607호). 1976년 새롭게 종합무역상사로 지정받
은 회사는 ㈜선경을 비롯 고려무역(KOTRA 자회사), 효성물산, 반도
상사, 삼화, 금호실업 등 6개 회사였다. 이로써 종합무역상사는 총 11
개로 늘어났다. 1976년 우리나라 전체 수출액의 20%를 11개 종합
무역상사가 이뤄냈다. 종합무역상사 주도의 수출 드라이브 시대였다.

㈜선경은 1976년 11월 30일 수출의 날에 정부로부터 1억 달러 수
출 탑을 수상하는 경사를 맞았다. 또한, 선경합섬도 해외시장 여건이
악화된 가운데서도 1975년보다 30%가 증가 된 8,226만 달러의 수
출 실적을 올려 수출 유공 대통령기를 수상했다.

1976년 10월 선경 관계사의 연간 수출 실적을 보면, ㈜선경 1억
1.300만 달러, 선경합섬은 8,226만 달러, 해외 섬유를 비롯한 관계
회사 700만 달러 등으로 2억 200만 달러에 달했다. 이는 선경 직물
이 국내 최초로 직물류 해외시장 개척에 성공해 홍콩 등지에 첫 수

출한 이후 14년 만에 1만 5,500배 성장한 수치다. ㈜선경은 고삐를 늦추지 않고 1977년도 수출 목표를 전년도의 두 배에 가까운 2억 달러로 책정했다.

1977년은 제4차 5개년 계획의 1차 년도인 동시에 「수출 100억 달성」이란 국가적 목표가 제시된 해였다. 수출 100억 달러 달성은 한국경제 성장사(史)에 기념비적 사건이다. 대한민국은 이 해 실제로 수출 100억 달러를 달성했다. 정부는 1977년에 들어 종합상사에 채찍을 가했다. 종합상사지정 자격 요건을 강화했다. 종합상사 자격 요건을 충족하지 못하는 상사는 종합상사에서 탈락하게 되는 것이었다. 종합상사에서 탈락하는 것은 기업 이미지의 대내외적으로 회복할 수 없는 추락을 의미하는 것이다. 종합무역상사들은 자격 유지를 위해 치열한 판매 경쟁을 벌였다.

㈜선경의 기업공개

1977년 선경의 기본 목표는 ㈜선경을 기업공개하는 것이었고 이것은 또한 새로이 추가된 종합무역상사 요건의 하나로 반드시 해결해 내야 하는 과제였다. 1977년 당시 최무현 ㈜선경의 사장은 "기업을 공개했을 경우 우선 적정 배당을 해야 하고 또 선경의 기업 이미지 유지를 위해서도 우리는 최소한 경상이익 30억 원은 반드시 확보해야 할 것"이라고 강조했다.

기업공개는 1977년 6월 30일 단행됐다. 1977년 ㈜선경은 해외 지사 수 24개로 삼성, 대우 다음으로 많은 지사 수를 갖게 되었다. 수출 대상 국가 수는 80여 개에 달했다. 종합무역상사들이 수출 취약 지역으로 경원시했던 중동지역에서 ㈜선경은 지난 해에 비해 180%의 높은 수출 신장세를 보였다. 중남미 지역에서는 698%, 그리고 아프리카 지역에서는 74%의 신장율을 기록함으로써 업계를 놀라게 했다.

수출 상품 구성비 역시 1976년에 비해 경공업 제품 수출 비중이 크게 줄고 중화학 공업 제품의 비중이 증대되어 앞으로 수출 신장 여력이 크다는 것을 보여 주었다. 이로써 ㈜선경은 1976년 대비 80%가 증가한 2억 1,489만 달러의 수출 실적을 올렸고 제14회 수출의 날에는 2억 달러 수출 탑을 수상하는 영예를 안았다. 1977년 12월 22일 장충체육관에서 거행된 수출의 날 기념식은 역사상 최초로 수출 100억 달러가 달성된 것을 기념하기 위해 '100억 달러 수출의 날' 행사로 치러져 더욱 뜻깊은 날이었다. ㈜선경과 선경합섬㈜에서는 수출의 날 기념식에서 개인포상을 받은 유공 사원들에 대해 별도로 시상하고 격려했다.

㈜선경은 수출 신장에서 승승장구했다. ㈜선경은 1978년 2억 달러 수출탑을 수상한 데 이어, 1979년에는 3억 2,900만 달러의 수출 실적을 올려 3억 달러 수출탑을 수상했다. 1980년에는 4억 3,000만 달러의 수출 실적을 올려 전체 수출액 175억 달러의 40분의 1을 담당하여 수출 입국에 한몫을 담당했다. 특히 이 해는 우리나라 경제가 마이너스 성장을 기록한 해여서 더욱 빛났다.

1977년 5월 ㈜선경은 폴리에스터 직물의 수출 증대를 위해 국내 최초로 최신 자동 직기인 워터제트 직기(water jet room) 120대를 네덜란드 웨스트브리크 사로부터 도입, 수원공장에 설치했다. 워터제트 직기는 폭이 넓고 제직 속도가 이전 직기보다 3배나 빠른 것이다.

1977년 4월 22일 ㈜선경은 기업공개 작업을 위해 임시주주 총회를 개최하고 일부 정관의 개정, 매출 예정 주식의 인수 간사회사 설정 등의 사항을 의결했다. ㈜선경은 주 간사회사인 동양증권(주)을 통해 6월 20~21일 이틀 동안 신주(공모주) 및 구주(매출주) 400만 주에 대한 청약을 접수했다. 일반인을 대상으로 한 ㈜선경의 주식 청약 비율은 51.4대 1로, 동원된 자금은 650억 원이 넘었고 구주 청약은 18.2대 1의 경쟁을 보여 약 32억 8,000만 원이 집중되었다. 청약 접수를 마친 ㈜선경은 6월 24일 증자 등기를 마치고 6월 30일에 증권거래소에 주식을 신규로 상장했다.

㈜선경은 기업공개에 앞서 369명으로 구성된 '우리사주조합'을 발족시켰다. 우리사주조합의 목적은 자사주 보유를 통한 주인의식 제고, 노사협조, 사원복지향상, 사원 지주를 통한 주가 안정 등에 있다. 우리사주 조합원들이 청약하는 주식 대금은 본인이 희망할 경우, 대금의 50%를 국민은행 상호부금으로, 46%는 회사에서 무이자로 융자해 주어 본인은 4%만 현금불입하면 되는 것으로 회사는 배려했다.

12

컬럼비아 영사 최종현

종합무역상사 제도가 도입되면서 한국 재계는 다각화 열풍이 불어왔다. 선경도 예외일 수 없었다. 다시 종합무역상사가 현상을 유지한다는 것은 정체 내지는 퇴보를 의미했다. 최종현 회장은 그러나 속도 조절을 했다. 무리한 다각화는 부실을 초래하기 때문이다. 최 회장은 해외시장, 특히 중남미에 초점을 맞추었다.

선경은 1977년 4월 미국 마이애미에 지사를 개설하고 기존의 카라카스 지사, 부에노스아이레스 지사와 제휴해 적극적인 수출 활동을 전개했다. 마이애미 지사는 직물 기준 1만 스퀘어 미터를 보관할 수 있는 보세 창고를 임차, 스톡 세일(Stock sale)에 나섰다. 국내 기업으로는 대우에 이어 두 번째였다.

그해 4월 2일 ㈜선경의 최무현 사장과 아르헨티나의 알만도 브라운 상공회의소 회장이 최종현 회장과 테레스 콜먼 주한(駐韓) 아르헨티나 대사가 입회한 가운데 선경, 아르헨티나, 칠레 등이 합작으로 현지 법인을 설립한다는 내용의 합의서를 교환했다 이에 따라 선경이 아르헨티나와 칠레의 도로 건설과 항공 건설에 참여하게 되고, 현지 법인을 통해 아파트 건설에도 참여하기로 했다. 선경은 과테말라의 신설 도로 건설 공사 및 구도로 보수공사, 칠레의 철탑 건설 공사 등에도 참여할 뜻을 밝혔다.

1977년 2월에는 아르헨티나의 알만도 브라운 상공회의소 회장, 칠레의 인타스 사(社), ㈜선경이 함께 투자해 자본금 60만 달러 규모의 현지 합작회사 '파고니아'를 설립했다. 중남미는 자연 자원이 풍부한 지역으로 우리나라로서는 장기적인 안목에서 개발해 나가야 할 보고(寶庫)였다. 다만 단기적으로 볼 때는 무리가 따르는 것도 사실이었다. 현지의 특수법에 묶여 미국이나 일본, 유럽 등에 비해 교역이 까다로웠고 과실 송금에도 제한이 따랐다. 하지만 선경으로서는 종합무역상사로 지정되기 위해서는 중남미 수출 실적이 전체의 30% 이상 되어야 한다는 조건도 있었기 때문에 이 지역에 공을 들였다. 1976년 5월 우리나라와 브라질 사이의 무역 확대, 합작투자 증진, 플랜트 수출, 건설, 전자, 농업, 섬유 및 수산업 협력 등을 증진시키기 위해 한·브라질 경제협력위원회가 발족했다. 최종현 회장은 한국 측 대표로 선임되었다.

1976년 말에는 김응호 개발사업본부장이 중남미에 파견되어 40일간에 걸쳐 현지 시장 조사 활동을 벌였다. 선경은 1978년 1월 자체 기술진에 의해 개발된 아세테이트 토우 제조기술을 남미 지역에서는 최대 규모 담배 회사인 노프레자에 수출하기로 했다. 이는 1977년 5월 내한했던 아르헨티나 상공회의소 회장과 최종현 회장 간의 합의에 따라 이루어진 것으로 일산 15t 규모의 공장 건설과 제조기술 노하우 공여 등 총 2,000만 달러에 이르는 규모였다.

이 외에 선경은 1978년 아르헨티나에 직물 원단 600만 달러를 수출했으며, 1979년에는 1,000만 달러가 넘는 수출 실적을 올렸다. 최종현 회장은 1978년 말 중 남미 진출의 창구 역할을 한 공적으로 콜롬비아 정부로부터 명예 영사로 추대되었으며, 1979년 7월 26일 우리나라 정부로부터 콜롬비아 영사 인가장(領事認可狀)을 받았다. 그리고 1984년 12월에는 콜롬비아 정부로부터 양국 간의 관계에 이바지한 공로로 공훈 훈장 '콘멘다더'를 받았다. 선경의 사업 지역 다각화는 중남미 지역 외로도 확대되었다.

인도네시아의 텍스마코(Texmaco)사는 1977년 9월에 사장이 직접 방한해 조제트 제직 기술 전수를 요구했고, 선경은 직물 기술 수출의 첫 사례를 기록했다. 선경은 동시에 인도네시아에 섬유 플랜트 수출 기반이 구축되리라는 기대를 갖게 되었다.

선경합섬은 폴리에스터 섬유를 본격적으로 수출하기로 하고, 시장 개척에 나섰다. 선경합섬은 1974년 하반기부터 1976년 4월까지 폴리에스터 원면(原綿) 1,200t, 폴리에스터 원사 1,500t을 수출했다. 선경합섬은 1976년 10월 인도국영무역공사(S.T.C)가 실시한 국제 입찰에서 1,380t의 폴리에스터 원면을 수출하는데 성공, 인도에 원면을 직수출하는 길을 만들었다. 인도의 국제 입찰에는 미국의 몬산토, 셀라니즈, 일본의 도레이, 구라레이, 도요보, 대만의 아돔 등 강자들이 참여했으나 이들을 물리친 것이 의의가 컸다.

선경합섬이 인도에 폴리에스터 원면을 수출함으로써 불황 속에서 고전하고 있던 우리나라 화섬 업계에 새로운 계기를 마련해 주었다. 선경합섬은 이외에도 파키스탄, 이란, 홍콩, 인도네시아 등에 월평균 600t의 폴리에스터 원면을 직수출하는 실적을 올렸다.

13

건설업 진출

　최종현 회장은 1977년 6월 건설업에 진출하기로 결심했다. 선경이 건설업에 진출하는 1977년 당시에는 우리나라 건설업계가 중동 시장에 진출해 대형 공사를 수주해 한참 성과를 올리고 있는 때였다. 현대건설의 주베일 산업항 건설 공사 수주가 상징적인 예였다. 사우디아라비아 등 중동 산유국들은 1차 오일쇼크로 달러가 산처럼 쌓여 수많은 건설 프로젝트를 쏟아내고 있었다. 선경의 건설업 진출은 한발 늦은 것이었다. 그러나 선경은 남다른 길을 걷는 전략을 가지고 건설업에 뛰어들었다.

　㈜선경은 하이테크인 플랜트 수출에 주안점을 두었다. 토목 공사 수주 위주가 아니었다. 최종현 회장은 이미 1977년 5월 자본금 200만 달러 규모의 현지 합작 건설사를 설립하기로 사우디아라비아 기업인들과 합의해 놓고 있었다. 이 합의에 따라 내한했던 사우디아라비아 기업인들은 빈 마후즈(Bin Marpooz) 사우디 국립 상업은행 부총재, 티박시(Tbaksh) 사우디 은행 파리지점장, 사르밧테리(Sharbately) 에벤사레이스트(Ebensaleh Est) 사장, 할와니 부로

스(Halwani & Bros) 사장 등으로 최종현 회장은 이들과 돈독한 친분 관계를 유지하고 있었다.

현지 합작 건설 회사의 자본금 규모는 200만 달러로 합작비율은 선경 40%, 사우디아라비아 4개 업체가 60%를 부담하기로 했다. 다만 경영은 최종현 회장이 맡는다는 조건이었다. 당시 정부로부터 해외건설업 허가를 받는 일은 쉽지 않았다. 진입 문턱이 높았다. 선경은 이미 사우디아라비아로부터 10억 달러 규모의 석유화학 플랜트 건설과 3억 달러 규모의 리야드시 조경공사 및 3억 달러 규모의 제다 하수로 공사에 관한 오퍼를 받아놓은 상태였다. 선경은 받아놓은 프로젝트를 추진하기 위해서도 건설회사 설립을 추진하지 않을 수 없었다.

선경은 사우디아라비아 등과 합작 건설회사를 설립하는 대신 국내 업체를 인수하는 것으로 방향을 잡았다. 선경은 1977년 8월 1일 협우산업을 4억 6,000만 원에 인수하고 상호를 선경종합건설로 상호를 변경했다. 초대 사장은 최종현 회장이 직접 맡기로 했다. 선경이 회사 명칭에 '종합'이라는 단어를 쓴 것에 주목해 볼 필요가 있다. 선경은 토목, 건축 등 일반적인 건설업 뿐만 아니라 플랜트 건설 등 특수건설과 엔지니어링에 이르기까지 모든 건설을 폭넓게 추진하기 위해서였다.

선경은 같은 해 12월 31일 토목 건설 면허 업체인 삼덕산업을 흡수, 합병하고 자본금을 8억 5천만 원으로 증자했다. 그러나 선경종합건설은 출범 6개월이 못 되어 시련을 겪는다. 당시 중동 특수 즉 중동에서 건설업체들이 송금해 오는 거대한 오일 달러와 서울의 급격한 비대화로 국내 부동산 시장은 심한 부동산 투기 과열 현상을 보이고 있었다. 정부의 부동산 과열 투기 억제책으로 민간 부문 건설이 위축된 데다 인플레이션 억제를 위한 금융 긴축으로 건설업계 사정은 악화되었다. 정부는 공공 부문의 공사 발주도 조였고 국내 건설업자들의 과당경쟁으로 중동 시장에서 출혈 공사 수주 폐단이 심해지자 이를 막기 위한 수주 제한 조치까지 발동했다.

신생 선경종합건설이 부딪힌 또 하나의 난관은 수주 자격 문제였다. 협우산업 및 삼덕산업으로부터 승계한 공사 실적 자체가 미미했기 때문에 일정 수준의 실적을 요구하는 '공공 공사'에 응찰 자격이 없었다. 이러한 어려움은 해외 건설시장에서도 마찬가지였다. 국내 건설업체의 해외시장 진출은 현대건설이 태국의 고속도로를 수주하면서부터 시작되었다.

선경종합건설은 1977년부터 해외 진출을 시도했기 때문에 12년이라는 후발 핸디캡 부담을 안고 있었다. 선경종합건설은 일정 수준의 실적을 쌓기 위해 그룹 내 자체 공사를 맡아 시공했다. 세계 사격선수권 대회가 1978년 서울에서 개최되는 것은 선경종합건설에는 행운이었다. 세계 사격선수권 대회(ISSF, World Shooting Championship)는 매회 하계올림픽의 개최 사이에 4년 간격으로 개최되는 국제 사격대회로서 국제사격 연맹이 주관한다. 1897년에 제1회 대회가 개최되었다. 1978년 제42회 대회가 대한민국에서 열리는 것이었다. 선경종합건설은 사격대회 선수촌으로 이용될 워커힐 아파트 11개 동(432세대) 건설 공사를 수주, 착공했다. 이외에도 선경화학 공장, 선경합섬 공장 용수 비축 탱크, 선경 배구단 체육관, ㈜선경 부산 보세 창고 등 총 공사비 65억 상당의 그룹 내 공사를 맡았다. 또한, 충주-이천 간 IBRD 차관 도로공사, 제천-영월 간 도로 개수 및 포장공사, 괴산지구 저수지 등 43억 규모의 공사를 수주했다. 선경종합건설은 1977년 한 해 동안 총 100억 원 대의 공사 실적을 쌓았다. 선경종합건설은 1977년 12월 사우디아라비아 제다에, 1978년에는 수도 리야드에 지사를 개설하고 수주 활동을 시작했지만, 실적은 미미했다. 1979년 7월 107만 달러 규모의 사우디아라비아 황태자 궁의 냉방, 환기 시설 공사에 이어 1980년 9월 사우디아라비아 왕실위원회가 발주한 주베일 남부지역 3번 해수로 공사 입찰에 참여 3,360만 달러 규모의 공사를 수주하는데 성공했다. 선경종합건설은 해수로 공사의 원만한 진행 지원을 위해 같은 해 11월 알코바 지사를 설치하고 현지 수주 활동을 강화해 나갔다.

선경종합건설이 건설회사로서 위상을 확고히 다지게 된 계기는 세계 사격선수권 대회 선수촌인 워커힐 아파트 건설이었다. 이 공사에서 선경종합건설은 공사 수행 능력을 십분 발휘해 자체 기업 이미지를 크게 높였다. 워커힐 아파트는 사격선수권 대회에 참가하는 임원 및 선수단 2,000명의 숙소로 사용되는 것이었다. 워커힐 아파트의 규모는 12층 27평형 3개 동, 67평형 5개 동, 77평형 3개 동으로 총 22개 동에 달하는 432세대분이었다. 여기에 지하 1층, 지상 3층 규모의 상가 한 동으로 구성되었다. 선경종합건설은 1977년 11월에 착공, 1978년 9월 16일 이전까지 완공해야 하는 시간에 쫓기는 공사였다. 선경건설은 워커힐 내 임야 3만 여 평에 대한 정지 작업부터 시작했다. 단지의 지형이 가파른 데다 시간이 충분치 않아 건설 경험이 부족한 선경종합건설로서는 난공사였다. 선경종합건설은 예정된 공기 내에 완성했다. 워커힐 아파트에 투숙했던 각국 선수들은 선수촌의 시설에 대해 만족감을 표시했다. 워커힐 아파트는 대회가 끝난 뒤 예정대로 일반에게 분양됐다.

쉐라톤워커힐 호텔

선경은 1973년 3월 워커힐을 인수하면서 1973년 이내에 객실 500실 이상의 신규 호텔을 착공하겠다고 정부와 약속했다. 우리는 박정희 대통령이 선경에게 워커힐 소유주가 되는 서류에 사인하면서 결제 서류 여백에 '세계적 호텔로 키울 것'이란 지시를 기억하고 있다. 선경은 약속 이행이란 단순한 차원을 넘어서 근본적으로 대대적인 개조 사업 플랜을 가지고 임했다.

선경의 구상은 워커힐을 세계적인 규모의 호텔로 성장시켜 한국 관광산업의 메카로 만드는 것이었다. 선경의 워커힐 '개발계획'은 크게 두 가지였다. 하나는 신규 호텔 건립이었고 다른 하나는 카지노를 포함한 종합 레크레이션 센터를 만드는 것이었다. 1973년 12월 20일 기공식을 가졌다. 예상 투자액은 125억 원에 달했다. 인수가의 4배가 넘는 것이었다. 그러나 이 계획은 예상치 못한 난관에 부딪혔다. 제1차 오일쇼크와 최종건 창업 회장의 타계(他界)였다. 오일쇼크로 국내 경기는 불황으로 빠졌고 공사 일정을 미룰 수밖에 없었다. 그 사이 워커힐호텔은 1등급에서 1975년 3월 26일 특급호텔로 승격했다. 석유 파동이 초래한 국제 경기의 침체는 1975년 하반기를 고비로 해서 회복 국면으로 접어들었다. 1974년 감소세를 기록했던 방한 관광객 수는 1975년 22.3% 증가해 63만 2,000명으로 늘어났고 1976년에는 83만 5,000명에 달했다. 선경은 국내 경기 회복과 관광객의 증가로 중단되었던 신규 호텔 건설을 재개했다. ㈜워커힐은 1976년 10월 15일 신규 호텔 기공식을 다시 갖고 공사를 재개, 고객 수용 능력을 3배 정도 늘렸다. 호텔의 대고객 서비스 역시 질적, 양적 향상이 요구되었다. 국제적 호텔로서 갖춰야 할 세계적 판매망 구축,

서비스 체계 정립, 홍보능력 향상 등 경영에 혁신적인 변화가 있어야 했다. 워커힐 경영진은 신규 호텔 개관 전에 외국 일류호텔 체인의 경영 기술을 도입하기로 하고 다각적인 접촉에 나섰다. 그 결과 1977년 11월 18일 워커힐은 '호텔 쉐라톤(Sheraton International Inc)'과 프랜차이즈 형태의 기술 원조 계약을 체결했다. 쉐라톤은 미국 보스톤에 본부를 두고 있으며 1960년 11월에 설립된 회사로 전세계 40개국에 430여 개의 체인망을 가지고 있다.

1978년 7월 12일 워커힐 신규 호텔은 공사 개시 22개월 만에 완공되었다. 공사비는 180억 원이 투입되었다. 호텔 명칭을 워커힐에서 「쉐라톤워커힐」로 변경했다. 신규 호텔은 지하 4층, 지상 18층 연건평 1만5,900평의 국내 최대 규모의 국제적 매머드 호텔로 변모되었다.

쉐라톤워커힐은 1979년 4월 16일부터 일주일간 열린 1980년도 PATA(Pacific Asia Travel Association, 태평양지역 관광협회) 총회를 유치했다. PATA 총회는 당시까지 우리나라에서 개최된 국제회의 가운데 최대 규모였다. 이를 위해 쉐라톤워커힐은 2,200명을 동시에 수용할 수 있는 그랜드볼룸과 14개의 대소 연회장을 완공했다. 세계적 수준의 일류호텔 면모를 갖추게 되었다.

14

최종현의 집념 - 폴리에스터 필름

헤징 전략으로 자기테이프부터

최종현은 폴리에스터 필름의 사업성을 일찍이 알고 있었다. 폴리에스터 필름은 합섬 섬유를 공업화한 것이다. 폴리에스터는 1941년 영국의 윈필드 및 딕슨(Winfield 및 Dickson)에 의해 발명되었으며 1948년에는 영국의 ICI, 미국의 듀퐁(Dupont)이 합섬 섬유의 공업화에 성공, 필름을 개발했다.

폴리에스터 필름은 우수한 물리적, 화학적 특성을 가지고 있어, 다양한 용도의 제품 원료로 사용되는 고부가가치 상품이었다. 1970년 말 폴리에스터 필름은 방위 산업을 비롯해 중화학 공업, 전자공업, 정밀 기계공업의 필요불가결한 공업용 기초 소재로 이용되었다. 또한, 컴퓨터와 오디오 자기 테이프, 콘덴서, 엑스(X)레이 필름, 항공사진 등 용도는 매우 다양하다. 1970년대 말 폴리에스터 필름의 세계적 수요는 매년 18.7%씩 증가하고 있었고 국내 수요도 급증하고 있었다. 우리나라는 전량을 수입에 의존하고 있었다.

최종현 회장의 고심은 컸다. 이 고난도의 제품 기술 개발을 어떻게 할 수 있겠는가였다. 최종현 회장은 강석웅 당시 선경합섬의 기획실장을 미국, 영국, 프랑스, 일본 등지로 파견해 현지 폴리에스터 필름 메이커를 상대로 기술 협력 문제를 타진토록 했다. 그들의 반응은 냉담했다. 선경의 합작회사인 데이진조차도 '한국이 폴리에스터 필름을 생산하는 것은 무리일 것'이라며 선경의 제안을 거절했다. 당시 폴리에스터 필름 제조 기술은 미국의 셀라니즈(Celanese), 이스트만 코닥(Eastman Kodak), 영국의 ICI, 프랑스의 롱 프랑크(Rhone Poulenc), 일본의 도레이, 데이진 등 4개국의 7개 회사가 독점하고 있었다. 일본의 경우 1957년 ICI가 도레이와 데이진에 섬유 관련 기술을 이전, 1959년 필름화에 성공했다.

최종현 회장의 폴리에스터 개발을 향한 도전을 이때부터 시작되었다. 최종현 회장은 필름개발의 전 단계인 마그네틱 테이프 공장 건설에 착수했다. 일종의 위험회피(Risk Hedging) 전략이었다. 이런 전략에 따라 1976년 11월 27일 수원 전자를 인수하고, 1977년 5월에는 2억 5,000만원을 투입해 대규모 마그네틱 테이프 공장 건설에 착공했다.

1977년 6월 23일 수원전자는 정부의 전자공업 중점 육성 지정업체 가운데 자기 테이프 지정업체로 선정되었다. 1977년 8월 마그네틱 공장을 완공하고 8월 22일 본격적인 생산에 들어갔다. 수원전자가 일체의 해외 기술 도입 없이 제품을 출하하기까지 걸린 시간은 불과 2개월이었다.

SECA(Suwon Electronic Capital)이라는 상표로 시판된 오디오 테이프는 시장에 내놓자마자 품질의 우수성이 인정되어 선풍적인 인기를 끌었다.

폴리에스터 필름 개발로 이야기를 되돌려보자. 폴리에스터 필름 개발 과정은 예상했던 것 이상으로 어려웠다. 기술 개발에 착수한 지 1년이 지났음에도 별다른 진전이 없었다. 국내의 경제 상황으로 자금 사정은 악화되었다. 선경의 최고경영진은 자금 조달을 위해 매일 대책 회의를 열었다.

1977년 4월 선경화학은 마침내 스케일업 칩(Scale-up chip)의 필름 압출에 성공했다. 5개월 후인 9월에는 파일럿(Pilot) 및 풀 스케일 테스트에도 성공했다. 이에 고무된 선경화학은 1977년 10월 선경합섬 수원 공장 남쪽에 9,800평 부지를 확보하고, 연산 900t 규모의 폴리에스터 필름 생산 공장 건설에 착수했다. 선경화학은 1977년 12월 마침내 폴리에스터 필름 시제품 생산에 이른다. 시제품이 기계 출구에서 쏟아져나오자 필름개발에 참여한 개발팀 관계자들은 감격의 눈물을 흘렸다. 그 속에는 최종현 회장도 끼여 있었음은 물론이다.

삼성(제일합섬)과의 싸움

선경화학의 시제품 생산 성공의 기쁨과 환희는 잠시뿐이었다. 선경화학의 앞에는 생사를 건 험난한 긴 싸움이 기다리고 있었다. 1977년 9월 선경화학이 파일럿(Pilot) 및 풀 스케일 테스트에 성공했다는 정보를 입수한 데이진은 그동안 기술 제공을 거절해 오던 태도를 바꿔 한국의 수출 경쟁국인 대만에 기술을 제공하기로 결정하는 한편 한국 측 합작회사인 제일합섬과 기술 공여 계약을 체결하고 만다.

제일합섬은 1954년 삼성그룹의 직물·화섬 사업으로 출발한 제일 모직의 모태로 1972년 경산 공장을 분리하면서 세워진 회사다. 당시 계약된 로열티는 560만 달러(약 15억 원)로 선경화학의 개발 투자액의 세배에 해당하는 거금이었다. 선경으로서는 뒤통수를 맞았다. 제일합섬의 기술 도입이 실현되면 선경 화학이 필름 개발에 쏟아부은 모든 노력은 물거품이 되고 마는 것이다. 국내 기술에 의한 연구개발 의욕이 저하될 것은 자명한 일이다.

최종현 회장은 1978년 1월 11일 그동안 비밀에 부쳐왔던 폴리에스터 필름 개발 과정과 성공 사실을 처음으로 언론에 공개했다. 최종현 회장은 정면 돌파를 결심했다. 최 회장은 '폴리에스터 필름 제조업은 거대한 설비투자가 이루어져야 할 뿐만 아니라 장차 수출 산업으로 국제 경쟁력을 갖도록 하기 위해서 당분간 외국 기술 도입을 허용해서는 안된다'는 논지를 펴면서 정부가 「국내 기술」 보호에 합당한 조치를 취하도록 강력히 건의했다. 그러자 제일합섬은 1978년 1월 12일 '어떤 기술이든 국내 개발이 바람직스러운 일이기는 하나 자체 개발이냐 기술 도입이냐 하는 것은 「경제성」의 관점에서 고려해야 한다. 겨우 칩 제조기술에 불과한 선경의 개발에 만족하는 것보다는 하루빨리 선진 기술을 들여와 우수 제품을 생산, 공급하는게 더 바람직스럽다'고 주장하면서 경제기획원에 기술 도입 신청을 제출했다.

이에 대한 한 시사주간지(誌)는 '이미 1975년에 기술 개발을 시도했다가 포기한 바 있는 제일합섬으로서는 명분 없는 반격'이라고 논평하기도 했다. 선경은 물러설 리도 없고 물러설 수도 없다. 선경은 명분과 여론을 믿고 어려운 싸움을 계속해 나갔다. 그러나 싸움은 확대일로를 걸었다.

선경화학은 1978년 2월 1일 기술개발 촉진법 제8조에 의거, 과학

기술처 장관에게 국산기술 제품에 대한 '보호조치'를 신청했다. 물론 제일합섬과의 싸움은 기업의 사활이 걸린 중대한 사안인 한편 선경은 국내 기술 육성과 보호라는 명분의 이니셔티브는 가지고 있었다. 선경의 요청은 당연했다. 과학기술처 장관은 관련 법에 의거 주무부인 상공부에 보호조치를 요청했고 상공부 장관은 1978년 3월 20일 선경합섬과 제일합섬이 경합을 벌여온 폴리에스터 필름 제조시설 실수요자 선정 문제에 대한 잠정적인 결론을 경제기획원에 전달했다. 결론의 핵심은 '폴리에스터 필름의 가격, 품질 및 경제성을 검토한 후 가격, 품질이 우수하면 선경에 일원화하고 경제성이 없으면 제일합섬의 기술 도입을 재론'한다는 것이었다. 과학기술처에서도 소견서를 통해 "앞으로 1년의 유예 기간을 두고 그때에 가서 선경이 내놓는 제품을 검토한 후 품질, 가격이 국제 수준에 미치지 못하는 경우에는 외국 기술 도입을 허용하자"고 주장했다. 과학기술처 박긍식 개발관실 실장은 폴리에스터 필름 개발 가능성 여부를 판단하기 위해 선경화학 폴리에스터 필름 개발 실무팀을 맡고 있는 최동일 수원 공장장을 불러 면담을 가졌다.

1978년 4월 6일 경제기획원은 상공부 및 과학기술처 등의 의견을 검토한 끝에 결론을 내렸다. 경제기획원의 결론은 '제일합섬이 신청한 폴리에스터 제조기술 도입 건에 대해서는 국내에서 생산되는 제품의 품질 및 가격이 확인될 때까지 그 결정을 유보한다'는 것이었다. 경제기획원의 결론에 제일합섬은 크게 반발하고 나섰다. 제일합섬은 선경화학이 국제적 수준의 폴리에스터 필름을 생산하는 것은 불가능하다고 전제하고 서둘러 외국 기술을 도입해야 한다고 주장했다. 제일합섬은 선경이 생산하는 필름에 대해 '오징어 포장용으로밖에 쓸 수 없는 조악품(粗惡品)'이라고 원색적인 비방도 서슴지 않았다.

상공부의 변심

제일합섬의 비방을 끝내 버리기 위해서는 선경화학이 국제 수준의 폴리에스터 필름을 만들어내는 것이다. 그것이 가장 확실한 방법이다. 선경화학은 1978년 4월 12일 드디어 수원공장을 완공한다. 이어 5월에는 시제품 생산을 위한 본격적인 가동에 착수, 6월 초순에는 국제 수준의 폴리에스터 필름을 생산하는데 성공했다. 1978년 6월 17일 선경화학에서 생산한 폴리에스터 필름의 첫 출하식이 열렸다. 선경화학이 생산한 폴리에스터 필름은 국제 규격과 비교해도 손색이 없었다. 선경화학은 1978년 8월 생산 규모를 4,500t으로 증설하는 작업에 착수했다. 과학기술처 기술개발 심사위원회(위원장 이창석(李昌錫) 과기처 장관)도 1978년 10월 10일 최종심사 결정을 내린다. 심사위원회는 선경화학이 개발한 폴리에스터 필름이 국내에서 개발한 신기술이 확실하며 기술, 경제적 효과가 매우 높고 선경화학이 오는 1979년까지 국제 가격 수준을 유지할 수 있는 3,900t의 생산 시설을 갖출 수 있다고 인정했다. 또한, 심사위원회는 향후 4년 동안(1982년 10월 말까지) 선경화학의 기술을 보호한다고 결정하고 이를 주무부서인 상공부 장관에게 요청할 것을 의결했다. 그러나 사태는 예상하지 못한 이외의 방향으로 흘러갔다. 정부 부처 간의 파워게임 양상으로 번졌다.

제일합섬은 과학기술처의 결정이 내려지자 기술 도입 조건을 「전량수출」로 바꾸고 다시 기술 도입 허용을 요청했다. 전량수출 조건, 이것은 정부에게 아주 매력 있는 것이었다. 수출 신장에 항상 배고픈 정부로서는 그냥 지나치기는 쉽지 않은 것이었다. 상공부는 제일합섬의 새로운 제의에 호응하고 나섰다. 상공부는 과학기술처에 폴리에스터 필름에 대한 기술보호 요청을 재검토해 줄 것을 요청했다. 상공부는 하루아침에 종전의 태도를 바꾼 것이다. 하지만 여론과 언론이 상공부를 비판하고 나섰다. 상공부의 처사에 대해 여론과 언론이 일제히 반기를 들고 국산기술 보호 필요성을 역설했다.

「동아일보」는 사설을 통해 '국내에서 개발된 기술을 천시하고 무조건 외국 기술을 선호하는 경향이 우리 주변에 있다는 것은 반성해야 할 일' 이라며 '국내 기술진에 의해 애써 개발된 기술이 외국 도입 기술에 눌려 햇빛을 못 보게 된다면 막대한 외화를 낭비하는 것은 물론 국내 과학 기술 연구개발 의욕마저 상실된다는 점을 명심하고 관계 당국은 결단을 내려주기 바란다'고 촉구했다.

상공부는 더는 버티지 못했다. 상공부는 폴리에스터 필름 보호 결정 재검토 요청을 철회했다. 장장 10여 개월을 끌어온 폴리에스터 필름 싸움은 끝을 맺었다. 이것은 일본 데이진의 패배이기도 했다. 선경화학은 생사의 갈림길에서 벗어났다. 이 조치로 제일합섬이 추진해 온 고밀도 필름 제조 기술 도입은 불가능해졌다.

한편 선경화학의 책임도 무거워졌다. 선경화학은 국제 가격 수준을 유지해야 하는 것이다. 선경은 110억 원의 추가 자금을 투입했다. 선경은 5mm 초박(超薄) 폴리에스터 필름도 생산해 냈다. 선경화학은 정부의 기술 보호 조치로 막대한 이익을 안게 되었다. 이른바 대박을 터뜨린 것이다. 선경은 향후 여기에서 축적된 자금으로 유공(油公, 대한석유공사) 인수 자금으로 사용하는 시드머니(Seed money, 종자돈)를 얻게 된 것이다. SK그룹이 세계적 거대기업 집단으로 성장하는데 유공 인수는 결정적 역할을 했고 그런 의미에서 폴리에스터 필름 개발은 각별한 의미를 갖는 것이다.

최종현 회장은 1978년 12월 29일 폴리에스터 필름 공동 개발에 공헌한 KIST(한국과학연구원)의 노고를 위로하고 앞으로 산학협동에 의한 기초 기술 개발을 독려하는 뜻에서 '기술개발 연구기금 10억 원'을 KIST에 출연했다.

한편 최종현 회장은 1980년 5월 1일 한국경영대상 시상식에서 '한국의 경영자' 상을 수상했다. 이 상은 한국능률협회가 1969년에 제정해 경영,교육 등 10개 부문에 걸쳐 시상하는 국내에서는 가장 권위 있는 것이다.

15

화학기업 선경합섬

독자기술로 폴리에스터 병 개발

최종현 회장은 1978년 어느 날 국내 청량음료 및 간장 업계가 유리병이 확보되지 않아 정상 가동이 안되고 이에 따라 국민들이 고통을 겪고 있는 것을 보고 해결책은 없을까 고민에 빠졌다. 화학업계에서 고민해보면 어떤 해결책이 나올 수 있다고 생각했다. 우리는 최종현 회장이 미국 위스콘신 대학에 유학 가서 화학을 전공했다는 것을 알아둘 필요가 있다.

1970년대 후반 선진국의 화섬 공업 업계는 품질이 우수한 고순도 PTA(Purified Terephthalic Acid)의 원료 전환이 시작되고 있었다. 선경합섬도 국제 시장에서 경쟁력을 확보하기 위해서는 PTA로 전환이 불가피했다. 그러나 종전의 DMT(Dimentyl terephthalate)를 PTA로 전환하기 위해서는 생산 설비의 개선, 교체가 필요했으며 그것은 막대한 자금과 고도의 기술을 필요로 했다. 그렇지만 최종현 회장은 PTA의 전환을 지시했다.

선경합섬 기술팀은 이를 해결하기 위해 1976년 초부터 독자적인 설비 개체 계획을 수립, 1977년 2월부터 울산 공장의 각 부문별 생산 라인을 한 개씩 바꾸어 시험 가동에 들어갔다. 그 후 6개월 만에 울산 공장의 모든 생산과 라인도 PTA로 전환했다. 1년 6개월 만에 독자적인 기술력으로 PTA 체제를 해결했다. 1977년 9월 이전까지 선경합섬 공장에서 사용한 DMT는 연간 5,000여 톤에 달했다. 이를 PTA로 전환함으로써 연간 10억 원 이상의 원가 절감 효과를 얻었다. 그리고 한 배치(Batch Process, 반응에 필요한 원료를 반응기에 넣고 반응이 끝난 다음 정제물을 꺼내는 제조 과정)에 여섯 시간이 걸리는 생산 공정을 네시간 이하로 단축했다. 이것은 기존 시설을 늘리지 않고도 30% 이상 증산을 가져왔다. 이러한 PTA, DTA 사업은 SK케미칼(선경합섬 후신)이 첨단 섬유 분야에서 세계 일류 기업으로 인정받는 계기가 되었다.

1978년 8월 1일 경영파트너였던 일본의 데이진은 선경합섬의 경영에서 완전히 손을 뗐다. 1978년 10월 선경합섬 연구개발팀은 자체 기술로 상압용(常壓用) 폴리에스터 수지(樹脂)를, 1979년 3월에는 내압용용기(耐壓容用器) 고밀도 폴리에스터 수지를 개발하는데 성공했다. 이로써 최종현 회장이 고심했던 국내 청량음료 산업계의 유리병 확보 난을 해결하게 되었다.

폴리에스터 병은 미국 듀퐁사(社)에서 개발한 신소재로서 미국 FDA가 공인한 새로운 무독성 식품 용기였다. 선경합섬이 개발하기 전 미국에서는 코카콜라, 펩시콜라 등 청량음료 용기로 널리 사용되고 있었으며 유럽에서도 매일반이었다. 당시 선경합섬이 개발한 폴리에스터 병은 유리 용기에 비해 무게가 13분의 1 정도로 가벼웠고 3m 높이에서 떨어뜨려도 깨지지 않았다. 하나의 혁명이었다. 선경합섬 폴리에스터 병은 1978년 국내 기관 검사에서 식품 용기로 적합하다는 적격판정을 받았고 일본 후생성 산하의 식품 위생 협회에서도 공인받았다. 1980년 7월에는 미국 FDA(식품의약청)로부터도 식품 용기로 인체에 무해하다는 판정을 받았다. 이와 함께 세계 최대 탄산음료 회사인 코카콜라 본사로부터도 탄산음료병으로 품질이 우수해 코카콜라 병으로 사용할 수 있다는 판정을 받았다. 세계의 몇 개의 회사만이 제조기술을 갖고 있던 상황에서 폴리에스터 병에 대한 테스트 결과는 코카콜라 본사가 규정하고 있는 기준치보다 훨씬 양호하다는 판정을 받은 것은 선경합섬 기술진의 개가였다.

선경합섬은 1979년 5월 1일, 섬유 산업 기반을 강화하고 정밀화학 및 신소재 분야로 사업 영역을 확대한다는 중장기 비전에 따라 '선경합섬 기술연구소'를 발족시켰다. 선경합섬 연구소는 PTA를 이용한 폴리에스터 종합기술개발, 고광택사, 이행단면사, 브롬(Br)계 난연 섬유를 개발했다. 선경은 2000년대에 이르기까지 선경합섬 연구소 이외 생명과학 연구소, 석유화학 연구소를 설립, 섬유를 비롯한 석유화학, 정밀 화학, 신소재, 생명과학의 5대 연구 영역을 확대했다.

선경매그네틱(SMT) 선풍

1976년 11월 17일 설립된 선경매그네틱은 이 분야에서 시장점유율 80%를 장악하는 선풍을 일으켰다. 원래 선경매그네틱은 선경화학의 폴리에스터 필름 개발에 따르는 위험 부담을 줄이기 위해 설립되었다. 1970년대 초반까지만 해도 오디오 제품은 선진국에서나 이용하는 사치품으로 인식되었다. 그러나 1970년대 들어 경제개발과 생활 수준 향상으로 중진국 이하의 개발 도상국에서도 오디오 제품이 문화생활 용품으로 자리잡았다. 우리나라에서도 1970년대 중반 이후 연평균 25%의 폭발적인 수요 증가를 보였다.

선경매그네틱이 오디오 카세트테이프를 생산해 내기 전까지 국내 시장은 외국 제품이 완전히 시장을 장악하고 있었다. 이 같은 상황 속에서 선경 매그네틱은 꾸준히 품질 개량을 시도했고, 결국 선경 오디오 카세트테이프는 제품의 우수성을 인정받아 인기를 끌기 시작했다. 1977년 사업 초년도의 선경매그네틱 매출액은 2억 4,000여만 원에 불과했다. 선경매그네틱은 1977년 10월 31일 본사를 수원에서 서울로 이전하고 상품명도 종전의 세카(SECA, Suwon Eletronic Capital)에서 스매트(SMAT, Sunkyong Magnetic Tape)로 바꿔 이미지를 개선시켰다. 1978년 5월 자체 기술진의 힘으로 8본(本) 트랙 카트리지(8-Track Cartridge)를 개발하는데 성공, 제품 생산에 들어갔다. 선경매그네틱은 1978년 6월 선경화학이 국내 기술로 개발한 폴리에스터 필름 '스카이롤'을 생산 판매하면서부터 오디오 테이프 베이스 필름을 스카이롤로 대체했다. 선경매그네틱은 이전까지는 오디오 테이프 베이스 필름을 외국에서 수입, 사용했다. 이에 따라 원료에서 제품까지 완전 국산화를 이뤄 외화 절약을 가져오게 됐다. 선경매그네틱은 종전 60분, 90분짜리 녹음테이프 이외에 120분짜리를 생산, 판매했다. 또한, 오픈 릴 녹음기용 4분의 1인치짜리 테이프를 개발해 양산함으로써, 카세트테이프 단일 품목에서 릴 테이프, 릴 테이프용 팬케이크 등으로 생산품목을 늘렸다. 9월에는 고속 녹음이 가능하고 높은 출력을 낼 수 있는 하이 에너지 카세트테이프 'SK(Super Kinetic)테이프'를 새로 개발해 판매에 들어갔다. 하이 에너지 카세트테이프는 고속 녹음 시 폴리에스터 베이스 필름에서 자장 분진이 떨어져 발생하는 녹음 불량 상태를 해결한 고급테이프였다. 녹음의 품질을 생명으로 하는 방송 매체와 음반 산업계에는 획기적인 일이었다. 이 제품은 녹음 재생 시 잡음이 없고 높은 출력을 낼 수 있어 애호가들이 선호했다.

선경매그네틱은 1980년 2월 원음 재생도가 높아 해외 수요가 많은 메탈테이프를 새로이 개발, 관련 업계의 주목을 끌었다. 선경매그네틱은 1980년 10월부터는 전량 수입에만 의존해 오던 7인치 짜리 오픈 릴 팬케이크(Open Reel Pancake) 금형 개발에 성공했다. 선경매그네틱은 1979년에는 세계적 음반 메이커인 덴마크의 필립스사와 카세트테이프 수출 계약을 체결함으로써 국내 외에 제품의 우수성을 입증해 보였다. 선경매그네틱은 1978년 8월 초에 테스트용 테이프를 각 등급별로 500 릴씩 보내주었고 필립스사는 그해 9월 기술진을 파견해 품질관리, 실험 실 등을 직접 시찰한 뒤 정식수출 계약을 체결했다.

사업 초년도인 1977년에는 수출액이 2만 달러에 불과하였으나 1978년에 221만 달러, 1980년에는 327만의 수출 실적을 올렸다. 필립스사에 대한 오디오테이프 수출은 액수보다는 수출 그 자체가 영예인 것이다. 1980년대 말 선경매그네틱 국내 시장 점유율은 80%에 달했으며 2000년대에는 선경매그네틱 제품이 전 세계 시장의 30%를 점유하기에 이른다.

비디오테이프 개발

선경화학은 폴리에스터 필름 개발에 성공한 후 눈을 비디오테이프로 돌렸다. 선경화학은 이미 1970년 중반부터 비디오테이프 사업이 유망하다는 것을 예견했다. 하지만 비디오테이프 역시 첨단 기술로 기술을 이전하려는 선진 업체는 나타나지 않았다. 선경화학은 독자적으로 개발하기로 결정했다.

비디오테이프 역시 어려운 기술이었다. 무수한 시행착오를 거듭했다. 선경화학은 1980년 12월 5년간의 연구 끝에 미국, 독일, 일본에 이어 세계에서 4번째로 컬러 비디오테이프를 개발했다. 대단한 성공이었다. 한국인의 기술 개발 능력을 세계에 과시한 쾌거였다. 컬러 비디오 개발 의의에 대해 '선경 40년사'는 '당시 세계에서 비디오테이프 제조기술은 미국, 서독, 일본 3개국뿐'으로 '선경은 비디오테이프 개발로 선진국 기업들을 경악케 하고 비로소 세계적인 기업으로 그 이미지를 극명하게 부각시킬 수 있었다'고 평가했다. 1980년 12월 선경화학은 컬러 비디오테이프를 동남아 시장에 시험 수출했다. 호평을 받았다. 선경화학은 미국 시장도 노크했다. 'ESKEI'라고 명명된 선경화학의 컬러 비디오테이프는 1981년 3월부터 국내 시판에 들어갔다.

16

선경의 유공(油公) 인수

최종현 회장의 사업 생애에서 유공(대한석유공사) 인수를 능가하는 극적인 사안은 없다. 유공이라는 거대한 존재는 인위적인 설계만으로는 움직이지 않는다. 역사적인 흐름과 맞물려 모든 요소가 맞아떨어져야 한다. 우리는 이 장(章)에서 그런 것을 확인할 수 있을 것이다.

걸프(Gulf)의 철수

1980년 8월 19일 대한석유공사 경영 주체였던 미국의 걸프가 대한석유공사 보유 지분 50% 전부를 양도하고 한국에서 철수한다고 발표했다. 폭탄적인 발표였다. 재계와 국민의 초미의 관심은 유공(油公, 대한석유공사 준말, 창업부터 일반인에게는 유공으로 불렸다)의 새 주인은 누구일까였다. 소위 민영화 문제였다. '황금알을 낳는 거위인 유공(매출 1위, 세금자납 1위)'을 누가 차지하느냐에 따라 재계 순위 판도가 바뀌기 마련이다.

걸프는 1962년 488만 달러를 투자한 것을 시작으로 1974년 2,500만 달러를 재투자해 대한석유공사의 주식 50%를 확보해 유공의 경영권을 행사해 왔다. 걸프는 1978년 12월 제2차 석유 파동이 일어나자 회사의 투자 전략을 전환하게 된다. 제2차 석유 파동이란 호메이니가 팔레비 왕정을 무너뜨리고 이슬람주의 혁명을 일으킨 후 석유 감산에서 비롯된 유가 급등을 말한다. 걸프는 1964년 대한석유공사 울산 공장 가동이 시작되면서부터 대한석유공사가 필요로 하는 원유 전량에 대한 공급권과 수송권을 보유하고 있었다. 당시 걸프는 중동지역의 쿠웨이트, 사우디아라비아 등지에서 상당량의 원유를 자체 생산하고 있었다. 따라서 국내 원유의 안정된 공급원으로서의 역할을 충실히 수행해 왔다.

한편 걸프는 대한석유공사의 경영권을 확보함에 따라 잉여 원유를 한국에 공급, 이익을 극대화하는 즐거움도 누리고 있었다. 그러나 이게 문제였다. 1970년대 중·후반부터 유망 사업으로 부상하고 있던 석유화학 사업 투자에는 소극적인 태도를 보였다. 이러한 걸프의 태도는 대한석유공사의 임직원과 갈등을 일으키는 요인이 되었다. 정유 사업과 석유화학산업은 원유를 원료로 삼는 것은 같지만 성격이 매우 다른 업종이다. 정유 사업이 원유를 정제해 판매하는데 그치는 반면, 석유화학산업은 원유를 정제함으로써 부수적으로 얻게 되는 분해물을 재가공해 새로운 부가가치를 창출하는 것이다.

정유사업을 주업종으로 하는 대한석유공사는 상대적으로 다른 업체들보다 유리한 입장에 있었다. 대한석유공사의 석유화학팀이 석유화학 사업에 좀 더 많은 사람을 투자해 줄 것을 걸프에 요구하는 것은 당연했다. 하지만 걸프는 이러한 요구에 대하여 현상 유지 방침을 고수했다. 걸프는 더 이상의 수익 창출에 흥미를 못 느끼는 것이다. '유공삼십년사(史)'의 지적은 걸프가 대한석유공사를 자신들의 이익을 창출하는 하나의 사업 단위로만 여겼고 대한석유공사의 성장과 발전을 위해 새로운 사업에 투자하겠다는 의지가 없었으며, 이에 대해 대한석유공사 석유화학팀 직원들이 좌절했다고 밝히고 있다. 정부는 1970년대 초 석유화학 제품의 수요 급증으로 공급 부족 현상이 나타나자 걸프와 협상을 벌였다. 한국의 석유화학-사업에 참여해 줄 것을 강력히 요청했다. 걸프의 태도는 요지부동이었다. 미국 거대 다국적 석유자본 걸프는 한국의 석유화학산업 발전은 안중에 없는 것이다.

정부는 전라남도 여천에 제2 석유화학 단지를 건설, 1979년 10월부터 가동에 들어갔다. 여천 석유화학단지는 이런 과정을 거친 산물이었다. 이에 따라 대한석유공사가 부분적으로 누려온 석유화학사업의 독점적 지위는 상실되었고, 국내 석유화학 시장은 경쟁 체제로 전환되었다. 이는 이후 대한석유공사가 석유화학 사업에 본격적으로 진출하는데 커다란 장애 요인이 되었다.

1970년 후반 정부의 정유 산업에 대한 통제 강화로 대한석유공사 수익성 악화는 그동안 걸프사가 누려왔던 행복한 투자수익에 압박을 가하게 되었다. 또한, 한국 정부는 정유사업의 적정 이익 보장 등에 대해서도 걸프와 견해차가 벌어져 빈번하게 마찰을 빚곤 했다. 이러한 상황 속에서 1978년 12월 이란의 회교 혁명이 일어나고 제2차 석유 파동(오일쇼크)이 발발했다. 당시 이란, 쿠웨이트 등 중동지역에 많은 투자를 하고 있던 걸프는 원유 공급에 심각한 타격을 받게 되었다. 결국, 걸프는 대한석유공사에 대한 원유 공급계획도 차질을 빚게 되었고 1980년 3월 대한석유공사(유공)에 대한 원유 공급을 중단하게 된다. 이때부터 걸프는 한국으로부터의 철수를 본격적으로 검토하기 시작했다(앞서 이야기한 1980년 8월 19일 걸프가 대한석유공사 지분 50%를 매각한다는 발표를 기억할 필요가 있다).

원유 공급을 계속할 수 없다는 것은 석유 사업에서 막대한 수익을 안겨주는 원유 공급권 및 운송권을 통한 이익 실현이 불가능해졌다는 것을 의미한다. 특히 당시에는 정유권과 판매권이 한국 정부의 강력한 통제 하에 있었기 때문에 걸프에게는 대한석유공사는 그들이 추구하는 해외 기지로서의 가치가 껍데기만 남게 되는 실정이었다. 더구나 당시 걸프는 대한석유공사에 투자했던 3,000만 달러의 1.7배에 달하는 5,100만 달러를 이미 벌어들여 2차 주식인수 계약 때 명시한 주식 이양 조건을 이행해야 할 시기를 맞고 있었다.

걸프가 약속한 주식 이양 조건이란 1974년 이후 배당 금액과 유보이익이 2차 투자액의 150%에 도달할 때까지만 대한석유공사 주식 50%와 경영권을 보유하고 그 이후에는 25%를 한국 정부에 이양한다는 협약이었다. 따라서 걸프는 어차피 지분 주식 25%를 한국 정부에 이양해야 할 입장이었다. 걸프가 보유주식 50%를 매각하겠다고 발표한 것은 치밀한 계산 밑에서 나온 선제공격이었다. 걸프는 당시의 평가액 9,300만 달러를 회수할 수 있었다. 걸프는 대한석유공사에 투자한 지 17년 만에 공식적으로 철수했다.

국영(國營)에서 민영(民營)으로

대한석유공사를 어떤 형태의 기업으로 만들 것인가는 대단히 중요한 문제다. 대한민국 정부로서는 제일 먼저 고려해야 할 문제는 원유

(原油, Crude oil)를 누가 더 안정적으로 공급할 수 있는 가이다. 걸 프는 이미 1980년 3월 원유 공급을 중단했다. 국가 에너지 수급에 적색 신호를 켜 놓은 것이다. 더구나 제2차 오일쇼크로 한국은 한 방 울의 원유도 아쉬운 상태다. 정부(최규하 정권)는 국영형태의 대한 석유공사 운영 청사진을 내놓았다. 걸프 소유의 대한석유공사 지분 50%를 국영기업체인 석유개발공사(유개공, 油開公)에 매각, 유공 쪽 에 맡기는 것으로 기울었다. 최규하 정권의 마지막 동력자원부 유양 수(柳陽洙) 장관 등 실무관료도 민간 특정 업체를 선정해 민영화할 경우 엄청난 특혜 의혹에 시달릴 것으로 판단, 석유개발공사를 실수 요자로 지목하고 있었다.

그러나 우리는 여기서 역사의 우연성 요소를 만나게 된다. 정국은 신군부의 5.17계엄 확대 조치 이후, 국보위(國保委)가 들어서면서 이 전 정부의 경제 정책 기조가 바뀌기 시작했다. 끝까지 대한석유공사 를 공영기업 형태로 해야한다는 주장을 굽히지 않았던 유양수 장관 이 경질되고 박봉환(朴鳳煥) 장관이 임명되었다. 박봉환 장관은 민영 화론자였다. 박 장관은 대한석유공사 민영화 임무를 띠고 부임했다. 이때부터 정부는 대한 석유공사의 민영화 문제를 적극적으로 검토하 기 시작했다. 결론적이지만 선경 최종현 회장에게 행운이 깃든 순간 이었다.

정부는 민영화의 논리로 누가 원유를 안정적으로 확보할 수 있는 가에 맞추었다. 이것은 국가적 차원에서 아주 중요한 문제였다. 제2 차 석유파동 이후 세계 석유 시장 거래 양상은 석유 유통시장을 지 배해오던 「석유메이저」의 힘이 약화 되고 산유국이 유통시장에 개입 하는 직접 거래로 전개되고 있었다. 산유국들은 그들에게 군사적, 경 제적 협력을 제공하는 국가나 같은 회교국이 아니면 정부 대 정부의 원유 거래 방식은 꺼리고 있었다. 철저한 자국 이익 우선주의였고 석유 무기화 정책이었다. 이에 따라 국제 석유 시장은 민간 상사가 주가 되는 양상으로 변했다. 원유의 거래 형태가 바뀜에 따라 국영 기업의 관료적 형태로는 원유 확보가 어려워졌다. 실제로 정부 대 정부 형태로 거래를 진행하다가 거래 내용이 공개되어 원유 공급이 단절되는 사태가 발생되기도 했다.

정부의 대한석유공사 민영화 방침은 잘된 선택이었다. 정부는 1980년 10월 대한석유공사 민영화 방침을 발표했다. 인수자격 기준은 다음과 같았다.

①소요(所要) 원유의 장기적, 안정적 확보 능력 ②증설 및 비축사업을 계획 기간 안에 완공시킬 수 있는 자금 조달 능력 ③산유국에 대한 투자유치능력 ④정유회사의 관리능력 ⑤국가기간산업으로서 사회적 책임을 다할 수 있는 기업의 성실성 ⑥산유국과의 교섭 능력과 실적

재계는 술렁이기 시작했다. 대기업들의 각축전이 시작된 것이다. 최종현 회장은 손길승, 김항덕으로 꾸민 인수팀을 가동시켰다. 사내에서조차 극비로 진행되어 이 세 사람 이외에는 눈치조차 챌 수 없었다. 인수전에는 선경을 비롯하여 삼성, 남방개발, 현대, 효성, 동아건설, 대한항공, 코오롱 등이 뛰어들었고 특히 삼성과 남방개발이 가장 적극적이었다. 인수전에 참여한 기업들은 하나같이 강자들이었다. 세간에서는 삼성그룹의 자금력과 조직력으로 보아 삼성의 우세를 점치기도 했다. 인수전에 참여한 현대그룹(정주영)을 주목할 필요가 있다. 현대그룹은 추후 극동 정유를 인수해 정유업계(현재의 현대오일뱅크)에 합류하고 유공과 시장 쟁탈전을 벌이게 된다. 유공(油公, 대한석유공사)을 어느 기업이 인수하느냐에 따라 재계 판도가 바뀌게

된다. 대한석유공사는 1979년도 매출액이 1조 1,208억에 달해 국내 기업으로는 최초로 매출액 1조 대를 돌파한 유일한 기업이었다. 박봉환 동력자원부 장관은 1980년 11월 28일 드디어 대한석유공사를 인수할 대상기업을 발표했다. 선경(최종현)그룹이 대상기업으로 확정되었다. 재계는 경악과 충격에 빠졌다. 누구도 예상하지 못한 결과였다. 대한석유공사를 인수하기 위해서는 약 9,200만 달러의 자금이 필요한데 선경에게 그만한 자금 동원 능력이 없다는 것이 재계의 지배적인 평가였다. 그러나 그것은 재계의 일방적인 평가에 불과한 것이다. 우리는 앞장에서 선경화섬이 폴리에스터 필름을 개발, 기술 개발이 보호되는 4년 동안 공전의 호황을 보아 그때 유공(油公)을 인수할 수 있는 실력(시드머니, Seed money)을 축적하게 되었다는 기억을 되살려 볼 필요가 있다.

박봉환 장관의 12월 28일 기자회견(조선일보 12월 29일자 보도) 내용은 '정부는 걸프가 팔고 간 대한석유공사 주식의 50%를 주식회사 선경(대표이사 최종현)에 매각하기로 결정함으로써 국영기업체인 유공을 민영화시켰다. 2차 오일쇼크 이후 산유국들이 유통시장에 적극 개입, 직거래를 하고 있어 국영 기업의 관료적 경영 자세로는 원유의 안정 공급이 도저히 어려울 것으로 분석했기 때문에 기동성이 있는 민간 기업에 경영을 맡기기로 했다'고 밝혔다. 박봉환 장관은 사안의 민감성 때문에, 1980년 12월 11일 국가보위 입법 회의에 참석해 민영화 경위를 보고했다. 이 자리에서 박 장관은 "유공의 인수에 최종적으로 선경, 삼성, 남방개발 등 3개 업체가 희망해왔으나 원유 도입능력, 오일머니 조달능력 등 종합평가를 통해 인수기업을 선경으로 결정하게 된 것"이라고 보고했다.

선경, 재계 5위로

대한석유공사 민영화로 재계 판도는 지각 변동이 일어났다. 선경은 1979년 매출액 1,200억 원으로 재계 순위 10위 안팎을 맴돌았으나, 일약 재계 5위로 부상했다. 눈부신 비약이었다.

선경은 유공 인수로 겉으로 드러나는 이익 못지않게 실리도 챙길 수 있게 되었다. 관행상 원유거래는 보통 6개월 이상의 외상(유전스, Usance, 수입어음의 지급 유예)으로 도입하고, 이를 정제해서 현금으로 파는 형식으로 이뤄진다. 따라서 원유거래로 인해 선경은 웬만한 금융기관을 소유한 것 못지 않은 원활한 현금 유동성(Cash flow)을 확보하게 되었다. 막대한 원유 수입대금을 6개월간 활용하는 것이다. 최종현 회장은 오랜 숙원이던 수직계열화 구상을 완성하게 된다. 1973년 '섬유에서 석유까지'라는 수직계열화를 천명한 이후 7년 만에 대한석유공사를 인수함으로써 '석유'라는 한 축을 거머쥐게 된 것이다. 수직계열화의 완성은 1991년 울산 컴플렉스의 준공으로 달성되지만, 석유공사를 인수하지 못했다면 불가능한 일이었다.

최종현 회장의 석유 외교

선경의 대한석유공사의 인수는 10년 적공(積功)의 결과였다. 선경은 1973년에 이미 현재의 S-oil 정유공장 위치에 15만 배럴 규모의 정유공장 설립을 추진한 바 있다. 수직계열화 계획을 실현하기 위한 것이었다. 일본의 이토추, 데이진과 합의하여 성사 직전까지 갔던 정유공장 설립 계획은 중동전(中東戰)의 발발로 무산되고 말았다. 최종현 회장은 그러나 최대의 산유국인 사우디아라비아로 눈을 돌렸다. 최 회장은 사우디아라비아에 세심한 공을 들였다. 이때의 일화가 주목할 만하다. 월간조선 2002년 2월호에 실린 기사다. '최종현 회장은 사우디와의 무역 거래를 튼 후 사업상 웬만큼 손해를 보아도 눈도 꿈적 않았다. 사우디 왕실 측근 인사를 주식회사 선경의 현지 대리인으로 활용하면서 왕실에 영향력을 행사할 만한 저명인사를 초청, 당시 국내 최고급 호텔인 워커힐로 모셔다 극진히 보살폈다. 그러다 보니 그의 이름은 사우디 왕가(家)까지 알려졌다. 특히 야미니 석유상과는 깊숙한 친교를 맺기에 이르렀다.

이 같은 그의 노력이 빛을 본 것은 1973년 1차 오일쇼크 때였다. 아랍 산유국 중심으로 결성된 석유수출기구(OPEC)는 적대국인 이스라엘과 친하다는 이유로 한국을 석유 금수국으로 분류했다. 당장 한국에 대한 석유 수출량을 50% 삭감하고 10개월 안에 전량을 끊겠다는 내용이었다. 이는 사형 선고나 다름없었다. 정부는 난국 타계에 고심하는 중 사우디왕가와 돈독한 관계를 유지하고 있는 최종현 회장을 사우디로 급파했다. 최 회장은 사우디 고위층으로부터 몇 가지 외교적 조치를 요구받았으며 우리 정부가 이를 수용함으로써 석유 공급의 물꼬를 터놓을 수 있었다.

최종현 회장의 노력으로 우리나라는 1973년 12월부터 종전대로 원유 전량을 사우디아라비아로부터 받을 수 있게 되었다. 최종현 회장은 1975년 5월 사우디아라비아 국영화학공사(NCL)가 추진하는 연산 1만 톤 규모의 플라스틱 건설 계획에 10%를 투자하기로 합작 계획을 체결했다. 이 계획은 사우디아라비아의 사정으로 중도에서 좌절되었다. 사우디아라비아 석유 정책 의결 기관인 최고 석유회의가 모든 해외 합작 사업은 사우디아라비아 산유 회사인 Aramco의 완전 국유화가 이루어질 때까지 유보한다고 결정했기 때문이다.

최종현 회장의 석유 외교 열정은 식지 않는다. 1976년 ㈜선경을 종합무역상사로 출범시킴과 동시에 사우디 왕가 측근 인사를 현지 대리인으로 계약을 맺고 수출 대금의 일부를 대리 인수료로 지급함으로 연을 이어갔다.

이런 가운데 최종현 회장은 1977년 야마니 석유상의 초청을 받는다. 대단한 초청이었다. 석유 무기화로 몸값이 오를 대로 오른 야마니 석유상은 한 국가의 원수도 쉽게 만날 수 없는 존재였다. 최종현 회장은 야마니 석유상으로부터 두 가지를 약속받았다.

하나는 한국이 필요로 하는 만큼의 원유를 더 증량해주겠다는 것이고 다른 하나는 최종현 회장 개인이 정유사업을 하는 경우 상당량의 원유를 공급해 주겠다는 것이다. 야마니 석유상이 약속한 첫 번째 약속은 1980년 11월 선경이 대한석유공사를 인수하는데 결정적 역할을 했다. 우리는 정부가 유공의 인수자격 기준 6가지 중 첫째의 '소요 원유의 장기적, 안정적 확보' 조항을 기억해 보면 이를 알 수 있다. 야마니 석유상은 '한국이 원유 도입을 전담할 민간 회사를 설립하고 민간 베이스로 원유 도입을 요청해 오면 적극적으로 도와주겠다'고도 했다. 한국 정부로 하여금 석유개발공사를 설립하도록 하는 계기를 만들어준 것이다. 야마니 석유상이 민간 회사를 설립하도록 종용한 것은 커미션이 관례화된 사우디아라비아 거래 관습을 염두에 둔 것이기도 했다. 하지만 석유개발공사는 정부가 100% 출자한 국영기업체였기 때문에 본래의 목적대로 제 기능을 발휘하지 못했다.

석유 수급 조절 명령

1980년 초 다시 한번 원유 수급 위기를 맞은 정부는 '석유 수급 조절 명령'을 발동했다. 석유 수급 조절 명령 핵심은 정유회사가 스스로 원유를 도입하게 하는 한편 국내 11개 종합상사의 원유 도입을 허용하며 이에 필요한 자금은 정부가 지원한다는 것이었다. 그야말로 원유 도입을 위해 총력전을 펼치는 것이었다.

정부의 원유 수급 명령에 따라 효성, 현대양행, 동아건설, 대한항공, 현대건설, 삼성, 쌍용, 코오롱상사 등이 나름의 채널을 통해 원유 도입 교섭을 진행해 나갔다. 그러나 어느 기업 그룹도 선경을 따라올 수 없었다. 선경은 사우디아라비아와 장기 원유 공급 계약을 체결하고 1980년 7월 17일부터 국내 정유업계에 원유를 공급하기 시작했다. 위기에 처한 국가의 원유 공급 난(難)에 해결의 실마리를 제공해 준 것이다.

㈜선경과 사우디아라비아 국영 석유 광물 회사 공사와 맺은 장기 원유 공급 계약은 ①1980년 하루 5만 배럴 ②1981년 하루 7만 배럴 ③1982년 하루 10만 배럴을 양 회사가 각각 도입, 공급하여 원유가(原油價)는 배럴당 31~32달러로 한다는 것이었다. 현란한 내용이었다. 특히 천정부지로 올라가는 원유가를 31~32달러로 묶은 것은 국익 확보 차원에서 놀라운 교섭력을 발휘한 것이었다. 이것이 얼마나 값진 것이었는지는 다음의 사례를 보면 알 수 있다. 국가 원수인 최규하 대통령이 1980년 5월 직접 산유국에 찾아가 원유 도입 외교를 벌였지만, 어느 나라도 시원하게 원유를 공급해주겠다고 약속을 해주지 않았던 것이다.

선경은 사우디아라비아와의 장기 원유 공급 계약에 의해 알사우디 은행을 통해 1억 달러의 차관을 끌어올 수 있었다. 대한석유공사 인수의 최대 걸림돌이었던 자금 문제를 오일 머니로 해결하게 된 것이다. 최종현 회장의 차관 주선은 정부 당국자의 요청에 따른 것이었다. 차관 도입 당시 정부의 외환보유고는 거의 바닥을 드러낸 상태였고, 5.18 광주 민주화 이후 정국 불안으로 차관을 한국에 주겠다는 나라가 없었다. 이처럼 선경이 원유 도입, 인수 자금 문제를 일시에 해결하고 유공을 인수할 수 있었던 것은 철저한 준비를 하고 있었기에 가능한 것이었다. 선경의 대한석유공사 인수는 당연한 귀결이었다.

세간에 선경의 유공 인수를 두고 특혜라던가 로비의 결과라고 폄훼하는 소리가 흘러나왔다. 그러나 선경의 대한석유공사 인수는 우리가 보아온 것처럼 원유의 장기공급 확보라는 실리 측면이나 명분 면에서도 옳은 것이었다. 한편 선경은 대한석유공사와 함께 주식회사 흥국상사도 자동적으로 인수하게 되었다. 흥국상사는 유류제품 판매와 수송으로 휘발유, 경유, 등유(이상 경질유), 벙커C유, 중유(이상 중질유), 글리스, 윤활유, 아스팔트, LPG 등 유류제품과 타이어, 배터리 등을 취급하고 있었다.

유공(油公) 사장 최종현

대한석유공사 인수에 따라 선경은 산업은행이 평가한 걸프(Gulf) 주식의 총 취득원가 671억 7,800만 원을 1980년 12월 말까지 납부해야 했다. 또한, 선경은 걸프주식 인수 이후 발생한 예상이익(1980년 1월 이후~12월 31일)을 대한석유공사의 결산 이후에 정산하고

1980년 1월 이후 발생한 재산평가차익은 금융감독원이 별도 평가에 의거, 추후 정산하기로 했다. 남아있는 절차는 차주(借主) 명의를 대한석유공사에서 선경으로 변경하는 것 뿐이었다.

1980년 12월 23일 ㈜선경과 대한석유 지주 사이에 대한석유공사 매매계약이 체결되었다. 감동적인 순간이었다. 같은 날 소집된 임시 주주 총회에서는 대한석유공사의 새 대표이사에 최종현 회장을 선임했다. 이사에는 유석원 ㈜선경 사장, 정찬주 선경합섬 사장 등을 선임했다.

이날 오후 대한석유공사 본사에서는 신임 최종현 사장의 취임식이 거행되었다. 최종현 회장은 이 자리에서 '임직원 여러분과 더불어 유공의 경영을 내 필생의 사업으로 생각하고 신명을 바쳐서 국가와 사회에 봉사할 것이며 심혈을 기울여 유공 경영에 임할 각오'라고 포부를 밝혔다. 최종현 회장은 특히 임직원들이 사명감을 가져달라고 부탁하고 부정, 부조리 배격을 강조했다.

최종현 회장은 기자 회견을 통해서도 대한석유공사에 임하는 각오를 밝히고 다음 세 가지를 국민에게 약속했다. 첫째, 석유의 안정 공급을 위해서 선경이 갖고 있는 힘을 다해 임하겠다. 둘째, 정부에서 제시한 7가지의 인수조건에 대하여 심혈을 기울여 충실히 이행할 것이다. 셋째, 이를 이행하지 못했을 경우에는 유공 주식 전부를 정부에 반납하고 선경이 갖고 있는 모든 기업의 경영에서 손을 뗄 각오이다.

최종현 회장은 먼저 대한 석유공사의 임직원들과 대화의 시간을 가졌다. 최종현 회장은 1980년 12월 27일~28일 이틀에 걸쳐 김항덕 수석 부사장을 비롯한 전 임원과 각 부장, 영업소장 등 간부 60여 명을 선경 연수원에 입소시키고 질의 응답식으로 경영 방침을 밝혔다. 이 자리에서 그는 선경과 유공과의 관계, 기업 확장, 기술개발 등 모두 9개 항의 경영 방침에 대해 간부들에게 설명했다. 최 회장은 선 경과 유공은 별도로 독립시켜 운영할 것이라고, 특히 인원 조정과 권 한 이양 문제에 관해서는 "유공의 2,000여 임직원 모두가 향후 자신 의 거취에 대해 아무런 불만을 갖지 말 것을 당부하고 과감한 이양 을 실시할 계획이므로 관리 역량을 부단히 키워나가야 한다."고 말했 다. 최종현 회장은 조직의 안정을 강조하면서 임직원들의 관리 역량 강화를 주문했다.

유공해운(海運) 설립

최종현 회장은 1982년 1월 18일 원유 및 기타 유류의 안정적 인 수급 체계를 확립하기 위해 유공해운(자본금 10억 원, 발행주식 200만 주)을 설립했다. 유공을 인수한 데 따른 당연한 후속 조치였 다. 원유를 적기에 공급하도록 자체 운송 수단을 갖는 것은 필수인 것이다.

최 회장은 이에 앞서 대한석유공사에 선경의 경영철학인 SKMS 를 심어주기 위해 손길승 경영실장에게 대한석유공사의 모든 부문을 SKMS에 입각하여 분석하고 이를 바탕으로 경영 개선 방안을 알리 도록 지시했다. 유공해운의 대표이사 사장은 손길승 경영실장을 겸 임케 했다.

1982년 6월과 7월, 유공해운은 파나마로부터 '국적취득 조건부 나(裸)용선 두 척을 도입했다. 25만 DWT(Dead Weight Tonnage, 재화중량톤수)급의 대형 유조선 두 척은 각각 '유공리더'호와 '유공

파이어니어' 호로 명명되었다. 유공리더호는 사우디아라비아의 라스타라 항에서 원유를 선적하고 1982년 7월 28일 울산항에 입항했고, 8월 9일에는 유공파이어니어호가 울산에 입항했다. 꿈이 현실이 되는 순간이었다.

유공해운은 같은 해 7월 아세아상선(현대그룹 현대상선)으로부터 26만 DWT급의 초대형 유조선 '코리아스타'호를 2년 계약으로 용선해 원유 수송에 투입했다. 1982년 7월 1일 최종현 회장은 대한석유공사 상호를 '주식회사 유공'으로 변경했다(이 책에서는 앞으로 유공으로 표기할 것이다).

상호변경의 필요성은 선경이 석유공사를 인수할 때부터 제기되어 왔지만 갑작스러운 상호변경으로 인한 부작용을 막기 위해 유보해왔다. 최종현 회장은 대한석유공사가 오랫동안 일반인들에게 유공으로 지칭되어 왔다는 점을 고려해서 새 상호를 '주식회사 유공'으로 지정한 것이다.

유공은 질적으로 새로운 변화를 하기 시작했다. 1980년 인수 당시에 1,160%에 달하는 부채비율은 1983년 391%로 크게 개선되었고, 1980년 1조 9,676원이었던 매출액도 1983년 2조 7,252원으로 38%가 증가했다. 당기순이익 또한 1980년도의 적자를 극복하고 1983년에는 197억 원의 흑자를 보였다. 최종현 회장의 경영능력이 서서히 모습을 드러내기 시작한 것이다.

유공은 1987년 5월 27일 연산 3,000t 규모의 윤활유 공장을 준공한다. 유공은 일본의 그리스 전문 생산업체인 협동유지와 기술을 제휴해 최신 공정을 도입, 6월부터 윤활유를 생산하기 시작했다. 상표는 '유공크라운 그리스'였다. 유공은 윤활유 공장 준공으로 연간 450만 달러의 수입 대체효과를 거두었다.

유공은 1987년 3월 국내 최초로 자동변속기유(基油)를 자체 기술로 개발했고 'SD-500'이란 상표를 단 디젤 엔진 오일은 세계 유명회사의 디젤 엔진오일 규격에 합격했다. 국제적으로도 최고급 디젤 오일로 공인받은 것이다.

유공의 유전개발

최종현 회장은 석유개발 사업을 결심했다. 유전개발사업은 대규모의 자본투자가 요구되고 수익성이 높은 반면, 실패 위험도 높다. 하기 때문에 최첨단의 기술과 고도의 전문지식이 요구된다. 무엇보다 사업에 수반되는 위험을 감수하는 경영층의 의지와 결단이 필요하다.

유공은 국내 정유회사로는 최초로 해외 석유개발에도 참여했다. 1983년 4월 유공은 미국의 코노코(Conoco)사와 공동으로 인도네시아 카리문 광구 석유개발에 지분 5%를 투자했다. 코노코는 미국 텍사스주 휴스턴에 본사를 둔 거대 에너지 회사다. 유공은 8개월에 걸쳐 8개의 탐사정을 시추했지만 미미한 유징을 발견하는데 그쳐, 1984년 1월 개발권을 인도네시아 정부에 반납했다. 비록 실패하긴 했지만 카리문 광구 개발의 지분 참여는 유공의 해외 석유개발 사업의 첫 단추였던 점에서 의의가 큰 것이다.

1984년에도 미국의 옥스코(Oxco)사와 공동으로 아프리카 모리타니아 육상 블록 제9광구 개발에 25%의 지분을 투자했지만, 유징을 발견하지 못하고 개발권을 모리타니아 정부에 반납하고 철수했다. 유공은 1984년 2월 29일 북예멘 마리브 광구의 개발권 지분을 인수해 다시 한번 석유개발 사업의 문을 두드렸다. 삼환기업, 현대, 석유개발 공사 등과 함께 '북예멘 유전 개발 컨소시엄'을 구성해 마리브 광구의 탐사개발권을 보유하고 있던 미국의 헌트오일(Hunt Oil)로부터 지분 24.5%를 인수했다. 24.5% 가운데 각 회사의 투자 비율은 유공 65%, 삼환기업 15%, 현대 10%, 석유개발공사 10%였다.

드디어 대박이 터졌다. 1987년 12월 13일, 마리브 알리프(ALIF) 유전에서 하루 15만 배럴의 원유가 생산되기 시작한 것이다. 유전은 1일 생산량 5,000배럴이면 경제성을 인정받는다. 이 광구의 유징이 처음 발견된 것은 1984년 7월, 시추정에서 원유가 발견된 지 16개월 후인 1985년 11월 알리프 유정(油井)의 사업성이 북예멘 정부에 공식 확인되었다. 유공은 생산 시설 및 수출 송유관들을 건설해 1987년 12월부터 본격적인원유 생산에 착수했다. 마리브 유전 개발은 첫 발견에서부터 본격적인 생산에까지 40개월이 소요되었는데 이는 석유개발 역사상 유례를 찾기 힘든 단기간의 성과였다. 행운이었다. 유공은 1987년 12월 24일 유공해운 소속 'Y위너'호는 마리브 유전 개발 원유 가운데 1차 국내도입분 35만 배럴을 북예멘에서 선적하고 1988년 1월 20일 울산항에 입항했다. 기름 한 방울 나지 않던 우리나라가 산유국 대열에 오르는 순간이었다.

유공의 원유 도입으로 우리나라는 당시 하루 평균 원유 도입량의 4%에 달하는 원유를 장기적으로 공급받을 수 있게 되었다. 국제 수지 개선에도 도움을 주었다. 최종현 회장은 북예멘 석유개발팀을 격려했고 꽤 큰 규모의 자축연을 열었다.

유공의 유전 개발 도전은 여기에서 그치지 않았다. 유공은 1990년 6월 이집트 수에즈만 중북부 해상에 위치한 북자파라나 광구에 대한 탐사 개발에 뛰어들었다. 영국의 브리티시가스(지분 50%)가 운영을 맡고 있는 북자파라나 광구 개발 사업에 미국 유니온퍼시픽 사와 각각 25%의 지분으로 참여한 것이다. 유공 등 개발 참여회사들은 1990년 10월 21일부터 시추를 개시, 첫 번째 탐사에서 원유층을 확인하는데 성공하고, 11월부터 시험 생산에 들어갔다.

유공가스설립

유공은 1984년 6월 수도권, 강원도, 충청도 일원의 안정적인 LPG 공급을 위해 인천 LPG 저장소를 건설한다. 인천 LPG 저장소는 2만 톤 급 유조선이 접안할 수 있는 돌핀 시설과 프로판, 부탄을 저장할 수 있는 1만 5,000배럴 탱크 5기가 갖춰졌다.

그 무렵 LPG의 수요는 86아시안게임, 88올림픽을 앞두고 폭발적인 증가세를 보이고 있었다. 1964년 유공의 울산 정유 공장이 가동되면서 우리나라에 처음 도입된 LPG는 사용이 간편하고 냄새나 그을음이 없는 '크린에너지'로 인식되면서 수요가 더욱 늘어났다.

1985년 12월 유공은 LPG 수입회사인 ㈜유공가스를 설립했다. 유공은 LPG 도입 사업을 단독으로 추진하려 했지만, 정부의 '제2 LPG 공동수입회사 설립 방침'에 따라 다른 정유회사와 공동으로 유공가스를 출범시켰다. 출자 비율은 유공 55.6%, 호남정유 12%, 경인에너지 3%, 쌍용정유 12%, 극동정유 12%, 기타 석유 관련 8개사 5.4%였다. 대표이사 사장에는 서효중 유공 부사장이 선임되었다.

유공가스는 설립과 동시에 울산 LPG 기지를 착공했다. 1987년 12월 완공된 울산 LPG 기지는 세계 최대 규모였다. 지하 암반을 뚫어 만든 공동(空洞) 스타일의 저장소로 공사비만 670억 원이 투입되었다. 지하 공동 저장소는 같은 규모의 지상 냉동 저장 탱크에 비해 건설비, 운영비, 보수비가 훨씬 저렴하고 안정성 면에서도 이점이 많다. 울산 LPG 기지의 완공으로 유공은 총 372만 5,000배럴의 LPG 저장 능력을 갖추게 되었고 연간 700만 배럴 이상의 LPG 물량을 취급하게 되었다.

17

최종현의 새로운 도구
SUPEX(Super Excellent)

최종현 회장의 경영 신념은 SUPEX이다. 슈펙스란 인간의 능력으로 도달할 수 있는 최고의 수준이다. 최종현 회장은 1980년대 중반 이전에 경험해보지 못한 새로운 시대가 도래하고 있음을 감지하고 이에 대응하기 위한 사업 구상과 경영전략 수립에 부심한다. 최종현 회장이 감지한 새로운 시대란 세계화(世界化, Globalization)였다.

최종현 회장은 1984년 12월 8일 자 조선일보에 실린 '진취적인 세계화'라는 제목의 시론을 보고 깜짝 놀랐다. 자신이 1980년대 중반에 고민했던 것들이 잘 정리되어 있었기 때문이었다. 그 시론의 내용 일부는 다음과 같았다. '글로벌리제이션 하에서는 전 세계의 선진 기업들과 어떤 보호막도 없이 무한 경쟁에 돌입하게 된다. 따라서 기업은 모든 나라와 전면적인 무한 경쟁에 하루빨리 대비하지 않으면 안 된다. 기술, 자금, 그리고 경영관리 등에서 우위에 설 수 있는 전략을 마련하지 않으면 살아남기 힘들게 되었다. 기업으로서는 말 그대로 죽기 아니면 살기의 기로에 서게 만드는 것이 글로벌리제이션이다'

최종현 회장은 거대한 시대적 변화가 눈앞에 다가왔음을 새삼 인식했다. 최종현 회장의 이런 새로운 인식은 글로벌리제이션에 대비하기 위한 어떤 돌파구를 마련케 했고 그 돌파구가 SUPEX 추구법이었다. 최종현 회장이 SUPEX 추구법을 구상하게 된 다른 하나의 이유는 SKMS의 효율적인 실현을 위한 것이다.

서울대학교 경영학부 조동성 교수(경영학)는 '최종현 경영론'이라는 부제가 달린 자신의 저서 'SK SUPEX'에서 SUPEX의 도입 배경을 다음과 같이 정리한 바 있다.

'최종현 회장이 SKMS를 제정한 궁극적인 목적은 '선경'을 세계 일류기업으로 발전시키고자 하는 데 있었다. SKMS를 만든지 10년이 지난 1989년, 최 회장은 SKMS를 통한 그동안의 성과를 되돌아보았다. 그 결과 구성원의 경영지식이 많이 올라가고 경영의 각 분야에서의 명확한 정의를 통해 경영의 기본 개념에 대한 혼란이 줄어들고 구성원 간의 커뮤니케이션이 향상되었으며, 노사관계의 안정화를 이루는 등 SKMS의 성과는 상당한 것으로 평가되었다. 그러나 이윤 극대화 측면에서의 성과는 기대에 미치지 못한 것으로 평가되었다. 최 회장은 SKMS를 정립하고 이를 실행하면 이윤이 극대화될 것으로 기대했으나 현실에서는 기업 구성원들이 실제 업무에서 SKMS를 실천하는 것을 어려워했고, 그 결과 SKMS가 높은 경영성과로 연결되지는 못했던 것이다.

최 회장은 이러한 평가를 통해 경영성과가 예상만큼 오르지 않는 이유는 SKMS 자체가 잘못된 것이 아니라 개념 위주로 만들어진 SKMS를 경영자가 제대로 실천하기 위해서는 구체적인 방법이 필요하다는 것을 발견하게 되었다. 그리하여 최 회장은 SKMS를 구체적으로 실현하기 위해 SUPEX라는 도구를 제안했다.'

최종현 회장은 글로벌라이제이션 시대에 살아남기 위해서는 선경이 세계적인 일류기업이 되어야 한다고 생각했고 이를 위해서는 인간의 능력으로 해낼 수 있는 최상의 수준을 추구해야 한다고 생각했다. 최 회장의 이러한 생각은 1998년 SK 경영개발원에서 발간된 'SUPEX 추구'의 '일류기업으로의 도약'이라는 부분에 녹아들어 있다. 최종현 회장에게는 SUPEX 추구가 별다른 것은 아니었다. 그에게는 SKMS의 가장 효율적인 실천 방법론이 SUPEX였고, 1962년 선경직물의 부사장으로 경영을 맡아온 이래 1980년대 후반까지 일관되게 추구해 온 것이었다. 최종현 회장은 자신의 경험을 통해 체득한 바를 모든 임직원들과 나누고자 했다. 모두를 최종현 화하려고 했다. 최종현 회장은 모두가 불가능하다고만 생각했던 수직계열화의 완성과 유공(대한석유공사)의 인수가 SUPEX 추구의 자연스러운 결과라고 확신했다.

최종현 회장은 1994년 한국이동통신을 인수하는데 성공하면서 공사석에서 선경의 세 번의 도약은 모두 SUPEX추구의 산물이라고 하며, 보다 강하게 임직원들에게 SUPEX 추구를 주문했다.

SUPEX의 정립 과정 역시 SKMS의 그것과 비슷한 과정을 밟았다. SUPEX는 'Super Excellent'라는 두 낱말을 합성한 조어이다. 최종현 회장은 SUPEX란 신이 아닌 인간으로서 인간의 능력으로 도달할 수 있는 최고 수준이라 인식했다. 최종현 회장은 성과 수준을 3단계로 구분하여 ①통상적으로 경영에서 나타난 세계 일류 수준을 Very good ②세계 일류 수준보다 한 단계 높은 수준을 Excellent ③인간의 능력으로 도달할 수 있는 최상의 수준을 Super Excellent라고 정의했다. 슈펙스 실천 도구로 '캔미팅'이라는 게 있다. 캔미팅이란 조직 구성원들이 수시로 일상의 업무 활동과 차단된 장소에서 정해진 경영 과제에 대해서 격의 없이 자유롭게 논의하는 '회합'으로 정의하고 있다. 1984년부터 본격적으로 도입된 캔미팅은 처음에는 '상사에 대한 성토 자리'쯤으로 이해되었으나 점차 건설적인 의사소통의 수단으로 정착되었고 효과적인 경영 도구로서 사내외의 주목을 받았다.

SUPEX를 위한 또 다른 지원 도구인 'SUPEX 추구 리더십'은 구성원들이 자발적, 의욕적으로 SUPEX 추구를 하도록 부서장이 지도(Lead)·지원(Help)·점검(Check)하는 것을 말하며, 성과 배분(Profitsharing System)은 구성원들의 SUPEX 추구 노력으로 회사가 이익을 더 많이 냈을 때 그 이익의 일부를 특별 상여금이나 특별 포상의 형태로 구성원들이 나누어 갖는 제도를 말한다.

18

계열사들의 변신

1980년대 중반 세계 경제는 글로벌리제이션(Globalization)의 파도 속에 빠져들었다. 선경의 계열사들도 새로운 변신과 모색을 준비하고 변화를 위한 발걸음을 내딛기 시작했다.

SKC의 세계화 전략

선경화학이 그 변화의 첫 스타트 테이프를 끊었다. 선경화학은 세계 일류 수준의 제품 개발을 위해 1985년 4월 천안 공장 구내에 연건평 374평, 2층 규모로 선경화학 연구소를 짓고 신제품 개발을 서둘렀다.

성과는 곧 나타났다. 선경화학 연구진은 1985년 5월 하이그레이드 비디오테이프와 마이크로 플로피디스크에 이어 1986년에는 '꿈의 오디오'라 불리우는 컴팩트디스크를 개발했다. 보통 비디오테이프보다 화질과 내구성 등이 월등하게 향상된 하이그레이드 비디오테이프는 비디오 전문가를 위한 촬영용 테이프와 오디오 특성을 고도로 살린 고부가가치 상품이다. 선경화학 연구진의 또 다른 개발품인 3.5인치 마이크로플로피디스크는 기존 5.25인치 보다 절반 크기에 더 많은 용량의 정보를 기록할 수 있다. 당시로서는 대단한 혁신이었다.

선경화학은 세계적 명성을 가지고 있는 네덜란드의 필립스 (Philips)와 라이선스 계약을, 폴리그램(Polygram)과는 기술 계약을 맺어 1986년 11월 12일 국내 최초로 컴팩트디스크 공장을 준공했다. 연간 750만 개의 생산 능력을 갖춘 천안 컴팩트디스크 공장의 준공으로 선경화학은 비로소 광(光)메모리 사업이라는 최첨단 분야에 진출하게 되었다.

선경화학은 1985년 2월에 수원 공장 3차 증설 공사를 시작한 후 4차 및 5차 공사 등 대대적인 증설 공사를 완료했다. 1989년 4월 완공한 4차 폴리에스터 필름 증설 공사를 통해 3개 특수라인을 2개월 단위로 가동하는데 성공, 관련 업계를 경악케 했다. 선경화학은 수원 공장증설로 1978년 4월 공장 준공 이래 생산량을 62배나 늘리는 눈부신 성장을 보였다.

선경화학은 우리 기록 문화 능력을 업그레이드 시켰다. 선경화학은 비디오테이프를 생산하는 천안 공장 시설 확장에도 힘을 쏟았다. 선경화학은 세 차례 증설 공사를 통해 생산 능력을 대폭 확대하고 수출 주력 상품의 생산 확대를 통해 1984년 5,000만 달러 수출탑, 1985년 1억 달러 수출탑을 수상했다.

1987년 1월 1일 선경화학은 상호를 주식회사 SKC로 변경했다. 상호변경은 세계 시장 진출을 하기 위해서였다. 선경화학은 1983년부터 광(光) 자기(磁氣) 기록 매체의 종합 상표를 SKC로 정하고 연간 300만 달러에 달하는 해외 광고를 통해 브랜드가치를 높이고 있는 상황이었다. 선경화학의 이 같은 상호변경은 이미 국제적으로 지명도가 높아진 종합 상표 'SKC'를 세계적인 브랜드로 키우려는 글로벌라이제이션 전략의 일환이었다. SKC는 'SKC' 브랜드를 소련, 중국, 헝가리, 루마니아 등 공산권을 포함한 140개국에 상표 등록을 마치고 본격적인 브랜드 가치 제고에 나섰다.

SKC가 내세운 가치는 세계화였다. SKC는 1989년 7월 25일 급속가공 폴리에스터 필름을 생산하는 아메리카 현지 공장을 준공했다. 미국 뉴저지주 마운트올리브에 건설된 폴리에스터 필름 가공공장은 총 350만 달러가 투입되어 연산 2,500t 규모로 완공되었다.

SKC는 세계시장에 통할 만한 첨단 제품 개발에도 심혈을 기울였다. SKC는 1990년 7월, 미국, 일본, 독일에 이어 광자기(光磁氣, Magneto optical Disk) 개발에 성공했다. 당시 세계에서 5개 업체만이 생산하는 고부가가치 제품이었다. 광자기 디스크는 개당 200달러를 상회하는 것이다.

1990년 8월에는 세계에서 다섯 번째로 감열전사(感熱轉寫) 포일(TTF)을 개발하여 시판을 시작했다. 감열전사 포일은 워드 프로세서, 팩스, 바코드 등 사무자동화 기기 프린터에 사용된다. SKC의 감열전사 포일 국산화로 당시 전량을 수입 의존에서 벗어났고 연간 1,000만 달러 이상의 수입 대체효과를 가져왔다.

선경매그네틱 선풍

선경매그네틱은 스메트(Smat)로 글로벌리제이션 전략에 부응, 수출 활동에 주력했다. 1980년대 초반부터 필립스, 3M, 메모렉스 등에 OEM 방식으로 수출해오던 선경매그네틱은 1987년 SKC 브랜드로 유럽 시장에 진출했고 동시에 오디오 카세트의 본산인 일본 시장에서도 성공적인 진출을 한다. 선경매그네틱은 1976년 회사 설립 이후 연평균 30% 수준의 수출 신장률을 기록했고 1987년 무역의 날에 5,000만 달러 수출탑을 수상했다. 오디오테이프 단일 품목만으로 경이적인 기록이었으며 국내오디오 테이프 수출의 50%를 차지했다. 선경매그네틱은 2년 후인 1989년 1억 달러 수출탑을 수상함으로써 저력을 다시 한번 과시했다.

미국 시장에서의 활동은 더욱 빛났다. 미국 진출 초기 세계적인 화학업체인 BASF, 암펙스, 아그파 등 세계 유수의 오디오테이프 생산업체의 독과점에 고전했던 선경매그네틱은 진출 불과 7년 만에 BASF를 2위로 따돌리고 시장 점유율 30%를 차지했다. 선경은 여세를 몰아 1983년 선경인터내셔널의 한 부(部)로 출발했던 선경매그네틱 아메리카를 독립시켜 1989년 5월 1일 새로운 현지 법인으로 출범시켰다.

선경매그네틱의 또 다른 글로벌 전략은 생산과 판매의 현지화였다. 선경매그네틱은 유럽의 통합에 따른 무역장벽에 대처하기 위해 EC 투자계획을 수립, 1991년 7월 ㈜선경의 유럽 현지 법인인 'SKC'와 90대 10의 비율로 선경매그네틱 유럽 'SKME'를 설립했다. 선경매그네틱은 이어 영국 런던에 연간 360만 릴(Reel)의 팬케이크 생산 능력을 갖춘 스리팅 공장 건설에 착수하는 한편 1991년 10월에는 홍콩의 한니(Haany)사와 90대 10의 비율로 중국 내 오디오테이프 조립 생산 및 제품 판매를 위한 합작회사를 설립했다.

선경건설의 EC화 추구

선경종합건설은 1984년 3월 1일 상호를 '선경건설'로 변경하고, 1984년 8월에는 엔지니어링 부서를 신설했다. 1980년 초반 선경종합건설은 안정적인 기반을 구축해 나갔다. 1981년에서 1983년까지 12건의 내부공사와 6건의 외부공사, 7건의 해외공사 등 25건의 공사를 수주, 1,404억 원의 매출을 기록했고 21억 6,000만 원의 순익을 기록했다.

하지만 해외건설 경기의 후퇴로 국내 건설업체들은 어려움을 겪게 된다. 중동의 산유국들은 막대한 양의 공사 발주를 해놓고는 유가 하락을 이유로 선급금을 줄이거나 공사대금 지불을 연기하는 경우가 빈발했다. 선경건설도 이 물결을 피해갈 수는 없었다. 그러나 그룹 내 발주공사 수주로 꾸준한 성장세를 보여갔다. 1986년 26위였던 국내 도급 순위가 1987년 22위, 1988년 20위로 상승했으며 매출 또한 연평균 30%가 신장되었다. 하지만 도급 공사 대부분이 그룹 내 발주공사였기에 문제점은 있었다. 선경은 이를 해결하기 위해 부설 연구소를 설립하고 해외시장으로 눈을 돌렸다.

선경건설은 1991년 5월 PET(Poly Ethylene Terephthalate) 프로젝트로 미국 진출에 성공했다. 미국의 이스트만코닥사가 발주한 PET 플랜트에 참여한 선경건설은 미국의 벡텔사, 독일의 짐머사를 제치고 1991년 5월 턴키베이스 방식의 플랜트 건설공사를 따냈다. 대이변이었다.

선경건설은 1991년 9월 16일, 태국 국영 석유공사(PTT, Petroleum Authority of Thailand)와도 4,000만 달러 규모의 석유 터미널 확장 공사 계약을 체결했다.

선경의 잇따른 해외 대형 공사 수주는 두 가지 점에서 높은 평가를 받았다. 첫째는 기본 설계는 물론 상세 설계, 기자재 공급과 시공까지 일관하는 턴키베이스라는 점과 둘째는 세계의 유수 건설사를 따돌리고 수주에 성공했다는 것이다. 선경건설은 국내 사업, 특히 터널 공사에서 일인자 이미지를 확실하게 심어나갔다.

1990년 참여한 창원 터널 공사에서 당시로써는 국내 최장(2,340m)의 터널을 NATM(굴착식) 공법으로 시공함으로써 터널 공사에 관한 한 최고의 실력을 갖춘 업체로 부상했다. 1987년 시공한 부산 구서동 2차 아파트는 반 주문식 아파트(Easy Oder System) 방식을 도입, 입주자들로부터 선풍적인 인기를 끌었다. 반 주문식 아파트란 입주자가 방(Room)의 개수와 배치 등을 선택하고 이에 맞게 시공하는 것이다. 선경건설의 중요 마케팅 전략이 되었다. 선경건설은 1991년 국내 도급 순위 9위를 차지해 마침내 10위권에 진입했다.

선경의 북방교역 진출

㈜선경은 소련과 중국 시장에 진출한다. 선경의 북방 교역 단추는 1989년 7월 모스크바 엑스포센터에서 열린 한국 상품전시회에서 끼워졌다. 선경은 이 전시회에 국내 12개 업체와 함께 참가해 현지 소비자의 호응을 받았다. 이어 1991년 1월에 개최된 모스크바 박람회에도 참가해 의류, 직물, 전자제품 등을 출품하고 총 250여 건에 4,600만 달러의 상담 실적을 올렸다.

1990년 10월 15일 선경은 모스크바 지사를 개설하고 북방 교역의 물꼬를 텄다. 선경은 소련의 정, 재계 인사 및 유관 단체장이 참석한 가운데 성대한 리셉션을 가진데 이어, 16일부터 19일까지 소련 국립중앙박물관에서 단독 전시회를 가졌다. 선경은 이 전시회에서 의류, 신발, 전자제품, 테이프류 및 화학 플랜트 등 선경 계열사의 자체 생산품을 비롯해 국내 수출 유망 품목이 망라된 소비재 상품을 소개했다. 이를 통해 ㈜선경은 직거래를 개척하는 등 가시적인 성과를 얻는 한편 선경의 이미지를 크게 제고했다.

1991년 2월 1일에는 국내 기업 최초로 중국에 무역 사무소를 개설했다. 선경의 북경(北京)사무소 개설은 1990년 10월 19일 중국 정부의 정식 허가를 근거로 한 것으로, 단순한 기업체의 사무소 개설 성과가 아닌 한·중 관계의 중요한 전기를 마련한 뜻깊은 사건으로 평가받았다.

조선일보는 1990년 10월 13일 자에서 '㈜선경이 중국 정부로부터 북경 사무소 설치 허가를 받은 것은 한·중 정부 간의 무역 대표부 설치에 앞서 중국 정부가 최초로 한국 기업의 중국 사무소 설치를 공식 인정했다는 점에서 향후 한·중 양국 간의 경협 증진에 기여할 것'이라고 논평하기도 했다.

선경은 그 이전인 1989년 7월 북경 국제 박람회에 참가하여 호평을 받은 바 있고, 1990년 북경 아시안 게임 등 각종 체육 행사를 지원하여 중국 각계각층에 우호적인 기업으로 각인되어 있었다. 선경은 1991년 7월 3일 대련에도 사무실을 개설했고 상해와 청도에도 무역 사무소를 개설, 4개 사무소를 거점으로 중국과의 본격적인 교역 확대를 추진했다.

유통사업 진출

㈜선경은 유통사업 진출을 목적으로 1990년 1월 1일 주식회사 선경유통을 설립하고 국내 유통사업에 본격적으로 참여했다. 국내 유통시장 개방을 앞두고 선진 유통산업 기법의 습득과 해외 유통시장 진출을 염두에 둔 선택이었다. 선경유통은 1990년 1월 26일 한국 슈퍼마켓 협동조합 연합회와 제휴하고 ㈜선경의 식품사업부 및 생활용품 사업부의 기획 상품을 공급하기로 계약을 맺었다.

선경유통은 1990년 4월 14일 대구시 동인동에 컴퓨터 종합유통점인 선경 컴플라자(Sunkyong Complaza)를 개장, 국내 최초로 컴퓨터 종합유통사업에도 뛰어들었다. 선경유통 컴퓨터 사업부는 1990년 5월 28일 선경 컴플라자 서울 1호점을 강남구 대치동에, 같은 해 11월에는 선경 컴플라자 교육센터를 강남에 개설했다. 1991년 6월과 7월에는 선경 컴플라자 을지로점과 영등포 점을 열었다.

한편 유류 유통사업체인 흥국상사는 새로운 도전을 맞고 있었다. 유공의 경쟁사였던 호남정유가 1981년 6월 1일 CX-3라는 새 휘발유를 출시하면서 흥국상사와 거래를 맺고 있던 주유소들을 공략하기 시작한 것이다. 이종용 당시 흥국 상사 사장은 "1981년 호남정유에서 CX-3란 이름의 휘발유를 내놓아 주유소를 공격하기 시작하자 유공에서도 새로운 휘발유를 내놓고 치열한 주유소 늘리기 경쟁에 대항했다. 이때 나는 흥국상사 사장으로서 당시 영업담당 부사장과 기술부 조정남 부장등과 함께 전국 주요 도시를 다니면서 주유소 업자들에게 우리 휘발유의 우수성을 역설하고 다녔다. 그러나 이 경쟁은 오래 끌 것 같았다. 그래서 나는 무슨 비상한 대책이 없을까 하고 유공의 유류공급 상황을 점검해 보았다. 그랬더니 경유 공급처가 눈에 띄었다. 당시 10대 고속버스 회사 가운데 유공이 공급하고 있는 고속회사는 2개 밖에 없었고 나머지 8개 회사는 호남 정유가 공급하고 있었다. 바로 이것이다 싶어 김항덕 유공 사장에게 건의하여 본인의 친척이 회장(이민하)으로 있던 동양고속과 최대 수요처였던 광주 고속부터 공략했다. 호남정유보다 유리한 조건으로 공급하겠다고 제의했다. 김항덕 사장의 결재를 얻어 동양고속은 바로 계약을 성립시켰고 광주 고속은 우리 측의 간부가 교섭하여 계약이 거의 성립 단계에 이르렀다. 당황한 호남정유 측은 광주고속과의 계약 성립 하루 전에 우리 측에 휴전 협정을 제의, 광주 고속과의 계약을 맺지 않는다면 더이상 주유소 늘리기 경쟁은 하지 않겠다."고 회고했다. CX-3로 촉발된 주유소 늘리기 경쟁은 흥국상사의 선전으로 막을 내렸고 흥국상사는 유류 공급의 주도권을 유지했다.

세계의 시선을 잡은 워커힐 호텔

쉐라톤 워커힐 호텔은 뜻밖의 일로 한동안 세계인의 시선을 집중시킨 대상이 되었다. 1983년 4월 피랍된 중국 민항기가 서울에 불시착하는 사건이 발생했다. 세계를 긴장시킨 사건이었다. 당국은 민항기의 승객과 승무원을 쉐라톤워커힐에 투숙하도록 했고 전 세계인의 시선이 워커힐 호텔로 모아졌다.

이해 9월에는 제53차 ASTA(미주지역 여행 협의회)가 쉐라톤워커힐에서 열렸다. SATA 서울 총회는 당시까지 우리나라에서 열렸던 국제회의 중 가장 규모가 큰 것이었다. 이밖에 같은 해 10월 '83 미스 영인터내셔널' 대회가 개최된 것을 비롯, 태평양 지역 육군 세미나,

한중 경제 각료회의, 의료장학 세미나, 국제금융 세미나, 아시아 지역 방송협의회의, 국제 무역 사무국 회의 등 비중있는 국제 행사가 쉐라톤워커힐 호텔에서 열렸다.

1983년 쉐라톤워커힐 호텔은 전년보다 26%가 증가한 1,982억 7,100만 원의 매출 실적을 올렸다. 하지만 1983년에도 28억 4,700만 원의 적자를 기록했다. 쉐라톤워커힐은 문제점을 개선하고 흑자 경영을 위한 경영 계획을 수립했다. 1984년 숯갈비 전문 음식점인 명월관, 1985년에는 대형 연회장인 '해바라기홀'을 잇따라 개관했다. 쉐라톤워커힐은 1985년 마침내 흑자 경영의 원년을 기록했다. 흑자 폭은 3억 7천만 원에 불과했지만 1963년 개관 이후 처음으로 달성한 흑자였다.

쉐라톤워커힐은 1985년 두 차례 남북적십자 회담(8차, 10차) 등 대형 회의를 개최해 세계의 주목을 받았다. 1987년에는 국제 품질 교류회의, 세계 방송인협회 연차 총회 등을 유치했다. 1988년은 88 올림픽 특수에 힘입어 전년보다 28%가 증가한 454억 6,000만 원의 흑자 실적을 올려 흑자기조를 확고하게 정착시켰다. 함영창 사장은 1990년 3월 서베를린에서 개최된 제24회 베를린 국제관광박람회에서 '황금의 기수' 상을 수상했다.

의약 사업 진출

정밀화학기업으로 변신을 도모하던 선경인더스트리는 1987년 7월 의약 사업 진출을 결정하고 생명과학 연구소를 발족시켰다. 대단히 의미심장한 선택이었다. 당시 국내 대기업으로 의약 사업 분야 진출을 결정한 것은 초유의 일이었고 먼 장래를 내다보는 혁명적 발상이었다. 최종현 회장의 진가가 엿보이는 대목이다.

선경인더스트리 정밀화학 연구개발실이 의약 사업 진출을 시도하며 천연물 아이템을 검토하는 과정에서 우선적으로 주목한 것은 '은행잎'이었다. 은행잎과 은행은 성인병, 천식 등에 효과가 인정되고 있었고 은행잎 제품의 시장 규모도 급격하게 증가하는 상황이었다. 선경인더스트리 천연물 개발팀은 은행잎 연구, 개발에 착수했다. 개발팀은 1988년 3월 고품질, 고순도의 은행잎 추출물을 높은 수율(收率)로 생산할 수 있는 제조 방법(Beaker Scale)을 개발하고 특허를 출원했다. 선경인더스트리는 서울대 수의과 대학에 은행잎 추출물의 독성 실험을 의뢰, 유해성이 없음을 확인받았고, 서울대 생약연구소와 공동으로 은행잎의 유효성분 및 분석 방법에 대한 연구를 계속했다. 그 결과 천연물 연구개발팀은 징코라이드(Ginkgolide)를 추출하는데 성공했다.

징코라이드는 은행잎 엑기스에서 추출한 징코 플라본 글리코사이드(Ginkgo Flavon Glycoside)를 다시 분리하여 추출한 단일 성분으로 혈액의 응고를 막아 혈액 순환을 촉진시키는 효능을 가지고 있는 성분이다.

이후 선경인더스트리와 선경 제약은 은행잎 추출물 원료 및 완제품에 대한 제조품목 허가를 1991년 9월 6일 당시 보건사회부로부터 획득했다. 주목할 만한 개가였다. 선경제약의 은행잎 추출물은 1991년 12월 3일 은행잎의 약품을 최초로 개발한 독일로 수출되었다. 1992년 1월에는 은행잎 추출물로 만든 혈액 순환 개선제 '기넥시 F40mg 정(錠)'이 시판되었다.

1992년 2월 18일 선경제약은 국내 제약업체로는 최초로 징코

라이드에 대한 미국 특허를 획득했다. 이에 앞서 선경 생명과학 연구소는 1990년 국내 최초로 비마약성 진통제인 염산 트라마돌(Tramadol, HDL) 개발에 성공해 원료의약품 국산화의 성과를 올렸다. 통증을 억제하는 진통제로 중독성은 없는 반면 마약성 진통제에 버금가는 효과를 지니고 있다.

염산 트리마돌은 독일의 그뤼넨탈사가 최초로 개발한 물질이다. 선경이 개발한 염산 트라마돌은 그뤼넨탈사와는 다른 공법으로 생산된 것이었다. 1987년 12월 선경인더스트리는 경기도 안산시 소재 삼신제약(자본금 4억 8,000만 원)을 인수, 1990년 2월 선경제약으로 상호를 바꾸고 정제, 캅셀제, 연고제, 주사제 등 30여 개의 약품을 제조 판매하기 시작했다.

19

석유정제 고도화

유공(油公)은 단순한 정유 사업에만 멈추지 않았다. 보다 차원이 높은 곳으로 사업을 고도화해 이윤 극대화와 사회 공익에 기여하는 길을 모색해 나갔다. 최종현 회장의 경영 철학이었다.

유공은 1988년부터 공사를 시작한 종합폐수시설을 1992년 5월 11일에 완공, 6월부터 시험 가동에 들어갔다. 263억 원이 투입된 이 시설은 울산 콤플렉스 내의 모든 폐수를 수집, 물리·화학·생물학적인 고도의 처리 과정을 거쳐 정부 규제치보다 10배 이상 깨끗한 물로 변화시켰다. 유공 울산 컴플렉스는 1991년 7월부터 하루 74t 처리 규모의 종합소각로를 본격 가동함으로써 환경 친화 기업으로서의 입지를 굳혀나갔다. 총 100억 원이 투입된 종합소각로는 정제 공장에서 나오는 폐수 등을 처리했다.

1992년 7월엔 800억 원이 투입된 일산 3만 5천 배럴의 신규 '등·경유 탈황시설'이 본격 가동되었다. 등·경유 탈황시설은 값싼 고유황 원유를 정제, 최고 96% 이상 유황 성분이 제거된 초저유황 등·경유를 생산한다.

이로써 유공은 연간 4,000만 달러의 국제 수지 개선, 원유도입처 다변화, 대기오염 차량에서 발생하는 공해 물질인 매연을 완전히 제거할 수 있는 경유 차량 매연 제거기술을 독자적으로 개발했다. 매연 공해를 감소시키는 하나의 개가였다.

유공은 1993년 11월 25일 영국의 로이드 선급협회 심사 기관(LRGA, Lloyd's Register Quality Assurance)으로부터 정유, 윤활유, 석유화학 등 국내 모든 제조, 저장 설비를 비롯한 관련 설계, 서비스에 대해 ISO(국제표준화기구) 90 인증을 획득했다. 이에 따라 유공은 영국 국가인증기관(NACCB), 네덜란드 국가인증기관(RVC), 독일 국가인증기관(DAA)등 3개국 인증기관에 모두 등록한 세계 최초의 종합에너지·화학 기업으로 이름을 올렸다.

유공은 1993년 11월 26일 제1중질유 탈황, 분해시설, 제3 등·경유 수첨 탈황시설, 종합폐수처리장, 종합소각로 등에 대한 신규 환경 설비 합동 준공식을 가졌다. 유공은 총 투자비 6,000억 원이 들어간 신규 환경 설비의 완공으로 단순정제 시대에서 벗어나 '석유정제 고도화' 시대의 장을 열었다.

유공은 1994년 10월 21일 FCC(Fluid Catalytic Cracking, 유동성 촉매분해) 및 제5 정유 공정 사업 기공식을 가졌다. 총 9,500억 원이 투입된 FCC 사업은 유공 창사 이래 최대 투자 규모와 최첨단 기술로 건설되는 핵심 투자사업이었다. 일산 20만 배럴 규모의 제5 정유 공정 사업 추진은 유공이 세계 최대의 원유 처리 기업으로 올라서기 위한 행보였다.

세계 최대 정유 공장

1990년대 초반 유공(油公)은 2단계의 환경 마스터플랜을 수립했다. 유공은 ①1단계(중기)로 정부가 입법 예고한 환경 관련 규제 내용에 대비하고 ②2단계(장기)로 선진국의 일류 환경 기업과 동일한 수준에 도달한다는 목표를 세웠다.

유공은 환경 마스터플랜의 수립에 따라 1990년부터 1995년까지 6년 동안 총 5,300억 원을 환경 시설에 투자했다. 2단계가 시작되는 1966년부터 2000년까지 4,250억 원을 추가 투자했다. 1996년 5월 2일 유공은 울산 컴플렉스 내에 제2 종합 폐수 처리 시설과 우폐수 처리장을 완공, 시험 가동에 들어갔다. 총 200억 원을 투자, 약 16개월 만에 완공한 제2 종합폐수처리시설은 1996년 10월에 가동된 제5 정유공장과 1997년 1월 가동된 제2중질유 분해·탈황시설 등 신규 시설에서 배출되는 공정 폐수를 완벽하게 처리했다.

유공은 1996년 9월 울산 콤플렉스 내의 1만 평 부지에 제5 석유 정제시설(Crude Distillation Unit)을 완공하고 10월에 본격 가동에 들어갔다. 유공은 하루 20만 배럴의 정제 능력을 갖춘 이 시설의 가동으로 원유 정제 능력은 일산(日産) 81만 배럴이 되어 세계 최대의 정유 공장이 되었다.

유공은 1997년 1월 제2중질유 탈황·분해시설을 본격적으로 가동하기 시작했다. 총 8,900억 원을 투입해 1993년에 착공, 2년여의 공사 끝에 완공한 이 시설은 일산 6만 배럴 규모의 탈황 시설과 5만 배럴 규모의 분해시설로 이루어져 있다. 이외에도 하루 6만 배럴의 고유황 벙커C유를 탈황, 분해 공정을 거쳐 휘발유 유분 약 4만 배럴, 저공해경유 2만 배럴, 프로필렌 3,500배럴을 생산하게 되었다. 이에 따라 휘발유 생산량은 하루 5만 배럴에서 9만 배럴로 증가했다. 특히 휘발유 유분 중 알킬레이트는 국내 최초로 생산되는 저공해로 인체에 유해한 방향족 함량이 전혀 없었다. 제2중질유 탈황·분해 시설의 완공으로 유공은 배기가스 저감 효과는 물론 연간 2,800억 원의 수입대체 효과를 거둘 수 있었다.

유공은 1997년 3월 제2 합성수지 제조시설을 가동했다. 합성수지의 원료가 되는 PE/PP 제조시설의 가동으로 유공은 기존의 35만 t과 함께 모두 63만 5,000t의 폴리에틸렌과 폴리프로필렌을 생산할 수 있게 되었다. 에틸렌과 프로필렌을 원료로 해 1.5배 이상 부가가치가 높은 폴리에틸렌과 폴리프로필렌을 생산함으로써 연간 1,900억 이상의 매출 증대 효과가 생겼다.

유공은 같은 달 제2 파라자일렌(FX) 제조시설 가동에 들어갔다. 유공은 제2 파라자일렌 시설 가동으로 국내 최대 파라자일렌 생산 업체가 되었다.

해외자원 개발

유공은 1994년 1월 4일 호주 퀸즐랜드 보웬 분지 내 위치한 토가라노스(Togara North) 유연탄 광구에 대한 탐사권에 응찰, 낙찰받았다. 면적 475km², 추정 매장량 7억 7,000만t 규모의 토가라노스 광구는 국내 기업이 해외 개발에 참여한 유연탄광 중에서는 최대 규모였다. 토가라노스 광구 탐사에는 유공을 간사회사로 하는 한국 기업 컨소시엄(유공, 동부, 효성, 광업진흥공사)과 호주의 새비지 리소시스(Savage Resources Pty Ltd)사, 일본의 미쓰이 광산이 각각 3

분의 1씩의 지분으로 참여했다.

1994년 상반기 유공은 현대정유와 럭키금성사 등 국내 3개사와 공동으로 참여한 리비아 광구에서 원유 발견에 성공했다. 유공 등은 1992년부터 벨기에 FINA 등과 공동으로 유전 사업을 벌여왔다. 리비아 NC 170, 171, 172의 광구 유전 개발 사업에는 유공 10%, 현대정유 6%, 럭키금성상사(현 LG)가 5%의 지분을 보유하고 있고, 벨기에 FINA(운영권자 지분 50%) 사가 공동으로 참여했다. 유공은 1994년 11월 이집트 북 자파라나(North Zaafarana) 유전의 생산 설비 준공식을 마치고 본격적인 원유 개발에 들어갔다. 이와 동시에 유공은 개발 원유를 국내에 도입하기 시작했다. 1989년 6월 이집트 국영석유회사와 석유 탐사 및 개발 계약을 체결하고 25%의 지분으로 참여한 유공은 1990년 11월 북 자파라나 광구에서 처음으로 석유 발견에 성공한 것이다. 유공은 1994년까지 4년여에 걸친 광구 평가 및 개발 작업을 벌여왔고 약 2,500만 달러의 투자비를 투입했다. 이집트 북 자파라나 유전의 본격적인 석유 생산에 따라 유공은 1987년 예맨 마리브 광구에 이어 두 번째로 해외생산 유전을 보유하게 되었다.

유공은 1996년 3월 14일 호주의 파커앤파슬리(Parker&Parsley Australasia Pty Ltd) 사와 공동으로 호주 북서부 해상 'AC95-광구'의 유전 개발 탐사권을 획득했다. 호주 유전 개발 사업에는 유공 등 3개사가 각각 33.3%의 동일 지분으로 참여했다. 유공은 캐나다 팬캐나디안(Pan Canadian Petroleum Limited of Cyprus)사, 영국 크라이드사와 리비아 북쪽 셀테 분지의 북부 유상광구 석유개발 사업에 참여하기 위해 리비아 국영 석유회사인 NOC와 생산물 분배 계약을 1996년 5월 23일 체결했다. 이 사업권 지분율은 운영권자인 캐나다의 팬캐나디안사가 75%, 영국 크라이드사가 15%, 유공 10%였다.

유공은 1996년 7월, 페루 8광구에서 개발한 원유를 상업 생산하기 시작했다. 이는 페루 국영 석유회사인 페트로페루(Petro Peru)사의 민영화 계획에 따른 공개 입찰에서 유공이 육상 2개 광구에 대한 탐사·생산권을 획득한 데 따른 결과였다. 8광구 개발에는 유공 이외에도 아르헨티나의 플러스페트롤사, 한국의 석유개발공사, 대우 등이 참여했다. 유공은 1997년 상반기 아르헨티나 플러스페트롤(Plus Petrol)사로부터 지분을 매입, 아프리카 중서부 코트디브아르 해상 2개 광구 유전개발 사업에 참여했다. 유공이 참여한 2개 광구 중 하나는 하루 1만 7천 배럴의 원유와 6,000만 입방피트의 천연가스를 생산하는 광구로 1993년부터 탐사작업을 시작, 원유 발견에 성공함으로써 1995년 5월부터 상업 생산을 개시했다. 코트디부아르 광구 개발로 유공은 예맨 마리브 광구, 이집트 북 자파라나 광구, 페루 8광구에 이어 4개의 원유 생산 광구를 보유하게 됐다.

유공은 1997년 6월 29일 미국 만티(Manti)사와 총 5개 생산 광구에 대한 지분 매입 계약을 체결했다. 유공은 유전 개발의 본 고장인 미국 휴스턴에 유전 개발 전문 현지 법인 'SKE&P'사를 설립하고 만티사와의 프로젝트를 추진했다. 유공은 텍사스 지역 3개 광구의 지분 49%, 루이지애나 지역 2개 광구 지분의 60%를 매입했다. 이들 5개 광구의 총 매장량은 원유 환산 1,100만 배럴 규모로 하루 평균 3,200 배럴의 원유 및 가스를 생산하게 됐다. 유공은 SKE&P사 운영에서 얻은 수익 전체를 현지에 재투자해 추가적인 지분 매입 활동을 벌이는 한편 2000년까지는 독자적으로 광구를 개발하는 수준까지 업무 영역을 확대해 나가기로 했다.

20

유공(油公)의 히트상품

유공은 많은 히트상품을 내놓았다. 마치 선경 직물이 닭표 안감, 봉황새표 이불감, 곰보 나일론을 내놓아 시장에 선풍을 일으켰듯이 유류(油類)제품에서도 그런 선풍을 일으켰다.

휘발유 엔크린

유공은 1993년 하반기 울산 연구소 유기 합성 연구팀이 연료유 첨가제 개발을 완료, 이에 대한 6건의 물질 특허(연료유, 청정제, 유동성 향상제 각 3건과 1건의 제조 공정) 출원을 마친데 이어, 1994년 2월엔 국내 및 해외 7개국에 특허 출원을 신청, 1995년 11월 21일자로 미국과 프랑스 등으로부터 특허권을 획득했다. 이 시기 유공은 종전에 전량을 수입에 의존했던 연료유 첨가제 2종(연료유 청정제, 유동성 향상제)을 국내 최초로 개발한 데서 비롯된 것이다.

유공은 1995년 10월 '엔크린(Enclean)'이라는 브랜드로 고청정

휘발유 신제품을 출시했다. 휘발윤 시장에서 돌풍을 일으켰다. 휘발유도 브랜드를 보고 구매하는 '휘발유 브랜드 시대'를 연 것이다. 유공의 휘발유는 내외경제 신문과 코리아헤럴드가 주최한 소비자 설문조사 결과 38%의 선호도를 얻어 1994년 히트상품으로 선정되었다. 휘발유 시장에 새바람을 일으켰다.

이에 앞서 유공 휘발유는 SWRI(미국 엔진 실험 기관)으로부터 무제한 청정성 보장 인증과 전 공정에 걸친 ISO90 인증을 획득했다. 유공은 엔진과 환경을 보호하는 깨끗한 에너지(Engine Clean, Environment Clean, Energy Clean)라는 의미에서 브랜드명을 엔크린으로 명명했다. 세계 유수의 엔진실험 기관인 리카도(Ricardo)와 SWRI로부터 선진국의 청정제보다 우수하다는 평가를 받았다.

엔크린은 1996년 3월 20일 울산 콤플렉스에서 17만 5,000배럴이 선적되어 국내 최초로 일본에 수출되기도 했다. 일본은 청정에너지 검사가 까다로운 국가다.

유공은 1996년 1월 15일 경유(輕油) 신제품 '파워 디젤'을 출시함으로써 경유 시장에서도 브랜드 시대를 열었다. 엔진세척·연료 산화방지·녹 생성방지 등의 기능이 있는 다목적 첨가제를 사용, 엔진 출력을 대폭 향상시키는 경유를 개발한 것이다. 엔진 내 연료 분사 장치에 쌓여 연료의 적절한 분사를 막는 불순물을 제거해 엔진 출력을 대폭 높인 파워 디젤은 연료의 완전 연소를 향상시킴으로써 매연 감소, 소음 방지, 연비 개선의 효과도 가져왔다.

유공은 국내 최초로 선박용 엔진오일 개발에 성공했다. 유공이 개발한 선박용 엔진오일 '슈퍼마(Super Mar)' 시리즈는 1986년부터 1991년까지 6년간의 연구와 제품 테스트를 거쳐 개발되었다. 슈퍼마는 선박용 엔진 오일이 갖춰야 할 기능이 극대화된 제품으로 독일 만(Man B&W)사와 프랑스의 필스틱(Pielstic)사의 OEM 승인을 얻는 등 상품의 우수성을 인정받았다. 유공이 수퍼마를 개발하기 전까지는 국내 선박용 윤활유 업계는 연간 수십억의 기술료를 지불해가며 선박용 엔진오일을 수입해 왔다.

1993년 8월 1일 유공은 울산 연구소가 2년여의 연구 끝에 개발한 SH급 엔진오일 '하이플로골드'를 출시했다. 하이플로골드는 출시 직전 국내 최초로 API 도너츠 마크와 ILSAC(국제윤활유 규격 승인위원회) 스타버스트 마크를 동시에 획득했었다. ILSAC 마크는 세계 최고 수준의 엔진 오일에만 주어지는 것으로 최고의 연비 절감 성능(2.7%이상)을 보증하는 마크다. 하이플로골드 개발로 연간 200억 원의 수입 대체효과를 가져왔다.

유공의 신제품 개발 하이라이트는 윤활기유(基油, 윤활유 원료) 생산이다. 1990년대 유공의 윤활유 개발은 'YUBASE'와 'ZIC'에 이르러 전성기를 이룬다. 유공은 1995년 1월 11일 레이시온사와 함께 세계 최초로 개발한 초고점도 지수(VHVI-Very High Viscosity Index) 윤활기유 생산 공정의 공동판매 계약을 체결한다. 미국의 레이시온테크놀러지스는 1922년에 설립된 대표적인 군수업체이다. 이 계약에 따라 기술 소유권을 갖게된 유공은 판매를 맡은 레이시온사와 각각 70%, 30%의 비율로 수입을 배분한다. 유공은 초고점도 지수 윤활기유로 만든 윤활유를 1995년 10월 시판에 들어갔다. 인기는 폭발적이었다. ZIC는 현재까지 자타가 인정하는 최고의 윤활유다. 유공의 윤활기유 'YUBASE'는 품질 규격이 까다롭기로 유명한 유럽과 일본 시장에도 진출했다.

유공, SK주식회사로

유공은 1997년 10월 1일 서울 잠실 올림픽공원 내 역도 경기장에서 '신(新) CI 선포식'을 거행하고 사명을 'SK주식회사'로 변경했다. 이날 선포식에는 최종현 회장, 김항덕 부회장, 손길승 경영기획실장, 조규향 사장 등 선경 임직원 및 관계자 2,000여 명이 참석했다.

새롭게 태어난 SK주식회사의 목표는 신규 사업 진출과 해외사업 강화로 집약된다. SK주식회사는 1997년 10조 원으로 예상되고 있는 매출액을 2005년까지 27조 원으로 늘리고 해외 매출 비중을 전체 매출액의 40% 이상으로 늘리기로 했다. 이와 함께 SK주식회사는 카드마케팅 서비스 확대, 주유소 서비스 개선, 망 사업 적극 추진, 동남아, 중국 등 해외시장 적극 진출 등에 역점을 두기로 했다.

SK 주식회사는 CI 선포식에 맞춰 CI 론칭(Launching) 광고를 매체에 내보냈다. 10월 1일부터 방송된 CI 론칭 광고는 '한국의 힘 유공'이 '한국의 힘 SK'로 바뀌었다.

21

선경의 질적 변화

선경은 섬유에서 화학, 에너지, 통신 사업 영역에서 유통, 해외시장 개척 등 전방위로 사업 영역을 확대해 간다. 눈부신 성장을 이룩해 간다. 최종현 회장의 남다른 비전, 결단이 가져온 결과다.

선경, 중국 내 종합무역상사 설립

㈜선경은 1992년 5월 1일 중국 화동 지역의 상권을 확보하기 위해 상해(上海)지사를 신설했다. 상해지사의 역할은 석유화학, 철강제품의 수출 실적 제고, 경공업, 의료, 농수산 제품의 비즈니스 확대, 섬유 플랜트 설비 공급 촉진 등이 지사 설립 목적이었다. ㈜선경은 이로써 홍콩, 북경, 타이페이, 대련 등 5곳으로 늘어났다.

㈜선경은 국제 무역 환경에 대처하기 위해 전략기능을 강화하고 사업 분야를 재구성하기 위해 조직 개편을 단행했다. 대표이사 직속 기구로 중국실을 신설, 한중 수교 이후 관심이 집중되고 있는 중국

시장 진출을 강화했다.

선경은 중국 시장에서 종합상사들을 리드해 가며 주목할 만한 성과를 거둔다. 선경은 1994년 1월 12일 한진중공업과 함께 3,400만 달러 규모의 고급 객차 30량에 대한 수주 계약을 중국 철도부와 체결, 국내 최초로 중국철도 차량 시장에 진출했다. 1996년 4월 2일에는 선경건설과 공동으로 중국 요녕성 반금을 화학공사와 2,000만 달러 규모의 ABS(Acrylonitrile Butadiene Styrene) 플랜트 수출 계약을 체결했고, 1996년 4월 5일에는 중국 대련에서 GI(Galvanized Iron, 아연 도금 강판) 공장 착공식을 가졌다. 중국의 흑색 공사, 우리나라의 포스코 등과 ㈜선경이 합작해 설립한 GI 공장은 1997년 9월 25일 완공되어 연간 10만 톤의 아연 도금 강판을 중국 동부, 화북 지역에 공급하도록 했다.

이밖에도 선경은 1997년 10월 포항제철과 공동으로 중국 대련시 경제, 기술개발 구역에 연산 10t 규모의 석도(주석 도금) 강판공장 건설을 위한 계약을 체결했다.

이 시기 ㈜선경의 중국 시장 공략의 백미는 단연 중국 내 종합무역상사 설립이다. 1996년 10월 9일 ㈜선경 김승정 사장은 북경에서 중국 기술 진출구 총공사 동상인 총경리와 대외 합자 무역회사 설립에 합의한다. 이에 따라 자본금 1,250만 달러 규모의 '中技-선경무역유한공사(CNTIC-SK Trading Co. Ltd)가 1997년 7월 14일 상해 포동신구에 설립되었다. ㈜선경이 40%, 중국이 51%의 비율로 투자한 이 회사는 중국 최초의 합작 종합무역상사였고 중국 정부의 종합상사 합작 승인을 받은 기업은 당시까지 ㈜선경이 유일했다.

1997년 10월 30일 상해 현지에서 개업식을 갖고 11월 3일부터 본격적인 영업에 들어갔다.

㈜선경의 선진금융기법

㈜선경은 1993년 6월 24일 서울 힐튼호텔에서 우리나라 종합상사로서는 최초로 28만 톤급 초대형 유조선 발주를 위한 신디케이트론(Syndicated Loan, 차관단 구성 방식에 의한 차입) 계약을 체결했다. 선경의 이런 방식의 차관 도입은 당시로서는 한발 앞선 금융 기법으로 내자에 의존하지 않는 바람직한 것으로 우리는 앞으로도 선경이 이런 방식으로 차관을 일으키는 것을 종종 보게 될 것이다.

㈜선경은 제일은행을 주간사로 국내외 16개 은행의 국제 차관단을 구성하여 8,000만 달러 규모의 자금을 조달, 유공해운이 발주한 유조선의 건조 자금을 마련했다. ㈜선경의 신디케이트론 계약 체결은 선박 금융시장에서 일본 종합상사들과 대등하게 겨룰 수 있다는 자신감을 심어주었다.

㈜선경은 1994년 3월 30일에도 유조선 발주 신디케이트론을 성사시켰다. 서울 소공동 롯데호텔에서 열린 체결식에서 ㈜선경은 상업은행을 주간사로 국내외 23개 은행의 국제 차관단을 구성, 31만t급 초대형 유조선 발주를 위한 신디케이트론 계약을 체결했다. 이로써 ㈜선경은 유공해운이 발주한 유조선 건조 자금 9,100만 달러를 조달했다.

㈜선경은 1990년대 초반 말레이시아 원목 개발 회사인 삼림사와 합작, 잇따라 합판 공장을 설립한다. 1993년 9월 15일 ㈜선경은 말레이시아 사라와크주 미리시에서 이순석(李順石) 부회장, 김승정 사장을 비롯한 임원들과 사라와크 주지사 수상, 삼림사 사장 등이 참석한 가운데 압판 공징 개업식을 가졌고 1993년 11월 6일에는 남미 가이아나에서도 삼림사와의 합작 합판 공장을 가동하기 시작했다.

㈜선경은 이 같은 거점을 기반으로 1997년 4월 22일 삼림사와 캄보디아 산림개발 및 목재 가공 사업 합작 투자 계약을 체결했다. 총 투자비 1억 8,000만 달러 가운데 40%의 지분을 투자한 ㈜선경은 세계 산림자원이 지속적으로 감소하는 추세에서도 장기간 동안 안정적으로 원목을 확보할 수 있게 되었다.

㈜선경은 1995년 1월 10일 인도 시장 개척을 위해 테스크포스 팀을 발족시켰다. 인도 테스크포스 팀은 인도 시장에서 선경의 위상을 점검하고 인도 시장 진출에 필요한 전략을 수립했다. 인구 대국인 인도 시장은 엄청난 잠재력을 갖고 있는 매력있는 곳이다.

테스크포스팀은 식품 사업군, 플랜트 사업군, 지원군 3개 조로 편성하고 1995년 3월 말까지 국내 사전 조사를 끝낸 뒤 4월부터 현지 시장 조사에 착수했다. ㈜선경은 1995년 12월 1일 인도 봄베이에서 지사를 설립했다.

㈜선경은 이집트 시장에 눈을 돌렸다. 이집트 메할라(Mehalla)에서 이집트 최대 국영 면방 업체인 미스르사와 총 2,500만 달러 규모의 화섬직물 플랜트(연산1,000만m 규모) 수출 계약을 체결했다.

이밖에도 ㈜선경은 1997년 5월 1일 인도네시아 자카르타에서 타마라 은행(Tamara bank)과 종합금융회사(Multi Finance co.) 설립 합작 계약을 체결했고 같은 해 6월에는 폴란드에 바르샤바 사무소를 설치했다. ㈜선경의 해외사업은 놀라운 영역 확대를 거듭했다.

종합물류사업 진출

최종현 회장은 사업 영역을 제조업에서 유통물류 쪽까지 진입시켰다. ㈜선경은 1996년 8월 11일 통신판매 테스크포스 팀을 구성하고 통신판매 사업에 뛰어들었다. 같은 해 10월에는 통신판매 테스크포스 팀의 활동을 기반으로 SK 홈쇼핑을 출범시키며 본격인 통신 판매사업을 추진했다. 당시 통신판매 사업은 최첨단의 시장 형태로 소비자의 각광을 받았다.

1997년 8월 28일 ㈜선경은 한반도 에너지개발기구(KEDO)의 북한 공급용 중유 입찰에서 낙찰되어 대북(對北) 중유 공급자로 선정되었다. 1997년 10월 17일에는 ㈜선경의 자회사인 선경 창고의 대규모 종합물류센터가 완공되었다. 선경창고의 신갈 종합물류센터는 지하 1층, 지상 5층의 총 5,000여 평 규모로 15만 2천t의 물품을 저장할 수 있다.

1990년 1월 출범한 선경 유통은 미국 최대의 독립 자영 슈퍼마켓 연합인 IGA와 제휴, 1992년 8월 서울 목동에 'S-마트 1호점'을 개점했다. 같은 해 10월에는 'S-마트' 2호점인 쌍문점을 개장했다. 이후 S-마트 사업은 30여 평 규모의 1차 식품 판매점인 'S-마트 신선식품 전문점', 중형 슈퍼마켓인 'S-마트 슈퍼마켓', 대형점포인 'S-마트 종합슈퍼마켓' 등으로 구분되어 1995년 말까지 지속적으로 추진되었다. 선경 유통은 소규모 매장인 'S-마트' 수유점을 경영모델로 해 과학적이고 효율적인 소매 경영기법을 확산해 나갔다. 1995년 7월 5일에는 'S-마트' 안양점이 개설됨으로써 선경유통의 'S-마트' 200호점이 돌파되었다. 선경유통은 1994년 무렵부터 그 무게 중심이 식품 사업에서 서서히 정보통신 기기쪽으로 기울기 시작했다.

선경유통은 정보통신 기기 사업을 위해 용인, 광주, 대구, 부산, 대전 등에 물류센터를 완공했다. 이로써 선경유통은 용인, 죽전, 광주, 대구, 부산, 대전 등지에 모두 6개의 물류센터를 보유, 전국적인 유통망을 구축했다.

선경유통은 1997년 들어서면서 이업종(異業種) 결합산매사업을 활발하게 전개하기 시작했다. 유통망을 확대하고 유통채널을 다변화하기 위한 전략의 일환이었다. 선경유통 통신 사업 담당은 1997년 1월 영풍문고, 나산 영동백화점 등에 5개 점과 2월 킴스클럽(분당구 서현) 등에 3개 점을 개점했다.

1990년, 컴퓨터 종합유통점인 선경 컴플라자(SunKyong Complaza)를 개장, 국내 최초로 컴퓨터 종합 유통사업에 진출한 바 있는 선경유통은, 1990년대 중반 컴퓨터 유통망을 더욱 확장해 나갔다. 선경유통은 1994년 11월 3일 서울 용산 상가 하이테크플라자 4층에 150여 평 규모의 멀티미디어 전문매장을 개설했다. 선경유통은 멀티미디어 제품뿐만 아니라 PC 주변기기, CAD 주변기기 등을 취급, 멀티미디어 전문매장으로서 선진모델을 제시했다. 선경유통의 멀티미디어 전문매장은 선경 컴플라자의 안테나 숍 기능을 맡기도 했다.

선경유통은 1997년 5월 23일 국내 최초로 휴대용 컴퓨터 관련 기기류와 통신기기를 중심으로 한 정보통신 복합매장을 서울 을지로에 개장했다. 정보통신 복합매장 1호점인 을지로점에서는 휴대폰, 전화기, 무전기, PDA 등 통신기기류와 노트북, 이동저장장치, 디지털카메라, 스캐너 등 정보기기류가 판매되었다.

선경과 현대그룹의 유류판매 전쟁

1990년대는 유류(油類) 판매 업계와 정유업계에 무한 경쟁의 바람이 몰아친 시기였다. 선경은 이 시기 강자 현대그룹(정주영)과 유류판매 시장에서 치열한 한판 전쟁을 치렀다. 우리는 선경이 폴리에스터 필름 개발 과정에서 삼성그룹(이병철) 제일합섬과 기술 확보 전쟁을 치렀던 것을 기억할 수 있다. 유류 판매시장에서도 최강자 현대와 비슷한 싸움이 벌어졌다.

싸움의 시작은 1992년 4월 1일 정부의 '주유소 상표 표시제' 실시였다. 정부는 업계의 반발에도 불구하고 주유소 상품 표시제를 강행했다. 상품 표시제란 주유소가 상표를 표시한 정유회사의 제품만을 판매해야 한다는 제도이다. 이는 당시 주유소들이 여러 정유회사의 기름을 섞어 팔던 문란한 관행을 개선하기 위해 도입한 것이다. 당시 주유소들은 양질의 휘발유에 저품질의 기름을 섞어 팔아서 부당한 이익을 보고 소비자들은 손해를 보는 구도였다. 또한, 정유사 간 품질 및 가격 경쟁을 촉진시키기 위한 정책 목표도 있었다. 상표 표시제 실시에 따라 각 정유사들은 시장 점유율을 높이기 위해 사활을 건 싸움이 불가피해졌다. 싸움에 이기는 길은 주유소를 더 많이 차지하는 것이다. 당시 언론은 정유사 간 주유소 확보 경쟁을 '폴(Pole) 전쟁'이라고 표현했다. 주유소 내에 취급 정유회사를 표시하는 간판인 폴(장대)에 자사의 '사인'을 넣으려는 정유 회사 간의 다툼을 빗댄 표현이다.

1993년 11월 15일 서울, 부산 등 6대 도시의 주유소 거리 제한이 철폐되면서 주유소 확보 경쟁은 더욱 치열해졌다. 주유소 거리 제한은 지자체마다 차이가 있지만 1~3km 내에서는 주유소 허가를 내주지 않았다.

1994년 7월 후발 정유업체인 현대그룹의

현대정유(현 현대오일뱅크)가 미륭상사와 계약하는 사태가 벌어
졌다. 미륭상사는 서울을 비롯한 수도권 지역에 영업성이 높은 31개
주유소를 가지고 있는 중대형 주유소였다. 더구나 미륭상사는 40여
년 동안 유공(油公)과 거래를 해오는 처지였다. 유공은 거세게 반발
했다. 당연한 반발이었다. 현대정유가 미륭상사와 거래하고 있는 주
유소들의 '폴사인'까지 교체하려 하자 유공은 물리적 저지에 나섰다.
서울과 수도권에서는 두 회사의 직원들 사이에 몸싸움까지 벌어졌
다. 사태는 법정으로까지 번졌다. 유공은 오랜 법정 투쟁 끝에 미륭
상사와의 거래를 회복했다. 유공이 현대를 이긴 것이다. 유공과 흥국
상사 직원들의 헌신적인 시장 방어였다.

1995년 11월 15일 서울, 부산 등 6대 도시에 국한되었던 주유소
간의 거리 제한 철폐가 전국적으로 확대되었다. 거리 제한 철폐의 전
국적 확대는 주유소 점유율에서 선두였던 유공에게는 위기였고 후
발업체들에게는 절호의 기회였다. 유공은 도로에 접한 전국의 모든
토지를 대상으로 주유소 사업이 될만한 우량 부지를 물색했다. 부지
소유자를 찾아내고 그들을 설득해 주유소 허가를 선점하기 위한 경
쟁은 전투 상황과 첩보전 그 자체였다.

최종현 회장은 하지만 정유업계의 무한 경쟁을 다른 각도에서 보
기 시작했고 차원이 다른 대처 방안을 구상했다. 그것은 석유 시장
자유화를 대비하고 대형화를 통한 경쟁력 강화를 위한 「매머드급 석
유판매회사」를 설립하는 것이었다.

유공은 1997년 5월 16일 자사계열의 7개 대리점을 통합했다. 통
합 전 7개 대리점은 서울지역 흥국상사, 삼일사, 오륜에너지, 수원의

삼양석유, 부산 영남섬유, 영동석유, 광주 대광석유 등으로, 이로써 전국에 산재되어 있던 유통망이 하나로 통합되었다.

유류 유통시장에 지각 변동이 일어났다. 새로 통합된 회사는 1997년 매출액만 7조 원에 이르게 되어 단숨에 국내 기업 10위권(매출액 기준)에 진입했다.

유공의 유통시장에서의 혁신은 여기에서 그치지 않았다. 유공은 업계 최초로 카드업체와 제휴, 제휴카드를 발행하고 마케팅 개발원을 설립했다. 이것은 카드업계도 환영하는 '윈·윈' 작전이었다.

유공은 1999년 7월 1일 BC카드와 제휴카드 발행계약을 체결, 「유엔아이카드(YU&I Card)」란 이름으로 제휴카드를 발행했다. 유공 유엔아이카드는 기존의 신용카드 기능에 유공 고유의 서비스 및 ID 기능을 추가한 것으로, 유공 주유소는 물론 BC카드 일반 가맹점에서도 사용이 가능한 병용카드였다. 유공은 1997년 1월 엔크린 카드를 발행하기도 했다. 이것은 이용실적에 따라 점수를 부여하는 적립식 포인트 서비스의 일종으로 유공의 휘발유 제품 엔크린의 인기와 더불어 고객들의 호응을 얻었다. 엔크린 보너스카드는 훗날 OK캐쉬백 사업이 탄생되는 계기가 되기도 했다.

SUPEX의 꽃 옥시케미칼

유공 옥시케미칼은 합작선인 미국 아코화학이 일방적으로 철수함에 따라 생겨난 산물이었다. 1992년 8월 7일 세계적인 석유화학 불황으로 경영난을 겪자 아코화학 주주들은 일방적인 철수를 선언했고, 유공화학은 유공의 100% 자회사로 바뀌게 됐다.

유공 아코화학은 1992년 10월 10일 유공 옥시케미칼로 상호가 변경되었다. 독자 경영에 나선 유공 옥시케미칼은 아시아 시장 진출을 위한 국제 경쟁력을 확보하기 위해 당시 연산 10만t에 머물고 있던 프로필렌옥사이드(P.O)의 생산 능력부터 늘리기로 했다.

유공 옥시케미칼은 1996년까지 3단계에 걸쳐 총 1,500억원을 투자 PO의 생산 능력을 연산 17만 5천톤 규모로 확대한다는 계획을 세우고 공사에 착수했다.

아코화학의 철수 이후 또다른 변화는 본격적인 SUPEX 추구였다. 합작법인이었던 옥시케미칼은 상대적으로 SUPEX 추구에 뒤떨어져 있었다. 따라서 아코화학의 철수 이후에야 전사적인 SUPEX 추구가 가능하게 된 것이다.

당시 최종현 회장은 그룹의 관계회사를 순방하면서 SUPEX 추구 보고회를 갖고있는 중이었다. 유공 옥시케미칼은 뒤쳐진 SUPEX 추구를 만회하기 위해 세 가지 SUPEX 과제를 동시에 추구하기로 했다. 그리고 이를 최종현 회장에게 보고했다. 최 회장에게 보고된 옥시케미칼의 내용은 상품별·사업별·이슈별(Issue)로 세 가지 SUPEX를 동시에 추구하는 것이었다. 상품 중에는 PO와 SP폴리올 두 가지 대표 상품에 SUPEX를 걸었다.

PO는 세계에서 가장 원가경쟁력이 있는 상품으로 키우고 SP폴리올은 반드시 우수한 상품으로 개발, 상업화하기로 했다. 사업별로는 Polyol 사업과 해외사업에 대한 SUPEX 추구를 합의했다.

최종현 회장의 관심을 끈 것은 이슈별 SUPEX 추구였는데 '이슈별 SUPEX 추구'라는 용어 자체가 유공 옥시케미칼이 처음 쓴 용어였다. 이슈별 SUPEX 추구란 크게는 전사적 이슈로부터 작게는 개인별 이슈까지 이윤극대화를 위해 수많은 이슈에 대해 SUPEX를 추구

하는 것이었다. 최종현 회장은 옥시케미칼의 보고를 듣고 대만족을
표시하면서 "SUPEX추구는 이렇게 하는 것"이라고 말했다.

이후 유공 옥시케미칼은 'SUPEX의 꽃' 'SUPEX 챔피언'이라는 찬
사를 들었으며 선경의 관계사 가운데 일약 'SUPEX 메카'가 되었다.
선경의 다른 관계사들은 이후 옥시케미칼을 벤치마킹했다.

세계적 수준의 유공해운

유공해운은 1990년 초, 중반 LNG선, 원유 수송선, 벌크선 등 다
양한 선박을 발주, 인수하며 기업의 역량을 확대해 나갔다.

1992년 2월 6일 유공해운은 일본산 쿠루시마 도크에서 제작한
6,500 CBM(Cubic Meter의 약자로 컨테이너에 적재되는 화물의
부피)급 대형 LNG선 G-글로리호를 인수했다. G-글로리호는 1991
년 4월 인수한 G-벤처 선의 자매선으로 유공해운이 해외 조선사에
제작을 의뢰해 들여온 두 번째 선박이다.

유공해운은 G-글로리호를 울산-인천 간 내항 항로에 투입했다.
1993년 5월 11일에는 삼성중공업과 28만 톤 규모의 VLCC(초대형
유조선)급 원유 수송선 2척에 대한 신조선 계약을 체결한 데 이어
1996년 6월 1일에는 대우조선에 28만 톤급 VLCC 한 척을 발주했
다. 특히 삼성중공업에 VLCC급 유조선 발주는 윈-윈 철학이 낳은
개가라고 평가할 수 있다.

유공해운의 잇따른 선박 발주는 선박 노후화로 인한 선박 사고를
방지하고 운항의 안정성과 장기적인 원가경쟁력을 확보하기 위한 조
치였다. 이후 두 선박에 대한 명명식이 1996년 12월 7일과 19일에

잇따라 열렸고 각각 '유공플레너'호와 '유공아취버'호로 명명된 두 선박은 이후 울산-중동 항로의 원유 수송에 투입되었다.

유공해운은 1995년 1월 20일 파나막스급 신조선인 K-포춘호를 대우중공업으로부터 인도받았다. 이로 인해 유공해운은 더욱 안정적인 벌크화물 운송부터 서비스가 가능해졌고 사선대(使船隊) 구축을 통한 안정적 수익 구조를 확보하게 된다.

유공해운의 벌크선 영업은 1993년 시작되어 사선보다는 용선에 의존해 왔으며 1990년대 이후 급속히 성장, 1994년 약 3억 달러 매출 규모를 달성했었다. 1990년대 이후는 유공해운이 LNG(액화천연가스) 수송업으로 업계에서 입지를 굳혀가는 시기로 기록된다. 이 시기 한국가스공사는 국내 해운선사를 대상으로 모두 네 차례에 걸쳐 총 17척의 LNG선에 대한 수송권을 공개 입찰 방식으로 결정했다. 유공해운은 1997년 7월까지 이 가운데 총 5척의 수송권을 확보함으로써 당시까지 운항 중이었던 2척을 포함, 모두 7척에 이르는 LNG선을 보유하게 된다. 세계적으로도 손색이 없는 LNG선 수송 전문사로 입지를 굳히게 되었다.

22

정보통신 사업자 '선경'

우리는 이 장에서 선경그룹(현 SK그룹) 성장사에서 가장 드라마틱한 장면을 보게 될 것이다. 그리고 최종현 회장이 1980년대 초반 두 개의 장기 경영 명제를 내놓으며 그중의 하나인 정보통신산업 진출이 어떤 과정을 거치는가를 함께 볼 수 있다.

우선 '신동아' 1999년 12월호에 실린 기사부터 보자.

「1994년 1월 17일, 조규하(曺圭河) 전국 경제인 연합회 상근 부회장은 전경련 출입 기자들이 모인 자리에서 재계에 상당한 충격을 줄 만한 발언을 했다. 내용인즉 당시 전경련 회장이던 최종현 선경 회장이 "선경은 경제계의 단합과 민간 경제에 대한 국민과 정부의 기대에 부응하기 위해 제2 이동통신 참여를 포기하겠다."고 말했다는 것…

최종현 회장의 이런 결심에 대해 전경련 회장단은 즉각 환영하고 나섰고 한 걸음 더 나아가 선경이 제1통(한국이동통신)의 지배주주가 될 수 있도록 적극 지원하겠다고 약속했다.

실제로 선경은 그 후 순조롭게 한국이동통신의 입찰에 참여해 23%의 지분을 확보, 최대주주가 됐다. 이렇게 해서 선경이 주주가

된 회사가 오늘날의 'SK텔레콤'이다」

제2 이동통신 사업자 선정

최종현 회장은 가슴이 뛰었다. 정부가 이동통신(移動通信) 분야의
경쟁 체제를 도입하기 위해 사업자 선정 계획을 발표했기 때문이다.
그가 10년 동안이나 꿈꿔 오던 정보통신 사업에 진출할 수 있는 기
회가 왔기 때문이다.

정부의 체신부(현 정보통신부)는 1990년 7월 12일 이동통신 분
야의 경쟁 체제 도입을 주요 골자로 하는 '통신 사업 구조조정 계획'
을 발표했다. 체신부의 발표는 공기업인 한국이동통신과 경쟁할 민
간 사업자를 선정한다는 것이었다. 이른바 제2 이동통신 사업자를
선정하는 일이다.

이동통신(Mobile Communication)이란 가입자 단말기에 이동
성(Mobility)을 부여하여 자유롭게 이동하는 중에도 계속적인 통
신이 가능하도록 해주는 통신시스템을 말한다. 종래의 전화(電話)는
고정된 위치, 고정된 장소에서만 가능했지만, 이동통신은 무선통신
기술을 사용하므로 사용자의 이동성이 보장되는 것이다. 인류가 꿈
꾼 통신 방법이다.

무선을 이용한 통신은 1990년대 초에 시작되었으며, 무선을 이용
한 전화는 1921년 미국 디트로이트 경찰의 차량 이동전화 서비스가
시작되면서부터 등장했다. 사용자 간의 직접 양방향 통화는 1964년
이 되어서야 제공되기 시작했으며, 1975년 미국의 모토로라사의 마
틴 쿠퍼(Martin Cooper)를 비롯한 연구진들이 셀룰러 개념을 이용

한 이동통신 방법을 개발하고 미국 특허 등록을 했다.

체신부는 1992년 4월 14일 제2 이동통신 허가 신청 공고를 주요 일간지(紙)와 관보에 게재했다. 이동통신 사업을 둘러싸고 한바탕 재계의 싸움이 시작되는 순간이었다. 재계에 지각 변동이 일기 마련이었다.

언론 매체는 이동통신 사업을 '황금알을 낳는 거위', '6공 최대의 이권 사업'이라 했고 국민의 관심도 고조되었다. 정부는 현대, 삼성, 금성(현 LG), 대우 등 설비 제조업체의 참여를 원천적으로 배제했다. 흥미있는 정책 선택이었다. 이에 따라 선경, 포철(현 POSCO), 코오롱, 동양, 쌍용, 동부 그룹 등 6개 기업 그룹이 사업자 선정 경쟁에 뛰어들었다.

현대, 삼성, 금성, 대우 등 통신기기 제조업체 빅4가 제외된 선경 등 6개 기업을 중심으로 440개 사에 달하는 국내 업체 및 외국의 통신 사업체와의 컨소시엄이 구성되었다. 재계에서는 제2 이동통신 사업자로 선정되는 것은 재계 판도를 바꿀 수 있는 '통신 재벌'이 탄생하게 될 것이라고 평가했다.

이렇기 때문에 사업자 선정과 관련된 경쟁은 더욱 심해졌다. 6개 사업자 선정 신청 기업들은 사활을 건 정보전을 전개했다. 선경은 자신감에 충만해 있었다. 선경은 1980년대 중반부터 정보통신 산업 진출을 위한 준비를 착실하게 해오고 있었기 때문이다.

최종현 회장은 한 시사 월간지(誌)와의 인터뷰에서 "선경은 1985년부터 뉴욕에 정보통신 사업을 위한 준비 기구를 설치하고 회사의 힘을 기울여 왔다."며 자신감을 드러내기도 했다. 이처럼 정보통신 사업 진출을 위한 선경의 준비는 다른 기업의 그것에 비해 앞서 있었다.

사업계획서 작성에서 그 차이는 확연히 드러났다. 다른 컨소시엄들은 미국 측 파트너가 주도적으로 사업계획서를 작성하고 한국 측 파트너는 그것에 필요한 정보와 자료를 제공하는데 그치는 반면, 선경 컨소시엄은 그 반대였다. 선경은 체신부의 제안요청서 공고일(1992년 4월 14일)을 앞두고 사업 파트너였던 벨사우스와 결별하는 시련을 겪지만 곧 새로운 파트너인 GTE와 공동 작업을 진행해 사업계획서 작성에 만전을 기했다.

선경은 1992년 6월 26일 제2 이동통신 사업계획서를 체신부에 제출했다. 사업계획서는 20만 쪽에 달하는 방대한 것이었다. 같은 날 포철, 코오롱, 쌍용, 동양, 동부 등 5개 컨소시엄도 허가 신청서를 제출한 것은 물론이다. 1992년 7월 29일 체신부는 1차 심사 결과를 발표했다. 선경의 대한텔레콤은 총점 8.127을 얻어 1위로 1차 관문을 가볍게 통과했다. 2위는 코오롱의 제2 이동통신(7.783점)과 3위는 신세기 이동통신의 포철(7.711점)이었다. 이에 따라 선경, 포철, 코오롱이 2차 심사·평가 대상으로 선정되었다.

일부 언론에서 선경의 우세설이 단편적으로 점쳐지기는 했지만, 뚜껑을 열어본 결과는 선경의 압도적 우세였다. 이때부터 이른바 '선경 봐주기'라는 정체불명의 괴소문이 나돌기 시작했다. 제2 이동통신 사업자 선정은 노태우 대통령 다음 정권으로 미루어야 한다는 주장도 제기되었다.

선경에 불리한 소문과 추측이 잇따랐던 배경에는 사업권 획득에 뛰어든 기업들의 경쟁이 과열 양상을 띠었음을 눈여겨 볼 필요가 있다. 당시 조선일보 체신부 출입 김홍 기자는 1992년 12월호 월간 조선에 기고한 '제2 이동통신 사업, 경쟁 체제 늦추면 국익 손실뿐이다'라는 기사에서 '제2 이동통신 쟁탈전이 재벌들 간의 이전 투구로 발전하면서 각종 유언비어가 난무하기 시작했고 그에 따라 국민들의 관심의 폭도 더욱 증폭되었다'고 진단했다. 당시 떠돌고 있던 유언비어는 음해성 소문들이 대부분이었다. 이러한 소문으로 인해 선경이 받았던 피해는 더욱 심각했다. 사업자 선정을 다음 정권으로 연기해야 한다는 주장이 갈수록 세를 얻어가고 있었다. 하지만 6공 정부와 체신부는 '정부가 정당한 이유 없이 국가적인 사업 추진을 중단하는 것은 공신력을 잃은 처사'라며 1992년 8월 20일 2차 심사 결과 발표를 강행했다. 결과는 선경이 다시 압도적인 차이로 최고 점수를 획득, 제2 이동전화 사업 최종 허가 대상 법인으로 선정되었다.

정치적 소용돌이

체신부의 발표가 나오자 각 언론사에는 국민들의 항의가 빗발쳤다. 현직 대통령의 인척 기업에 엄청난 이권이 걸린 사업을 허가해 준 것은 잘못이라는 것이었다.

최종현 회장은 기자 회견을 열고 선경의 사업권 획득은 정당한 노력의 결실임을 강조하고, 사업권을 반납할 각오까지 돼 있음을 시사하는 배수진을 쳤다. 최종현 회장은 "선정 과정이 정치적으로 문제시되고 부당성이 증명된다면 정부의 어떠한 결정도 받아들이겠다."며 여론에 따라 사업권을 반납할 수 있음을 시사하는 한편, "사업자 선정이 다음 정권으로 넘어가더라도 선경이 사업권을 획득할 것을 자신한다."고 말했다.

그는 이어 컨소시엄에 참여한 국내 기업들과 '주식지분을 국민주 형태로 공개하는데 합의했으며, 유공(油公)의 경우 최고 30%까지 주식을 내놓을 방침'이라고 설명하면서 특혜 의혹을 잠재우려고 했다.

그러나 하나의 방향으로 쏠려버린 여론을 돌려버리기에는 역부족이었다.

특히 대통령 선거를 의식한 집권당 대표의 반발은 매우 거셌다. 김영삼 민자당 대표는 1992년 8월 21일 체신부 발표가 있은 다음 날 민자당 강릉지구 당 개편대회에서 "나도 내 아내와 자식을 소중하게 생각하지만, 나라를 더욱 사랑한다."며 아내와 자식 이야기를 꺼냈다. 노태우 대통령이 인척 기업인 선경에 제2 이동통신 사업을 넘기겠다는 추측 아래 그 부당성을 빗댄 말이었다. 김영삼 대표는 여론을 이용하여 "제2 이동통신 사업권의 선경 불가 주장을 집요하게 펼쳐가기 시작했다. 최종현 회장은 김영삼 대표와 독대까지 해보았다.

최종현 회장은 결단을 내렸다. 비록 오해에서 비롯되었을망정 여론을 거스를 수는 없다고 판단했다. 최종현 회장은 선경의 제2 이동통신 사업권을 백지화하고 다음 정권에서 제2 이동통신 사업권을 재추진하기로 했다. 놀라운 선택이었다. 재벌기업이 거대한 이권 사업을 포기하는 것은 흔히 일어나는 일이 아니다.

손길승 대한텔레콤 사장은 1992년 8월 27일 제2 이동통신 사업권 반납을 천명하고 기자 회견을 가졌다. 손길승 사장은 사업권 반납에 대해 "현 정부에서 안 한다."는 뜻이라며 "오해를 받을 우려가 없는 다른 정권하에서 실력을 객관적으로 인정받아(이동통신 사업에) 참여하고 싶다."는 의사를 분명히 했다. 체신부도 다음날 제2 이동통신 사업자 문제를 차기 정권에 이양한다는 성명을 발표함으로써 사업자 선정은 백지화되고 말았다.

최종현 회장의 선택

이동통신 사업은 국민에게 대단히 중요하다. 이동통신은 국민의 생활 패턴을 바꾸어 편의성을 무한대로 확장해 준다. 개개인이 단말기(핸드폰)를 소지하고 언제, 어디서나 원하는 상대에게 대화를 할 수 있다는 것은 신이 주는 선물이라고 할 수 있다.

선경의 제2 이동통신 사업권 획득과 반납은 1992년 10대 뉴스가 될 만큼 국내외에 화제와 논란을 불러일으켰다.

그해 말 대선(大選)에서는 민자당 김영삼 후보가 당선되었고 이듬해 2월 25일 문민정부가 출범되었다. 김영삼 대통령이 선경의 제2 이동통신 사업권 획득을 집요하게 반대해 왔다는 것은 앞에서 본 바와 같다. 김영삼 대통령은 취임 직후 제2 이동통신 사업자 선정 문제에 직접 관여했다. 취임 10개월 뒤인 1993년 12월 10일, 체신부는 2차 제2 이동통신 사업자 선정 방식을 공개했다. 공개된 내용의 핵심은 두 가지였다. 하나는 제2 이동통신 사업자는 개별 사업자가 아닌 단일 컨소시엄을 구성해서 정할 것과 다른 하나는 국영기업인 한국통신(KT)이 보유하고 있는 한국이동통신 주식지분을 매각, 민영화하는 것이었다.

정부는 민간 자율에 의한 단일 컨소시엄 구성은 전경련이 주체가 되어 두 달 내에 결정하도록 했고, 한국통신이 보유하고 있는 한국이동통신의 주식지분 64% 가운데 민간업체가 경영권을 획득하는데 충분한 수준인 45% 내외의 주식을 매각하도록 했다. 전경련은 2개월 이내에 어떤 식으로든 하나의 컨소시엄을 만들어 체신부에 사업허가를 신청해야 하는 부담을 안게 되었다.

여기서 우리는 당시 전경련 회장이 최종현 회장이라는 것을 유념

해 둘 필요가 있다. 최종현 회장은 참으로 난감한 처지가 되었다. 전경련이 꾸미는 컨소시엄에는 선경도 들어가기 마련이다. 전경련의 고민을 가중시키는 것은 사업자 선정 문제가 1992년에는 제2 이동통신 사업자만 결정하면 됐지만, 이번에는 한국이동통신의 민영화 문제까지 걸려 있었다.

전경련 회장단은 사업자 선정과 관련해 1994년 1월 13일에서 2월 23일까지 이건희 삼성그룹 회장의 개인 영빈관인 한남동 승지원에서 6차례에 걸친 회동을 가졌다. 이 과정에서 최종현 회장은 경천동지할 대결단을 내렸다. 제2 이동통신 사업권을 포기하고 대신 한국이동통신을 인수하겠다는 결정을 내린다. 한국이동통신 인수는 험로였다. 당시 평가로 3,500억 원 내외의 막대한 자금이 필요했다. 최종현 회장은 전경련 회장으로서 제2 이동통신 사업권을 두고 회원인 포철이나 코오롱과 경쟁을 할 수는 없었다. 전경련 회장단의 대다수가 최종현 회장의 대승적 결단에 놀라움을 금치 못하면서 치하를 마다하지 않았다. 사업권 경쟁에 참여한 A그룹은 "최 회장의 결단에 경의를 표한다'는 논평을 발표하기도 했다. 하지만 그림자도 있기 마련이다. 수년 동안 사업권 획득을 위해 불철주야 준비해오던 임직원들의 분위기는 침통할 수밖에 없었다.

최종현 회장의 결단으로 제2 이동통신 사업자 선정 문제는 쉽게 풀렸다. 약간의 정치적, 우여곡절은 있었지만, 전경련은 1994년 2월 14일 사업계획서를 접수한 포철, 코오롱, 금호그룹을 대상으로 합동 면접 심사를 실시했다. 1994년 2월 28일 포철을 1대 주주 주도 사업자로 결정하고 코오롱을 2대 주주 제2 사업자로 선정한 결과를 체신부에 통보했다. 1990년 7월부터 이동통신 사업자의 경쟁 체제 도입을 발표하던 순간부터 4년여를 끌어오던 사업자 선정이 비로소 일단

락되었다.

이제 선경의 한국이동통신 인수 문제가 남았다. 전경련 회장단의 지원이 있다고는 해도 험로였다. 선경은 한국이동통신이 보유한 한국이동통신 주식의 경쟁 입찰을 통해 한국이동통신을 민영화하기로 한 체신부의 방침에 따라 1994년 1월 24일부터 25일까지 이틀 동안 열린 공개 입찰에 참여했다. 선경은 한국이동통신 주식의 23%인 127만 5,000주를 유공, 선경인더스트리, 흥국 상사를 통해 주당 33만 5,000원에 인수했다. 시가를 훨씬 웃도는 가격이었다. 인수에 필요한 대금은 총 4,271억 2,000만 원이었다. 당초 예상했던 3,300억 원을 웃도는 수준이었다.

선경은 1994년 3월 16일 주식매입 자금 납입을 완료했다. 선경그룹(현SK)의 성장사(史)에서 이날의 매입 자금 완납은 감동적인 순간이었다. 최종현 회장의 대담한 도전이 성공을 거두는 순간이기도 했다.

주식 매입금은 계열사인 유공(3,748억 6,000만 원), 선경인더스트리(308억 2,000만 원), 흥국상사(214억 4,000만 원)가 나눠서 납부했다. 하지만 선경은 한국통신이 소유하고 있는 나머지 33%의 주식 매각이 유찰을 거듭함에 따라 선경보다 지분이 많은 한국이동통신이 한동안 대주주 권한을 행사하는 이상한 현상이 벌어지기도 했다.

1994년 6월 2일 한국통신이 20%를 제외한 나머지 주식을 증권시장에서 매각함에 따라 명실상부한 대주주가 되어 본격적인 경영 참여에 나섰다.

선경은 1994년 7일 7일 한국이동통신 임시주총을 계기로 한국이동통신의 경영권을 완벽하게 획득했다. 주총에 이어 열린 이사회에서는 손길승(孫吉丞) 이사를 대표이사 부회장, 목정래 이사를 기획조정 전무, 표문수 이사를 기획 이사로 위촉했으며 조병일 사장을 비롯한 현직 임원은 전원 유임시켰다.

코드분할 다중접속 기술 세계 최초 상용화 신화
CDMA(Code-Division Multiple Acess)

선경이 법 절차적으로는 한국이동통신의 대주주가 되어 배타적 독점적 지위를 확보, 경영 전반을 지휘하게 되었지만 모든 것이 해결된 것이 아니었다. 난해한 기술의 문제가 기다리고 있었다. 이제부터가 시작이었다.

할당된 주파수 대역이라는 제한된 전파 자원으로 수만, 수십만 사용자가 동시에 통화하는 것을 가능케하는 '다중 접속(multiple acess)' 문제였다. 이동통신에서 '코드'를 이용한 다중접속 기술은 사업의 성공 여부를 결정짓는 핵심 중의 핵심을 이룬다. 이동통신 접속 기술은 한국에 이동통신이 처음 도입될 때부터 이미 아날로그(기계식)에서 디지털로 진화해 있었다. 선경의 한국이동통신은 디지털 방식인 TDMA와 CDMA중 어느 것을 택할 것인가의 기로에 놓였다.

1990년대 초반 유럽에서는 TDMA의 일종인 GSM 방식이 절대적으로 우세한 상황이 전개되고 있었다. 하지만 이동통신의 발전 방향은 주파수 자원 한계를 극복하기 위해서 FDMA에서 TDMA로, 그리고 다시 CDMA로 진화해가는 과정이었다. 미국의 경우 TDMA 이동통신 서비스가 열세를 보이자 CDMA 방식으로 선회하는 사업자가 늘어나기 시작했고, 일본 역시 NTT코모도를 중심으로 멀티미디어 시대에 더욱 적합한 CDMA 방식을 활발히 연구하고 있었다. 심지어 유럽의 연구기관들조차 멀티미디어 무선 통신 시대를 대비하기 위해 CDMA를 차세대 기술로 여겨 개발에 관심을 기울이는 상황이었다. 유럽에서 GSM 방식이 확산된 것은 CDMA에 대한 기술적 우월성보다는 유럽 연합(EU)의 정책적 배려가 작용한 결과였다.

우리나라는 유럽의 실정과 큰 차이가 있다. 우리나라는 도시의 인구 과밀 현상 때문에 주파수 부족 현상이 심각한 문제였다. 이런 상황에서 한국전자통신연구원(ETRI, Electronics and Telecommunication Resear-ch Institute)은 처음부터 CDMA 방식에 주목하고 개발에 착수했다. 한국전자통신연구원은 CDMA의 기술적 우월성도 고려했지만, 무엇보다 CDMA의 상용화에 성공하면 기술의 종속에서 단숨에 기술 선진국으로 등장하는 절호의 기회라고 판단했다. 대단한 비전이었다.

한국전자통신연구원은 CDMA 원천 기술 보유사인 미 퀄컴사와 1991년 5월 1단계 CDMA 기술 도입 및 공동 개발 협약을 맺은데 이어, 1992년 2단계, 1994년 2월 3단계 공동 개발 계약을 맺었다.

한국전자통신연구원의 이 같은 행보는 체신부의 결정에 결정적인 영향을 미쳤다. 체신부는 1992년 12월 3일 CDMA를 이동통신의 원천 기술로 채택했다. 이로써 체신부는 'CDMA의 신화'의 단초를 제공했다. 하지만 체신부가 그 같은 결정을 내리기까지 TDMA를 주장하는 관련 업계의 반발도 만만치 않았다.

CDMA 기술 개발 시련

한국전자통신연구원은 체신부의 지원 속에 1993년 3월 개발 시스템 1차 구조를 확정하는 등 CDMA 개발에 더욱 매진할 수 있게 되었다. 그러나 성과는 미미했다. 의욕은 엄청났지만, 디지털 이동통신 시스템에 관한 기술력과 경험이 부족했다. CDMA 시스템 개발이 지지부진하자 체신부는 조급해졌다. 체신부로서는 CDMA 방식을 업계 표준으로 정했는데 개발에 실패하는 경우 '역적'으로 몰릴 상황이었다.

윤동윤(尹東潤) 체신부 장관은 다급해졌고 1993년 6월 15일 제2 이동통신 사업자 선정의 새로운 방침을 발표했다. 윤 장관은 "CDMA 디지털 이동통신 장비가 1995년 말쯤 상용화할 것으로 예상되기 때문에 이동전화 사업 신규 허가에 적용할 통신 기술 방식으로 「디지털 방식」을 채택하기로 결정했다."고 밝혔다. 윤 장관의 언급은 한국전자통신에게 CDMA 개발에 속력을 내달라는 압력을 가하는 것이었다.

체신부는 1993년 9월 '이동통신기술 사업 관리단'을 한국이동통신에 발족시키고 단장에 서정욱(徐廷旭, 추후 과기처 장관)을 초빙함으로써 가속 페달을 밟게 했다. 서정욱 단장은 1982년 세계에서 10번째로 한국형 전자 교환기(TDX, Time Division Exchange, 시분할 전자 교환기)를 개발한 주역이었다. 구성원은 서 단장을 비롯 조민래, 이성재, 이주식 등 13명이었다. 서정욱 단장은 CDMA 기술 개발이 지지부진한 이유를 찾아냈다.

한국전자통신연구원, 기술 개발을 맡은 업체(LG, 삼성, 현대) 간의 이해관계 충돌이 문제였다. 서 단장은 CDMA 시스템 개발을 업체 간의 경쟁 체제로 유도했다. 사업 관리단 내에서 여러 가지 해결책이 논의되었다. 그중 이성재 부장의 아이디어가 채택되었다. 문제 해결의 키가 될 수 있는 빛나는 아이디어였다. 그것은 '사용자 요구사항'을 한국전자통신원과 개발업체에 제시하라는 것이었다. 이성재 부장은 추후 SK텔레콤의 자회사 이노에이스 대표가 된다. 이 부장이 낸 아이디어는 '미국 이동통신 사업자 협회'가 1988년 디지털 이동전화의 정의(定義)를 내릴 때 사용자 요구사항을 제시한 것을 본뜬 것이다. 그때 미국의 이동통신 사업자 협회는 디지털 이동전화는 아날로그의 10배 용량이 되어야 한다고 요구했다. 그로부터 2년 후인 1990년에 협회는 IS-54 TDMA 기준을 채택했다. 그런데 3개월 후에 퀄컴사의 CDMA 용량이 사용자 요구사항에 더 적합한 것을 알고 후자를 도입했다. 오직 사용자 요구 조건에 부합하는 것을 채택한 것이다. 미국다운 실용적인 선택이었다.

1993년 12월 사업 관리단에 의해 개발 시스템 2차 상용화 구조가 확정되었다. 12월 24일 밤에는 30여 장이 넘는 서류가 사업 관리단에서 한국전자통신연구원과 현대, 삼성, LG 등 개발업체들에게 팩스로 발송되었다. 서류의 핵심은 '사용자 요구사항'이었고 대상자는 한국전자통신연구원 안병성 이동통신연구관장, LG의 유은영 이사, 현대의 장병준 이사, 삼성의 홍순호 이사 등이었다.

사업 관리단은 1994년 1월 5일 한국전자통신연구원과 개발업체의 대표들을 모아놓고 사용자 요구사항 설명회를 가졌다. 서정욱 단장은 이 자리에서 다섯 가지의 방침을 제시했다. 이때부터 발주자(한국이동통신)와 납품업체(LG, 삼성, 현대, 한국전자통신연구원)와의 관계가 명확해졌고 개발에 탄력이 붙기 시작했다. 선경이 한국이동통신의 주식을 인수함으로써 CDMA 개발에 참여한 것은 이 무렵이었다. 또한, 1994년 2월 전경련의 합의에 의해 제2 이동통신사업자로 선정된 신세기통신(포철계) 또한 5월 2일 출범을 선언함으로써 CDMA 상용화 개발에 착수한다.

사업 관리단은 1994년 3월 25일 삼성, 현대, LG 등 개발업체에 상용 시험계획서를 보낸다. 개발업체를 대상으로 CDMA 개발을 위한 모의고사를 치른다는 뜻이다. 시험은 예비시험과 사용시험으로 구분되었다. 예비시험은 108가지 사항을 거쳐, 여기에 합격한 개발업체를 대상으로 1,000가지 상용 시험을 보는 것이다. 심사 기준은 개발업체와 협의를 거친 사용자 요구사항이었다.

시험에 삼성과 현대는 통과했고 LG는 실패했다. 그러나 LG는 1995년 1월, 108개 항목에 걸친 상용 시험에 합격하고 1995년 5월 개발업체 가운데 가장 먼저 1,000개 항목을 통과하는 시험에 합격했다.

서정욱 단장 선경 품에

서정욱 단장은 1995년 3월 18일 선경의 한국이동통신 사장에 취임했다. 최종현 회장의 인재 욕심이 낳은 아주 빛나는 인재 스카웃이었다. 선경은 서정욱 단장에게 한국이동통신 사장직을 제안했고, 선경의 기업 문화에 호감을 갖고 있던 서 단장은 이를 수락했다.

서 단장이 선경에 합류한 것은 그 의미가 대단히 큰 것이었다. 서 단장은 디지털 이동통신 분야에 높은 수준의 식견을 가지고 있는 이 분야의 엘리트였다. 서정욱 단장은 손길승 부회장이 전해준 최종현 회장의 경영 철학인 SKMS를 읽고 깊은 감명을 받았다는 것이다.

한국이동통신은 이에 앞서 귀중한 성공을 이룩한 일이 있었다. 개발업체들이 예비시험을 통과한 장비를 가지고 시험을 거듭한 결과 CDMA 방식 시스템 운용시험에 성공한 것이다. 이것은 대단한 의미를 갖는 것이다. 한국이 디지털 이동통신 분야에서 세계적 강국이 될 수 있다는 가능성을 보여준 강한 신호인 것이다.

한국이동통신은 1994년 4월 18일 대전시 유성구 대덕 중앙연구소에서 윤동윤 체신부장관, 조병일 사장 등이 참석한 가운데 CDMA 방식의 시스템 운용시험을 가졌다. 이날 시험에서는 CDMA 시스템과 아날로그시스템, CDMA 시스템과 PSTN(공중전기통신망, 즉 유선망)시스템, CDMA 시스템과 CDMA 시스템(디지털-디지털) 사이의 상호 접속에 모두 성공, CDMA 방식의 첫 시험 통화를 이뤄낸 것이다.

이동전화 상용화 원년으로 정해 놓은 1996년 1월이 코앞에 다가와 있었다. 서정욱 사장을 수장으로 앉힌 한국이동통신은 CDMA 상용화에 박차를 가한다. 상용화(商用化)는 시험 통화 성공과는 또 다른 문제였다. 상용화는 교환기, 단말기의 개발, 기지국의 최적화, 시스템의 완벽한 구축이 함께 이루어져야 비로소 가능한 일이다. 다시 말해 삼성, 현대, LG 등 개발업체가 교환기와 단말기를 개발하고 한국이동통신이 이를 이용해 완벽한 시스템을 구축해야만 상용 서비스를 론칭할 수 있는 것이다. 그러기 위해서는 무엇보다도 '기지국'을 적재적소에 세우고 가장 효율적으로 설치, 조정하는 최적화 작업이 필수이다. 한국이동통신은 1995년 한해 동안 서울 시내 기지국을 대상으로 최적화 작업에 집중했다. 1996년 1월은 이동전화 상용화(핸드폰 전화) 원년으로 정해져 있다. 시한을 다투는 피 말리는 준비였다.

한국이동통신은 1995년 5월 8일 1차 수도권 지역 CDMA 방식 디지털 이동전화 시스템 공급업체로 LG정보통신을 선정했다. 한국이동통신은 개발 3사(삼성전자, LG전자, 현대전자)로부터 제안서를 받아 시스템 공급능력, 납품 일정, 성능 및 신뢰성, 상용 시험 중간 결과 경제성 등을 평가한 결과 LG정보통신이 가장 우수하다는 평가를 내렸다. 한국이동통신은 LG정보통신으로부터 교환기와 기지국 장비 등을 공급받기로 했다.

사활 건 PCS(Personal Communication Service) 논쟁

한국이동통신은 새로운 도전에 직면한다. 한국통신과의 PCS 기술 표준 논쟁에 휘말리는 것이다. 이 논쟁은 대단히 중요하다. 이동전화 가입자 쟁탈전인 것이다. 이 논쟁의 패자는 빈껍데기만 남을 수 있다.

당시 세계 이동통신 산업계는 PCS 기술 표준을 두고 치열한 논쟁이 벌어지고 있었다. 우리나라 역시 PCS 사업자 선정 문제가 재계나 관계 당국에게 최대 현안으로 부상한 것이다. PCS 기술 표준은 CDMA와 TDMA 중 어느 것을 채택할 것이냐의 논쟁이기도 한 것이다. PCS는 1.7~1.8GHz 대역의 주파수 방식으로도 서비스 제공이 가능하다. 한국이동통신이 PCS 기술 표준 문제에 민감하게 대응하는 것도 이 때문이다. 다만 한국이동통신이 개발 중인 디지털 이동전화 서비스는 800MHz 대역의 주파수를 사용하는데 비해, PCS는 이보다 높은 대역의 주파수 (1.7~1.8GHz)를 사용한다. 따라서 주파수 대역의 특성에 따른 약간의 기술적 차이가 있을 뿐이다.

PCS의 기술 표준 문제는 1995년 5월 10일 한국통신(KT)이 PCS의 무선접속 기술을 TDMA 방식으로 개발하겠다는 뜻을 밝히면서 한국이동통신(선경)과 한국통신간의 사활을 건 싸움으로 비화된다. 한국통신의 도전이었다. 한국통신은 PCS 사업권을 획득한다는 전략을 세우고 PCS 기술표준 문제를 검토하고 있었다. 자회사였던 한국이동통신을 선경에 매각한 바 있는 한국통신으로서는 한국이동통신과 신세기통신의 CDMA 개발 행보에 초조감을 느낄 수 밖에 없었다. 한국이동통신과 신세기통신이 CDMA 방식으로 고객을 선점할 경우 한국통신은 후발 주자가 되기 마련이고 선발인 두 회사를 따라잡는 일이 쉽지 않다는 것을 알고 있었다. 한국통신은 뒤늦게 CDMA 개발에 참여하는 대신 TDMA 방식의 GSM 도입으로 선회하는 것이다.

GSM은 1세대 아날로그 통신을 대체하기 위해 유럽에서 개발한 2세대 통신규격이다. CDMA냐 GSM이냐. 관련 업계는 이해득실을 따지기에 급급했다. 어느 쪽을 선택하느냐에 따라 이익과 손실이 엇갈리는 것이다. 관련 업계는 한국통신 쪽에 가세하는 것으로 보였다. CDMA 사업에 참여하지 않았던 대우(大宇)는 한국통신 쪽에 적극 동조했고 삼성 또한 GSM 도입에 호의적이었다. 현대그룹은 어떤 결정이 나던지 한국통신의 입장에 따르겠다고 발표했다. 재계의 빅(Big)3이 모두 한국통신 쪽에 선 것이다. LG만이 CDMA 개발을 고수했다. 재계가 파워게임에 빠져든 양상을 보였다.

선경의 한국이동통신은 절체절명의 위기에 처했다. 그렇지 않아도 CDMA 개발을 두고 신세기통신과 경쟁을 벌이고 있던 한국이동통신은 PCS 기술 표준 문제로 한국통신과 싸워야 하는 새로운 전선이 생겨난 것이다. 한국통신이 TDMA 방식을 도입하게 되면 한국이동통신은 CDMA 상용화 여부에 관계없이 '시장'을 빼앗길 수밖에 없었다.

우리는 여기에서 선경이 폴리에틸렌 필름 개발 기술 보호 문제로 삼성그룹과 싸웠던 일과 주유소 확보 전쟁에서 현대그룹과 싸웠던 일을 되새겨 볼 필요가 있다. 선경은 두 싸움에서 모두 이겼다. 한국이동통신은 이 핀치(Pinch, 위기)에서 벗어날 묘책을 찾아냈다. 하나는 한국통신과의 치열한 논리 싸움을 전개하는 것이고 다른 하나는 신세기통신에게는 기선을 제압하는 것이었다.

1995년 6월 12일부터 17일까지 COEX (Convention & Exhibition, 종합전시관) "95 정보통신 전시관에서 CDMA 이동전화 시연회가 열리게 된다. 한국이동통신에게는 절호의 기회가 찾아온 것이다. 이 전시회에는 정보통신부 경상현(景商鉉) 장관이 한국이동통신과 신세기통신의 개발 시스템으로 각각 시험 통화를 하는 행사가 예정되어 있었다(1994년 12월 24일 체신부는 정보통신부로 개명되었다).

서정욱 사장은 시연회에 참가할 기자단이 셔틀버스를 이용해 서울 광화문 정보통신부에서 삼성동 COEX까지 단체로 이동할 것이라는 정보를 얻어 기발한 아이디어를 내놓았다. 그것은 한국이동통신이 개발한 CDMA 시스템으로 버스 안의 기자들과 시연회 이전에 미리 통화를 나눈다는 것이었다. 이것은 전 언론 매체 기자들을 한자리에 몰아놓고 시연회를 하는 귀중한 기회인 것이다. 버스에서 통화 도중 끊기는 위험이 있기는 하지만 서정욱 사장은 그 같은 시도가 기자들에게 던져줄 신선한 충격의 이익이 더 크다고 보았다.

서정욱 사장과 이성재 부장, (소비자 요구사항 아이디어 개발자) 이주식 부장 등은 1995년 6월 11일 밤 8시부터 시연통화가 이루어질 구간을 사전 점검하기로 했다. 시연통화가 예정된 구간은 한국이동통신의 사옥(남산그린 빌딩) 근처에 있는 하얏트 호텔에서 삼성동 코엑스까지였다.

서정욱 사장은 차를 이동하면서 직접 통화를 시도했다. 사전 점검 통화 중 한번 통화가 끊어졌고 CDMA 단말기에서 AMPS 단말기로의 통화가 연결되지 않았다. 서정욱 사장의 불호령이 떨어진 것은 당연한 일이었다. 직원들은 통화 불량의 버그를 제거하기 위해 서울 남산 그린빌딩에서 COEX까지 처음부터 다시 통화를 시도하면서 시스템, 기지국, 단말기를 재점검했다.

실제 시연회의 결과는 대성공이었다. 서정욱 사장은 6월 12일 승용차에 합승, 기자단을 태운 버스를 인도하면서 승용차에서 버스 안으로 통화를 시도했다. 버스가 하얏트 호텔을 지날 무렵 버스에 장착된 CDMA 단말기로 전화벨 소리가 울렸다. 이동전화 시대를 알리는 역사적 순간이었다. 기자들의 시선이 일제히 그리로 쏠렸다. 서정욱 사장은 CDMA 단말기와 연결된 버스 스피커로 "여러분, 반갑습니다."라는 말로 기자들을 환영했다. 서 사장은 기자들의 이름을 부르며 대화를 이어나가기도 했다. 기자들은 예상치도 못한 신기술에 의한 새로운 문화에 찬탄을 금치 못했다. 기자단이 COEX에 도착할 때까지 통화는 한 번도 끊어지지 않았다. 행운도 따라주었다.

정보통신부의 망설임

한국이동통신은 CDMA 상용화 과정에서 기선을 제압했다. 한국이동통신의 기술력에 대해 기자단은 버스 내에서의 통화를 목격하고 깊은 인상을 받았음은 물론이다. 한국이동통신은 언론 접촉에서 앞서 나가기 시작했다. 한국이동통신은 정보통신부와 언론에 기술력을 과시한 후 PCS 기술 표준 문제에 집중했다. 이로써 1995년 하반기는 PCS 기술 표준으로 한국이동통신과 한국통신 사이에 사운(社運)을 건 한판 싸움이 뜨겁게 달아올랐다.

양사의 기술 논쟁은 표면상으로는 기술의 장단점에 관한 것이지만 그 이면에는 더 중요한 쟁점이 있었다. 한국이동통신은 기존 이동통신 사업자로서 이미 CDMA 개발에 깊숙이 관여해왔기 때문에 CDMA를 버리고 TDMA로 가는 것은 사실상 불가능했다. 한국이동통신은 CDMA가 기술 표준이 되어야만 사업 경쟁력을 확보하는 것이다. TDMA가 기술 표준으로 채택될 경우 기존의 아날로그 이동통신 사업도 치명적인 타격을 받을 수밖에 없다. 이에 반해 한국통신은 뒤늦게 CDMA 개발에 참여하면 '불리한 출발선'에 설 수밖에 없다. 한국통신은 이미 유럽의 여러 나라에서 상용화가 이루어진 TDMA가 기술 표준이 된다면 단시일 내에 저렴한 요금으로 단시일에 서비스를 제공할 수 있기 때문에 우위를 점하는 것은 분명한 것이다. 이동통신 분야에서 후발 업체인 한국통신은 TDMA가 표준으로 채택되어야만 선발인 한국이동통신과 경쟁이 가능해지는 것이다.

해결의 열쇠를 쥐고 있는 곳은 정보통신부였다. 그러나 정보통신부는 확실한 태도를 보여주지 못했다. 정보통신부는 그동안 국책 과제로 개발해 온 CDMA를 PCS 기술 표준으로 채택하는 것이 합리적이지만 거기에 따르는 부담도 있었다. 대외 기술 종속 문제였다. 이때문에 섣불리 결정을 내리지 못하고 있었다.

정보통신부는 1995년 8월 11일 '통신사업자 허가를 위한 허가 신청 요령' 시안을 공개하면서 8월 말까지는 최종안을 확정하겠다고 했다. 정보통신부는 또한 이 시안에 대한 참여 기업들의 의견을 수렴, 8월 말까지 허가 신청 요령을 공고하고 11월 신청서를 접수받아 심사한 후, 12월에 선정 법인을 발표한다고 했다.

하지만 정보통신부는 8월 말까지 정리된 방침을 내놓지 못했다. 정보통신부는 ① 내부적으로 허가 신청 요령 공고 전에 PCS 기술 표준을 정하는 방안과 ② 표준을 정하지 않은 채 사업자가 제시하는 표준을 수용하는 방안 사이에서 오락가락하고 있었다. 특히 PCS 기술 표준 문제는 통신사업자들의 이해가 첨예하게 얽혀 있어서 정보통신부가 사업자들의 눈치를 본다는 지적까지 나왔다. 어정쩡한 태도를 보여오던 정보통신부는 9월 7일 기자 회견을 열고 PCS 사업자 선정 일정 자체를 1996년 6월 말까지로 연기한다고 발표했다. 그야말로 피 말리는 게임이었다. 정보통신부는 애초에 PCS 사업자 선정을 1995년 말까지 끝내겠다고 약속했었다.

경상현 정보통신부 장관은 이날 기자 회견에서 "개인 휴대통신(PCS)의 무선통신 접속방식 등 몇 가지 사안에 대해 좀 더 의견을 수렴할 필요가 있어 일정을 연기한다."고 밝혔다.

하지만 최종현 회장은 정부의 결정만을 기다리지는 않았다. 한국이동통신은 정부 관계자, 언론인 등 여론 주도층을 중심으로 설득 작업에 나서는 한편 언론을 통해 직접적인 대국민 홍보를 실시하는 총력전을 펼쳤다. 여론 주도층을 대상으로 하는 설득 작업은 손길승 부회장이 직접 맡았다. 한국이동통신은 1995년 10월 9일 서울 장안동 사옥에서 서정욱 사장과 경상현 정보통신부 장관이 참석한 가운데 CDMA 방식의 국산 디지털 이동전화 시스템을 점검하고 시험통화를 실시했다. 한국이동통신의 기술력을 과시함으로써 TDMA의 도입을 주장하는 한국통신을 압박하는 의미가 있었다.

한국이동통신은 PCS 기술 표준 문제를 국익과 국민편익 증진에 시각을 맞추기 시작했다. 사안의 본질을 적확히 본 것이다. 한국이동통신은 이미 상용화된 TDMA를 도입해 기술 종속이 되는 것보다는 CDMA 개발에 전력을 다하는 것이 국익에 부합된다고 주장했다. CDMA는 송수신 정보량이 TDMA의 3~6배에 이른다. 뿐만 아니라, 디지털로 변환된 정보를 송수신하는 방식이어서 주파수 파형 손상이 적고 통화 품질이 뛰어나다. 한마디로 CDMA는 TDMA보다 기술적으로 우월한 방식이었다. 전파의 최종 사용자인 국민의 입장에서도 이익이 크다. 한국이동통신은 CDMA의 기술적 우월성과 국민 편의성을 집중적으로 부각시켰다. 이 점이 언론, 방송 쪽 기자들의 호응을 받았다.

한국이동통신의 홍보 전략은 여론을 움직였다. 정보통신부는 1995년 10월 20일 '통신사업자 허가 신청 요령 2차 시안'을 발표했다. 2차 시안의 핵심은 PCS 무선 접속방식을 CDMA 방식으로 단일화하는 것이었다. 대세는 한국이동통신쪽으로 기운 것이다. 이에 대해 한국통신은 정보통신부의 발표가 사안의 일부임을 들어 TDMA 기술 개발을 계속하겠다고 밝혔지만 전세를 만회하기에는 역부족이었다. 한국이동통신의 승리였다.

세계 최초 CDMA 상용화

한국이동통신은 1996년 1월로 예정된 CDMA 상용화에 전력을 기울였다. 한국이동통신의 CDMA 상용화는 1995년 11월과 12월 사이 어느 정도 완성 단계에 이르렀다. 예정된 시한에 상용화에 성공한다면 세계 최초가 되는 것이기도 했다.

1995년 말 CDMA 이동통신 서비스에 대한 본격적인 마케팅이 시작되었다. 신문과 방송에 광고 물량을 대거 투입한 것은 물론이고 크리스마스를 전후해서는 영업부 직원들이 휴대폰을 들고 거리로 진출했다. 직원들은 서울-인천-부천 등지로 거리 출장을 나가 휴대폰으로 통화를 했다. 직원들은 지하철에서, 백화점에서 마음껏 휴대폰 전화를 했다. 시위성 통화였다. 이런 식의 마케팅이 먹혀 들어갔다. 일반 시민들에 의해 휴대폰 전화가 '입소문'을 타기 시작했다. 무엇보다 CDMA 개발에 대한 사내 직원들의 불안감을 불식시킨 것이 가장 큰 성과였다.

상용서비스를 개시하기 위해서는 소비자보호원, 전파연구소가 주관하는 기지국 시스템과 단말기 형식 승인을 받아야 한다. 서울, 인천, 부천 지역의 상용서비스를 위한 형식 승인이었다.

드디어 1995년 12월 31일 손길승 부회장 일행이 시험 차량에 탑승했다. 서정욱 사장, 조정남 전무, 이성재 본부장 등도 동승했다. 인천 톨게이트 부근에서 통화가 시작했다. 단말기(핸드폰)를 손에 든 손길승 부회장은 최종현 회장에게 "저 손길승 부회장입니다. 통화음은 어떻습니까. 상황을 보고 드립니다."라고 대화를 시작했다. 차에 탑승한 사람들이 단말기를 들고 번갈아서 시험 통화를 했다. 인천 주안역까지 통화는 단한번도 끊기지 않았다. 세계 최초로 CDMA 상용화의 서막이 열리는 순간이었다.

한국이동통신이 제공하는 서비스는 기존 아날로그 방식도 활용 가능한 듀얼(Dual) 방식으로 CDMA 가입자는 서비스 초기에 CDMA 망 구성에 관계 없이 전국에서 이동전화 서비스를 받을 수 있었다.

1996년 1월 3일에는 1호 가입자가 탄생했다. 인천에 거주하는 가입자에게 첫 서비스를 제공했다.

1996년 벽두 한국이동통신의 CDMA 상용화 개발 뉴스가 매스컴을 탔다. 한국이동통신은 1996년 3월 7일 롯데호텔 크리스탈볼룸에서 대리점 사장들에게 '011 디지털과 함께 미래로'라는 구호로 영업 정책 설명회가 열렸다.

이어 3월 28일에는 서울 힐튼 호텔에서 디지털 이동전화 시대를 알리는 기념행사를 가졌다. 이날 행사에는 최종현 회장, 이수성 국무총리, 이석채 정보통신부 장관 등 내외 귀빈과 관계자 1,000여 명이 참석했다.

손길승 부회장은 "한국이동통신은 차세대 통신서비스와 멀티미디어 세계를 선도해 나갈 것."이라고 다짐했다. 이석채 정보통신부 장관은 "순수하게 국산기술로 상용화에 성공한 CDMA 디지털 이동전화 서비스는 국내 정보통신 서비스가 세계 시장에서 뒤지지 않도록 하는 계기가 될 것."이라고 축하했다. 이날 행사에서는 상용화 성공에 공로가 많았던 윤동윤, 경상현 전 정보통신부 장관 등에게 감사패가 전달되었다.

한편 1996년 4월 1일 한국이동통신 서정욱 사장은 CDMA 기술개발과 정보화 시범 사업에 공로를 인정받아 금탑 산업 훈장을 수상했고, 디지털 사업본부 강계환 부장은 대통령 표창을 받았다.

한국이동통신은 1996년 4월 12일 CDMA 이동전화서비스 지역을 서울 등 수도권 전역으로 확대했다. 서비스 확대 2개월만인 6월 11일 가입자 5만 명을 돌파했다. 이때부터 한국이동통신은 CDMA 서비스를 전국적으로 확대했다. 7월 울산, 8월 대구, 경북지역에 서비스를 개시했고 9월 2일에는 부산, 경남지역(창원, 마산, 진해, 김해, 진주), 9월 11일에는 광주, 전남 지역 개통식을 가졌다.

이로써 한국이동통신은 CDMA 상용화 9개월 만에 전국 주요 도시에 이동전화 서비스를 제공하게 되었다. 서비스 대상 지역의 인구는 약 3,502만 5,000명으로 이는 당시 우리나라 전체 인구의 79%에 해당하는 것이었다.

한국이동통신은 1996년 6월 6일 미국의 신용평가 기관인 S&P 사로부터 세계 이동전화 사업자 가운데 최고 신용등급인 A+를 받았다. 이는 당시 삼성전자가 받은 A- 보다 높고 국영기업인 포항제철과 같은 등급이었다.

한국이동통신은 A+ 등급을 받은 것을 계기로 해외 자본시장 진출을 모색한다. 당시 해외 자본시장 진출을 생각한 최종현 회장의 발상은 대단히 선진적이고 참신한 것이었다.

한국이동통신은 1996년 6월 27일 국내 민간 기업으로는 최초로 뉴욕 증권 거래소에 주식을 상장했다. 한국이동통신은 6억 9,000만 달러 규모의 주식을 상장, 국내 기업으로는 최초로 유통 DR(Depositary Receipts, 주식예탁증서)를 발행한 회사가 되었고, 국내 최대 규모의 미국 주식 예탁증서 보유 기업이 되었다. 뉴욕 증시 상장으로 주식의 유동성을 높였을 뿐 아니라 자본 조달에 더욱 유리한 위치를 확보했다.

한국이동통신은 1996년 7월 15일 미국 애틀랜타 올림픽에 대비, 미국과의 국제로밍(Roaming) 서비스를 개시했다. 이로써 국내 011 가입자는 미국에서도 이동전화를 이용할 수 있게 되었다. 미국 로밍 서비스를 시작으로 국제로밍 서비스 지역을 홍콩(1996년 10월), 싱가포르, 호주(1996년 12월) 등으로 확대하게 된다.

한국이동통신은 1996년 7월 16일 이동전화 고객 10만 명 돌파

기념 행사를 가졌다. 손길승 부회장은 1996년 11월 14일 신산업 경영원이 주최하고 정보통신진흥회가 공동 후원하는 "'96 뉴미디어 대상'에서 '올해의 정보통신인'으로 선정되었다.

SK텔레콤의 탄생

한국이동통신은 1997년 3월 24일 SK텔레콤으로 새롭게 탄생했다. 이날 잠실올림픽 공원 내 역도 경기장에서 한국이동통신 임직원 2,800여 명을 비롯한 관계사, 협력업체, 대리점 임직원들이 참석한 가운데 신 CI 선포식이 열렸다. 최종현 회장은 격려사를 통해 "제2의 창업정신'을 주문하면서 SKMS, SUPEX 추구를 강조했다.

한국이동통신은 1996년 12월 30일 손길승 부회장이 사내 방송을 통해 CI 재정립의 필요성을 공식적으로 천명한 이후 본격적으로 CI 변경을 추진한 바 있다. 이를 위해 사내 캔미팅과 사내 매체를 통한 홍보 활동이 전개되어 의견 수렴을 거쳤으며 CI 추진위원회가 가동되기도 했다.

'SK텔레콤'이라는 새로운 사명은 1997년 2월 국내외 전문회사가 제안한 300여 개의 사명 후보안 가운데 임직원들의 선호도가 가장 높은 것을 고른 것이다.

SK텔레콤은 1997년 4월 29일 한국 기업으로는 처음으로 미국 증시에서 '양키본드(미국 달러 표시 사채)'를 발행했다. 국산 시설재 구입과 브라질 이동통신 사업 진출 재원을 마련하기 위해서다. SK 텔레콤 양키본드는 7년 만기 금리 7.5%의 2억 3,000만 달러 규모로 주간사는 메릴린치가 맡았다.

SK텔레콤은 1997년 8월 15일 인터넷을 기반으로 하는 PC(Personal Computer, 개인용 컴퓨터) 통신서비스 '넷츠고(Netsgo)'의 시험 운영을 개시했다. 인터넷상에서 MCIS(Microsoft Commercial Internet Syste-m)를 기반으로 한 인터넷 익스플로러를 전용 브라우저로 채택했다. 넷츠고 전용 브라우저는 익스플로러의 인터넷 검색 기능 이외에도 게시판, 채팅, 동호회, 온라인게임, 자료실 등 PC통신의 모든 기능을 제공하며 기존 PC통신과는 달리 동영상, 음성까지 정보를 보낼 수 있다.

SK텔레콤은 1997년 9월 5일 국내 최초, 세계 3번째로 IMT-2000시스템 개발에 성공했다. SK텔레콤은 대전 중앙연구원에서 가진 IMT-2000 시험시스템 시연회를 통해 무선 화상통화, 무선 인터넷 접속 등 IMT-2000 단말기를 통해 다양한 시연을 보냈다.

이동전화 시장 싸움 최종라운드

이동전화 시장 쟁탈전은 누가 국민에게 더 좋은 편익을 제공할 수 있는가의 싸움이다. SK텔레콤은 1997년 하반기 다시 한번 PCS 서비스 공방전에 휘말린다.

정보통신부는 1996년 6월 10일 PCS 사업자로 한국통신, LG, 한솔그룹을 선정했다. PCS 3사는 1997년 하반기 상용화를 목표로 시스템 개발을 진행했다. PCS 3사는 PCS 우위론을 펼치며 공동 전선을 형성했다. SK텔레콤과 신세기통신이 제공하는 CDMA 방식의 이동전화서비스 보다 자신들의 방식이 우월하다는 것이었다. 이에 따라 PCS 서비스를 두고 공방전이 전개되었다.

1996년 PCS 기술표준 시비에 이어 두 번째 논쟁이었다. PCS 3사는 한결같이 PCS 서비스가 SK텔레콤이 제공하는 서비스보다 우수한 통화 품질과 다양한 부가서비스를 보장할 수 있다고 선전했다. 일부 언론도 이에 호응했다. 시장이 술렁거렸다. 하지만 PCS 서비스는 주파수만 달리하는 이동전화에 불과했다. PCS 서비스는 CDMA 방식의 디지털 이동전화와 마찬가지로 CDMA 기술을 사용한다. 디지털 이동전화서비스는 800MHz 대역의 주파수가 사용되는데 비해, PCS는 1.7~1.8GHz 대역의 주파수가 사용되며, 주파수 대역의 특성에 따라 양자가 서로에 대해 약간의 장단점이 있을 뿐이다.

LG텔레콤이 1997년 8월 1일 서울, 인천, 경기 지역에 시범 서비스에 들어가면서 SK텔레콤과 PCS 3사 간의 불꽃 튀는 광고 대전이 벌어졌다.

이해 10월 1일 PCS 3사는 일제히 상용화 서비스를 개시했고 이동통신 시장은 본격적인 경쟁 체제로 들어갔다. SK텔레콤은 같은 날에 이동전화 브랜드를 기존의 '디지털 011'에서 'Speed 011'로 교체했다. SK텔레콤의 브랜드 변경은 차세대 종합 멀티미디어 통신 채널로의 이미지를 구축하기 위함이었다. PCS 3사의 SK텔레콤 추격은 힘겨운 싸움이었다. 결과적으로 'Speed 011' 신화를 만드는 계기를 마련해주고 말았다.

제3부

글로벌 기업 SK

23

선경인더스트리의 도전

우리의 이야기는 섬유산업 쪽으로 돌아간다.

"적당히 하는 자세로는 새로운 사업이 결코 일어날 수 없다. 힘든 일도 패기를 가지고 꾸준히 추진하면 성공할 수 있다는 믿음을 갖자. 미래는 도전하는 사람이 차지하게 되어 있다는 사실을 잊지 말자."
최종현 회장은 1986년 1월 17일 임원 간담회에서 이렇게 말했다.

선경인더스트리는 경영환경 변화에 능동적으로 대처하고 경영목표를 효율적으로 달성하기 위해 전사적인 조직 개편을 단행했다.
이때 선경인더스트리는 생명과학을 본격적으로 추진하기 위해 의약부문 사업을 독립시켰다. 이후 선경인더스트리는 섬유가 사양 산업이라는 굴레에서 벗어나 부진을 만회하기 위해 많은 변화를 시도했다.
선경인더스트리는 우선 기존 섬유 관련 설비를 특화, 자동화해 나가기 시작했다. 선경인더스트리는 1992년 8월 수원공장의 가동 및

SEM 설비 증설을 완료했다. 그리고 같은 시기 수원 공장원사 공장 내에 일산 50t 규모의 방사 설비를 증설해 차별화된 원사를 생산하기로 결정했다. 여기에는 450억 원의 자금이 소요되었는데 같은 해 12월 4일 런던에서 2,500만 달러 규모의 신주인수권부 사채 발행계약을 체결해 소요자금을 조달했다. 고속 방사 시설 증설로 430억 원의 매출 증대 효과를 보았다.

1993년 7월 1일에는 직물 염색 공정의 대대적인 자동화 사업에 나섰으며, 1996년 4월 24일에는 수원 공장내에 720만t 규모의 폴리에스터 고강력사 증설 공사를 마쳤다. 이로써 원가 절감이 이루어진 것은 물론, 최신 생산 프로세스에 의한 고품질의 제품 생산이 가능해졌다.

선경인더스트리가 구사한 또 하나의 전략은 「첨단섬유」의 개발이었다. 당시 세계의 유수 섬유 업체들은 「하이테크 섬유」 개발에 주력해 섬유가 사양 산업이 아닌 첨단 산업으로 거듭나기 위해 힘쓰고 있었다. 국내 화섬업체들도 마찬가지였다. 선경인더스트리는 이러한 흐름의 선두에 있었고 선경인더스트리 섬유 연구소는 그 핵심엔진이 되어 주었다.

선경인더스트리는 1992년 신축성 폴리에스터 섬유와 유기화합물을 이용한 폴리에스터 코팅 직물 이염 방지 기술을 세계 최초로 개발해냈다. 이로써 그간 폴리에스터 직물의 코팅에 있어서 가장 큰 문제였던 색감이 떨어지고 초기 염색 상태가 오래가지 못하는 이염 현상을 해결, 그동안 상품화에 어려움을 겪어온 투습발수(透濕撥水)성 폴리에스터 코팅 직물을 적극 활용할 수 있게 되었다.

같은 해 11월 15일에는 아세테이트와 폴리에스터를 복합한 신 합성용 원사 '이멜라(Amela)'를 상업 생산하기 시작했다. 이멜라는 아세테이트와 폴리에스터의 염색 차를 이용해 톤을 자유롭게 조성할 수 있는 것이 가장 큰 특징으로 여성 정장류 등의 소재로 각광받았다. 선경인더스트리는 1994년 1월 인계(燐系) 난연제를 함유해 화재 발생 시 유독가스를 발생하지 않으며 영구적인 난영성을 갖는 폴리에스터 단섬유를 개발해 상업 생산에 들어갔다. 제록시(Zeroxy)라는 이름의 이 섬유는 1965년 하반기부터 스페인, 노르웨이, 영국 등과 잇따라 수출 계약이 이뤄져 1996년 초부터는 본격적으로 유럽 시장에 진출했다.

선경인더스트리는 같은 해 3월 국내 최초로 첨단 옥외 광고용 소재인 유연성 원사 스카이플렉스(Skyflex)의 독자 개발에 성공했다. 유연성 원사는 1990년 3M에 의해 국내 처음 도입된 이후 매년 20~30%씩 소비가 증가되어 1993년 당시에는 80억 원 규모의 시장을 형성하고 있었다. 외산이 75%의 시장 점유율을 보이고 있었다. 선경인더스트리의 유연성 원사 개발로 1,000만 달러 이상의 수입 대체 효과를 가져왔다.

선경인더스트리는 1996년 '리나세오(Linaceo)', 'SDC-Ⅲ', '스카이에네프(Skyenef)' 등의 신 합섬을 차례로 개발, 시판에 들어갔다. 리나세오는 천연 마(麻)의 청량감을 살린 폴리에스터 신 합섬이었다.

선경인더스트리는 최첨단 기술 선점을 위해 외국 기업과의 기술 협력에도 적극적으로 나서, 1994년 12월 6일 일본 KS염색 주식회사와 기술 도입 계약을 체결했다. 직물 가공 분야의 최첨단 기술을 확보하고 차별화된 원사를 개발하기 위해서다. 선경인더스트리는 이에 앞서 염색 가공 분야에서 세계 일류 업체로 변신한다는 목표 아래 1994년부터 3년간 100억 원 규모의 중장기 투자계획을 세운 바 있다. 일본 KS염색㈜와 계약은 바로 이 중장기 계획의 일환이었다.

선경인더스트리가 일본 KS염색㈜와 계약으로 도입한 기술은 ①특수 포멀웨어용을 위한 농염 가공기술 ②샌딩 가공기술 ③고부가가치 염가공 기술 등 직물 염가공 분야의 최첨단 기술이었다.

선경인더스트리는 이듬해 7월 10일 미국의 쉘과 PTT(Polytrimethylene Terephthalate) 섬유 공동개발 계약을 맺고 1997년 말부터 생산하기로 했다. PTT는 폴리에스터의 내(耐)화학적 특성과 나일론의 우수한 탄성 회복성을 함께 갖추고 있는 차세대 섬유였다. 따라서 선경인더스트리가 세계적인 화학회사인 쉘과 공동개발을 통해 PTT의 독점적 제조기술을 확보한다면 섬유 부문을 수출 전략 상품으로 확대시킬 수 있는 가능성을 갖게 되는 것이다.

선경, 인도네시아 진출

1992년 12월 12일 선경인더스트리(SKKI, C.P.T. SunKyong Keris Indonesia)의 땅그랑 원사공장이 인니(印尼) 현지에서 상업 생산에 들어갔다. 1991년 5월 28일 착공 이후 18개월 만의 일이다.

SKKI 땅그랑 공장 건설은 총 1억 4천만 달러가 투자된 것으로 공정에 어려움이 많았던 난공사였다. 자재를 실어나르는 도로는 하루에도 수차례씩 내리는 비로 수렁 상태였다. 선경인더스트리 직원들은 현지 사정에 익숙하지 못해 고전을 면치 못했고 공기는 늦어졌다. 설상가상으로 기초 공사 중에는 우기(雨期)였기에 하루도 빠지지 않고 폭우가 쏟아졌다. 하지만 직원들은 한국에서보다 더 빠른 속도로 공사를 맞추는 목표를 세웠다. 직원들은 천막으로 임시 지붕을 설치하고 빗물이 스며들지 않도록 수로를 만든 가운데 공사를 진행했다.

비가 그치면 즉시 공사가 가능하도록 2,000명을 합숙시켰다. 그야말로 통념을 깨뜨린 일이었다.

선경인더스트리는 공장 건설이 진행되는 동안 현지 근로자들의 기술 훈련까지 병행했다. 결국, 비로 지연되었던 공기는 단축되었고 투자비도 600만 달러나 절감되었다.

1992년 말 공장 가동 후에는 원사 값이 사상 최저 수준으로 떨어지면서 재고가 최고 60일분까지 쌓이기도 했다. 하지만 원사 시장이 차츰 안정되고 선경 제품에 대한 거래 업체들의 호응도가 높아지면서 1993년 하반기부터 상황은 반전되었다. SKKI가 생산한 원사는 품질면에서 우수함을 인정받아 현지 시장에서 돌풍을 일으켰고 공장은 풀가동되었다. SKKI는 공장 가동 1년이 채 되기 전에 인도네시아 고급 원사 시장의 38%를 확보하게 되었고 1년 반 만에 흑자 경영을 이룩했다.

SKKI는 연산 5만 2,500t 규모의 원사용 칩(Chip) 생산 시설 신설과 연산 6,300t 규모의 폴리에스터 원사 생산 설비 증설을 결정, 자금 조달을 위해 1993년 7월 27일 싱가포르에서 4,000만 달러의 신디케이트론 계약을 체결했다. 그리고 1996년 1월 SKKI는 일산 80톤 규모의 폴리에스터 섬유 증설 공사 ISP(Indonesia Sunkyong Project)를 마쳤다. 이로써 SKKI는 인도네시아 최대 폴리에스터 생산업체로 부상, 인도네시아 내의 공급 부족량을 해결했고 중국, 대만, 스리랑카 등 동남아 지역의 수요 증가에 탄력적으로 대응함으로써 동아시아 지역 시장을 주도하게 되었다.

폴리우레탄 사업 확대

선경인더스트리의 정밀 화학 사업은 1990년에 들어 폴리우레탄 사업을 더욱 성장, 발전시키는 한편, 기존의 산업용 소재 이외에도 환경 소재, 고기능성 수지 등 고부가가치 상품 개발에 주력했다. 1990년 첨단 공법인 REX(Reactive Extrusion, 반응 압출 공정) 방식에 의한 열가소성 폴리우레탄 수지 생산 기술을 확립한 선경인더스트리는 폴리우레탄 생산 사업을 고부가가치 수익 사업으로 키워 나가기 시작했다.

선경인더스트리는 1992년 5월 폴리우레탄계 도막 방수제 및 바닥제 개발을 완료하고 6월부터 '그린플렉스(Green Flex)'라는 상품명으로 판매에 들어갔다. 그린플렉스는 아파트의 복도, 베란다. 옥상과 같은 주거 공간이나 롤러스케이트장, 테니스장 같은 스포츠 시설을 비롯해 식품, 제약, 전자부품 공장의 무진실 등에 활용할 수 있는 제품이다. 우리 경제 성장에 따른 생활 패턴 변화를 가속시키는 촉매제 역할을 하는 제품들이었다.

선경인더스트리는 1994년 4월 미국 FDA로부터 건조식품 제조 공정에 사용되는 컨베이어벨트의 라미네이션(Lamination)용 열가소성 폴리우레탄 수지에 대해 국내 최초로 안정성 승인을 받았다. 컨베이어벨트에 라미네이션된 열가소성 폴리우레탄은 건조 식품 제조 과정에서 제품과 접촉하므로 FDA 등 국제 공인기관의 안정성 승인이 필수적이다. 선경인더스트리는 1994년 12월 열가소성 폴리우레탄 수지의 생산 설비를 연간 1,000톤에서 3,000톤 규모로 확대키로 했다. 당시 시장 점유율 1위를 차지하고 있었다.

선경인더스트리는 1996년 9월 신발창(Shoe sole)용 폴리우레탄

제품의 개발 및 테스트를 완료하고 본격적인 시장 공략에 나섰다. 2년여의 연구 끝에 개발해 낸 폴리우레탄 시스템은 안창, 중창, 밑창 등 신발용 창으로 사용되는 제품이었다. 특히 중창용 폴리우레탄은 1995년 12월과 1996년 6월에 세계적인 스포츠용품 메이커인 나이키사로부터 품질 인증과 사전라인 테스트에 합격해 품질의 우수성을 인정받았다.

1996년 8월에는 옥외광고용 컬러 접착 필름을 개발했으며 같은 해 12월에는 국내 최초로 PEN(Polyethylene Naphthalate) 병용 수지를 개발했다. 컬러 접착 필름은 PVC 수지에 안료를 첨가한 제품으로 기존 제품보다 색이 선명하고 변색이 적게 일어나는 장점이 있다. PEN 병용 수지는 5년간의 연구 끝에 상용화에 성공한 제품으로 PET 수지보다 내열성, 가스 차단성, 자외선 차단성, 기계적 강도 등이 탁월해 핫필(Hot Fill)용 병, 소형 탄산 음료병, 자외선 차단용 병 등에 쓰였다. 우리의 생활 용기 문화를 크게 바뀌게 했다.

1997년 1월 내열성이 강한 PPS(Polyphenylene Sulfide)계 엔지니어링 플라스틱, Alloy 제품 개발에 성공하고 본격적인 판매에 들어갔다. 1990년 국내 최초로 자사가 개발했던 특수 엔지니어링 플라스틱인 PPS에 PA(Polyamid) 수지를 혼합해 이 제품을 만들어냈다. 선경인더스트리가 개발한 Alloy 제품은 250도 이하에서는 변형이 되지 않는 우수한 내열성을 보유해 자동차용 엔진 부품과 전자제품의 재료로 쓰였다.

자회사인 선경 UCB는 1994년 1월 17일 국내에서는 처음으로 분체도로용 수지와 자외선 경화 수지에 대해 벨기에 SGS사로부터 ISO9002 인증을 획득했다. 이듬해 5월 벨기에 UCB사로부터 방음, 안전 접합 유리 생산에 사용되는 자외선 경화 수지 생산기술을 도입했는데 이는 TGV 고속전철의 안전유리에 이용된 기술이었다.

환경 친화 제품 개발

1990년에 들어서면서 환경 규제가 세계적으로 큰 이슈로 떠올랐다. 국내에서도 같은 추세가 강화되기 시작했다. 이것은 환경 관련 사업이 새로운 산업으로 성장 가능성이 크다는 것을 의미하기도 했다. 선경인더스트리는 환경친화적인 제품 개발을 위한 R&D에 역량을 집중, 다양한 환경 관련 소재를 개발해 나갔다.

선경인더스트리는 1990년 한외여과막 모듈을 자체 개발, '수퍼레인'이라는 상품명으로 시장에 내놓았다. 이는 당시 선진국에서도 한창 성숙기에 접어든 첨단 기술로 기술 보유국들은 기술 이전을 기피하고 있었던 것이다. 수퍼레인은 폐수처리, 반도체용 초순수(Upwater) 제조, 단백질 정제 및 회수, 전착, 도료의 회수, 음료수 정제를 비롯해 제약용 무균수 제조 등 모든 산업에 걸쳐 다양하게 이용되는 것이다.

선경인더스트리는 1992년 11월 세계에서 두 번째로 산업용 살균제인 이소사이졸린(Isothiazoline)계 바이오사이드(상품명, 스카이바이오)를 개발했다. 바이오사이드는 생분해성이 우수해 환경에 대한 뛰어난 적응력을 가지고 있는 정밀화학 제품이다. 뿐만 아니라, 폭넓은 용도로 이용되어 1991년 당시 해당 제품 세계 시장 규모가 약 600억 원이었으며 연평균 20% 이사의 높은 성장률을 보이고 있었다. 선경인더스트리는 상공부 국책 과제인 바이오사이드 개발에 착수, 당시까지 세계 시장을 독점해오던 Rohnn&Haas의 액체 혼합물

합성법과는 다른 획기적인 방법으로 곰팡이 방지제 '도배랑'을 만들어 국가 공인 시험 기관으로부터 균주 8종에 대한 곰팡이 방지 성능이 있음을 공인받은 후 본격적으로 판매에 들어갔다.

1996년 6월 흙이나 물속에서 수개월 만에 잔여 물질이 남지 않고 완전 분해되는 생분해성 플라스틱 개발에 성공했다. 일본 쇼와코분사에 이은 세계 두 번째 개발이었다. 특히 선경인더스트리가 개발한 생분해성 플라스틱은 기존의 생분해성 제품들이 완전분해되지 않고 제2의 오염물질을 남겼던 단점을 보완, 물과 이산화탄소로 최종 분해되는 장점이 있었다.

24

세계적 필름메이커 SKC

우리는 선경화학이 국내 최초로 폴리에스터 필름개발에 성공, 4년 간의 기술 보호를 받으면서 필름 산업을 선도해 나간 것을 기억할 수 있다. SKC는 1990년대 초반 지속적인 필름 코팅 기술 향상과 필름 산업의 기반 확대로 세계적인 필름 메이커 반열에 올랐다.

SKC는 1992년 전 세계 폴리에스터 생산량 80만 톤 중 7만 톤을 생산했다. 대단한 생산 점유율이다. SKC는 국내 시장의 60%를 점유하고 있었다. 폴리에스터 필름을 처음 개발했던 1978년 3억 원의 매출이었으나 1992년 5,000억 원으로 늘어난 상태였다. 선진 제품과의 치열한 경쟁 속에서 도전과 응전을 거치면서 얻어낸 결과였다. 하지만 폴리에스터 필름과 자기 미디어 시장은 서서히 수익성이 낮아지고 있는 실정이었다.

SKC는 이런 상황의 돌파구는 연구, 개발에 있다고 믿었다. SKC는 1992년 매출액의 60%에 해당하는 300억 원을 연구개발(R&D)비로 투자하고 같은 해 11월 25일에 수원 중앙연구소를 준공했다. 중앙연구소에는 총 214명의 연구 인력과 251점의 최첨단 분석기기 및 다수의 파일럿 설비가 갖춰졌다.

중앙연구소는 속속 연구 결과물들을 내놓았다. 1992년 9월 5일 8mm 비디오테이프 개발로 매일 경제 신문사와 한국 산업기술 진흥협회가 공동 주관하는 'IR52장영실상'을 수상했다. 5년여의 연구개발 끝에 얻은 영예였다. SKC의 8mm 비디오테이프는 기록 매체의 최정상에 위치한 제품으로 뛰어난 화질을 자랑했다.

SKC는 같은 해 12월 그동안 일본 도레이, 미쓰비시 등에서 전량 수입해오던 커패시터(Capacitor)용 열접착성 필름을 자체개발하는 데 성공했다.

SKC는 1993년 7월 5년여의 자체 연구 끝에 백색 폴리에스터 필름을 개발하고 이듬해 4월에는 불투명 백색 필름도 개발해 냈다. 이들은 선불카드, 공중전화카드, 라벨 용지, 사진 인화지, 각종 인쇄재료, 고급 포장지 등의 소재로 쓰인다.

SKC는 1994년 3월 16일 국내 최초로 생산 설비를 이용한 PEN(폴리에틸렌 나프탈레이트) 필름 생산에 성공한다. PEN 필름은 폴리에스터 필름보다 물리적 특성이 1.5~2배 이상 높고 내열성이 우수한 제품으로 박막화가 가능하다. 따라서 그 용도가 다양하다. 자기용 테이프 베이스 필름, 콘덴서용 필름, 전기절연용, 특수포장용, 섬유용 필름 등으로 사용되는 것이다.

같은 해 7월 비디오용 테이프의 전자특성을 향상시킬 수 있는 베이스 필름(SV14) 개발에도 성공, 본격적인 시판에 들어갔다. SKC는 1996년 5월 7일 국내 최초로 1.7u(미크론) 극박 폴리에스터 필름을 양산하기 시작했다. 이는 국내 필름 제조기술을 한 단계 도약시킨 계기였다. 1.7u 초극박 필름은 각종 전자제품의 핵심 부품인 콘덴서에 사용되는 고가의 베이스 필름이었다.

1997년 6월 윈도우(Window) 필름 국산화에 성공, 연 400만 개 규모의 양산 체제에 들어갔다. 윈도우 필름은 1m²에 2,000원 수준의 가격대를 형성, 250원대에 불과한 일반 폴리에스터 필름에 비해 부가가치가 높은 제품이었다. 관련 시장은 매년 10~15%씩 꾸준히 성장하는 유망 제품이었다. 윈도우 필름은 폴리에스터 필름을 코팅, 접착 처리한 제품으로 자외선을 95% 이상 차단해주고 유리가 깨질 경우, 파편이 튀는 것을 막아주는 장점이 있다.

이미지 필름 제조 성공

SKC는 다년간 축적된 소재 가공기술을 바탕으로 각종 디지털 프린팅용 미디어, 반도체, 디스플레이용 가공 필름, 전자정보 통신 산업용 소재 등을 개발, 생산해 냈다. 1992년 SKC는 7년여의 연구개발 끝에 이미지 필름 생산의 관건인 코팅 기술 개발에 성공, 10월부터 시판에 들어갔다. 1992년 당시 이미지 필름 시장 규모는 100억 원, 세계 시장은 3,600억으로 추산됐다. 또한, 산업 고도화에 따라 그 수요는 폭발적으로 늘어날 전망이었다. 국내 시장은 3M 등 수입 제품이 관련 시장을 석권하고 있었다. SKC의 이미지 필름 개발 성공은 수입을 대체하고 세계 시장을 개척할 수 있는 토대를 마련했다는 데 그 의미가 컸다.

잉크젯 필름 시장 또한 사정은 마찬가지였다. 고도의 기술이 요구되는 고부가가치 가공 필름이었기 때문이다. 외국의 경우 프린터 제조업체와 3M 등 극히 제한된 메이커만이 생산, 판매되고 있었다. SKC는 1994년 잉크젯 필름 개발에 착수, 1997년 7월 국내 최초로 개발, 상용화에 성공했다.

SKC는 1997년 말 IC 카드 핵심 소재를 잇따라 개발, 성공함으로써 본격적으로 양산 체제에 들어갔다. SKC는 1996년 연구에 착수, IC 카드의 핵심 부품인 투명 홀로그램, 투명 보호필름, 블랙 열전사 리본 등을 국내 최초로 개발했다. 이는 반도체 칩과 함께 IC 카드의 핵심 소재로서 IC 카드의 위조, 변조 방지(투명 홀로그램), 내구성 확보(투명 보호필름), 문자, 선의 인쇄(블랙 열전사 리본) 등 주요기능을 한다. 이 가운데 투명 홀로그램은 당시 일반 폴리에스터 필름이 1m²에 50원인데 반해 1m²에 1,000원 가까이 되어 고성장이 예상되는 유망 제품이었다.

SKC는 1992년 8월 혐기성 접착제의 자체 개발에 성공, '스카이록(Skylock)'이란 상표로 시판에 들어갔다. 금속 부위 접착에 사용되는 혐기성 접착제는 공기 중에서는 액체상태지만 공기가 차단되면 경화 반응이 일어나 접착력을 갖는 고기능 접착제로 당시 전량 수입에 의존하고 있었다. 스카이록은 1992년 7월 한국 화학시험 검사소에서 우수성을 인정받아 국내 품질 인증마크인 Q 마크도 획득했다. 1992년 4월 21일 매일 경제 신문사와 한국 산업진흥협회가 공동주관하는 'IR52장영실상'을 받았다.

글로벌 생산 체제 구축

SKC는 1990년부터 국내 비디오테이프 시장의 침체와 높은 생산비 부담에서 벗어나기 위해 해외생산을 모색했다. 최종현 회장의 결단이었다.

SKC는 1993년 12월 9일 세계 최대 마이크로필름 회사인 미국 아나콤 사의 서니베일 공장을 인수, 본격적인 가동에 들어갔다. 캘리포니아 주에 위치한 서니베일 공장은 당시 연 6,000톤의 마이크로필름을 생산하고 있었다. SKC는 1989년 9월부터 아나콤 사에 마이크로필름의 기초가 되는 폴리에스터 필름을 공급하기 시작한 이래 선경 미주 경영기획실과 공동으로 2년여 동안 인수 협상을 벌였다. 결국, 인수에 성공, 운전 자금을 포함해 총 1,250만 달러를 투입, 현지 생산, 관리인력까지 전원 인수했다. 이로써 SKC는 연간 5,000만 달러의 매출 증대 효과를 거둠과 동시에 1994년 1월부터 발효되는 NAFTA(북미자유무역협정/캐나다, 멕시코, 미국 정부 사이에 1992년 체결된 자유무역협정)에 효율적으로 대응할 수 있게 되었다.

SKC는 1995년 주력 사업인 폴리에스터 필름 사업의 생산 거점을 다각화한다는 내용의 전략을 확정했다. 당시로서는 대형 투자사업이었다. 그 전략의 일환으로 우선, 미국 조지아주 커빙턴 시에 폴리에스터 공장을 건설키로 결정, 이듬해 4월 8일 조지아주 청사에서 투자 조인식을 가졌다. SKC가 향후 10년에 걸쳐 현지 공장에 폴리에스터 필름 및 관련 사업 분야에 총 15억 달러를 투자한다는 내용이었다.

SKC는 그해 10월 23일 1차로 2억 5,000만 달러를 투자해 연간 5만 톤씩 생산한다는 계획 아래 공장 건설에 착수했다. SKC는 1990년 11월 중국 복건성에 합작 투자 형태로 비디오테이프 공장을 설립했다. 1997년까지 600만 달러를 투자해 합작사의 생산 능력을 확대해 나갔다. SKC는 중국 합작회사에서 1995년 860만 달러, 1996년 1,540만 달러의 매출을 올렸으며 1997년에는 4,300만 달러의 매출을 달성했다.

SKC는 1997년 3월 8일 중국 합작선인 복건자대창유한공사에서 비디오테이프 생산 라인 증설 계약을 마쳤다. 이로써 SKC는 인데센 그룹의 중국합작회사인 인데센 후지엔 마그네틱(Indesen Fujian Magnetics)사와 함께 중국 최대의 비디오테이프 생산업체로 부상했다.

같은 해 11월 중국 광동성 소재 SKC 합작 투자 공장인 GRM(Global Recording Media)이 가동에 들어갔다. 이에 따라 SKC는 해외생산 거점을 분산시킴으로써 해외투자에 대한 위험 요소를 줄일 수 있게 됐고, 거점 간의 경쟁을 통해 가격 경쟁력을 확보할 수 있게 됐다. SKC는 중국 플로피디스크 생산업체인 이스턴테크놀러지사와 합작해 플로피디스크의 해외생산 거점을 확보하기도 했다.

SKC가 35%의 지분 참여를 한 가운데 1995년 12월 15일 광동성에 월 100만 장을 생산할 수 있는 플로피디스크 공장을 완공했다. 합작 공장은 플로피디스크 외에 비디오테이프로 월 200만 장씩 생산해냈다.

디지털미디어 분야 진출

SKC 천안 공장의 컴팩트디스크 생산량은 1991년 12월 13일 5,000만 개를 돌파했다. 이는 1989년 11월 CD를 생산하기 시작해 1987년 6월 100만 개, 1988년 12월 1,000만 개를 생산하는 등 만 5년에 걸친 결과였다. SKC는 광(光) 미디어 사업에서 축적한 기술을 바탕으로 레이저디스크(LD), 미니디스크(MD, DVD, CD-R) 등의 분야에 차례로 진출했다.

SKC는 1993년 1월 레이저디스크 분야에 진출하기로 결정했다. 일본에 전적으로 레이저디스크를 의존하고 있던 상황에서 벗어나기 위한 것이었다. 레이저디스크는 고난도의 첨단 기술이다. 레이저디스크란 디스크를 매체로 해서 정보를 기록, 재생할 때 레이저 기술을 활용하는 첨단 기록 매체이다. 1981년 일본에서 처음으로 상품화된 이래 레이저디스크 시장은 국내에서도 꾸준히 성장하고 있었다.

SKC는 세계 2위 레이저디스크 생산업체인 일본 쿠라레이(Kuraray)사와 제휴를 맺고, 1993년 5월 21일 국내 최초로 레이저디스크 생산에 들어갔다. SKC는 1994년 10월 광 자기 기록 매체인 미니디스크(MD)를 국내 최초로 개발했다. SKC가 2년에 걸쳐 개발한 이 디스크는 직경 6.5cm 크기로 130억 기가바이트의 기억 용량을 가졌다.

SKC는 이듬해 5월 DVD 개발과 관련, 도시바 및 타임워너사 등이 공동으로 제안한 SD(Super Density) 표준 규격을 지지함으로써 관련 제품의 개발과 생산에 적극 참여하기 시작했다.

SD 규격에 따른 DVD는 저장 용량이 10GB였으며 HDTV 수준의 영상을 284분 재생할 수 있었다. 또한, 디스크 구조가 0.6mm 무게의 디스크 두 장을 접합한 양면으로 되어 있어 그간 축적된 디스크 생산 경험을 활용하면 경제적으로 생산해 낼 수 있는 장점이 있었다. 당시 DVD의 규격은 미국과 일본, 유럽의 7개국 업체가 1995년 1월 제안한 도시바 및 타임워너 지정의 SD 규격과 소니와 필립스사 등이 1994년 12월에 제안한 HD(High Density) 규격으로 양분되어 있었다.

1996년 11월 SKC는 CD-R(Compact Disk Recordable) 양산 기술을 개발하고 이듬해 6월 국내 최초로 생산 설비를 가동시켰다. CD-R은 재생만 가능한 기존 CD와는 달리 사용자가 직접 기록할 수 있다는 장점이 있었다. 당시 내수시장 규모는 450만 장(약 270억 원) 규모로 국내에서 SKC와 웅진미디어가 개발에는 성공했으나 생산을 하지 못해 전량 수입에 의존하는 형편이었다. SKC는 자기 기록 매체 뿐만 아니라, 매체를 생산해 낼 수 있는 설비도 자체의 기술력으로 개발해냈다. 기술 독립과 원가 절감 차원에서였다. SKC는 1993년 3월에는 컴팩트디스크 금형을, 7월에는 비디오테이프용 경량화 금형을 개발했다. 모두 국내 업체에서 제작이 불가능해 전량 수입해온 것들이었다.

SKC의 컴팩트디스크 금형은 일본 및 유럽 제품에 비해 가격은 20~40% 저렴한 반면, 품질은 그에 못지 않았다. 또한, 국내 생산으로 납기가 단축되어 업계의 국제 경쟁력 강화에 크게 기여했다. SKC는 이런 공로로 1993년 9월 10일 '93 한국 기계전'에서 상공부 장관상을, 1994년 3월 26일에는 'IR장영실상'을 수상했다.

SKC는 1994년 4월 빛을 이용해 박막의 두께 및 굴절 등을 측정할 수 있는 초정밀 광학 측정 장치인 일립소미터(Ellipsometer)를 개발했다. 일립소미터는 반도체 표면 박막 측정이나 컴팩트디스크, 레이저디스크, 광디스크 등의 코팅 등에 사용되는 설비다. 이는 고도의 정밀성이 요구되기 때문에 당시에는 미국 루돌프사와 가트너사, 일본 미조리지 공학 연구소 등 몇 개 업체만 생산이 가능했다. SKC는 자체 개발한 일립소미터를 이용해 CD 마스터링 공장에서 광제품에 대한 높은 수준의 공정 관리를 할 수 있었다.

25

선경건설의 멕시코 대첩

우리는 선경그룹이 건설업 면허를 획득할 때 토목 공사보다는 하이테크인 엔지니어링 쪽에 주력하려고 했던 것을 기억할 필요가 있다. 1990년대 들어 선경건설은 해외에서 대형 플랜트 공사를 연이어 따낸다. 선경건설이 1980년대 후반부터 적극적으로 추진해 온 E/C(Engeneering/Construction)화 전략이 결실을 거두기 시작한 것이다.

E/C화란 설계, 물자조달, 시공 모두를 도맡는 방식으로 건설공사를 수행하는 것을 말한다. 당시 국내 대형 건설사들이 대부분 설계와 건설을 분리 수행하는 것이 주류였던 것을 감안하면, 그것은 매우 참신한 도전이라고 할 수 있다.

1990년대 초, 유가 하락으로 한국 건설업체의 주 진출 시장이었던 중동 건설시장이 악화하자 선경건설이 가장 먼저 눈을 돌렸던 곳은 멕시코였다. 멕시코는 하루 약 300만 배럴의 원유를 생산하는 세계 8위의 산유국으로 이미 일본업체와 세계 유명엔지니어링 업체가 플랜트 공사 시장을 선점하고 있었다. 한국의 선경건설은 당시 멕시코에서 그리 주목받는 업체는 아니었다.

선경건설은 1993년 멕시코 석유 산업을 관장하고 있는 국영 석유 회사 '페맥스(Pemex)가 턴키베이스로 발주한 가솔린 옥탄가 개선 제 'MTBE/TAME' 생산 시설 건설 프로젝트를 따내면서 멕시코와 첫 인연을 맺었다. 국내에서 최초의 중남미 진출이었다.

공사에는 난관이 많았다. 멕시코 최남단 살리나크르즈(Salinacruz) 와 그곳에서 북으로 1,600km 떨어진 까데레이타(Cadereyta) 두 곳에서 공사가 진행되었으나 현장의 직원 수는 턱없이 부족했기 때 문이었다. 하지만 선경건설은 1994년 9월 멕시코 최초의 공기 준수 프로젝트라는 기록을 남기면서 플랜트 공사를 마쳤다.

이에 자신감을 얻은 선경건설은 그 이후에도 멕시코에서 CCR(납 사개질공장) 프로젝트, 유황 회수시설 공사 등을 수주해 성공적으로 완수해내면서 멕시코에서 입지를 차분히 다져나갔다.

선경건설이 일련의 프로젝트를 SUPEX 이념을 토대로 공기 내에 완벽 시공하자 해외 업체들이 선경의 공사 수행 능력을 다르게 평가 하기 시작했다.

선경건설은 1996년 09월 페멕스로부터 까데레이타 프로젝트 수 주서 제출 요청을 받았다. 프로젝트 규모는 25억 달러로 대어였다. 한국건설업체 해외 수주 사상 최대였다. 선경은 그러나 주춤했다. 시 공사가 파이낸싱을 통해 공사자금 전액을 조달해 모든 공정을 진행 해야 한다는 부담스러운 조건이 붙어 있었기 때문이다. 게다가 선경 은 대형 공사 노하우를 충분히 가지고 있지 못했다.

최종현 회장은 물러서지 않았다. 우선 25억 달러라는 막대한 공사 자금을 마련하기 위해서 미국 금융권의 문을 두드렸다. 한국은 외환 위기 가능성 증폭으로 국제 신인도는 바닥으로 내려앉은 시기였다.

성공 가능성은 제로에 가까웠다. 하지만 두드리면 문이 열린다고 했다. 1997년 7월 ㈜선경 미국지사로부터 유수 금융기관인 BTAB에서 공사 비용 융자가 가능하다는 낭보가 날라 들었다.

멕시코 프로젝트팀은 즉시 비상 체제에 들어가 3개월 동안의 준비 끝에 입찰서를 발주처에 제출했다. 파이낸싱 팀에는 BTAB를 주간사로 하고 한국수출입 은행과 수출 보험 공사가 참여하기로 했으며, 시공팀은 선경건설 지분 75%로 리더가 되고 독일 지멘스사와 멕시코 트리바사 그룹이 참여하는 컨소시엄이 구성되었다.

입찰서를 제출한 후 한달 만인 1997년 11월 11일 선경건설은 일본을 포함한 세계 유수의 건설업체를 제치고 까데레이타 석유화학 공장 건설 공사의 최종 입찰자로 선정되었다. 선경건설은 낙찰 통보를 받았으나 곧바로 터진 외환위기사태(IMF)로 자금을 조달하는데 위기를 겪기도 했다.

하지만 선경은 1998년 6월 말 채권 발행을 통해 4억 달러, 미국, 프랑스, 독일, 일본, 호주 등의 금융기관으로 구성된 신디케이트로부터 8억 달러 등 공사비 전액을 조달하는데 성공했다. 당시까지 국내 플랜트 건설업체가 해외에서 조달한 파이낸싱으로는 최대 규모였다. 선경건설은 이밖에 1997년 4월 브라질 국영 석유회사인 페트로브라스사와 8,754만 달러 상당의 잔사유 촉매분해 공장 건설 계약을 체결하고 7월에는 8,000만 달러의 가스 가압시설 공사를 턴키베이스로 수주했다.

세계 최고의 발파기술 'SUPEX-CUT'

선경건설은 해외에서뿐만 아니라 국내 시장에서도 가스 및 오일 프로세싱 플랜트와 석유 및 석유화학 플랜트 공사를 통해 풍부한 경험을 축적해나갔으며, 도로, 교량, 지하 공간, 철도, 지하철, 항만, 환경, 상하수도, 발전 등 토목 전 분야에 대해 우수한 공사 수행 능력을 발휘했다. 또한 선경건설은 신기술 개발에 많은 노력을 경주, 세계 최고 수준의 터널 발파 기술과 하·폐수 처리 기술 등을 보유하게 되었다.

1992년부터 '수펙스-컷(SUPEX-CUT) 개발에 착수한 선경건설은 1993년 첫 시험 발파에 성공했다.

수펙스-컷이란 선경건설이 개발한 공법으로, 많은 장점을 가지고 있었다. 기존 공법의 단점을 보완해서 발파 효율이 크고, 안전사고 위험이 적으며, 굴진 시간을 단축하는 것이었다. 1994년 12월 12일 수펙스-컷은 건설부의 심사를 통해 신기술로 지정되었으며, 1996년 6월에는 미국 특허청으로부터 특허를 인정받았다.

선경건설은 1993년 5월 교량 건설 공사에 사용되는 공법 중의 하나인 압출 공법(I, L, M)의 구조 해석에 관한 새로운 소프트웨어 시스템 개발에 성공했다. 당시 압출 공법 구조 해석에 있어서 외국 선진 업체의 경우는 자체 개발 소프트웨어를 사용했고, 국내 타 업체의 경우 수작업이 많이 뒤따르는 소프트웨어에 의존하고 있는 실정이었다. 선경건설은 압출 공법의 구조 해석에 관한 새로운 소프트웨어를 개발함으로써 설계 생산성과 품질을 향상시켜 '공기를 단축'하고 '안전도를 높일' 수 있었다.

선경건설은 또한 1994년 1월 18일 주택 건설업체로서는 아파트

사업에 브랜드 마케팅 기법을 도입, 'Homex'라는 브랜드 아파트 사업을 시행하기 시작했다. 이와 관련해 선경건설은 '해오름' 등 아파트 이름 29개를 특허청에 상표로 등록, 관련 업계의 관심을 모으기도 했다.

26

선경의 금융업 진출

최종현 회장은 이제 그룹의 사업 영역을 금융 분야로까지 확대하기로 결심했다. 대기업으로 성장하려면 금융업을 갖는 것은 필수였다. 그러나 당시 정부 정책은 재벌 기업의 금융업 진출을 억제하고 있었다. 최종현 회장은 선경의 금융업 진출의 신호탄이 되는 증권업 진출에 신규 허가는 불허하겠지만 개인 자격으로 증권업에 진출하는 것은 규제하지 않을 것으로 보았다. 대단히 날카로운 시각이었다.

최종현 회장은 매각 의사가 있는 증권회사가 출현하면 인수한다는 방침을 세워놓고 있었다. 한편 1989년 이후 증시의 장기 침체와 이에 따른 증권사 간의 경쟁 격화로 태평양증권이 경영난에 봉착하고 있었다. 모기업인 태평양화학은 기존의 제조업에 집중하기 위해 증권사를 매각하기로 하고 인수기업을 물색하고 있었다. 그러던 중 선경이 과거 유공(油公) 인수 시 임직원 전원을 승계해 신분을 보장한 전례가 있었던 점, 수년간 노사 분규가 없는 유일한 기업으로 기업 이미지가 좋은 점 등이 사내의 매각 대상 기업 선정 방침과 일치해 선경에 태평양증권의 인수를 공식적으로 요청했다.

태평양증권은 국내 31개 증권사 중 영업실적이 11위였고 1991년 3월부터 9월까지의 반기 실적은 반기 적자 73억 원을 기록하고 있었고 여러 가지 부실 요인을 안고 있었다. 하지만 선경은 오래전부터 금융업 진출을 염두에 두고 있었고 기회를 기다려왔기 때문에 태평양증권의 요청을 받아들이기로 했다. 양자의 이해가 맞아떨어졌다.

이에 따라 선경과 태평양 화학 그룹은 1991년 12월 10일 오전 10시 태평양화학 계열사 및 서성환(徐成煥) 회장이 가지고 있는 태평양증권 주식 중 51%에 해당하는 283만 주를 571억 6,600만 원에 최종현 회장 개인에게 매각, 경영권을 선경 측에 넘긴다는 계약을 체결했다.

선경은 1991년 12월 10일 증권감독원에 대주주의 주식 양·수도에 따른 사전 승인 신청서를 제출했으며, 13일 증권관리위원회에서 승인을 받은 후 주식을 장외시장에서 넘겨받았다.

선경은 같은 날 경영기획실 부사장을 태평양증권 부사장으로 겸임 발령했다. 선경기획실은 1991년 12월 28일과 29일 이틀간 선경연수원에서 태평양증권 사장을 비롯한 임원 및 부지점장을 대상으로 SKMS 중심의 교육을 실시했다.

한편 태평양증권은 1991년 12월 10일 태평양증권 대주주가 최종현 회장으로 변경된 데 따른 정관 변경 일부 변경과 임원 선임을 의결했다. 이에 따라 태평양증권 주식회사의 상호가 1992년 3월 1일자로 선경증권 주식회사로 변경됐으며, 박도근 경영기획실 부사장이 대표이사 부사장으로 선임되었다.

이에 1992년 3월 2일 선경증권은 강남구 역삼동 소재 본사 2층 로비에서 상호변경에 따른 현판식을 가졌다. 선경증권은 선경의 독특한 경영관리 기법인 SKMS 및 SUPEX 추구를 활용, 2000년대 세계 일류 수준의 종합금융회사로 발전한다는 장기 목표를 세웠다.

1992년 우리나라의 증권 시장은 큰 변화를 겪었다. 국제적으로는 우르과이 라운드 협상의 난항, 유럽 통화의 가시화, 북미 자유무역협정의 체결, 세계적인 경기 부진 등으로 경제 환경이 악화됐으며, 국내 경제 성장률도 5%대로 큰 폭으로 저하되었다. 이 해의 가장 큰 증시 환경 변화는 증시 개방 원년이라는 것이었다. 외국인이 직접 한국증권시장에서 투자할 수 있게 문호가 개방된 것이다. 우리 금융사(史)에 남을 조치였다.

하지만 선경증권은 국내 외의 환경 변화에도 1년 동안 경영성과에 두드러진 개선 추세를 보였다. 1992년 12월 말 기준으로 근로자 주식저축에서 업계 5위권에 진입했으며, 12월 주식 약정에서도 10위권에 진입하는 등의 발군의 성과를 보였다.

투자신탁운용 설립과 SK생명 출범

선경증권은 1996년 12월 11일 신흥증권과 합작으로 선경투자신탁운용(주)를 설립하고 출범식을 거쳐 본격적인 영업을 개시했다. 선경증권과 신흥증권은 각각 30% 지분을 가졌으며 한미은행, 대구은행, 경기은행 등이 컨소시엄 형태로 참여했다.

선경투자신탁운용은 투자가들이 전문 기관에 의뢰해서 재산을 운용하도록 하는 시스템을 우리나라에 정착시키고, 동시에 세계의 일류 투자신탁회사와 업무 제휴를 맺어 세계로 뻗어나가고자 하는 의도로 설립되었다. 이에 따라 1997년 4월 21일 선경증권은 미국 투자신탁회사인 피델리티(Fidelity Investments)사와 수익증권 국내 독점 판매 계약을 체결한다. 피델리티사는 전 세계적으로 1,000만 명이 넘는 투자자들로부터 약 470조 원의 자금을 위탁받아 운용하고 있는 세계 최고의 투자신탁회사였다.

선경증권이 국내에서 시판할 상품은 미국 증시에서 운용될 피델리티 아메리카펀드(Fidelity America Fund)와 일본을 제외한 동남아 증시에 투자하게 될 피델리티 사우스이스트아시아펀드였다.

보험감독원은 1997년 8월, 1989년 이후 신설된 18개 보험회사에 대해 증자 명령을 내렸다. 생명보험회사들의 부실 정도가 심해 주주들이 자금을 출자해 재무구조를 튼튼히 하도록 만들기 위한 것이었다. 당시 33개 생명보험 회사 가운데 27개 회사가 적자를 기록, 보험업계의 누적 적자 규모는 2조 3,000억 원(1997년 3월 기준)에 이르렀다. 보험 시장 개방을 요구하는 미국의 압력에 맞서 정부가 보험회사를 늘리는 방법으로 대응, 1989년부터 3년 동안 27개 보험회사가 신설되면서 한국보험 시장 시황은 어지러워졌다.

이 같은 상황에서 선경은 대전에 본사를 둔 중앙생명이 증자에 어려움을 겪자, 1997년 9월, 중앙생명을 인수했다. 중앙생명의 실권주를 190억 원에 취득함으로써 지급 여력 부족분을 해결한다는 조건이었다. 그리고 다음 달 11일 중앙생명은 사명을 SK생명으로 바꾸고 선경의 새로운 가족이 되었다. SK생명은 1997년 당시 22개 영업국, 223개 영업소와 임직원 800여 명, 생활설계사 3,000여 명의 조직을 갖추고 있었다.

27

재계 총리 최종현

최종현 회장은 항상 시대를 앞서가는 비전과 예견으로 우리 경제에 신선함을 공급했다. 최 회장의 비전은 세계에서 「제일가는 것」이었다. 경영인 혹은 경제인으로서의 최 회장은 다양한 빛깔을 가지고 있었다. 그는 굴지의 대기업을 경영하는 기업가였고 SKMS, SUPEX 추구법을 창시한 경영이론가였고 전경련(전국 경제인 연합회)을 이끌며 한국경제의 좌표를 제시한 '재계 총리'였다.

SUPEX 추구 *(정신력으로 도달할 수 있는 최고 수준)*

최종현 회장은 1992년 SUPEX 추구를 독려하기 위해 그룹의 관계사들을 순시하기 시작했다. 최 회장은 1992년 4월 7일 SKC 수원 공장, 9일 SKC 천안 공장, 10일 선경인더스트리 울산 공장, 11일 유곤 울산 콤플렉스, 15일 선경인더스트리 수원 공장과 수원 직물 공장 등을 차례로 돌아보며 SUPEX 추구 현황에 대해 보고를 받았다.

이때부터 최종현 회장은 '생산부문의 SUPEX 추구'라는 주제로 임직원들과 대화를 나누는 등 1995년까지 일선에서 직접 챙기게 된다.

최 회장이 관계사들을 순방한 결과 1993년 'SUPEX 추구 대회'로 새로운 모습이 나타났다. 1993년 12월 3일 서울 광진구 쉐라톤 워커힐 호텔 컨벤션 센터에서는 '93 SUPEX 추구 촉진 대회'가 열렸다. 이 대회에서 임직원을 대상으로 간단한 SKMS 테스트가 실시되었고, 관계사별 SUPEX 추구 브리핑이 진행되었다. 그룹 전체 SUPEX 추구 촉진 대회에 앞서 선경 각 관계사들은 11월과 12월 사이 '관계사별 SUPEX 추구 촉진 대회'를 실시하여 계층별, 단위별로 수백회의 캔미팅을 거쳐 SKMS, SUPEX 실천 방안을 마련한 바가 있었다.

최종현 회장은 관계사별 브리핑을 받고난 뒤 "앞으로 다가오는 글로벌리제이션 시대에 대비해서 성공할 수 있는 기업 설계를 해야 한다."고 말했다. 최 회장은 이어 "각사가 사전에 SKMS, SUPEX 추구에 대한 합의를 모으는 과정을 거친 만큼 그룹의 모든 상품이 세계 일류 상품이 될 수 있도록 매진해 주기를 당부한다."고 역설했다. 최종현 회장은 구체적으로 다음의 세 가지를 주문했다.

①우리 그룹에서 다루는 상품들이 빠른 시일 내에 세계적으로 경쟁력을 가질 수 있도록 모든 상품에 대해 SUPEX를 추구하고 상품 하나하나에 회사의 전 조직이 달라붙는 전 방위 경영 체제(Allcourt Pressing Management)로 가야 한다. ②앞으로 SKMS와 SUPEX의 실천은 사장을 위시한 임원들이 앞장서서 끌고 나가야 한다. 중역이 SKMS, SUPEX를 실천한다는 것은 상품 하나하나에 대한 SUPEX 추구를 중역 회의에 올려 책임지고 상품별 SUPEX 추구를 성공시키는 것으로 하는 것이다. ③지금까지 SUPEX 추구는 이해와 납득을 위한 실행의 의미가 많았기 때문에, 회장이 직접 앞에 서서

각사의 SUPEX 추구를 지도(Lead), 도움(Help)하는데 중점을 두고 추진해 왔으나 이제는 장애 요인을 하나하나 제거해 나가는 실천 단계임으로 각사가 Lead, Help는 물론 평가(Check)도 철저히 해나가야 한다. "93 SUPEX 추구 촉진 대회의 대단원의 막은 김승정 ㈜선경 사장과 강용수 유공 부장이 SUPEX 추구 결의를 다지는 결의문을 낭독함으로써 마무리되었다.

중 장쩌민(江澤民) 주석에게 시장 경제 설명

최종현 회장은 중화인민공화국 장쩌민 주석을 만나 자본주의 경제의 핵, 시장(市場)을 설명하는 역사적 순간을 장식했다. 최종현 회장은 1994년 3월 6일부터 10일까지 한·중 경제 협력을 위해 4박 5일의 일정으로 중국을 방문했다. 최종현 회장은 동행한 김승정 ㈜선경 사장, 조규향 유공 사장 등과 함께 3월 7일과 8일 중국국제공정자순공사(中國國際工程咨詢公司)를 방문해, 농업, 목축업 투자 및 중소기업 육성을 위한 공업단지 조성을 논의했다. 최종현 회장은 3월 9일 장쩌민 국가 주석을 예방하고 일산 10만 배럴 규모의 합작 정유 공장 설립을 합의했다. 장쩌민 주석이 한국 굴지의 대기업이기는 하지만 일개 사기업 대표를 만난 것은 이례적인 일이었다. 최종현 회장을 그만큼 높이 평가한 예우였다.

장쩌민 주석이 "진정한 의미의 시장 경제적 기업 개념의 정리까지는 시간이 걸릴 것 같다."고 말하자 최종현 회장은 "기업의 시장 경제화 추진에는 자본, 소유, 경영이 중요한데 소유, 자본 문제는 차치하더라도 기업 경영의 시장 경제화를 조속히 달성하는 것이 중국 경제 발전에 도움이 될 것."이라고 답변했다.

두 분의 대화는 의미심장했다. 장쩌민 주석은 당시의 중국 시장 상황으로 보아 자본주의 경제를 받아들이는 것이 시간이 걸릴 것이라고 말한 반면, 최 회장은 자본, 소유 개념이 갖추어지지 않았더라도 기업 경영의 시장 경제화는 쉽게 이루어질 수 있다고 한 수 가르쳐 준 것이다. 짧지만 역사적 대화였다.

최종현 회장은 이어 시노펙 성화인 총경리가 주최한 초청 만찬에 참석했고, 이 자리에서 SKMS와 SUPEX를 중국에 전파하겠다고 말했다. 담대한 제안이었다. 그 제안은 곧 실현되었다. 1994년 11월 손길승 경영기획 실장을 비롯한 10여 명의 강사진이 최 회장의 SKMS, SUPEX 기법을 전파하기 위해 중국을 방문했다. 선경의 경영기법 전수는 시노펙(SINOPEC)의 요청과 장쩌민 주석의 재가로 성사되었다.

손길승 실장 일행은 시노펙 국장급(우리나라의 부장급) 이상 150명을 대상으로 SKMS, SUPEX 추구 기법 및 사례를 강의했다. 선경의 강사들은 11월 8일부터 11일까지 중국에 머물면서 중국 측 경영진에게 글로벌리제이션에 대해 설명하고 우수한 경영 기법 도입의 필요성을 역설했다.

선경은 야심찼다. SKMS와 SUPEX를 중국에 심는 것에 그치지 않고 중국 내에 또 하나의 '수직계열화'를 재현하기로 했다. 최종현 회장은 1994년에 있었던 중국 시노펙 방문은 출발 전부터 국내 언론의 주목을 받았다.

최종현 회장은 시노펙 방문 초청 강연회에서 다음과 같이 말했다. "전 세계가 하나의 시장이 되어가는 세계화 흐름 속에서 2000년대는 동아시아가 세계 주역으로 부상될 것이 확실하며, 이에 중국의 역할 없이는 지역 공동체로서의 발전이 불가능하다. 그래서 한국과 중국, 특히 선경과 시노펙은 더욱 긴밀히 협력해나갈 필요가 있다. 선경은 1953년 직물 회사로 출발해 폴리에스터 원사 생산, 유공(油公) 인수, 정보통신 진출 등 크게 3단계의 도약이 있었으며, 이는 SKMS와 SUPEX 정신이 있어 가능했다. 그래서 선경은 시노펙에 이러한 선경의 경험을 전함으로써 보다 빨리 시장 경제에 적응하고 효율적인 경영이 이루어졌으면 좋겠다."였다.

최종현 회장의 구상에 따라 선경은 ①유전 개발과 태양에너지 공장, LNG 발전소 등에 7,000억 원, ②정유공장 및 나프타 분해 시설 등의 원유 정제 시설에 3조 원, ③석유화학과 정밀화학 등에 2조 2천억 원, ④섬유, 직물 및 가공 공장 등에 6,000억 원을 각각 투자하기로 했다. 또한, 선경은 필름과 비디오테이프, 각종 디스크 제조 공장 건설 등에 5,000억 원과 기타 첨단 창고나 물류단지, 사회간접 자본 등에 1조 3,000억 원을 투입하기로 했다.

SUPEX 추구에 대한 자신감

최종현 회장은 1995년 6월 3일(미국 현지시간) 모교인 미국 시카고대 동문의 날 행사에 참석, 숀넨샤인 시카고대 총장으로부터 동문 대상을 수상했다. 최종현 회장은 시카고대 경제학파의 이론을 SKMS, SUPEX 등 실제 기업 경영에 접목, 발전시킨 공로로 노벨경제학상 수상자인 게리S. 베커(Gary S.Becker) 교수의 추천을 받은 바 있다.

최 회장은 시카고대 행사가 끝난 뒤 6월 7일부터 뉴욕의 선경 아메리카와 미주 경영기획실 등을 방문, 선경의 미주지역 글로벌리제이션 전략의 추진 상황을 점검했다.

최종현 회장은 1995년 11월 16일 국제경영학회가 주는 '국제경영인상'을 수상했다. 쉐라톤 워커힐에서 열린 이 날 수상식에는 국내외 100여 명의 인사가 참석했다. 국제 경영인상은 세계적 권위를 가지고 있는데 경영성과가 탁월하고 학술적 공헌도가 높은 인물을 선정, 매년 한 차례 시상되고 있다. 최종현 회장의 수상 공적은 동서양의 경제이론을 실제 기업 경영과 접목시켜 SKMS, SUPEX 등 독창적인 경영기법으로 발전시킨 업적을 평가받은 데 있다.

그룹 경영기획실은 1996년 1월 SKMS 중국어판, 2월 일본어판을 발간한데 이어, 3월에는 영어판과 SUPEX 추구 성과에 대한 믿음과 자신감을 피력했다.

그는 1996년 신년사에서 "1995년은 국내외로 경쟁이 극심한 한 해였음에도 불구하고 전 해 보다 그룹의 실적이 좋아진 것은 전임 직원들의 성의있는 노력과 21세기를 대비해 SKMS와 SUPEX 추구라는 고유한 경영기법을 실천해 온 결과"라고 말했다. 최 회장은 이어 "1989년부터 시작한 SUPEX 추구가 해마다 확산되어 7년이 지나면서 널리 이해되고 실천되고 있어 그 성과가 나타나고 있다."면서 "우리가 SUPEX 추구법을 만들어 노력해오길 잘했다."는 생각이 든다고 만족감을 표시했다.

최 회장은 SUPEX 성과를 다음과 같이 정리했다.

첫째, 서구 경영기법이 300년 동안이나 해결하지 못하는 것을 우리가 해결한 것이다. 기존의 경영기법이 노사관계를 대립의 관계로 이해하고 운영해오던 것을 우리는 회사의 정책 결정에서부터 작은 문제의 해결까지 부서장과 구성원이 함께 토의하고 처리하도록 함으로써 상하가 서로를 잘 이해하게 되고 일에 대한 합의가 이루어지게 되었다. 이 결과 노사관계가 매우 좋아져 이제까지 노사대립이 없었다.

둘째, 부서 이기주의가 사라졌다. 조직이 커지게 되면 코디네이션이 잘 안되어 조직간의 벽이 생기기 마련이다. 우리는 MPR(Marketing, Production, R&D)은 물론 S(Supporting)와 T(Technology)까지 함께 SUPEX 추구를 함으로써 부서 간의 대립이 없어졌을 뿐 아니라, 회사 전체가 일하는 분위기가 되었다. 부서 간 코디네이션 뿐만 아니라 관계 회사 간 코디네이션도 잘 되고 있다.

셋째, 조직 운영의 집권화(Centralization)와 분권화(Decentralization)에 관한 문제인데 우리는 SUPEX 추구법을 통해 양자가 동시에 이루어지도록 했다. 집권화와 분권화가 이루어져야 조직이 강하게 된다. 최 회장은 그 외에도 전 사원의 의욕이 높아지고 이윤 극대화에 자발적으로 참여하게 된 점도 성과의 하나라고 지적했다.

전경련 회장 최종현

최종현 회장은 1993년 2월 12일 제21대 전국 경제인 연합회(The Federation of Korean Industries) 회장으로 공식 추대되었다. 전경련 회장직은 막중한 자리다. 국가 경제 발전에 중추적 역할을 한다. 경제계의 현안들을 챙기고 정부에 민간 경제의 애로사항 처리를 건의하고 경제정책 결정에도 영향력을 행사한다. 때문에 '재계 총리'라는 별칭이 붙는 것이다.

전경련은 1993년 1월 27일 회장단 회의를 열어 차기 회장에 최종현 회장을 추대했고 최 회장은 이를 수락했다. 유창순(劉彰順) 전경련 회장을 비롯, 구자경(具滋暻) 럭키금성그룹(현 LG), 정세영(鄭世

永) 현대그룹 회장, 김우중(金宇中) 대우그룹 회장 등 회장단 19명이 참석한 이 날 회의에서는 차기 회장에 대한 각자의 의견을 개진한 뒤 유창순 회장이 최종현 회장을 추대해 만장일치로 합의하는 형식을 취했다.

최종현 회장은 1991년에도 전경련 회장에 추대된 일이 있었는데 노태우 대통령과 사돈 관계라는 등의 이유를 들어 고사한 바 있다. 최종현 회장은 기자회견장에서 소감을 묻는 질문에 "어려운 때 무거운 책임을 맡았다."고 소감을 밝힌 뒤 "경제계도 과거처럼 정부에 의지하고 지도나 규제를 바랄 것이 아니라, 자립체계로 나아가야 한다."며 "정부도 때마침 문민 시대로 접어드는데 경제계도 국민의 신뢰를 받는 기업상, 경제인상을 만들어야 한다."고 말했다.

우리는 여기서 문민정부 김영삼 대통령이 민자당 당수로 있을 때 최종현 회장이 제2 이동통신 사업자로 선정되었을 때 노태우 대통령과 사돈 관계임을 들어 적절치 않다는 점을 지적했고, 최 회장은 대승적 관점에서 사업권을 포기했던 일이 있었던 것을 기억해 둘 필요가 있다.

최종현 전경련 회장은 취임 기자 회견에서 밝힌 '신뢰받는 기업상'을 구축하기 위해 본격적인 행보에 나섰다. 그는 먼저 대기업 그룹의 기획조정 실장이 참여하는 '기획조정실장 회의'를 1993년 3월 전경련 내에 신설, 회장 중심으로 운영되어 오던 전경련에 새바람을 일으켰다. 1993년 9월에는 회장단 회의를 개최하고 '기업 자율조정 위원회'의 구성과 중소기업 지원 방안에 대해 논의했다. 기업 자율조정 위원회는 대기업 간의 과당경쟁을 사전에 조정해 비효율적인 중복투자를 막기 위한 조직이었다. 최종현 회장의 이 같은 행보는 재계에 신선한 바람을 불러일으켰다.

문민정부와 불화

최종현 회장은 당시 '신 경제 5개년 계획'을 추진하는 문민정부와 마찰을 빚기 시작했다. 최종현 회장은 전경련 회장에 선출되기 직전인 1993년 2월 '경제계가 바라는 새 정부의 국가 경영'이라는 건의 형태의 보고서를 정부에 제출했다. 정권 교체라는 미묘한 시기에 나온 보고서였다. 최 회장은 이 보고서에서 신 정부에게 '작은 정부'와 '자유 경제 체제 확립'을 주문했다.

문민정부는 이를 최 회장의 오만으로 받아들였다. 문민정부의 대응은 한이헌(韓利憲) 공정거래위원장의 취임 기자 회견으로 시작되었다. 한이헌 위원장은 1993년 3월 12일 취임 후 첫 기자간담회에서 전경련이 추진하는 기업자율조정 위원회가 공정거래법에 어긋난다고 주장하며, 검찰, 국세청과 공동으로 불공정 기업을 조사하겠다는 방침을 밝혔다. 전경련은 한 위원장의 주장이 법률 해석의 차이에서 제기된 것이 아니라 대기업에 대한 불신감에서 비롯된 것이라고 판단했지만, 정부의 방침에 정면으로 맞설 수는 없는 일이었다. 전경련은 문민정부가 추진하는 '신경제 100일 계획'에 동참을 선언하면서 정부의 시책에 부응하려고 했다. 전경련은 한이헌 위원장의 발언과 관련해서 불필요한 오해를 사지 않기 위해 자율조정위 운영 방안에 대해 논의하면서 '기업 간 과당 경쟁 및 중복투자 방지 조항' 등 심의 대상을 축소하기로 결정했다.

한편 경제계는 정부의 신경제 구상에 호응했다. 1993년 3월 24일에는 전경련, 대한상의, 중소기업중앙회, 무역협회, 경영자 총연합회 등 경제 5개 단체가 공동 기자 회견을 열어 공산품 가격과 과장급 이상의 임금 동결을 선언하면서 신경제 100일 계획을 지원키로 했다. 최종현 회장도 재계도 기업 자정을 통해 경제 회생에 이바지하겠다는 뜻을 분명히 했다.

최 회장은 경향신문과의 인터뷰(1993년 3월 27일)에서 "정부는 기업에 대한 규제와 간섭을 줄이고 자율을 보장해주어야 하며 기업도 자율에 상응한 책임을 다해야 한다."고 말했다. 최종현 회장은 철저한 시장주의자였다. 그는 시장의 자율성을 저해하는 정부 정책에 대해 비판을 주저하지 않았다. 최종현 회장은 1994년 4월 정부의 '신경제계획 작성 지침(안)'을 검토해 '제7차 경제사회개발 5개년 계획'과의 관계가 불투명하고 시장 경제 창달에 대한 의지가 결여된 점의 문제점과 부문별 보완 과제를 정부에 제시했다.

하지만 전경련의 정책 제시는 받아들여지지 않았다. 1993년 5월 전경련 등 경제 5단체는 다시 대기업에 대한 여신규제 완화 등 신경제 5개년 계획의 보완을 요구하는 이른바 '신경제 건의안'을 정부에 제출했다. 그러나 문민정부는 오히려 강경한 자세로 '재벌 길들이기'에 나섰다. 정부는 1993년 5월 8일로 예정된 경제 장관과 경제 5단체장과의 회동을 일방적으로 취소했고, 5월 14일 베트남 총리 환영 오찬과 5월 17일 신경제 100일 계획 중간 점검 회의에 최종현 회장을 초청하지 않았다. 주요 회동에서 '재계 총리'를 잇따라 제외시킨 것은 재계에 '경고 메시지'라는 것이 언론의 지배적인 견해였다.

하지만 최종현 회장은 재계의 대변자로서 소임을 포기하지 않았다. 1993년 8월 2일 금융실명제가 대통령 긴급 명령으로 전격 실시되자, 전경련은 금융실명제 시행에 따른 기업의 시설 투자 동향과 애로사항, 금융실명제 조기 정착을 위한 보완 과제 등을 조사하고 정책 대안을 마련해 정부에 제시했다.

문민정부하의 시련

1994년에 들어서도 전경련은 규제 완화 사업과 국가 경쟁력 강화 사업을 지속적으로 펼쳐나갔다. 1994년 2월에는 정부의 부문별 규제 완화 계획에 맞춰 '규제 완화 추진위원회'라는 한시적 기구를 설치하고 산하에 7개의 분과위원회를 설치하여 핵심 규제에 대한 완화 사업을 8개월 동안 진행했다.

1994년 10월 11일에는 국가경쟁력 강화 민간위원회 발족 1주년 기념 토론회가 전경련 회관 경제인 클럽에서 열렸다. 이날 토론회에서 최종현 회장은 '국가경쟁력 강화는 글로벌리제이션 시대를 대비하는 우리의 과제로, 단기에 걸쳐 끝나는 것이 아니라 지속적으로 실천해 나가야 한다."고 강조했다. 최종현 회장은 국가경쟁력 강화를 위한 여론을 환기시키기 위해 1993년 10월부터 1994년 11월까지 총 5회에 걸쳐 언론사 관계자들을 미국, 유럽 등 '글로벌리제이션 현장'에 견학시켰다.

1995년 2월 14일 최종현 회장은 전경련 회장에 재선임되었다. 같은 날 연임 기자 회견에서 최종현 회장은 '재벌 정책과 금리 정책' 등에 대해 강력하게 비판했다. 그는 과열되어 진정책이 필요하다는 정부의 견해에 대해 "국내 경기는 과열이 아니다."라며 "경제가 잘 자라고 있는데 억제할 필요는 없다."고 말했다.

최 회장의 비판은 금리문제에 집중되었다. '연(年) 금리 25%는 어느 나라에도 없다. 경쟁국 금리는 3~4% 수준이다. 세계화하자는 마당에 금리 25%가 뭐냐. 경쟁을 어떻게 하나? 재계는 심각하게 여기고 있다' (1995년 2월 15일 자 한국일보 기사 인용)

최 회장은 또한 소유 분산 정책, 업종 전문화 등 정부의 재벌 성책에 관련해서도 "국경 없는 무한 경쟁 시대를 맞아 세계화에 대비해야 한다."며 "소유 분산, 문어발 억제, 업종 전문화 등을 따질 여유가 없다."고 주장했다. 문민정부의 간판 경제 정책에 대해 정면으로 비판을 날렸다.

이에 대한 정부의 대응은 가혹했다. 최종현 회장의 기자 회견이 있었던 다음 날인 1995년 2월 15일 청와대 측은 즉각적인 불쾌감을 나타내고 최 회장의 진의를 파악하고자 했다. 재계의 대표로서 할 말을 한 것뿐이었던 최 회장은 당혹감을 느낄 수밖에 없었다. 최 회장은 2월 15일 손길승 경영실장을 청와대에 보내 해명하는 한편 자신도 2월 16일 정부 과천청사를 방문, 홍재형 경제부총리를 만나 정부에 대항하는 것으로 비춰진 데 대해 공식적으로 사과했다. 최종현 회장은 같은 날 기자 간담회를 자청, 자신의 진의를 해명했다.

최종현 회장은 그 이후에도 소신 있는 의견 표명으로 세인들의 주목을 받았다. 그 대표적인 예가 쌀 개방 관련 발언과 노동법 개정안에 대한 것이다. 최종현 회장은 두 차례에 걸친 기자 회견에서 "쌀 시장 개방 문제는 거시적인 차원에서 바라보아야 한다."라고 지적하고, "쌀 시장 개방 자체도 문제지만 농민이 어떻게 잘 살 수 있느냐는 방법을 찾아야 한다."라고 말했다. 그는 이어 "우리 농민 700만 명이 40억 평에서 연간 13억 달러어치를 생산하고 있지만, 이는 20만 평만 산업화해도 충분히 달성할 수 있다."라고 의견을 표명했다. 쌀 시장 개방에 찬성하는 뉘앙스가 담겨있다. 김영삼 대통령이 대통령직을 걸고서라도 쌀 시장 개방만큼은 막겠다고 천명하고 있었던 시기임을 감안하면 대단한 발언이었다. 쌀 시장 개방 문제는 1993년 12월 개방 쪽으로 결정되었고 최 회장의 발언은 미래를 잘 예측한 것이었다.

1996년 말 노동법 개정과 관련된 발언도 마찬가지 경우였다. 당시 정·재계는 법 개정안을 두고 극도의 혼란 상태를 빚고 있었다. 1996년 12월 3일 정리해고제, 변형 근로제의 도입, 복수 노조의 허용 등을 주요 골자로 하는 정부의 노동법 개정안이 노동 및 경제 관련 15개 부처 장관으로 구성된 노사관계 개혁추진 위원회에서 의결되자, 최종현 회장은 이를 강력하게 비판했다. 우리 경제가 후퇴하게 될 가능성이 높다는 취지였다.

최 회장의 발언이 있은 지 채 1년도 지나지 않아 우리나라는 IMF 사태라는 국가적 위기를 맞았다. 최종현 회장은 1990년대 중반부터 줄곧 경제위기에 대해 경고해왔고 이에 대비해야 한다고 말해왔다. 특히 금리와 관련된 그의 지론은 우리의 IMF 사태 원인을 그대로 정확히 짚어낸 것이어서, 그의 주장이 관철되었더라면 하는 아쉬움이 남는 것이다.

최종현 전경련 회장 재추대

최종현 회장은 1997년 2월 19일 전경련 회장에 재추대 되었다. 그가 재추대 된 1997년은 새해 벽두부터 노동법 개정으로 온 나라가 들끓고 있었다. 노동법 개정안 국회 통과로 인한 노동계의 총파업으로 새해가 시작된 것이다. 1996년 12월 26일 신한국당의 개정 노동법 날치기 통과로 총파업이 시작된 것이다. 1996년 12월 27일부터 23일 동안 계속된 총파업 결과 노동법이 재개정 되었다.

1997년은 또한 대기업의 신화가 무너지고 경제계가 재편되는 한 해 이기도 했다. 1997년 1월 한보그룹 부도를 시작으로 삼미, 기아

(차), 한라 등 30개 대그룹 가운데 7개 그룹이 연이어 쓰러지고 70여 개 상장 기업이 법정 관리로 넘어갔다. 이러한 경제위기 가운데 최종현 회장이 전경련 회장으로 재추대 된 것이다. 그에겐 풀어내야 하는 과제들이 산적해 있었고 최 회장에 대한 재계의 기대 또한 높았다.

'한국경제신문'은 '이미 한차례 연임한 최 회장이 이처럼 또다시 재계의 신임을 얻게 된 것은 무엇보다도 그가 지난 4년간 전경련을 성공적으로 이끌어온 결과라고 할 수 있다'라고 평가했다. 최종현 회장은 1997년 4월 11일 전경련 429개 전 회원사에 이례적으로 서한을 보내 경제난 극복을 위한 경영혁신 운동에 적극 동참해 줄 것을 호소하기도 했다.

최 회장은 이 서한에서 "경제 분야의 최일선에서 뛰고 있는 민간 경제계로서는 이유야 어떻든 경제 난국의 책임을 통감하지 않을 수 없다."라고 전제한 뒤 "현재의 경제 난국은 반드시 극복될 수 있다는 자신감이 무엇보다도 필요하다."라고 역설했다. 그는 이어 기술 개발, 마케팅 능력 배양, 경비 절감, 생산성 제고 등을 위한 투자 확대와 경영혁신 등 4개 사항을 주문했다. 위기 속에서도 재계의 수장다운 차분한 면모를 보였다.

28

최종현 회장 부부의 타계

우리는 여기서 SK 성장사 기록을 보는 것을 잠시 멈추고 최종현 회장 부부의 타계라는 안타까운 장면을 볼 수밖에 없다. 이 책은 두 분의 타계 소식 중 최종현 회장이 투병 중 보여준 한국 경제를 걱정한 부분을 따로 떼어 다룬다.

박계희 여사 별세

1997년 6월 20일 각 신문의 사회 면에는 한 여성의 타계를 알리는 부음 기사가 실렸다. 최종현 회장의 부인인 박계희 여사의 별세를 알리는 비보였다.

박계희 여사는 전 해운공사 이사장인 박경식 이사장의 넷째 따님으로 1953년 경기여고를 졸업, 미국으로 유학갔다. 미국 뉴욕 베네트길리지와 미시건 칼리마주 칼리지를 졸업했다. 1959년 박여사가 다니던 시카고 아트스쿨 기숙사인 인터내셔널 하우스의 축제 행사

때 최종현 회장을 처음 만나 1년 만에 현지에서 결혼했다. 최종현 회장은 시카고 대학 경제학과 석사 과정을 다니고 있는 때였다.

박계희 여사는 이력에서 보이듯이 현대 미술을 전공한 미술계 인재라고 할 수 있다. 박 여사와 한국 미술계와의 접점에는 '현대미술관회'라는 모임이 있다. 현대미술관회는 한국 재벌사와 국내 미술 시장의 성장에 빼 놓을 수 없는 단체다. 국립 현대미술관의 후원 조직으로 1978년 8월 출범한 현대미술관회(초대회장 민병도, 전 한국은행 총재)는 1979년 7월 7일 현대미술관회 미술 교양 강좌를 열었고, 1980년 10월부터는 1년간의 장기 프로그램으로 실기 강습회를 개최했다. 이종상 작가가 맡은 문인화반, 권창륜 작가의 서예반 등이 있었다. 현대미술관회는 1980년 12월 8일 사단법인으로 전환해 회장에 민병도, 부회장에 설원식, 김수근, 상임이사에 김윤순(1980년 제29 국전 수상), 이사진에 이경성, 장한, 박주환, 김세중, 이종상, 이세득, 권태선, 손석주, 윤탁, 홍라희(삼성 이건희 회장 부인), 정희자(대우 김우중 회장 부인) 등을 선임했다. 현대미술관회에 참여한 인물들이 국내 재벌 미술관 붐을 이끌고 한국 현대 미술의 후원자로 등장한 것이다.

현대미술관회 상임이사로 일했던 김윤순 한국미술관 관장은 자서전을 통해 박계희 여사에 대해 이렇게 기록했다.

'내가 현대미술관회의 상임이사로 있을 때인 1980년, 재계의 부인들과는 거리가 먼 학구파에 가까운 인상의 그녀를 처음 만났다. 더운 날이었으나 땀을 전혀 흘리지 않는, 나와는 전혀 다른 분위기의 정숙하고 조용한 사람이었다. 미술관회 영구 회원으로 가입한 그의 비서가 제출한 서류에 1945년생으로 기록되어 있어 금방 착오라는 생각이 들어 다시 챙겨보니 1935년생이었다. 우리 두 사람에게 공통점이 있다면 「배우는 것」을 즐기는 것이었다. 그는 현대미술관회에서 처음 시도했던 문인화 공부를 특히 좋아했다. 이종상 선생을 모시고 동양 화론에 실기까지 공부했고, 이어 1983년부터 10년간 여초 김응현 선 생을 모시고 서예를 배웠다. 호암미술관의 홍라희 관장도 함께했다. 한국미술관회는 또 단소 교실을 개소했는데 한 사람, 두 사람 그만두 기 시작하더니 박계희 관장, 나 이렇게 두 사람만 남았다. 그래도 우 리는 즐겁게 단소를 불었다. 다만 그가 언제나 나보다 앞서 있어 샘이 났다. 단전 호흡을 하고 있던 그는 내 호흡의 두 배나 되는 긴 호흡을 갖고 있어 도저히 따라갈 수 없었고 또 예습, 복습도 착실히 했다. 덤 벙거리는 나와는 상대가 되지 않았다. 한번은 단소를 가르친 선생님 앞에서 그와 내 실력 차이가 벌어져 심통을 부렸더니 그저 인자하게 웃기만 했다. 그때 우린 영산회상 중광곡 중 상련산을 공부했다. 나 는 재벌 부인인 그를 부러워한 적은 없다. 그러나 그녀의 지식과 학구 열은 늘 부러움의 대상이었다'

박계희 여사의 별세는 그녀가 이전까지 건강한 편으로 알려진 데 다 심장 마비라는 사인 탓에 갑작스럽고 충격적인 사건으로 받아들 여졌다. '한국일보'는 1997년 6월 21일 또 충격적인 기사를 실었다. 최종현 회장의 폐암 수술에 관한 내용이었다.

'18일 미국에서 부인을 잃은 최종현 선경 회장 겸 한국경제인연합 회 회장이 현지에서 폐암 수술을 받았으며, 부인 박계희 씨는 최 회 장의 간호에 열중하다 과로 끝에 심장 마비를 일으켰던 것으로 20일 알려졌다. 선경 관계자들에 따르면 최 회장은 국내에서 폐암 진단을 받고 이달 초 폐암 전문 병원으로 유명한 미국 뉴욕 맨하탄의 메모리 얼 슬론 케터링 병원에 입원, 폐암 수술을 받았으며 수술 결과는 매 우 좋은 것으로 알려졌다. 한 측근 인사는 최 회장이 비교직 초기 단계에서 암을 발견한 데다 수술이 성공적으로 끝나 건강 회복에는 아무런 지장이 없을 것으로 보이지만 폐 기능 악화에 따른 저산소 증세가 남아 있어 당분간 치료를 계속 받아야 하는 상태라고 전했다. 최 회장은 이달 초 기침이 심하고 가래가 끓어 서울대 병원에서 정밀 진찰을 받는 과정에서 폐암 진단을 받은 것으로 전해졌다'

1997년 6월 24일 미국 현지에서 고 박계희 여사의 영결식이 열렸다. 박계희 여사의 유해는 6월 26일 새벽 비가 내리는 가운데 김포 공항으로 운구되었다. 폐암 수술을 받은 최종현 회장은 수술 후 외부 공기의 감염을 방지하기 위해 외부와의 접촉이 차단된 상태였고 부인의 별세 소식도 모르고 있었다. 장남 최태원 상무는 박계희 여사의 장례식을 위해 귀국했고 차남 최재원 이사는 최종현 회장의 간병을 위해 뉴욕에 머무르게 되어 보는 이들을 안타깝게 했다. 1997년 6월 28일 박계희 여사는 수원의 가족 묘지에 안장되었다.

투병 중에도 21세기 일등 국가를...

최종현 회장은 부인을 잃은 슬픔을 이겨내고 일어났다. 최종현 회장은 투병의 와중에서도 선경과 한국경제를 위해 마지막 남은 힘을 발휘한다. 미국 현지시간으로 7월 4일 퇴원한 최 회장은 요양 중인 미국에서 그룹의 업무 보고를 받았다. 최종현 회장은 7월 17일(현지시간) 뉴욕의 선경 미주 본사에서 그룹의 업무 보고를 받았다.

최 회장은 경영기획실과 미주 경영기획실 합동 회의에서 '경제가 어려울수록 투자를 위축시키지 말고 당초 계획대로 투자사업을 진행할 것'을 독려했다. 최 회장은 뉴욕에서 선경에 관한 일에만 전념하지 않았다. 그는 1997년 6월 30일부터 7월 31일까지 송병락 서울대 교수, 좌승희 한국경제연구원장, 공병호 자유기업센터 소장 등과 21세기 국가 정책 방향에 대해 토론회를 가지기도 했다. 이 토론회는 최 회장이 한국경제연구원에 의뢰해 정리해왔던 '21세기 국가 정책 방향'을 주제로 진행되었다. 이 자리에서 최 회장은 다음과 같이 말했다. "21세기 과제의 궁극적인 목표는 보다 자유로운 개인이 신명나게 일할 수 있는 힘을 실어주는 체제가 구축되는 것이 마땅하다. 현존하는 선진국의 조직을 모방해서는 안되며 그들의 문제점을 정확히 인식하고 뛰어넘을 수 있는 창의력을 길러야 한다."고 역설했다. 최종현 회장의 관심은 21세기 국가경쟁력을 향해 있었다.

1997년 9월 17일 최종현 회장은 김포 공항을 통해 귀국했다. 최 회장은 기자들과의 질문과 답변을 통해 기아 사태 등 재계 현안이 산적해 있어 "건강이 허락하는 한 남은 임기(전경련 회장)를 채울 계획"이라고 말하고 귀국 후 가장 먼저 하고 싶은 일에 관한 질문에 대해서는 "집사람 묘소부터 찾겠다."라고 해 사람들을 숙연케 했다.

최 회장은 "금리가 5%만 되면 모든 기업이 소생한다."라고 까지 단언하며 금리를 선진국 수준으로 낮추면 대기업과 중소기업이 해외에 나가 이길 수 있을 것이라고 말했다.

최종현 회장과 전경련은 1997년 11월 IMF 사태 직전 자산매각, 합병, 고용 조정, 출자 및 지주회사 문제 등을 포괄하는 '기업구조조정특별법'의 제정을 정부에 건의했다. 기업의 구조조정 중에 발생하는 애로사항을 해소하기 위해 2000년 말까지 3년간 한시적으로 운용되는 특별법을 만들자는 취지였다. 하지만 정부는 전경련의 제안을 받아들이지 않았다. 문민정부는 변함없이 경제위기의 가능성을 일축하고 있었고 여론이나 언론도 구조조정의 긴급함이나 필요성에 대해 인식하지 못하고 있었다.

임창렬(林昌烈) 경제부총리는 1997년 11월 21일 마침내 IMF 구제 금융 신청을 발표했다. 경제 성장의 모범생으로 세계의 칭찬을 받아오던 한국경제가 무너지는 순간이었다. 선진국 사교 클럽이라는 경제협력개발기구(OECD, Organization for Economic Co-operation and Develo-pment)에 가입한 지 1년도 지나지 않아 겪게 된 수모였다. 언론에서는 IMF 구제금융신청을 6.25 이후 최대의 국난이라고 표현했다. 과장된 것이 아니었다.

1997년 12월 18일에 실시된 제5대 대선에서 김대중(金大中) 국민회의 후보가 새 대통령으로 선출되었고, 김대중 대통령 당선인은 취임도 하기 전 경제위기를 타개하기 위해 동분서주해야 했다. 최종현 회장은 1997년 12월 9일 선경 긴급 사장단 회의를 열고 IMF 경제위기 타개 방안에 관해 논의했다. 최종현 회장과 사장단은 한계 기업 정리, 투자 축소, 조직 슬림화 및 간접 인력 20% 전환배치, 연봉제 조기 실시, 임원 연봉 2개월분 반납, 전 직원 급여 동결 추진, 경비 30% 이상 절감, 자발적인 일 더하기 운동 전개 등을 주요 내용으로 하는 '경제위기 타개를 위한 대응 방안'을 확정했다.

김대중 대통령 당선자는 1997년 12월 24일 경제단체장들과 오찬 간담회를 가졌다. 최종현 회장은 간담회에서 "요즘 경제인은 할 말이 없다."라며 우리는 죄인 중의 죄인이라고 말했다. 그 자신이 그토록 경제위기에 대해 경고하고 대비책을 건의했지만, 그는 마치 참회하는 심정으로 그렇게 말했다고 한 언론은 전했다.

최종현 회장은 그러면서도 자신의 소신을 분명하게 밝혔다. 최 회장은 1998년 1월 13일 현대, 삼성, LG그룹 회장들과 함께 김대중 당선자와 만난 자리에서 4대 대기업 총수 중 유일하게 '결합재무제표'

에 관한 문제점을 제기했다. 최 회장은 특히 자신의 은사이자 시카고 학파의 태두였던 밀턴 프리드먼의 이론을 비판하며 프리드먼의 이론에 따라 IMF가 우리나라에 강요한 고금리 정책은 현 실정에 전혀 맞지 않는 것이라고 공박했다.

최 회장은 이 자리에서 IMF의 요구사항이었던 ①결합재무제표 조기 도입 ②상호지급 보증 해소 ③재무구조 개선 ④주력업종 설정 및 중소기업 협력 ⑤지배주주와 경영진 책임 강화 등 5개 항에 합의했다. 전경련은 1998년 2월 12일 회장단 회의를 거쳐 김우중(金宇中) 대우그룹 회장을 차기 전경련 회장(임기 1999년 2월~ 2001년 2월)으로 내정했다. 최종현 회장의 건강을 고려해 1999년 2월까지 전경련을 공동 운영케 하려는 조치였다.

최종현 회장 영면

최종현 회장은 1998년 8월 20일 오전 7시 40분 서울 광장동 워커힐 자택에서 별세했다. 향년 69세였다. 최 회장은 타계 직전, 병원에 입원을 권하는 주위의 요청을 모두 거절했다. 최 회장의 차남 최재원 당시 SKC 상무는 한 월간 매체와의 인터뷰에서 "건강하게 사는 것이 중요하지 오래 사는 것이 능사가 아니다. 병원에 갇혀 꼼짝 못하다가 마지막을 맞고 싶지 않다. 사는 날까지 집에서 맘 편하게 살고 싶다."고 말했다고 전했다. 유가족들의 오열 속에 그룹 임직원들은 고인의 타계를 슬퍼했으며, 사회 각계는 '재계의 거목이 쓰러졌다'고 애도했다.

워커힐 빌라 자택에 마련된 빈소에는 각계에서 보내오는 조전이 속속 도착했다. 장남 최태원 SK주식회사 부사장, 차남 최재원 SKC 상무, 손길승 부회장, 김항덕 부회장 등 그룹 인사들과 유가족들은 장례를 5일간의 회사장으로 치르기로 했다. 호상에는 고인과 절친했던 방일영(方一榮) 조선일보 회장이 맡기로 쾌락했다.

전경련은 최종현 회장의 별세 소식이 전해지자 전경련장을 치르자고 유족 측에 제안했으나 상주인 최태원 회장이 IMF 시대인 만큼 간소하게 치르고 싶다는 의사를 밝히며 정중히 사양했다. 전경련은 고인의 유덕을 추모하는 뜻에서 정문의 회기(會旗)를 반기로 걸어 조의를 표했다.

오후가 되자 정·관·재계 및 학계 등 각계각층 인사들의 조문 행렬이 이어졌다. 기업 총수 중 가장 먼저 달려온 정세영 현대자동차 명예 회장은 유족들을 위로한 뒤 "최 회장은 국가 경제를 위해 유익한 일을 많이 했다."고 추모했다. 김대중 대통령은 김중권(金重權) 대통령 비서실장을 보내 조의를 표했다. 고인의 사돈인 노태우 대통령 부부도 한 시간 동안 빈소에 머물렀다. 김우중 전경련 회장 대행은 중국 출장 중에 돌아와 저녁에 김태구 대우자동차 사장 등 대우그룹 사장단과 함께 분향했으며 김석준 쌍용 회장, 신명수 신동방 회장, 박정구(朴定求) 금호 회장, 장치혁 고합 회장 등도 빈소를 찾았다.

정부는 9월 28일 고인에게 국민훈장 무궁화장을 추서했다. 김종필(金種必) 국무총리는 이날 오후 빈소를 찾아 영정 앞에 훈장을 전달했다. 8월 29일 영결식에 참석하기 위해 일본 경단련 도요다 쇼이치로(豊田章一郎) 일본 도요타 회장이 방한했으며 박권상 KBS 사장, 이득렬 MBC 사장도 조문했다.

최종현 회장 유해는 8월 30일 오전 벽제 화장장에서 화장됐다. 지난해 작고한 부인 박계희 여사의 유해도 이날 새벽 수원 가족 묘지에서 벽제로 옮겨져 부군의 뒤를 따라 화장됐다. 이는 고인의 유언에 따른 것이다. 최종현 회장은 평소 영혼이 떠나간 육신을 땅에 묻는 것은 의미가 없을 뿐 아니라 땅덩어리도 좁은 나라에서 죽을 때마다 무덤을 만들면 국토의 효율성이 떨어진다며 매장 문화의 불합리성을 자주 지적해왔다.

최종현 회장의 유해는 오전 8시 유가족, 친지, 그룹 임직원 등 700여 명의 조문객들과 마지막 인사를 나눴다. 차인태 경기대 교수의 사회로 진행된 영결식은 김우중 전경련 회장 대행, 도요타 쇼이치로 일본 경단련 명예 회장, 언론인 홍사중씨, 한국 고등교육 재단 장학생 출신 염재호 고려대 교수, 손길승 부회장의 추도사와 김항덕 부회장의 약력 소개 순으로 진행됐다.

숀넨사인 시카고대 총장, 샤스타드 싱가폴 국립대 교수, 니콜라스 시카고 대학 인터내셔널 하우스 학장, 베카 시카고대 석좌교수(1992년 노벨경제학상 수상), 루카스 2세 시카고대 석좌교수(1995년 노벨경제학상 수상)가 조전을 보내왔고, 김상하 대한상의 회장, 박상희 중소기협 중앙회장, 정세영 현대자동차 회장, 이건희 삼성 회장, 조석래 효성 회장, 장치혁 고합 회장이 언론에 조사를 실었다.

다음은 삼성그룹 이건희 회장이 1998년 8월 28일 자 중앙일보에 실은 조사를 요약한 것이다.

"뜻을 같이하는 재계 선배와 동지로 평소 존경해 온 당신의 별세 비보(悲報)는 하늘이 무너지고 가슴이 찢어지는 슬픔과 충격이었습니다. 눈을 감고 귀를 막아 보아도 엊그제의 후덕한 모습과 육성이 지금도 생생한데 어찌 이와같이 황망하게 떠나가심을 믿을 수 있겠습니까. 경제위기의 국난을 맞아 국가와 기업이 그 어느 때보다 회장님을 필요로 하는 이때, 고인을 불러가신 천지신명이 야속하기만 합니다(…). 지금 우리 경제는 회장님께서 수차례 예고하시고 경계해 오셨던 대로 끝이 보이지 않는 위기 상황 속에서 비틀거리고 있습니다. 발등에 불이 떨어지고 나서야 회장님의 혜안과 선견력을 되새기는 저희 들의 우둔함이 부끄럽기만 합니다. 홀연히 눈을 감으신 회장님의 큰 자리를 이제 어떻게 채우고 남이 따르지 못할 경륜과 지도력은 무엇으로 메워 나가야만 합니까. 회장님께서 비록 몸은 떠나시더라도 영령은 우리 경제와 재계의 수호신으로 영원히 계실 것으로 믿고 있습니다."

이건희 회장은 SK가 세계 속의 일류기업으로 탄탄하게 성장해 나갈 수 있도록 미력하나마 일조해 나가겠다고 말해 더욱 감동을 주었다.

이대(梨大)에 핀 최종현 드림

이화여대에서는 1998년 8월 28일 '이화 SK텔레콤관' 봉헌식이 열렸다. 이화여대는 최종현 회장이 8월 26일 갑자기 타계하자 봉헌식을 연기하려 했지만, SK가 예정대로 봉헌식을 진행할 것을 요청, 최 회장의 상중임에도 봉헌식은 예정대로 이루어졌다. 보기 드문 안타까운 일이었다.

1998년 8월 28일 자 중앙일보는 '이대(梨大)에 핀 최종현 드림, 넋이라도 기뻐하소서'라는 표제를 붙이고 이날의 정황을 전하고 있다. '이화-SK텔레콤 관'은 지상 5층, 지하 2층 규모의 최첨단 정보통신 교육관으로 이화여대가 수립한 '21세기 고급 정보통신 인력 양성 계획'에 SK가 협력, 2년간의 공사 끝에 완공되었다. 생전의 최종현 회장이 각별한 관심을 가지고 공사비 전액과 교육관 내에 마련된 정보통신 연구소 운영비 등으로 모두 103억 원을 지원했다.

SK의 '이대-SK텔레콤관' 봉헌과 관련된 일화는 고 최종현 회장의 인생 및 경영 철학을 단적으로 보여주고 있다. 최 회장은 자신을 내세우는 일을 매우 싫어했다. 최 회장이 자신의 시신을 화장할 것을 유언한 사실이 알려지면서 사회 각계각층에 신선한 충격을 불러일으켰던 것도 그러한 성품에서 비롯된 것이었다. 최종현 회장은 살아 있을 때 못지 않게 사후에도 많은 귀감을 남겼다.

최 회장의 유족들은 1999년 초 상속세로 680억 원을 국세청에 신고했다. 유족들이 신고한 세액으로서는 사상 최고 금액이었다. 한 칼럼니스트는 오히려 상속세를 너무 많이 낼지도 모른다는 사실에 대해 안타깝게 여기기도 했다. 고액 납세만이 부의 사회 환원의 유일한 길은 아니라는 것이 그의 주장이었다.

최종현 회장의 경영 철학은 SK만의 독특한 기업 문화를 낳았다. SK는 여느 대기업과 달리 회장의 타계 이후에도 후계 문제에 관련된 일체의 잡음이 표출되지 않았다. 최 회장이 생전에 친인척과 임직원에 쏟은 애정과 배려의 결과였다. 최 회장이 최종건 회장이 타계했을 때 '조카인 윤원(胤源), 신원(信源), 창원(昌源) 형제 등 3남 4녀를 친자식처럼 돌보겠다'고 다짐했을 뿐 아니라 실제로 그런 다짐을 저버리지 않았다. 최종현 회장은 스스로 창업 1.5세대로 자처하며 최종건 회장으로부터 선경을 물려받았음을 잊지 않았다. 최종건 회장의 장남이자 집안의 장손이었던 고 최윤원(2000년 타계)도 최종현 회장의 유지를 받들어 전문경영인제 정착에 기여했고, 집안의 화목을 이끌었다. 최종현 회장이 임직원을 동료이자 동지로 대했던 것도 SK만의 독특한 기업 문화라고 할 수 있다. 국내 한 재벌 기업 회장이 부하 직원을 '머슴'으로 지칭하여 국민들의 비난을 받은 것과는 사뭇 다른 대목이다.

최 회장이 손길승 회장 등 주요 임직원을 가리켜 '부하가 아니라 사업 동지'라고 일컬었던 일화는 유명하다. 이것은 SK만의 한 문화로 자리잡고 있다. 이는 최종현 회장의 경영 철학 때문이기도 하지만 임직원들의 이해와 노력이 뒤따른 것도 빼놓을 수 없다.

유고(遺稿)를 정리한 두 권의 책

1999년 8월 26일 쉐라톤 워커힐 무궁화 홀에서 노태우 전 대통령, 남덕우, 강영훈, 이수성 전 총리, 방상훈 조선일보 사장 등과 SK 임직원 700여 명이 참석한 가운데 최종현 회장 1주기 추모식이 열렸다. 최종현 회장은 기업인으로서 그다지 길지 않은 생애를 살았지만, 그가 남긴 족적은 너무도 뚜렷했다.

추모식이 끝나고 최 회장의 유고집 2권에 대한 출판 기념회가 이어졌다. 그가 생의 마지막까지 붓을 놓지 않으며 집필에 몰두했던 유고가 두권의 책이 되어 최 회장에게 봉정됐다.

최종현 회장은 국가 경영에 기업 경영 방식을 도입하면 더욱 효율적인 국가 경영이 가능하다고 보았다. 그는 「21세기 1등 국가가 되는 길」의 머리말에서 '한국의 한 기업인으로서 새로운 세기에 우리 인류가 나아갈 방향을 모색해 보고자 본 정책 제언을 작성하게 되었다'고 밝혔다.

최 회장은 그 방법론으로 '20세기 조망을 통한 21세기의 예측'을 들었다. 최종현 회장이 제시한 정책 제언은 두 가지로 분류되어 있다. 하나는 작은 정부에 관한 것이고 다른 하나는 '선진국의 경제 발전 장애 요인 해소'에 관한 것이었다.

작은 정부는 다시 ①군축 ②민영화 ③정치 및 행정개혁 등으로 구성되어 각 부문별 정책 제언이 제시되어 있고, 선진국의 경제 발전 장애 요인 해소는 ①사회복지 제도 ②세제 ③정부규제 ④노사관계 ⑤교육 등으로 나뉘어져 경제 발전의 장애 요인에 대한 해소방안이 각 부문별로 적시되어 있다.

2001년에는 최종현 회장의 생애와 업적, 경영 철학, 기(氣) 수련법, 그리고 SK의 역사를 담은 '사이버 경영관'이 오픈되었다. 최 회장의 3주기를 맞아 SK가 대규모 기념관을 건립하는 대신 사이버 공간에 기념관을 마련한 것이다.

2001년 6월 고 최종현 회장은 한국 경영사학회가 수여하는 '뉴 밀레니엄 창업 대상'을 수상했다. 뉴 밀레니엄 창업 대상은 같은 해 8월 26일 3주기 추모식에서 최 회장의 영전에 헌정되었다. 이날 추모식에는 최종현 회장의 경영 철학과 SK의 성장과 발전 등을 조명한 논문집 'SK그룹 최종현 연구(한국경영사학회 간)' 또한 봉헌되었다.

29

파트너십(Partnership) 체제

우리는 이 장에서 다시 한번 SK그룹의 신선한 지도체제 구축을 보면서 SK가 대기업 그룹으로 지속적으로 성장하는 저력이 무엇인가를 알 수 있게 될 것이다. 최종현 선대 회장(그룹에서는 최종건 회장을 창업 회장, 최종현 회장을 선대 회장으로 지칭한다) 별세 후 후계 구도가 어떻게 꾸며질 것인가는 재계만이 아니고 국민적 관심사였다. SK그룹의 한국 경제에서 차지하는 비중이나 세계시장에서 갖고 있는 네트워크 무게로 보아 비상한 관심의 초점이 되는 것은 당연한 일이었다. 최종현 선대 회장의 존재감이 워낙 컸기 때문에 그 뒷일을 잇는 일은 어려운 문제였다.

손길승(孫吉丞) 회장 취임

SK는 최종현 회장이 타계하자 1998년 8월 31일 주요관계사 사장들로 구성된 SUPEX추구협의회를 개최하고 현재의 어려운 경영환경과 구조조정 추진 업무의 지속성을 고려해 손길승 부회장을 SUPEX 추구협의회 의장(그룹 회장)으로 선임했다. 파격적이고 예상외의 선택이었다. 일반과 재계는 당연히 최종현 회장의 장남인 최태원 부회장이 후계 승계를 할 것으로 예측하고 있었다. 한국 재벌개업의 후계 구도는 오너의 장자가 잇는 것이 하나의 관행이었기 때문이다.

손길승 회장은 이에 따라 1998년 9월 1일부터 고 최종현 회장의 역할을 이어받게 되었고 최태원 회장은 대주주의 대표권을 갖고 대내(對內)경영에 임하면서 차기 회장직을 이어받을 수 있도록 했다.

이에 앞서 대주주 가족회의가 있었다. 우리는 여기서 다시 한번 감동적인 장면을 목격하게 될 것이다. 이야기를 잠시 1973년 최종건 창업 회장의 타계 때로 돌아가 보자.

최종건 회장은 임종 시에 후계 구도에 대해 아무런 공식적인 유서나 유훈을 남겨놓지 않았다. 다만 조선일보 방일영 회장이 병실에 찾아왔을 때 "종현이가 있으니 후계 문제는 아무 걱정이 없다. 나는 우애를 믿고 그를 신뢰한다."라는 말만 남겼을 뿐이었다. 그러나 이 말은 서류 이상의 가치를 갖는 것이었다.

최종현 선대 회장도 후계 구도에 대해 어떤 문건이나 유훈을 남기지 않았다. 때문에, 이날의 대주주 가족회의는 매우 중요했다. 대주주 중 누구 하나라도 승계 문제에 대해 이야기하게 되면 회의는 간단히 끝나지 않을 가능성이 충분히 있다. 대주주 가족회의 멤버는 최종건 창업 회장의 최윤원, 최신원, 최창원, 선대 회장의 최태원, 최재원 5인이었다. 이 자리에서 최윤원은 "능력이나 리더십으로 보아 태원이가 회장을 맡는 게 좋겠다."는 의견을 말했고 모두 찬성했다. 최윤원 회장의 용단이었다. 재계 5위의 몸집의 SK그룹 후계 승계는 이렇게 가족의 우애(友愛)가 중심 가치가 되어 마무리된 것이다. 최태원 회장이 평소 보여준 능력과 신뢰가 빛을 발하는 순간이기도 했다.

최태원 회장은 대주주 가족회의 대표권을 위임받고 'SUPEX추구협의회에서 대주주와 전문경영인이 항상 힘을 합쳐 경영해야 한다'는 선대 회장의 유지를 전하며 "지금 같은 어려운 경영환경에서는 내부의 힘을 결집해 난관을 극복하는 것이 시급하다."고 말하고 SK 주요관계사를 대표할 회장을 전문경영인 중에서 선임해 줄 것을 제안했다. 이에 따라 SUPEX추구협의회는 만장일치로 손길승 부회장을 고 최종현 회장의 역할을 승계할 SUPEX추구협의회 의장(회장)으로 선임했고 김항덕 부회장을 회장 대우 상임 고문으로 추대했다.

손길승 회장은 "최종현 회장이 정립한 SKMS, SUPEX 추구를 앞으로도 SK 모든 관계회사의 경영 원칙으로 삼아 중단없이 추구할 것이며 대주주와 호흡을 맞춰 SK 기업 문화를 공유하는 회사들의 구조조정을 더욱 가속화시켜 나가고 최종현 회장의 유지를 받들어 SK를 세계 일류기업으로 더욱 발전시켜 나가겠다."고 말했다.

이어 관계회사들은 이사회를 열고 손길승 SK텔레콤 대표이사 부회장을 대표이사 회장에 선임하는 한편 최태원 SK주식회사 대표이사 부사장을 대표이사 회장에, 최윤원 SK케미칼 대표이사 부회장을 대표이사 회장에 선임하는 등 최고 경영층의 인사를 단행했다. 손길승 회장이 맡아온 구조조정 추진 본부장에는 유승열 전무가 임명됐다.

이해 9월 1일 손길승 회장과 최태원, 최윤원 회장, 최신원 부회장, 최재원 상무, 최창원 상무 등 대주주 가족들과 김항덕 신임고문 등 SUPEX추구협의회 위원들이 참석한 가운데 기자 회견을 가졌다. 당초 최태원 회장의 단독 회장 체제를 예상했던 언론은 SK 최고위층 구성에 대해 매우 놀라운 결정으로 평가했으며 전문경영인과 대주주의 조화를 중시하는 SK 경영 원칙과 기업 문화에 대해 긍정적으로 보도했다. 손길승 회장은 이 자리에서 "최종현 회장의 뒤를 이어 내가 그룹을 총괄하고 대외적으로 대표한다. 그러나 최태원 회장이 당분간 그룹 내 경영에 주력하면서 빠른 시일 내에 회장 역할을 승계하도록 돕는 것이 내 역할."이라고 선언했다. 이어 손 회장은 "앞으로 10년간은 에너지, 화학이 그룹을 밑받침할 것이다. 그사이 정보통신을 지속적으로 발전시켜 나갈 것이고 다음 사업으로 바이오 테크놀로지(생명과학)를 준비할 것이라고 향후 사업에 대한 구상의 일단을 밝혔다.

최태원 회장은 "현재로서는 대주주 가족 간에 누구도 선대 회장의 공백을 메울 사람이 없다는 판단과 대주주, 전문경영인 사이의 파트너십을 강조한 선친의 뜻에 따라 지금 같은 어려운 환경에서는 전문경영인의 역할이 중요한 시점이라고 생각, 그룹을 대표할 전문경영인의 추천을 요청했다."고 밝히고 "그룹 조정 등 그룹 내 주요 현안은 주주 대표로서 손(孫) 회장과 상의해서 결정할 것."이라고 말했다.

대주주 가족의 장손(長孫)인 최윤원 회장은 가족회의를 주재한 자리에서 최태원 회장의 경영능력을 높이 평가해 대주주의 대표권을 양보하는 용단을 내린 바 있다. 이에 따라 최윤원 회장은 그룹 경영에 참여하기 보다는 대주주 가족들의 구심점으로 단합을 강조하는 역할을 맡게 됐다. 전문경영인과 오너가 결합된 손길승, 최태원 회장의 '파트너십 체제'는 선례가 없는 실험이어서 많은 사람이 우려를 갖은 것도 사실이었다. 하지만 SK그룹은 그러한 우려를 깨끗하게 불식했다. 오너와 전문경영인의 파트너십 체제 이후 SK는 IMF 체제하의 경제불황 속에서도 언론 매체의 찬사를 받을 만큼 모범 경영을 구현했다.

30

최종현 회장이 남긴 것들

최종현 회장을 검색해보면 '대한민국의 기업인'이라고 나온다. 이 것은 너무 단순하다. 최종현 회장의 스펙트럼은 대단히 거대하고 다양하다. 최 회장은 기업인을 넘어 경영 철학자였고 이론가였으며 이상주의자였고 지적 호기심이 많았으며 특히 사람, 인재 육성에 각별한 애정을 가진 분이었다.

최종현 아카데미아(한국고등교육재단)

고대 그리스 철학자 플라톤(기원전 428년~)은 고대 그리스 아테네 서북쪽 교외 아카데메이아에 학원을 지으면서 이곳의 지명을 차용해 학원 이름을 아카데미아로 지었다. 이곳은 성스러운 숲으로 신역(神域)이었다. 플라톤은 소크라테스의 제자이고 아리스토텔레스의 스승이다. 플라톤이 세운 이 학원은 현 시대의 대학(大學) 원형으로 고등 교육기관이다. 플라톤은 이 학원 입구에 '기하학을 모르는 자는 이문으로 들어오지 마라'는 경고문을 달았다. 일정한 예비 훈련 (교육)을 받고 입학하라는 권유였다.

우리는 최종현 회장이 설립한 한국고등재단을 보게 되는데 플라톤의 아카데미아를 거의 닮았다는 것을 알 수 있을 것이다. 최종현 회장은 1974년 '한국고등교육재단'을 설립했다. 인재(人材) 육성을 위해서였다. 최 회장은 자원 빈국인 대한민국은 인재만이 제일국가 자산일 수밖에 없다는 것을 지론으로 가지고 있었다. 세계적 학자를 양성하는 것이 재단의 설립 목적이었다.

최종현 회장이 한국고등재단을 설립할 당시의 SK그룹의 실력은 재계 순위 50위 수준에서 왔다갔다하는 중견 기업이었다. 수익을 발생시키지 않는 육영사업을 시작하는 것은 너무 빠르다는 사내의 반발이 심했다. 최 회장은 물러서지 않고 소신대로 나아갔다. 출연 재산은 퇴계로 요지에 있는 5층 빌딩이었다. 요지의 빌딩이었다. 향후 지가 상승으로 빌딩 재산 가치가 수직 상승이 충분히 기대되는 곳이었다.

최 회장은 재단 지원을 받을 장학생을 선발하면서 독특한 조건을 붙였고 이 조건이 흔히 있는 타 재단과 차별되는 것이었다. 한국고등재단은 '조건 없는 지원'이었다. 수혜자들은 자신들의 진로를 자유스럽게 선택하게 했으며 어느 곳에 몇 년 동안 근무해야 한다는 그런 제약이 없었다. 후일담이지만 한국고등교육재단 장학생에 선발된 한 사람은 이런 파격적인 조건 때문에 혹시 어느 종교집단이나 어떤 조직의 자금인가를 의심했다는 것이다. 최종현 회장은 수혜 장학생들에게 SK그룹으로의 입사는 절대 허용되지 않는다고 말했다. 우수한 인재들이 다양한 방면으로 확산되기를 희망한 것이었다.

최종현 회장은 장학생으로 선발된 사람들을 강도 높은 사전 교육을 시키는 것으로도 유명했다. 플라톤이 아카데미아에 입학하려면 기하학을 알고 오라는 것과 상통한다. 최 회장은 선발된 장학생에게 전공 분야만이 아니라 역사학 분야 공부도 요구했다. 동양 사상, 한국사도 공부해 줄 것을 권했다.

최 회장은 업무에 시간이 쫓기면서도 선발된 유학생들과 토론하는 것을 빼놓지 않았다. 한국고등교육 재단은 현재까지 800여 명의 해외 명문대학의 박사를 배출했으며 3,700여 명의 인재를 키워냈다. 대한민국이 세계 10대 경제부국으로 성장한 밑거름을 제공했다.

최종현 회장은 사실은 이에 앞서 1973년 2월 18일부터 방영된 MBC 장학퀴즈를 지원해서 인재 육성 철학을 실천에 옮겼다. MBC는 당시 장학퀴즈라는 새 프로그램을 론칭시키려고 했으나 대재벌 기업들의 협찬 거부로 난항을 겪고 있었다. 오락성이 없는 지적 탐구를 하는 이 프로그램 성격으로 대기업의 호응을 받지 못하고 있었던 것이다.

최 회장은 바로 이 프로그램의 성격에 호감을 느끼고 주변의 반대를 무릅쓰고 장학퀴즈 스폰서가 되어 준 것이다. MBC 장학퀴즈는 1973년 2월부터 1996년 10월까지 23년간 방송되었으며 그 사이 2만 명의 고교생이 출연했다. 2만 명의 MBC 장학퀴즈 출신 인재들은 현재 학계, 법조계, 의료계 등 사회 각 분야의 리더 역할을 하고 있다.

최 회장의 인재 발굴을 위한 지적 여행은 중국대륙으로까지 연결되었다. 장학퀴즈는 'SK장원방(壯元榜)'이라는 이름으로 2000년 1월 1일부터 주말 고정 프로그램으로 북경 TV가 방송하기 시작했다. SK장원방은 단순한 문답식 퀴즈를 지양하고 출연자의 창의력을 유도하고 팀워크를 개발할 수 있는 방식으로 질적 변화를 보였으며 중국 내에서 좋은 반응을 불러일으키고 있다. 10년 이상의 장수 프로그램으로 기획된 SK장원방은 SK 고유의 인재 양성 정신을 중국에 심고 있다.

SK장원방은 이미 650회가 방송되었으며 출연 학생이 3,400여 명을 넘고 있다. 출연 희망자가 10만 명을 넘고 있다. 프로의 인기가 어떤가를 알 수 있다. 최종현 회장은 결국 한국과 중국 두 나라의 미래를 짊어지고 나갈 인재들을 기르는 길을 닦아놓은 것이다. 앞으로 10년, 20년 후 이 프로그램으로 연결된 양국의 인재들이 양국의 교류 증진, 우호 증진에 기여할 것을 감안해 보면, 최종현 회장이 여기에 투입한 비용은 천문학적 가치를 지닌 역사적 자산으로 남을 것이다.

최종현의 숲(Forest)

숲은 수풀의 준말로 나무가 빽빽하게 우거진 곳을 말한다. 최종현 회장은 1974년 여름 어느 날 충북 충주 인등산에서 부인 박계희 여사와 함께 흑호도 나무 묘목을 심고 있었다. 이 묘목이 30년쯤 자라면 재목의 가치를 지닐 것으로 생각하면서 정성스럽게 식수 작업을 하는 것이다.

최종현 회장은 1972년 11월 2일 서해개발(주)를 설립했다. 최종현 회장의 30대 꿈은 대학설립이 꿈이었다. 그러나 선경 경영에 불가피하게 참여하게 되어 그 꿈은 접어두고 있었다. 그가 서해개발을 설립한 목적은 벌거숭이 산에 나무를 심어 30년 후 그 나무들이 자라 고급 목재의 가치를 갖게 되면 이를 인재양성을 위한 상학금으로 쓰용하기 위해서였다. 산림녹화, 인재 육성 두 마리의 새를 잡는 것이다.

최 회장이 선택한 민둥산들은 부동산 자산으로는 아무 가치를 지니고 있지 않은 것들이었다. 20년, 30년이 지나도 지가 상승으로 자산 가치가 증가될 리 없는 곳들이었다. 서해개발은 충남 천안 광덕산(500ha), 충북 충주 인등산(1,200ha), 영동 시향산(2,340ha), 경기 오산(60ha) 등 4,100ha(3,000만 평) 규모의 황무지를 매입했다. 여기에 수익성 좋은 나무를 심어 기르면 30년 뒤에 매년 100만 평씩 벌목하여 회사 경영과 무관하게 장학기금을 마련할 수 있다는 것이다. 최종현 회장이 숲을 조성하는 1970년대 초는 제2차 석유파동으로 각 기업들이 자금 압박을 받는 어려운 시기였다. 때문에, 사내 반대도 거셌다. 한 참모가 "돈이 안 된다. 하려면 서울 근교에 하자."고 하자 "땅 장사 하려느냐."고 야단만 쳤다.

최 회장은 경제성이 뛰어난 활엽수를 식수 수종으로 선택했다. 정부에서는 상록수를 권장했지만, 최 회장은 반대였다. 활엽수는 미관과 경제성도 좋지만, 산소 배출량도 상록수에 비해 우수하다. 최종현 회장이 조성하고 있는 숲의 규모로는 하루 20만 명이 신선한 산소를 마시고 숨을 쉴 수 있는 것이다.

서해개발이 조성하는 숲은 기업 조림 성격이 강했다. 한국에는 초유의 일이었다. 삼성그룹(이병철 회장)이 용인에 「자연농원」을 조성한 일이 있다. 삼성그룹은 숲 조성이 아니고 농원(農園)이었다. 농원은 주로 원예 작물을 심어 가꾸는 농장이다. 삼성 용인 자연농원(현 에버랜드)은 규모가 450만 평 규모에 불과하고 농원의 성격이 변해 상업 시설이 되어 수익성 사업을 주로 하고 있다.

최종현 회장은 활엽수 중에서도 자작나무, 가래나무, 흑호도나무, 루브라참나무 등 고부가가치 조림 40여 종, 조경수 80여 종 등 총

330만 그루를 심었다. 흑호도 나무는 우리나라에 최초로 들어온 수종이었다. 식수 50년이 지난 현재 이 나무들은 아름다운 숲을 이루고 있다. SK그룹이 앞으로 이 숲은 어떻게 활용하고 국민에게 어떤 서비스를 제공할지 기대가 큰 것이다.

　정부는 2010년 경기도 포천군에 소재하는 '국립수목원' 내에 있는 '숲의 명예의 전당'에 최종현 회장을 숲의 명인으로 헌액했다. 이 숲의 명예의 전당에는 최 회장 외에 박정희 대통령, 김이만 나무 할아버지, 육종학자 한신규, 축령산 조림왕 이종국, 천리포 수목원 민병갈 등 조림 영웅들이 헌정되어 있다. 최종현 회장은 임학 발전과 후학을 위해 국립 충남대학교에 1,000ha(300여만 평)의 산림을 연구림으로 기증하기도 했다.

31

최종현, 그가 있어 행복했다

2008년 8월 고 최종현 회장 10주기 추모위원회는 '최종현, 그가 있어 행복했다'라는 타이틀로 책자를 펴냈다. 부제로 '일등 국가를 꿈꾼 기업인'을 달았다. 우리는 이제까지 최종현 회장을 그의 사업력만을 따라왔다. 하지만 이제 그의 사업력을 벗어나 전혀 다른 각도에서 그를 바라보게 되고 그래서 보다 객관적으로 최종현을 이해할 수 있을 것이다.

고 최종현 추모위원회는 최 회장의 10주기를 맞아 최 회장이 생전 교류가 많았던 기업 밖의 인사들, 그리고 그룹 내 각별히 접촉이 많았던 CEO 등 99인에게 최 회장을 회고해 달라고 요청했다. 이에 응한 99인들은 자신들의 시각과 경험에서 최 회장을 바라보았다. 이 회고에 초청된 기업 밖의 인사들 중, 정·관계 인사는 제외된 것이 특징이다. 아마도 순수성을 지키기 위한 선별이었던 것으로 보이고 있다.

최태원 회장은 책 머리말에서 "비로소 아버지의 참모습을 뵈었습니다."로 말을 시작해 "아들이 그 아버지의 참모습을 잘 알 것 같지만, 아들이기 때문에 오히려 아버지를 잘 알기 어려운 것도 엄연해 보입니다."라고 말하고 있다. 모든 아들들에게 해당될 수 있는 말이다. 최 회장은 "제가 알고 있던 아버지가 온전히 제 아버지의 참모습일 수는 없습니다. 이 책을 통해 비로소 아버지가 과연 어떤 분이셨는지 새삼 깨달을 수 있었습니다."라고 진솔하게 말하고 있다. 최 회장은 더 나아가 "아버지는 번거롭고 겉으로 번듯한 일 벌이는 걸 몹시도 싫어하셨습니다. 사람을 만나서 함께 어울리고 함께 토론하는 것을 참으로 좋아하셨지만, 그 모임과 만남이 격식에 매이는 건 질색이셨습니다. 어쩌면 당신의 10주기를 맞이하여 이렇게 책을 펴내는 일을 두고도 탐탁찮아 하실지 모르겠습니다. 그래서 조심스러웠습니다. 어른들께 글을 청하는 일이 외람되기도 하고 고인을 기리는 마음을 그저 우리 가족들이 조용히 되새기면 될 일이지 하는 생각도 있었습니다."라고 조심스러움을 피력하고 있다.

최태원 회장은 "하지만 아버지는 저 혼자, 저희 가족만의 어른이 아니었던 모양입니다. 10주기가 다가오는 걸 기억하고 계시던 어른들이 더 늦기 전에 고인에 대한 기억을 기록으로 남겨 두자는 말씀을 해주셨습니다. 수고로움에 아랑곳하지 않으시고 마음을 써주신 여러분 덕분에 생전에 교류하시던 여러 어르신들의 회상, 회사와 전경련, 그리고 한국고등교육재단을 통해 인연을 맺으셨던 여러분들의 기억이 이렇게 모이게 되었습니다. 보내주신 글들을 읽다 보니 돌아가신 아버지께서 다시 옆에 계신 듯 생전의 모습, 생전의 말씀이 생생해졌습니다. 그리운 마음 사이로 한없이 행복한 마음이 일어나는 걸 느낄 수 있었습니다. 아버지의 품이 얼마나 넓고도 그윽했는지 비로소 알게 된 것 같습니다."라고 말하면서 "아버지의 업은 물려 받았으되, 그 뜻과 가르침을 따르기에는 부족함이 많은 아늘이 놀아가신 아비지의 소중한 삶과 인연이 아름답게 새겨진 이 책에 두렵고 또 감사한 마음을 덧붙여 둡니다."라고 말을 끝맺고 있다. 최태원 회장의 겸손함이 묻어나고 있다.

손길승 회장도 "회장님이 계셔서 행복했습니다."라고 말문을 열고 "아직 회장님을 마음으로 채 보내드리지 못했는데, 어느덧 10년의 시간이 훌쩍 지나가 버렸습니다. 회장님의 뜻은 잘 받들었는지 10년의 세월보다 더 무거운 마음으로 되돌아보게 됩니다."라고 회고하면서 "지난 10년간 결코 적지 않은 난관 앞에서 저희들이 굴하지 않을 수 있었던 것은 이미 나아갈 길을 예지해주셨던 회장님의 혜안 때문이었습니다. 특히 우리를 모질고 혹독하게 시험했던 2003년 사태를 현명하게 극복하고 새 도약의 발판으로 만들 수 있었던 것도 회장님께서 일찍부터 만들어주신 시스템과 저력이 있었기에 가능했습니다. 새삼 우리는 회장님께서 지난 세월 심어놓으신 '사람과 경영'의 나무뿌리가 얼마나 튼실하고 생명력이 강한지 확인할 수 있었습니다. 근심엽무(根深葉茂, 뿌리가 깊으면 잎이 무성함)의 의미를 다시 새겨봅니다."라고 회고하고 있다.

손회장은 "이제 세상은 회장님께서 일찍이 예견하신 바 그대로 글로벌리제이션 시대에 접어들었습니다. 회장님께서 그토록 강조해서 말씀하신 21세기 일류기업, 일등 국가의 꿈이 실현되고 있습니다. SK는 더 빠른 속도로 변화하는 시대에 그동안 다져온 경쟁력을 발판으로 세계 곳곳에 우리의 기업 문화를 심는 글로벌 컴퍼니가 되어 가고 있습니다. 한국경제 역시 충분하지는 않지만, 세계 10위권의 경제 대국이 되었습니다. 우리에겐 회장님께서 길러주신 패기와 도전정신이 있습니다. 그리고 산소 호흡기를 짊어진 마지막 순간까지도 국가의 대계를 걱정하시던 열정도 저희의 DNA가 되었습니다."라고 최종현 회장의 가르침을 되새겼다.

손 회장은 "회장님과 같은 꿈을 갖고 계신 분들은 말합니다. "그래서 오늘의 우리가 있을 수 있다."고 말입니다. 그 소리를 '일등 국가를 꿈꾼 기업인, 최종현. 그가 있어 행복했다'라는 제목으로 여기에 담았습니다. 많은 분들이 회장님과 나눴던 대화의 장면 하나하나에서 소중한 가치와 이상을 배울 수 있었고 자유 민주주의와 시장 경제를 지키고 발전시키는 소중한 가르침이 되었다고 이야기합니다. 또 시장 경제를 지키고 발전시키는 소중한 가르침이 되었다고 이야기합니다. 또 지금은 다른 시공에서 살고 있지만, 회장님과 더불어 '일등 국가, 일류기업'을 만들기 위해 고민했던 시간들이 큰 즐거움이었다고 회상해주고 있습니다."라고 최종현 회장의 업적을 기렸다. 손 회장은 "회장님! 회장님의 평생이 깃든 SK와 그토록 걱정하던 우리나라 경제의 영원한 별이 되어 주소서."라고 기원했다.

99인의 회포

다음은 이 회고집에 소회를 보내온 99분의 글을 실을 차례다. 책의 지면에 한계가 있어 한분 한분의 글 전체를 실을 수 없다. 다행히고 최종현 회장 추모위원회는 모든 분들의 글에 표제를 달아 책을 편집했다. 표제만으로도 글을 주신 분의 의도를 어느 정도 알 수 있다. 이 책에서는 추모위원회가 꾸민 순서에 따라 글을 주신 분의 존함과 직위, 표제를 싣는다(직위는 편집 당시 기준).

구평회(E1 명예회장) 세계인 최종현, 그는 비즈니스 스테이츠맨이었다

방상훈(조선일보 사장) 김치와 금리

장대환(매일경제신문 회장) 한국 사회가 나아가야 할 방향을 정확히
제시한 선각자

김상하(삼양그룹 회장) 실물과 이론 겸비한 '국가경쟁력 강화'의 전도사

손병두(서강대학교 총장) 건강을 해치면서까지 한국경제를 걱정하던
그 뜻

나웅배(전 경제부총리) 국제 수준으로 금리를 낮춰달라

김정호(자유기업원 원장) 나를 기분 좋게 만드는 사람, 최종현

민충식(충청에너지서비스 사장) SK가 그래서 되겠어...

성영창(전 워커힐 사장) 중소기업하고 일하면서 어떻게 부도를 내나...

송병락(서울대학교 명예교수) 그가 하고자 한 세 가지...

염재호(고려대학교 행정학과 교수, 추후 총장) 민족을 사랑한 세계인

이의춘(한국일보 논설위원) 업종 전문화를 따지는게 문제 아닌가

임혁백(고려대학교 정치외교학과 교수) 영원한 청년, 청부(淸富), 환
부(環富), 보국(報國)의 기업가

조규하(전 전라남도 지사) 100억 원이 아니라 1조 원이요

조기행(SK네트웍스경영서비스컴퍼니 사장) SK를 믿고 돈을 꿔준 사람
들의 신뢰를 저버려서는 안돼

좌승희(경제개발연구원 원장) 민주주의는 불완전한 시스템이야

최장집(고려대학교 정치학과 교수) 먼 미래를 바라보는데 비전을 가졌
던 경제계의 지도자

이건희(삼성그룹 회장) 10년 앞을 설계한 참된 기업인

김각중(경방그룹 회장) 알면 알수록 스케일이 큰 기업인

신헌철(SK에너지 P&M 부문 사장) 패기로 마케팅에 혼을 불어넣다

김우평(SK증권 대표이사) 실증 과학적으로 현상을 분석하라!

남창우(전 SK(주) 사장) 내일도 내가 나오지, 다들 나와

박장석(SKC 사장) 기술에 대한 남다른 애정

박주철(전 SK글로벌 사장) 이왕 해보려면 SUPEX하게 제대로 잘해봐

서호중(전 유공 사장) 과감하게 돈을 써서 더 큰 돈을 만드시오

손관호(SK건설 부회장) SKMS, 회장님께서 남겨주신 우리의 경영자산

윤석경(SK C&C 사장) 자네는 과장이지만 미국회사의 사장이나 다름
없어

이방형(SK케미칼앤컴퍼니 대표이사) 사람의 잠재 능력을 이끌어 내는
경영

이수희(충북개발연구원 원장) 수돗물이 과연 식수로 적합한가?

이종순(전 SK E&S 대표이사) 믿음과 약속

장치혁(전 고합그룹 회장) 창의력이 뛰어난 진정한 기업가

최상훈(SK(주) 경영관리총괄) SKMS는 진정 나를 위한 경영법이었다

한종무(전 워커힐 부회장) 최고가 아니면 언젠가 경영에서 밀려

홍원의(전 워커힐 사장) 독자적인 생존 통해 일류호텔로 성장하라

홍지호(전 SK케미칼 부회장) 무에서 유를 추구하는 과감한 도전자

개리S.베커(시카고대학교 교수), 로버트루카스(시카고대학교 교수) 인터
뷰 그에게는 사람을 감동시키는 힘이 있다(노벨경제학상 수상자
들이 말하는 인간 최종현과 그의 경영...)

홍석현(중앙일보 회장) 큰 기업인, 큰 교육자 최종현

김항덕(전 선경그룹 부회장) 나무를 기르는 사람, 사람을 키우는 사람

이홍구(전 국무총리)   시대를 앞서 내다본 진정한 대학인

공병호(공병호 경영연구소 소장)   사람이 남기는 것

김용학(연세대학교 사회학과 교수)   인재와 묘목

문우행(전 SK건설 부회장)   남기신 큰 발자취를 우리는 모두 기억합니다

윤병남(서강대학교 사학과 교수)   보이지 않는 사회적 토대의 중요성을
　　　인식한 지도자

윤창현(서울시립대학교 경영학부 교수)   털털하게 웃으시던 그 모습이
　　　그리워집니다

이광호(연세대학교 철학과 교수)   동양적 인문 정신과 과학적 탐구 정신
　　　의 상보적 발전을 꿈꾸다

이승윤(금호아시아나 그룹 고문)   인재의 숲

이재열(서울대학교 사회학과 교수)   겨울 정담

이정화(SK해운 대표이사)   학자가 되라고 보냈는데 왜 여기 있는 거야

이창용(금융위원회 부위원장)   회장님의 선견지명(先見之明)을 기리며

정철길(SK C&C 부사장)   사업의 뿌리인 인재를 심고 키운 경영자

조동성(서울대학교 경영대학 교수)   우리의 가장 중요한 국제 자원은 인
　　　적 자원

진미경(아주대학교 정치외교학과 교수)   밤나무 키우듯 인재를 육성하다

차인태(경기대학교 다중매체 영상학부 교수)   법대, 의대만 가려고 하지마

허영원(서강대학교 경영학과 교수)   오직 사람만이 기업 경영의 질적 발
　　　전을 가져올 수 있다

김신배(SK텔레콤 사장)   인간 위주의 경영을 실천한 너무나 인간적인 리더

성백진(전 SK건설 임업 부문 사장)   나무를 심어도 공장 관리하듯 과학
　　　적으로 해

이철호(중앙일보 논설위원)   최종현과 나무

이종탁(경향신문 논설위원)   숲 경영

이현우(서울경제신문 논설위원)   풍요의 우물을 판 기업인들

육철수(서울신문 논설위원)   텃밭 묘지

차지완(동아일보 기자)   중국을 감동시킨 고 최종현 회장의 조림 사업

김동욱(한국경제신문 기자)   인재 키우듯 100년 내다본 산림 투자

북경청년보(중국신문)   교훈으로 바뀐 소중함

강신호(동아제약 회장)   기업이 살아야 나라가 삽니다

서정욱(산업기술 발전심의회 위원장)   내 회사처럼, 내 돈처럼

이순석(전 ㈜선경 부회장)   회장님과 함께한 도전은 행복했고 아름다
    웠습니다

김창근(SK케미칼 부회장)   어떻게 하면 회장님처럼 앞일을 내다볼 수
    있을까?

장만원(SK네트웍스 사장)   정보통신관련 SOC(사회간접자본)을 해봐

김동섭(중앙일보 부장)   시대의 흐름을 꿰는 기업인

곽정수(한겨레신문 대기업 전문 기자)   미래를 내다본 전략가

김상국(SK차이나 부대표)   중국 내 제2의 SK그룹 건설을 향해

김종호(E&S 사장)   그 혜안의 결단력에 고개 숙입니다

김치형(SK가스 사장)   미래를 철저히 준비한 미래 경영인

목정래(전 SK텔레콤 부사장)   아무도 진입하지 않은 신규시장과 사업을
    찾아보자

박명훈(경향신문 부사장)   기회를 돈으로 바꿀 수 있나

성경룡(전 청와대 정책실장)   세계를 품었던 우리 시대 최고의 어른

이노종(전 SK그룹 홍보실장)   30년 앞을 내다보는 글로벌경영 전략가

이승철(전국경제인연합회 전무)   회장님이 그리운 시절

이창규(SK네트웍스상사컴퍼니 사장)   30년 앞을 내다본 경영자

조규향(전 SK(주) 사장)   우리 시대의 선구자

조석래(전국경제인연합회 회장)   어려운 요즘 더욱 그리워집니다.

조정남(전 SK텔레콤 부회장)   노상 와서 자는 놈 있잖아

정범모(한림대학교 명예 석좌교수)   최선과 천고

민병준(한국광고주협회 회장)   야, 술 끊고 어떻게 사냐

김세광(전 SK가스 사장)   많이 먹고 이따 졸리면 자

김수필(전 SK 부회장)   여유로움과 덕을 겸비한 리더

민병문(헤럴드경제 주필)   당신은 내 10년 후배야

박우규(SK 경영경제연구소 소장)   다른 의견을 용납하셨던 분

변재국(전 SK C&C 부회장)   내 직장 생활 최고의 날

유용종(워커힐 사장)   뭘 이런걸 다 준비했나

윤대욱(전 SK옥시케미칼 사장)   작은 곳까지 따뜻하게 돌봐주신 분

최시호(전 SK그룹 홍보실장)   땀투성이 도둑 골프

권오용(SK(주) 브랜드 관리 실장)   육개장 회장님

안동환(전 SK아카데미 심기신 수련원장)   과학적 합리성을 중시한 도인

제4부

새로운 도전과 응전

32

SK케미칼의 진화

SK케미칼은 1990년대 후반 섬유, 정밀화학, 헬스케어 등 각 사업 영역의 경쟁력 강화를 위한 신제품 개발에 주력했다. 섬유 부문에서는 첨단섬유 개발과 신 BI 시스템 정립 등으로 경쟁력을 강화했다. 1980년대 후반부터 강화했던 정밀화학 분야는 고부가가치 첨단 소재 신제품을 잇달아 출시했다. 헬스케어와 관련해서는 물 사업 등을 전개하며 환경 사업에 진출했다.

1980년 초 SK케미칼은 자체 개발한 첨단섬유인 스판덱스 섬유(상품명 Nexpan)의 설비를 본격 가동했다. 또한, SK케미칼은 축적된 섬유제조 기술과 고분자 합성 및 가공기술을 바탕으로 첨단 분리막 소재인 멤브레인을 상품화해 본격적인 사업에 들어갔다.

1991년 SK케미칼은 국내 최초로 분리막 개발에 성공, 산기협과 과기처, 매일 경제에서 지원하는 'IR52 장영실상'을 수상했고 이듬해 산기협에서 제정하고 지원하는 국산 신기술-KT 마크를 획득했다.

SK케미칼은 외국제품에만 의존해 오던 분리막 소재의 열악한 시장 환경에도 불구하고 50억 원의 연구비를 투자해 외국제품보다 가격 경쟁력은 물론 품질 및 응용 기술, 경제성 측면에서도 앞서가는 다양한 상품을 확보하고 국내 및 국제 시장으로 진출하기 시작했다. SK케미칼은 섬유제품의 시장 경쟁력을 강화하기 위해 신 BI(Brand Identity) 시스템을 도입함과 동시에 BI 전략 테스크포스팀을 구성했다. 1999년 7월 SK케미칼은 미국 쉘사와 공동개발한 PTT(Polytrimethylene Tereph Thalate) 섬유의 시장 개발을 추진한다. SK케미칼은 1997년 미국 쉘사와 PTT 섬유 개발에 관한 계약을 체결하고 약 2년 여 간의 공동 연구한 끝에 세계 최초로 상업화에 성공했다. SK케미칼은 1999년 초 PPT 제품의 브랜드 명을 'Espol'로 결정했다.

SK케미칼은 또한 2년간의 연구 끝에 기존 레이온의 기본적인 성질 외에 감성과 기능적인 측면에서 다양한 장점을 가진 신개념 섬유 '큐프라레이온(브랜드명 엔빅스)을 개발하고 2000년 하반기부터 본격적인 판매에 들어갔다.

엔빅스(Envix)는 원료, 용매 등 모든 공정에서 공해 물질이 사용되지 않는 환경친화적인 섬유이며 장섬유이면서 세섬사 생산이 가능해 캐주얼에서 슈트까지 다양한 의류에 사용할 수 있다. 엔빅스는 2001년 8월 8일부터 11일까지 서울 삼성동 코엑스에서 산업자원부와 대한무역진흥공사(KOTRA)에서 주최한 차세대 일류상품을 발굴 및 촉진하기 위한 행사에서 '세계 일류상품(세계시장 경쟁력 상승)'으로 선정되었고, 2001년에는 산업자원부가 선정한 세계 일류상품 120개 중 베스트 5에 뽑혔다.

섬유 부문 경쟁력 강화를 위한 SK케미칼의 노력은 첨단섬유 개발에 멈추지 않고 폴리에스터 부문을 과감히 정리하는 적극적인 시도로 이어졌다. 2000년 7월 3일 SK케미칼 조민호 대표와 삼양사 고인석 대표는 서울 코리아나 호텔에서 폴리에스터 사업 부문 통합 조인식을 가졌다. 이에 따라, 같은 해 11월 1일 SK케미칼과 삼양사의 화섬 부문 통합 법인 '휴비스'가 공식 출범했다. 휴비스는 대표이사 사장에 조민호 SK케미칼 사장을, 부사장에 방영균 전 삼양사 전무를 각각 선임했다. 이후 휴비스의 변신은 화려했다. 휴비스는 출범 1년 만에 적자에서 벗어나 206억 원의 경상이익을 거둔다. 통합의 시너지 효과가 빛을 발휘했다.

한국 100년 제약사(史)의 쾌거. '선플라' 시판

SK케미칼의 헬스케어와 관련된 강화 노력은 2000년 하반기 출시한 '유삐젖병'이 대표적이다. SK케미칼 Sky유삐사업팀이 자체개발한 'SK유삐'는 환경호르몬이 전혀 검출되지 않고 대기 환경을 오염시키지 않는 환경친화적 제품이다. 미국 FDA와 일본 식품위생청으로부터 식품·환경 무해 승인을 받았고, 한국 화학시험연구원 및 한국 생활용품시험연구원에서 젖병의 재질과 용출에 대한 적합 승인도 받았다.

SK케미칼의 유삐젖병에 이은 'SK 유삐 항균 젖병 세정제'는 보건복지부 고시령에 의거한 100% 식품 첨가제로 제조되어 인체에 무해하다. 특히 이 젖병 세정제는 끓이지 않고 소독할 수 있어 환경호르몬을 걱정할 필요가 없다. 2001년 11월 12일 SK케미칼은 유아 전문 쇼핑몰 및 커뮤니티 업체, '샘스넷'과 전략적 제휴를 맺고 샘스넷이 운영하는 쇼핑몰에서 SK케미칼의 유삐 제품의 판매를 시작했다.

SK케미칼은 2001년 초 국내 최초로 '주거환경 케미칼' 사업을 개시한다. 이는 SK케미칼이 대형 건물과 아파트의 수명 연장과 환경 개선에 필수적으로 적용해야 하는 다양한 제품(산업용수 처리 제품, 자동차용 부동액, 각종 방부제, 소독제 등)의 개발에 성공했기에 가능한 일이었다. SK케미칼은 '주거환경 케미칼' 사업을 확대하기 위해 건물에 사용되는 각종 물(水)을 정밀 분석해 문제점을 알아내고 해결 방안을 제시하는 컨설팅 서비스를 제공했다.

SK케미칼은 2001년 5월 환경의 심각성에 대처하기 위해 WEB(Water Environment Business) 팀을 사내 벤처로 발족시켜 물 환경 사업을 적극 추진한다. WEB 팀의 사업 내용은 국내 산업용 멤브레인 부문과 가정용 정수기 부문으로 구분되었다. 국내 산업 부문은 침수출 분야, 빌딩 및 공장의 중수도 분야, 아파트 종합 정수 분야 등이며 가정용 정수기 부문은 같은 해 8월 '스카이워터(Sky Water)'라는 브랜드로 출시했다. 생물 배양 기술을 이용한 폐수처리 시스템 '스카이크린(Sky Clean)'도 2001년에 개발된 제품이다. 스카이크린은 주기적으로 유입되는 폭기조의 폭기액에 성장 촉진체와 영양강화제를 투입해 15~20시간 배양시킨 후 이를 다시 폭기조에 투입해 폭기조의 미생물 활성을 높임으로써 폐수 처리 효율을 높이는 시스템이다. 스카이크린은 2001년 8월 31일 산업자원부 품질기술원에서 실시하는 신기술 인증 제도인 'NT마크'를 획득했다. SK케미칼의 생명과학과 관련된 가장 눈부신 성과는 SK제약과 함께 개발한 국내 신약 1호 '선플라'의 시판이다.

1990년대 초반부터 개발에 착수한 선플라는 1999년 1월 제2상 임상시험을 완료했고 3월 초에 8개 임상병원의 임상심사 심사위원회(IRB)의 심의를 모두 통과했다. 선플라는 같은 해 6월 24일 중앙 약사 심의위원회의 심의를 통과했고, 7월 14일 식품의약품안정청으로부터 최종 발매 허가를 획득함으로써 국내 신약 1호로 그 이름을 올렸다.

1999년 10월 27일 SK케미칼과 SK제약에서 개발한 대한민국 신약 1호 '선플라'에 대한 상량식이 국립서울과학관에 영구히 전시됨으로써 SK케미칼과 SK제약의 높은 기술력을 인정받게 됐다. '선플라'는 IMF 이후 침체되어 있는 국내 제약 업계에 활력을 불러일으키고 신약 개발 열기에 불을 붙이는 역할을 했다.

'선플라'는 같은 해 11월 20일 산업자원부가 주최하고 매일경제신문, 전국 산업기술평가원이 주관하는 99 한국산업기술대전에서 산업기술 혁신상 대통령상의 영예를 차지했다.

SK케미칼은 2000년 7월 13일 서울 리츠칼튼 호텔에서 SK케미칼 조민호 사장, 김대기 생명연구소장, 서울대 암연구소 방영주 소장, 이지바이오사 지원철 사장이 참석한 가운데 유전자 연구를 통한 진단 시스템과 의약품 및 단백질 개발을 맡은 바이오벤처 '인투젠(In2Gen)의 설립 조인식을 가졌다. 인투젠은 유전자 연구를 통한 진단시스템 및 의약품 개발 및 단백질 의약품 개발을 수행하게 된다.

SK케미칼 해외진출

SK케미칼 홍지호 대표는 2001년 6월 1일 이란의 테헤란에 소재하는 이란 유일의 DMT 메이커인 FIPCO(Fiver Intermediate products co)사에서 양사 대표가 참석한 가운데 DMT 증산 기술을 835만 달러에 수출하는 계약을 체결했다. 이로 인해 SK케미칼은 증산에 필요한 기본 기술 및 기본 설계, 주요설비 구매, 관리 감독 기능을 지원해 주게 된다.

2000년 4월 FIPCO 사에서 실시한 9만 톤 규모의 국제 입찰에서 SK케미칼은 입찰에 참가한 경쟁업체 중 가장 뛰어난 제조기술을 보유한 것으로 평가받고 주원료인 PX 소모량이 경쟁사보다 10%나 적어 제조원가 측면에서도 크게 앞섰다.

SK케미칼은 같은 달, 인도 ELQUE사와 기술 자문에 관한 계약을 체결했다. SK케미칼은 6일간 3명의 인원을 파견해 공정, 설비, 품질에 대한 운전 현황, 점검, 생산량 향상 아이디어 제안, 부품 확보 등 설비관리 방법을 제안하고 2만 2,800달러의 기술료를 받았다.

1996년 SK케미칼은 ELQUE 사에 CP(60톤/일) 플랜트 기술을 수출해 1,400만 달러 매출에 순이익 330만 달러를 올렸고 이후 정보제공 및 부품 공급 등 지속적인 CRM으로 신뢰를 쌓아 기술자문 요청까지 받았다.

SK케미칼 홍지호 대표는 2002년 4월 14일 호주에서 코카콜라의 아시아-퍼시픽 지역 지주회사 CCA(Coca Cola Amatil)를 방문해 2년 동안 SKYPET의 장기 공급 계약을 체결했다. SKYPET 마케팅은 이 계약으로 연간 25,000~3만 톤의 수량을 호주, 일본, 인도네시아 등에 공급하게 됐으며 이로써 안정적인 글로벌 마케팅 거점을 확보한 한편 SKYPET 브랜드 이미지를 높였다.

SK케미칼은 2002년 5월 28일 임원회의실에서 폴란드 내 최고 화학 기업인 ANWIL사와 TVA 조인식을 가졌다. 이 제휴로 SK케미칼은 바르샤바 서북쪽에 위치한 ANWIL사의 공장 부지에 700억 원을 투자해 연간 12만 톤의 PET 수지 공장을 건설하게 되었다.

SK케미칼은 국내 20만 톤, 인도네시아 8만 톤의 PET 생산 능력을 보유한 가운데 유럽 지역에서 12만 톤을 확보함으로써 총 40만 톤을 상회하는 메이저 글로벌 기업이 되었다. 이에 따라 중국과 중남미 등 투자지역을 확대하는 탄력을 갖게 되었고 세계 PET 수지 시장에서 강자의 입지를 마련했다. 이란, 인도에 기술 수출, SKYPET 장기 공급 계약 체결, 폴란드와의 제휴 등의 예에서 보듯, SK케미칼은 기존 주력 사업에서 큰 성과를 보였다.

SK제약의 비약

SK제약은 1998년 11월 10일 영국 코르텍스 사와 경구용 신약에 대한 공동 연구 계약을 체결했다. 세계적인 DDS 전문회사인 코르텍스 사와의 공동 연구를 통해 양사가 보유한 DDS 기술의 시너지 효과를 노린 전략이었다. 이미 세계 최초의 관절염 치료제 트라스트 패치를 개발하는 등 피부 및 점막을 통한 DDS 기술을 보유하고 있었던 SK제약은 이 기술을 활용해 경구용 인슐린의 상용화에 착수하게 된다. DDS(Drug Delivery System) 전문회사란 약물을 효율적으로 인체 내에 전달되도록 하는 시스템을 연구하는 회사를 말한다.

1996년 출시 3개월 만에 판매량 100만 개를 돌파하고 발매 첫해 100억 원의 매출을 달성한 바 있는 '트라스트'는 1998년 이후 소비자들에게 많은 사랑을 받았다. IMF 경제위기상황에서도 '트라스트'의 경제성이 새롭게 부각된 결과였다.

'트라스트'는 해외에서도 호평을 받았다. 1998년 6월 18일 SK제약은 이탈리아 다국적 기업인 ROTTA사와 트라스트 완제품 수출 계약을 맺었다. 이 계약의 주된 내용은 의약품 등록 이후 15년간 유럽 현지 임상 및 등록비용(약 500만 달러)을 ROTTA사가 전액 부담하며 ROTTA사는 향후 유럽에서 '트라스트'에 대한 독점적 마케팅 권리를 행사한다는 것이었다. ROTTA사와의 계약은 완제 의약품 수출로 부가가치를 확대했다는 측면에서 의미가 큰 것이었다.

은행잎 엑기스 제제 '기넥신'의 선전도 '트라스트'에 못지 않았다. 1999년 상반기 '기넥신'은 은행잎 엑기스 제제로서는 최초로 중동지역에 진출했다. 1999년 3월 4일 SK제약은 사우디아라비아 리야드에서 현지 의사 300여 명이 참석한 가운데 '기넥신'의 임상적 효용에 관한 심포지엄을 개최했다. SK제약은 이후 사우디아라비아를 거점으로 아랍에미리트, 쿠웨이트, 바레인, 카타르, 오만 등에 '기넥신'의 에이전트를 선정, 완료하고 중동지역 마케팅 활동을 강화했다. SK제약은 '트라스트'에 이어 또 한번의 의약 완제품 수출을 성공시켰다.

선경제약은 1999년 독일 제약회사 STADA사와 위궤양 치료제인 '오메드'에 대한 수출 계약을 체결했다. 계약 조건은 STADA사가 일정액의 로열티와 유럽 현지 등록에 따른 제반 비용을 직접 지불하는 대신 EU를 포함한 10역 국에 대한 독점 판매권을 보장한다는 것이었다. SK제약의 '오메드'는 2000년 6월 22일 독일 판매를 위한 현지 등록을 마치고 독일 보사부로부터 판매허가를 획득했다.

2001년 7월 10일에는 SK제약과 SK케미칼이 개발한 관절염 치료제 '조인스'정이 식품의약품안정청으로부터 제품 품목 허가를 획득했다. SK케미칼은 1993년부터 관절염의 근원 치료를 목표로 '신개념의 생약복합 관절염 치료제' 개발에 착수해 정부의 '보건의료기술 개발 사업자금'을 지원받는 등 7여 년의 연구기간 동안 약 60여억 원의 연구개발비를 투입한 바 있다. '조인스'정은 2000년 1월 공포된 '천연물 신약 개발 촉진법'에 따라 국내 천연물 신약 1호로 탄생하는 영광을 안았다. SK제약은 '조인스'정의 오스트레일리아, 뉴질랜드 판매를 위해 2001년 12월 6~7일 안산 공장과 수원 원료 공장에 대해 오스트레일리아 정부의 GMP 실사를 받았고 2002년 2월 5일 오스트레일리아 식약청으로부터 GMP 허가 통보를 받았다. 이에 따라 '조인스'정은 2002년 3월부터 오스트레일리아에서 판매되기 시작했다.

33

SKC 위기와 타개

    SKC의 폴리에스터 필름은 세계시장 경쟁에서 뒤지지 않는 우수한 수준에 오른 상태였다. 1998년 2월 SKC 미국 서베일 현지 공장은 미국 코닥사가 우수 공급업체를 선정해 수여하는 'Silver Award'를 수상했고 같은 해 7월에는 SKC 폴리에스터 필름이 GE그룹의 '6시그마(sigma6) 프로젝트'에 참가해 '베스트 10'에 선정되었다.

    하지만 SKC 주력 사업이던 필름, 미디어 사업은 1990년 말부터 공급과잉으로 인한 가격경쟁 심화, 원재료 가격 급등으로 인한 매출 정체 등으로 인해 사업성이 악화되고 있었다. 우수한 품질에도 불구하고 저성장으로 인해 사업성이 악화되고 있었다. 위기였다.

    SKC는 이러한 위기를 타개하기 위해 사업구조 고도화를 통한 변화를 모색했다. SKC는 고부가가치 필름 개발과 글로벌 생산 거점 구축에서 활로를 찾았다.

    SKC 수원 공장은 1998년 11월 5일 PEN 필름을 출하했다. SKC가 PEN 필름 양산에 들어간 것은 1996년이었지만 핵심 원료 가격이 너무 비싸 범용화에 어려움을 겪은 바 있다. 하지만 1990년대 말에 접어들면서 폴리에스터 필름 시장이 심한 경쟁과 더불어 성장이 정체되어 있는 상황이었고 필름 수요처에서는 종전의 것보다는 더 얇고 강하며 고온에서도 안정성을 보이는 제품을 요구하고 있었다. SKC는 이런 요구에 대응한 것으로 PEN 필름을 전격 출하했다.

PEN 필름은 폴리에스터 필름에 비해 1.5배 이상의 기계적 강도를 가지고 있으며 특히 고온에서도 견디는 내열성을 지니고 있었다. 155°C에서도 기계적 특성을 유지하고 180°C까지 전기적 특성을 유지하면서도 박막화가 가능하고 폴리에스터 필름에 비해 밀도가 낮아 경량화가 용이하다. 가격은 폴리에스터 필름에 비해 5배에서 많게는 10배까지 높고 그 수요도 증가하는 추세였다. 하지만 1998년의 PEN 필름 출하는 시험 단계에 불과했다. 개발에 성공한 후 상업화를 시도하지 않았기 때문에 SKC의 PEN 필름을 세계시장에 내놓기에는 무리가 따랐기 때문이다. SKC가 4년 후인 2002년 하반기부터 품질을 더욱 향상시킨 '고 성능성 PEN 필름'을 새롭게 개발, 데이진-듀퐁에 이어 세계 두 번째로 본격 양산하기 시작했다. SKC는 PEN 필름을 'Skynex'라는 브랜드로 명명하고 국내외 시장을 적극 공략해나갔다.

해외 생산 거점 구축

SKC는 고부가가치 제품 생산과 병행해 글로벌 생산 거점 구축에 주력했다. 1995년 폴리에스터 사업의 생산 거점을 다각화하고 시장 점유율을 세계 1위로 끌어올린다는 목표 아래 미국 조지아주 커빙딘 시에 폴리에스터 필름 공장을 신설한 SKC는 1999년 5월 연산 5

만 톤 규모의 폴리에스터 공장을 가동하기 시작했다. SKC는 1999년 10월 정식 준공식을 열었다. 2억 5천만 달러가 투자된 조지아 공장은 46만 5,000평 부지에 3개 생산 라인을 갖췄다. 조지아 공장 가동으로 SKC는 연간 5만 6,000톤의 필름을 생산해 미국, 유럽 시장에 판매하기 시작했다. 1999년 당시 듀퐁, 미쓰비시, 도레이에 이어 세계 4위였던 SKC는 조지아 공장 가동으로 세계시장 점유율 10%에서 15%로 끌어올려 미쓰비시를 제치고 세계 3위 생산업체로 부상했다.

SKC는 중국 시장에서 IT 관련 산업이 급성장하고 국내 관련 업체들의 중국 투자가 가속화함에 따라 중국에 LCD용 소재 필름 생산 법인을 설립했다. 이를 통해 SKC는 중국 시장에서 반도체 제조용 소재 필름, 환경 보호용 유기 필름 등을 생산, 확대하여 향후 급성장이 예상되는 중국내에서 가공 필름 1위 기업으로 육성한다는 장기전략을 세웠다.

2002년 SKC는 중국 소주 인근 오강시 LCD용 소재 필름 등의 IT용 가공 필름 공장 'SKC SUZHOU New Meterial Co. Ltd'를 설립하기로 결정하고 8월부터 공장 건설에 들어갔다. SKC는 2003년부터 소주 공장에서 TFT-LCD용 확산 필름과 FFC H/C, NECO용 필름과 같은 IT용 가공 필름을 연간 1,000만 sqm씩 생산해 2004년에는 300억 원, 2005년에는 500억 원씩의 매출 계획을 세웠다.

SKC는 사업 구조를 개선하기 위해 구조조정 작업도 함께 추진했다. 1997년 4월 7일 SKC는 일부 가공 필름 사업을 미국 ITW사에 매각했다. SKC는 스템핑 포일, 열전사 리본, 알루미늄 증착 필름에 관련된 생산 설비, 재고, 매출채권 등 240억 원의 자산과 50억 원의 매입 채권을 넘기는 대가로 총 1억 2,500만 달러를 받았다. ITW사는 SKC의 가공 필름 사업을 인수한 후 별도의 회사를 설립했고

SKC 천안 공장 내의 건물 및 토지를 임대해서 가공 필름 제품을 생산했다.

SK 에버텍 합병

2001년 9월 실시된 SK에버텍과의 합병은 SKC의 사업 구조 개선책의 일환이었다. SKC는 SK에버텍과의 합병을 통해 기초 소재 사업 분야를 강화할 수 있게 돼 회사가 지향해 온 미래 사업 추진에 획기적인 전기를 마련했다.

SK에버텍은 SK주식회사가 100% 출자한 회사로 1987년에 설립된 이후 폴리우레탄의 주요 원료인 프로필렌옥사이드와 폴리올, 프로필렌글리콜을 생산해 국내외에 공급해왔으며 장기적으로 정밀 화학 분야로의 기업 변신을 추진해 왔다. SK에버텍은 SK옥시케미칼의 새로운 사명이다(이 책에서는 해당 시기 명칭을 사용하는 원칙에 따라 SK옥시케미칼 사명을 사용한다).

SK옥시케미칼은 글로벌 체제 추진 기반을 구축하고 중국 시장을 적극적으로 공략하기 위해 중국 심양에 PU foam 사업 현지 법인(선중폴리우레탄유한공사)을 설립하고 1998년 5월 7일 개업식을 열었다. SK옥시케미칼은 1998년 7월 제2 폴리올 공장을 완공, 생산 능력을 기존 3만 톤에서 6만 톤으로 배가시켰다. 1997년 8월부터 1998년 6월까지 11개월 동안 230억 원을 들여 완공, 가동하게 된 이 공장은 이탈리아 프레스인더스트리사의 상세 설계와 SK건설의 시공으로 건설되었다. 자동차 내장재 및 가구, 건축자재 등에 사용되는 폴리우레탄의 주원료인 폴리올은 IMF 경제위기로 인해 내수가 위축되어 있었다. 그러나 SK옥시케미칼은 제2 폴리올 공장 완공에 따라 다양한 등급의 폴리올 제품을 공급하게 되었다.

SK옥시케미칼은 1999년 9월 폴리머폴리올(POP) 증설 사업을 완료하고 상업 생산에 들어갔다. SK옥시케미칼은 국내 폼(Foam) 제품의 품질 향상 및 원활한 수급을 위해 폴리머 폴리올 제품을 연산 3,000톤에서 6,000톤으로 증설키로 결정, 1998년 12월 자체 기술로 시공에 들어간 바 있다.

SK옥시케미칼은 1999년 9월 울산시 종합 실내 체육관에서 김수필 사장과 임직원 800여 명이 모여 '21세기 회사 비전 선포식'을 가졌다. 이날 선포식에서는 '2010년까지 시장가치 15조 원의 회사가 된다'는 중장기 비전과 회사의 발전과 개인 성장의 핵심가치를 전 임직원이 공유했다.

SK옥시케미칼은 2000년 3월 SK 관계사 가운데 최초로 ERP 체계 구축을 위한 프로젝트를 개시했다. SK옥시케미칼은 3월 24일 ERP 프로젝트 킥오프 미팅을 열고 ERP 시스템을 업무 전반에 도입했다. 이러한 노력은 2001년 1월 18일 ERP 구축을 성공적으로 마무리하는 개통식을 가짐으로써 결실을 맺었다. 관계사인 SK C&C 등이 구축한 SK옥시케미칼 ERP 시스템은 SK에서는 ERP 전 모듈을 도입한 최초의 회사가 되었다.

같은 해 6월 1일에는 사명을 SK에버텍으로 변경하고 이를 기념하기 위해 17일 신 CI 선포식을 가졌다. SK에버텍(SK Evertec)은 '영구히(Ever), 성장 발전하면서, 고객의 행복을 위해 노력하며, 이를 위해 기술(Tec) 개발에 최선을 다한다'라는 의미를 담고 있으며 일반인들에게 친근감을 주는 것이었다. SK에버텍은 2001년 6월 29일 한국바스프와 자산 양수도 계약을 체결하고 연산 32만 톤 규모의 제

2 SM 공장을 1억 3,000만 달러에 매각했다. SK에버텍은 SM 공장을 한국 바스프사에 넘김으로써 폴리우레탄 등 고부가가치 핵심사업에 주력하고 원료와 제품의 수급 균형을 이뤄 경기 변동에 적절히 대처할 수 있게 됐다.

SKC 2차 전지(電池, Battery) 사업 진출

SKC는 보유 기술을 기반으로 차세대 전략사업을 확대하기 위해 2차 전지 사업을 추진했다. SKC는 1996년부터 2차 전지 사업에 진출하기 시작하여 그간 비디오테이프와 가공 필름 사업을 통해 확보한 코팅 기술을 기반으로 미국 뉴저지와 천안 공장 내에 리튬폴리머 전지만을 전담하는 R&D 센터를 운영한 바 있다.

리튬이온전지(LIB) 제조기술 핵심은 코팅과 조립 기술로, 제조 공정이 비디오테이프 제조 공정과 거의 일치한다. 때문에, 20년 간 비디오테이프 제조를 통해 세계 최고 수준의 기술을 축적한 SKC는 리튬이온전지 사업화를 위한 설비투자와 생산기술 확보 측면에서 다른 업체보다 절대적으로 유리한 위치에 있다.

SKC는 1998년 8월 휴대폰, 노트북, PC, 캠코더 등에 사용되는 '리튬이온전지 18650'을 자체 기술로 개발에 성공했다. 리튬이온전지는 당시 전량 수입되던 것으로 SKC가 3년간 총 300억 원을 투자해 개발에 성공한 것이다. SKC가 개발한 리튬이온전지는 용량이 1550mAh로, 세계적 수준인 일본산 1400mAh보다 고용량이었다. 아울러 원재료의 이상적인 배합을 통해 제품의 과열을 방지함으로써 안정성노 내폭 향상된 것이었다.

SKC는 1999년 초 스텍 및 와인딩 타입의 LIPB 개발 작업을 완료하고 1999년 7월에는 천안 공장을 비롯한 전국에서 양산 라인을 가동, 국내의 일부 수요자에게 공급하기 시작했다. 그리고 2002년 초에는 천안 공장에 월 25만 셀 규모의 리튬폴리머 전지 조립 생산 설비를 갖추고 본격 양산에 들어갔다.

SKC는 2002년을 2차 전지 사업의 원년으로 정하고 국내의 이동통신 기기 제조사에 대한 적극적인 마케팅 활동에 들어갔다. SKC는 향후 생산라인을 단계적으로 확충, 2003년부터 월 125만 셀 이상의 LIPB를 생산, 2005년 이후에는 이 부문에서만 연간 2,000억 원 이상 올리기로 계획했다.

SKC는 2002년 5월 2차전지 제품 중 세계 최초로 리튬폴리머 전지에 대한 미 국방성 제품 승인을 획득했다. 이와 함께 SKC는 세계 최초로 미군의 최첨단 군 장비에 사용될 2차 전지를 개발, 미 국방성 프로젝트를 수행하게 되었다. SKC는 미 국방성으로부터 기술 개발을 전적으로 위탁받아 2002년 5월 미 국방성으로부터 10만 달러의 기술 개발비를 지원받았으며, 2003년에는 약 100만 달러를 지원받기도 했다.

34

금융관계사 도약

　1998년은 SK증권의 존립 자체가 위협을 받았던 고난의 한해였다. IMF직후 한국의 금융산업이 붕괴 직전의 위기 때였다. 증권회사 구조조정의 일환으로 금융감독위원회로부터 SK증권이 제출한 경영개선 계획에 대한 평가가 있었으며 SK증권은 이를 승인받아 퇴출 위기에서 벗어났다. 그리고 이해 3월 3,000억 원, 12월 2,000억 원 등 총 5,000억 원의 자기자본을 확충해 1998년 말에는 경영정상화 초입에 들어섰다. 1999년에 이르러 SK증권은 국가 경제의 회복과 임직원들의 헌신적인 노력에 힘입어 경영정상화를 이루게 된다.

　SK증권은 1998년 6월 주식시장 급변 등으로 인한 리스크 최소화와 금융상품 영업 활성화를 위해 지점 내에 금융상품전담팀을 신설, 운영했다. 금융상품전담팀은 지점의 금융상품 영업을 선도하고 영업마인드를 불러 넣었다. SK증권은 1999년 2월 책임경영제 구현과 고객 만족 경영을 골자로 하는 대규모 조직 개편을 단행했다. 책임경영제 구현을 위해 본부 제도를 도입했고 고객이 'OK'하는 수준까지 고객 만족 서비스를 제공할 수 있도록 사상 식속 기구인 고객만족경영

팀을 신설했다.

SK증권은 1999년 6월 재무구조를 개선하기 위해 2500억 원 이상의 대규모 유상증자를 실시했다. SK증권은 6월 21일 이사회를 열고 기명식 보통주식 4,000만 주를 주주 우선 공모방식으로 발행키로 했다. 신주의 발행가격은 기준주가의 30%를 할인한 가격이었다. 신주 20%는 우리사주 조합에 배정되었고 청약 결과 잔여 주식은 7월 7일 현재 주주명부에 등록된 주주에게 소유주식 1주당 0.223023주의 비율로 배정했다. SK증권은 1999년 11월 금감위의 경영개선 명령을 이행 완료하고 완전 경영정상화를 이뤘다.

금융감독위원회는 1998년 8월 21일 경영개선 명령을 받은 SK증권이 경영개선 계획 종료 시점인 1999년 9월 30일 현재 주요사항을 충실히 이행, 경영정상화를 달성함에 따라 '경영개선 명령 해제'를 결정했다고 11월 12일 발표했다. SK증권의 경영개선 명령을 받은 금융기관 가운데 첫 번째였다.

또한, 1999년 10월 13일 JP모건과의 분쟁이 완전히 타결됨에 따라 영업용 순자본 비율 350%를 달성했다. SK증권은 '신뢰와 전문성'을 바탕으로 뉴 밀레니엄의 디지털 경제를 선도하는 종합금융회사로 성장한다는 중장기 비전을 세우고 보다 적극적이고 공격적인 경영을 펼쳐나가기로 했다.

E-NNOVATION 비전리포트

2000년, 2001년, 2002년 경제 상황과 증시 여건은 그리 순탄하지 않았고 그에 따라 SK증권은 어려운 경영환경 속에서도 도전을 멈추지 않았다.

SK증권은 2000년 과거 부실 요인을 청산하고 'Clean company'로의 변신, 우수 인력을 대거 충원하고 금융 기법의 선진화 및 변화 추구에 주력해 안정적인 성장 기반을 구축했다. 2001년에는 생존 기반 구축을 위한 사업 구조조정을 마무리했으며, 성장 원동력 확보를 위한 'To-be Model'로서 고객 중심의 마케팅 전문회사를 지향했다. 2002년에는 역경에 적극적으로 대응하고 안정된 생존 기반을 확보하기 위해 'SUPEX 2000'을 구체화 시켰으며 차별화된 리테일 브로커리지 전략, 모바일 사업, 리스크 매니지먼트에 입각한 본사 영업 강화 등 실천적인 전략 아래 숨가쁘게 움직였다.

SK증권은 2000년 3월 고객 신뢰와 전문성을 바탕으로 한 가치 성장을 추구하는 '세계일류 종합증권회사'라는 비전을 수행하기 위한 'Speed와 Flexibility', 고객, 시장 중심의 조직으로 전환했다. 모든 결제가 담당사원-사업부장-대표이사 3단계 이내로 가능하도록 결제 라인을 대폭 축소했으며 영업조직은 Retail 사업본부, Wholesale 사업본부 등을 신설했다.

SK증권은 2000년 4월, 경기도 용인 소재 미래원에서 전 임직원이 참석한 가운데 'E-NNOVATION 21 비전' 선포식을 갖고, '세계 일류 종합증권회사'라는 2010년까지의 비전을 선언했다. SK증권은 비전 선포식을 통해 전 사업 부문을 E-business 체제로 구축하고 향후 10년 이내에 고객과 주주를 비롯한 전 임직원의 평생 가치(Life Time Value)를 극대화해 세계적 수준의 종합증권 회사로 발돋움할 것을 다짐했다.

SK증권은 2001년 3월 1,300억 원 규모의 유상증자를 실시했다. SK증권은 유상증자를 발판으로 영업용 순자본 비율이 320%까지 제고되었고, 재정 능력을 확보함으로써 경영전략을 본격적으로 추진할 수 있게 되었다.

SK증권은 2001년 10월부터 경북 영천, 충남 공주 등에 '패밀리 지점'이라는 신개념 점포를 개점해 소매영업의 돌파구를 마련했다. SK증권은 2002년 10월에는 현대캐피탈과 제휴를 맺고 증권 거래 고객에게 무료 오토 리스 서비스를 제공하는 '오토클럽(Auto Club)'을 출시했다. 오토클럽이란 SK증권 거래 고객이 매매수수료 중 50%를 현대캐피탈 오토 리스 이용료로 자동 대체해 별도의 추가비용 없이 현대 기아 자동차를 3년간 무료로 이용할 수 있는 서비스다.

SK투신운용과 악사로젠버그(Axa Rosenberg)

SK투신운용은 1999년 9월 20일 미국 투자자문 회사인 악사로젠버그(Axa Rosenberg)사와 주식운용 부문에서 업무 제휴를 체결함에 따라 악사로젠버그사의 선진 운용 기법을 활용한 주식형 수익증권을 국내 투자자들에게 선보였다.

악사로젠버그사는 '바라 모델'로 국내에 널리 알려진 바라 로젠버그(Barr Rosenberg) 박사가 1985년 설립한 자산운용 회사로, 1999년 당시 78억 달러(약 9조 4,000억)의 자산을 운용하고 있는 세계적인 보험회사인 악사사(社)가 로젠버그 박사로부터 지분을 인수해 회사명을 악사로젠버그로 변경했다.

악사로젠버그사는 주관적인 요소를 최소화한 가치평가 모델, 리스크 모델, 트레이닝 모델 등 5개의 모델을 활용해 최적의 포트폴리오를 실시간으로 구성하는 계량적인 시스템 운용으로 유명했다.

2001년 6월 22일 총 6,000억 원이 배정된 '국민연금'의 외부위탁운용사 심사 결과 SK투신운용이 최우수 투신운용사로 평가되어 600억 원을 배정받았다. 당시 국민연금의 자금 집행 심사에는 총 74개의 운용사 및 자문사 등이 참가해 치열한 경쟁을 벌인 결과 SK투신운용을 포함한 7개 투신운용사와 2개 자산운용사 및 4개 투자자문사 등 최종 13개 사가 선정됐다.

2002년 4월 30일 SK자산운용은 삼성, 한국, 대한, 외환코메르츠투신운용 등 4개 투신사와 15조 원 규모의 삼성생명 투자자산에 대한 자문사로 선정됐다. SK투신운용은 자체 전문인력을 활용해 매주 투자자문 서비스를 제공, 연간 2억 원 내외의 자문수수료를 받는 성과를 거뒀다.

35

국민 생활 패턴을 바꾼 SK텔레콤

우리는 1983년 최종현 회장이 이동통신 사업자 선정 과정에서 사업의 제일 철학을 '국익'과 '국민편익'에 두겠다고 한 것을 기억할 수 있다. 편익이란 편리하고 유익한 것을 말한다. SK텔레콤은 국민 생활 패턴을 바꿨다.

1998년부터 2002년까지 SK텔레콤은 양적, 질적 성장을 거듭해 정보·통신 분야의 큰 줄기를 형성했다. IS-95B 서비스를 세계 최초로 제공하는 것을 시작으로 무선 데이터 종합 브랜드 'N-Top'을 내놓았고 이어서 이를 업그레이드해 국내 최초로 유·무선을 통합한 신개념의 인터넷 서비스 'Nate'를 오픈한 것이다.

한편 'IMT-2000' 사업자 선정에서 최고 점수로 사업권을 획득하고 세계 최초로 '동기식 IMT-2000' 상용 서비스를 개시하는 등 차세대 이동통신 사업에서도 선도적인 역할을 담당했다. IMT-2000이란 International Mobile Telecommunication의 약자로 범세계 이동통신을 뜻한다. 또한, 이런 탄탄한 기반을 바탕으로 중국, 베트남, 몽골, 러시아, 캄보디아 등에 진출, 동북아 시장의 마켓 리더가 되기 위한 초석을 깔았다. 1998년 5월 21일 SK텔레콤의 이동전화 가입자 수가 상용화 3년 만에 500만 명을 돌파한 것이다. 이는 당시 우리나라 전체 인구의 11%에 해당하는 수치로, SK텔레콤이 명실상부한 전 국민의 이동전화 서비스 업체로의 위상을 굳힌 것을 의미하는 것이다. SK텔레콤은 이로써 세계 8위의 이동전화 사업자로 부상해 해외 여러 기업들로부터 운영 경험 전수를 요청받기도 했다.

20대 젊은 층을 잡아라

1999년 4월 30일 한국능률협회 컨설팅에서 주관하는 한국산업 브랜드 파워 조사 결과 SK텔레콤의 '스피드011'이 2위 브랜드와 두 배 이상의 점수 차이를 보이며 이동전화 부문 1위로 선정되었다.

하지만 '스피드011'은 타의 추종을 불허하는 브랜드 파워를 지니고 있음에도 불구하고 20대의 젊은 층에서는 약세를 면치 못하고 있었다. 이것은 회사의 장기 성장을 고려할 때 중대한 문제가 아닐 수 없었다. 20대는 이동전화를 최초로 가입해 사용하는 연령대로서 장기 성장을 위한 기반 고객층이었으며 향후 출시될 무선 데이터 등의 미래 핵심 상품을 이용하게 될 주 고객층이기 때문이다.

SK텔레콤은 이에 따라 1999년 7월 15일 신세대를 위한 신개념의 이동전화 브랜드 TTL을 내놓는다. '011'의 통화 품질이나 서비스 적용 범위, 고객서비스 등에는 영향을 주지 않고 다만 20대의 라이프 스타일과 감각에 맞는 서비스를 상품으로 구성된 브랜드였다. 이러한 마케팅 전략은 당시까지 전 세계 이동전화 사업자 어디에서도 찾아볼 수 없는 독특하고 혁신적인 것이었다.

SK텔레콤은 TTL 상품 요소로 ①신세대 통화 패턴에 맞춘 TTL 요금제 ②20대의 기호에 맞춘 감각적인 디자인과 기능을 갖춘 전용 단말기 ③TTL 멤버십 카드 ④문화공간 TTL Zone ⑤20대가 주로 이용하는 부가서비스 폰 메일, 벨소리의 무료제공 등으로 구성했다. 그리고 광고에 있어서도 새로운 이미지를 심어주기 위해 과감하게 신인을 기용, 신비감과 호기심을 갖도록 했다.

TTL은 화제를 불러일으키며 대성공을 거두었다. TTL의 가입자 수는 6개월 만에 100만, 28개월 만에 290만 명을 넘어섰고, SK텔레콤은 TTL의 성공에 힘입어 1999년 12월 24일 이동전화 가입 고객수 1,000만 명을 돌파했다. 경제 활동 인구의 3분의 1이 SK텔레콤의 고객이 되었다. 시대 변화에 능동적으로 대처한 결과였다.

SK텔레콤의 TTL 브랜드 출시는 국내 통신 업계 전체에 새로운 바람을 몰고 왔다. 각 이동 통신사들은 기존 장려금 지급 위주의 출혈 경쟁에서 벗어나 상품 개발력 및 고객서비스 중심의 마케팅 전략으로 방향을 바꾸기 시작했다. 또한, TTL 카드는 전 사회적으로 멤버십 카드를 활성화시키는 계기가 되었다. 대학의 개념을 활용한 인터넷상의 공간 'TTL College(www.TTL.co.kr)'는 1999년 8월 국내 기업 홈페이지 중 최대 접속 건수를 기록했다.

SK텔레콤은 2001년 2월 TTL 서비스를 업그레이드해 'TTL 제2의 탄생'을 선언했다. TTL을 '011'을 넘어선 신세대 대표브랜드로 집중 육성하기 위해 기존 '스무살의 011' 이었던 브랜드 슬로건을 'Made In 20'로 교체하고, 신규 프리미엄 서비스로 '해외프로그램과 온·오프라인 상의 각종 클럽 운용, 지원 프로그램'을 선보였다. 같은 해 9월에는 젊은 층이 밀집하는 지역에 'TTL Street'를 조성해 다양한 문화 혜택을 제공하는 국내 최초의 신개념 지역 할인 마케팅을 펴기 시작했다.

SK텔레콤은 TTL 성공 이후 더 놀라운 마케팅 전략을 구사해 빛났다. 특정 세대를 타겟으로 하는 세분화 마케팅이다. 2001년 8월에는 10대 전용 이동전화서비스 Ting을, 10월에는 25~35세를 대상으로 한 Uto를 내놓았으며 이듬해 8월에는 기혼 여성을 위한 이동전화서비스 Cara를 출시했다.

2000년대에 들어서면서 국내 이동전화 시장은 급속한 성장기를 지나 성숙기에 접어들었다. 이에 따라 이동전화 시장 전략의 초점은 기존 고객 유지에 모아졌으며, 경쟁 중심 요소도 요금과 고객 맞춤형 서비스로 옮겨졌다.

SK텔레콤은 2000년 1월 마케팅의 핵심 전략을 '기존 고객 유지 강화'로 결정하고 다양한 이업종과의 제휴를 통해 차별화한 마케팅 전략을 전개했다. 고객 우대 프로그램인 '리더스클럽'을 대폭 확대해 본격적으로 실시했다. 우대 프로그램이 보다 고객 밀착 서비스로 정착될 수 있도록 2000년 1월 10일에는 30여 개 국내의 우량 업체와 통신 업계 최대의 이업종 공동 마케팅 조인식을 가졌다.

광(光) 전송로 망 구축

SK텔레콤은 1998년 4월 8일 서울, 부산, 대구 등 전국 주요 8개 도시 간 자체 광통신망 구축을 완료했다. SK텔레콤은 고객에게 확실한 통화 품질과 다양한 서비스를 제공하기 위해 1995년부터 전국 8대 도시에 설치된 이동전화 및 무선 호출 교환실을 상호 연결하는 광 전송망 구축 사업을 진행, 1998년 광 통신망 구축을 완료했으며 2000년에는 26개 중소도시를 연결하는 광 전송로 망을 완비해 기존 서비스의 품질을 향상시키고 안정적인 통신서비스를 공급할 수 있게 되었다. SK텔레콤의 기간망은 데이터 서비스의 안정적인 제공을 위해 주요 구간의 망 구성이 이원화되어 있고, 100% 광 통신망으로 구축된 상태여서 초고속 데이터 전송을 요구하는 서비스 제공에 적합했다.

SK텔레콤은 2000년 2월 광 통신 기간망을 활용해 회선 임대 사업을 실시하기로 결정, 준비 과정을 거쳐 2000년 12월 16일 전국 15개 우선 CATV 사업자와 제휴를 맺고 초고속 인터넷 '싱크로드(Syncroad) 서비스'를 개시했다.

SK텔레콤은 2000년 2월 위성 및 해저케이블을 이용한 국제 전용 회선 사업 허가를 획득한 데 이어 2000년 12월 22일 홍콩 HCA(Hutchison Corporate Acess)사와 국제 위성 서비스 제공을 위한 전략적 제휴를 체결함으로써 본격적인 국제 회선 임대사업 진출 기반을 구축했다.

SK텔레콤은 2000년 4월 18일 40GHz 대역의 '광대역 무선가입자망(BWLL, Broadband Wireless Local Loop) 시스템'을 국내 최초로 개발했다. SK텔레콤이 개발에 성공한 '광대역 무선가입자망'은 2~60Mbps의 전송 속도로 '음성과 초고속 인터넷 전용 회선, 무선 LAN 접속, 영상 분배 등 다양한 서비스를 제공할 수 있는 시스템이다. 이 장비는 기존 유선망인 광 케이블망에 비해 회선 설비 등 초기 투자비가 상대적으로 저렴하고 투자 비용이 적게 들 뿐 아니라 통신망 구축과 재난 등에 따른 복구에도 신속하게 대응할 수 있다.

SK텔레콤, 신세기 통신 합병

SK텔레콤과 포스코(Posco) 계열의 신세기통신 합병은 국내 이동전화 시장의 판도를 바꾸는 대사건이었다. 1999년 12월 20일 포스코와 SK는 한국정보통신 사업의 국가경쟁력 제고를 위해 공동 노력할 것을 합의하고 포스코가 보유하고 있는 신세기통신 지분과 SK텔레콤 지분을 교환하는 전략적 제휴를 맺는다. 이것은 1999년 내 구조조정을 끝내야 하는 코오롱(Kolon)의 입장과 업계 자율로 정보통신 분야의 구조조정을 이루어 내려는 포스코, 그리고 SK의 이해가 맞아떨어져 이루어진 것이다.

신세기통신과의 합병을 두고 SK 내부에서는 반대 의견이 거셌다. 하지만 손길승 회장은 '일등만이 살아남는다'는 신념으로 합병을 강력하게 추진했다. 손 회장의 선택은 적절한 것이었다. 손 회장은 "신세기통신과 제휴할 것인가에 대해 이견이 있었다. 많은 사람들이 반대했다. 하지만 통신 사업의 구조조정이 일어나면 1등만이 살아남는다. SK가 1등이 되려면 어떠한 난관이 있어도 합병해야 한다고 주장했다. 그래도 지금 합병할 필요는 없다며 반대하는 의견이 많았다. 결국 손익 계산을 해보니 내 얘기가 맞았다. 그러니 내가 시행한다. 그러니 맡기라고 했다. 그렇게 반대 의견을 잠재우고 난 뒤에 엄청난 노력을 쏟아부어 전광석화같이 시행했다."라고 술회하고 있다.

SK텔레콤은 신세기통신과의 합병을 통해 세계적 추세인 대형 정보통신사간 M&A에 강력한 경쟁력을 가지고 대응할 수 있는 힘을 가지게 되었고 4조 원 이상의 시너지 효과도 기대할 수 있게 되었다.

SK텔레콤은 1999년 12월 24일 공정거래위원회에 신세기통신의 지분 51.9%를 대주주인 포스코와 코오롱으로부터 인수한다는 기업

결합신고서를 제출했다. SK텔레콤이 신세기통신과 합병할 경우 시장 점유율은 57%가 된다. 1개사의 시장 점유율이 50% 이상인 경우, 독과점으로 규정, 기업결합을 금지하는 공정거래법 조항에 배치될 우려가 있었으나 경쟁 제한성이 있더라도 독과점의 폐해보다 구조조정으로 인한 산업합리화 효과가 더 클 경우에는 기업결합이 허용될 수 있다는 규정이 있다. SK텔레콤은 통신망이 국가 기간인프라에 관련된 것인 만큼 선진국 대열에 진입하기 위해서는 통신산업계의 자율적인 구조조정을 인정해야 한다고 주장했다.

이에 반해 후발 업체인 LG텔레콤 등 PCS 3사는 거세게 반발, 공동 대응에 나섰다. 양측의 주장이 팽팽하게 맞서 공정거래위원회는 쉽게 결정을 내리지 못했다. SK텔레콤이 기업결합신고서를 제출한 지 두 달 후인 2000년 2월 12일 주무부서인 정보통신부는 공정거래위원회에 계류 중인 SK텔레콤과 신세기통신의 기업결합에 관한 입장을 발표했다.

정보통신부는 기업결합 승인 조건으로 ①SK텔레콤이 가입자 혹은 매출액 기준으로 시장 점유율을 연말까지 50% 이하로 낮출 것 ②신세기통신의 요금 조정시 정부의 인가를 받을 것 ③연말까지 이를 이행하지 못할 경우 양사 매출액의 5%를 정보화 촉진 기금으로 낼 것 등을 제시했다.

정보통신부의 전제 조건 대로라면 SK텔레콤이 인위적으로 160만 명의 가입자를 감축하거나, 또는 전체 이동전화 이용자의 증가를 감안하더라도 연말까지 일체의 영업 활동 없이 당시의 가입자 수를 그대로 유지해야 충족시킬 수 있는 조건이었다. 대단히 가혹한 조건이었다. SK텔레콤은 정보통신부의 요구는 현실을 무시한 비합리적인 요구라고 강력하게 반발했다.

공정거래위원회는 2000년 4월 26일 ①2001년 6월까지 시장 점유율을 50% 이하로 낮추고 ②SK텔레텍 단말기 생산 대수를 2005년까지 120만 대 이하로 유지한다는 조건을 달아 SK텔레콤과 신세기통신의 기업결합을 허용했다. 이에 대해 SK텔레콤은 공정거래위원회의 조건부 승인이 정보통신 기술 변화의 속도와 세계 통신 시장의 추세를 감안하지 않는 조치라고 강한 유감을 표시했다.

SK텔레콤은 2001년에 들어서 단계적 신규 가입 축소 조치를 취하면서 신세기통신의 불량 가입자 정리를 적극 유도했다. 하지만 PCS 3사는 신규 영업 축소, 대량 직권 해지 등 SK텔레콤 견제구를 노골적으로 날렸다. 그들이 자신들의 시장 규모를 축소할수록 SK텔레콤이 받는 축소 압력이 커지는 것이다. 이상한 게임이었다. 이 같은 상황이 지속될 경우 SK텔레콤이 기한 내에 시장 점유율 50% 이하로 낮추는 것은 불가능한 일이 될지 모를 지경이었다.

SK텔레콤은 2001년 4월부터 신규 가입을 전혀 받지 않는 한편, SK텔레콤 대리점에서 경쟁사인 LG텔레콤의 가입을 대행해 주기 시작했다. 당시 LG텔레콤은 IMT 2000 사업자 선정에 탈락한 데다 KTF와 한솔닷컴의 합병으로 존립 위기에 직면해 있는 때였다. SK텔레콤은 LG텔레콤의 이러한 딜레마를 알고 LG텔레콤을 설득해 가입 재판매를 해준 것이다.

이 전략은 큰 효과를 발휘했다. LG텔레콤의 가입자가 증가하자 PCS 3사의 공조체제는 와해되고, 가입자 유치 경쟁 체제로 전환되었다. PCS 3사의 경쟁으로 가입자 시장이 확대되었고 SK텔레콤은 감축 비용을 들이지 않고도 2001년 6월 12일 시장 점유율 50% 이하를 무사히 달성할 수 있었다.

SK텔레콤은 역마케팅 활동으로 진년 6월 내미 64만이 깁소됐다.

하지만 2001년 상반기 매출은 전년 대비 1% 증가한 2조 9156억 원, 세후 순이익은 70.4% 증가한 6,323억 원으로 사상 최고의 실적을 올렸다.

SK신세기통신

신세기통신은 2001년 4월 SK텔레콤과의 기업결합 이후 신세기통신이 SK의 일원임을 확실히 하고 SK의 인지도 및 강한 이미지를 CI에 도입할 목적으로 사명을 '신세기통신'에서 'SK신세기통신'으로 바꿨다.

2001년 6월 25일 SK텔레콤과 SK신세기통신은 SK텔레콤 본사에서 양사 사장 및 관련 임원이 합병에 관한 논의를 갖고, 2002년 1월 중에 SK신세기통신을 SK텔레콤에 합병하기로 합의했다. 합병에 관한 논의와 더불어 SK텔레콤과 SK신세기통신은 우수 역량을 집중해 무선 인터넷 시장을 개척, 당시 전체 매출액 가운데 2.3%에 불과한 무선 인터넷 사업 매출을 2005년에는 20%인 4조 원대까지 끌어올리자는데도 합의했다.

양사는 이를 위해 기존의 무선 인터넷 서비스를 강화하고 유·무선을 연계한 통합 서비스를 통해 플랫폼 사업을 확대하기로 했다. 또한, 모바일 커머스 사업에도 적극적으로 진출하기로 했다.

2001년 하반기에는 'Speed 011'과 'Power Digital 017'의 브랜드 전략에 대한 검토가 활발하게 진행됐다. 그 결과 기업 합병 이후 'Speed 011'을 SK텔레콤의 대표브랜드로 가져가기로 했고 '017'은 통신 채널로 운영하기로 했다. 즉 대외적으로 광고 커뮤니케이션은

'Speed 011'로 하고 '017'은 영업점에서 고객과의 커뮤니케이션 수준에서 관리하기로 했다.

SK텔레콤과 SK신세기통신은 0.05696주 대 1주 비율로 결정하고 2002년 1월 11일 정보통신부의 승인을 얻어 1월 13일 합병을 완결했다. SK신세기통신은 2001년 말 330만 명의 가입자와 11.4%의 시장점유율을 가지고 있었다. SK신세기통신은 190만 명의 무선 인터넷 가입자를 보유하고 있었으며 SK텔레콤의 이동전화망과 교환이 가능한 800MHz CDMA망은 24개 교환 장비, 1,370개소의 기지국, 4,701개의 중계기를 통해 전체 인구의 98%를 커버하고 있었다. SK텔레콤과 SK신세기통신과의 법인 통합에 따라 SK텔레콤은 각사별로 운영되어 왔던 고객우대 프로그램 '스피드리더십클럽'과 '017 iClub'을 2002년 3월부터 '리더스클럽' 멤버십 프로그램으로 운영하기 시작했다.

일본에 CDMA 기술 수출

SK신세기통신은 기존 사업을 변함없이 유지, 발전시켜 나갔으며 이에 멈추지 않고 총체적 변화를 시도했다. 2000년 10월 19일 신세기통신과 데이콤은 이동전화망과 위성 휴대통신망 연동을 골자로 하는 전략적 제휴를 체결했다. 이로써 신세기통신은 위성 휴대통신망을 국가 기간 통신망 등 특수 통신망 분야에 대한 이중망으로 적극 활용해 이동전화 서비스가 되지 않는 지역에도 서비스를 하게 되었다. 또한, 일시적인 통신망 장애 시에도 서비스를 제공할 수 있는 체제를 갖추게 되었다.

신세기통신은 다른 업체와의 제휴를 통해 무선 인터넷 서비스를 적극적으로 확장했다. 2000년 12월에는 iMBC와, 2001년 5월에는 ㈜YTN과 제휴해 각 방송사에서 제공하는 텍스트 기반의 무선 인터넷 컨텐츠 정보를 무선 인터넷 서비스 아이터치를 통해 제공하기 시작했으며, 2001년 7월부터는 ㈜한화정보통신, 미국 탄티비(Tantivy)사 등과 공동으로 고속 무선 인터넷 서비스를 제공하기 위한 Internet-CDMA 시스템 시험을 실시했다.

I-CDMA는 데이터 전용 서비스 시스템으로써 단말기의 용량과 적용 범위를 대폭 확대하고 기지국과의 거리에 관계없이 고속의 서비스 품질을 보장하는 특징이 있다. 신세기통신은 2001년 2월 2일 이동통신 업체로서는 SK텔레콤에 이어 두 번째로 CDMA2000 1x 초고속 무선 데이터통신 서비스를 제공하기 시작했다. 당시 CDMA2000 1x 초고속 무선 데이터 통신의 전송 속도는 기존 서비스보다 최대 8배 이상 빨랐다.

SK신세기통신은 2001년 7월 우리나라 업체로는 처음으로 CDMA 기술을 통신 선진국인 일본에 수출했다. 이에 앞서 2000년 5월 25일부터 약 열흘간 SK신세기통신은 일본 현지에서 CDMA 최적화 기술 검증을 시행한 바 있다. 당시 KCCS(Kyocera Cellular Systems)사는 SK신세기통신의 CDMA 기술력을 인정했고 그 결과 연간 100만 달러 규모의 기술 제휴 계약을 체결하기에 이른 것이었다.

SK신세기통신은 CDMA 기술력을 인정받아 각종 상을 수상하기도 했다. 2000년 9월 19일 한국전파진흥협회가 시행하는 제1회 전파 신기술 대상에서 주파수 변환장치(Up-grade Carrier Changer)로 대상을 수상했다. 주파수 변환 장치는 SK신세기통신이

세계 최초로 개발한 장치로, 주파수의 차이가 발생하는 지역에서의
통화 단절 현상을 방지해 주는 기기였다.

IMT-2000 사업권(범세계 이동통신) 획득

정보통신부는 1999년 7월 27일 6월까지 IMT-2000 사업자 수 및 선정 방식을 정하고 9월부터 허가 신청을 받아 12월에 사업자를 최종 선정한다는 일정을 확정 발표했다. 정보통신 산업계에 또 하나의 태풍급 대형 사업권 쟁탈전이 시작되었다. IMT-2000은 사용자에게는 '꿈의 이동통신'으로 사업자에게는 '황금의 이동통신 산업'으로 불렸다.

SK텔레콤은 1999년 12월 IMT-2000 사업 추진본부를 IMT-2000 사업추진단으로 격상, 조직을 확대 개편했다. SK텔레콤은 2000년 4월 IMT-2000 사업계획서 작성을 위한 태스크포스(Task Force) 조직을 구성해 사업계획서 작성에 착수했다.

정보통신부는 2000년 7월 26일 IMT-2000 사업자 선정을 위한 '기간통신 사업자 허가 신청요령 및 심사 기준'을 확정했다. 사업자 수는 3개로 했으며 사업자 선정 방식은 사업계획서 평가 방식으로 원칙을 정하고 기술 표준에 대해서는 업계에서 자율적으로 선택하도록 방침을 정했다.

한편 정보통신부는 관련 기업의 사업 참여 기회를 확대하고 시너지 효과를 높인다는 정책 목표로 사업자들의 컨소시엄 구성을 유도했다. 이에따라 SK텔레콤은 700여 개 업체와 '컨소시엄 SKIMT'를 구성했다.

IMT-2000 사업을 준비하는 과정에서 최대의 이슈는 '기술 표준'이었다. 우리는 제2 이동통신 사업자 선정 과정에서도 기술 표준으로 CDMA냐 또는 TDMA냐로 업계가 몸살을 앓았던 것을 기억하고 있으며 기술 표준 선택은 사활이 걸린 중요한 사안인 것이다.

SK텔레콤은 정부의 기술 표준이 정해지기 전까지는 국내 '단일 표준'을 주장했으며 내부적으로는 두 가지 방식에 대한 장단점을 분석, 검토하고 있는 상태였다. 기술 표준으로는 동기(同期) 방식과 비동기(非同期) 방식 두 가지가 있다. 손길승 회장과 임원, 네트워크와 R&D 부문에 이르기까지 논의한 결과 비동기 쪽으로 매듭지어졌다. 세계시장의 80%가 비동기식으로 준비하고 있는 상황에서 ①글로벌 로밍의 우수성 및 장비 확보의 경제성 ②동북아 주요사업자 간의 협력 등 미래 지향적 측면을 고려할 때 비동기 방식이 유리하다는 판단이 섰기 때문이다. 그렇다고 SK텔레콤의 비동기식 기술 채택이 CDMA와의 단절을 의미하는 것은 아니었다. 그간 축적한 CDMA의 기술의 90%가 비동기식 방식에도 적용되기 때문이다.

정보통신부는 사업 후보 각사들이 동기 방식 및 비동기 방식으로 자연스럽게 분할될 것을 기대하고 업계의 자율적 선택에 의한 '기술 표준 선정' 조항을 마련했으나 모든 사업 후보사들이 비동기 방식을 선택하겠다고 밝히자 정보통신부는 입장이 난처해졌다.

정보통신부는 대안으로 국내 차세대 이동통신 기술의 균형적 발전을 위한다는 명분으로 2000년 10월 18일 주파수 할당 공고를 통해 '1 동기, 1 비동기, 1 임의'로 기술 표준에 대한 정책을 수정, 발표했다. 이로써 후보 업체 3사 모두가 공언한 대로 비동기 방식에 따른 사업계획서를 제출할 경우 한 개 업체는 탈락할 수밖에 없는 상황이었다

SK텔레콤의 IMT-2000 사업추진단은 사업계획서의 완성도에 더욱 완벽을 기하기로 하고 거의 완료된 사업계획서를 다시 한번 면밀한 검토를 했다. SK텔레콤은 2000년 10월 31일 오전 10시, 7개월간의 작업 끝에 완성한 사업계획서를 제출했다. 사업계획서는 총 22만 페이지가 넘는 방대한 양이었다.

정보통신부에서 2001년 10월 25일부터 31일까지 허가 신청 접수를 받은 결과 SKIMT, 한국통신 IMT, LG글로콤 등 3개 법인이 비동기식을 신청했으며 동기식은 한국 IMT-2000 1개 법인이 신청한 것으로 나타났다.

2001년 12월 15일 SKIMT는 ①계획과 규모의 타당성 ②재정 능력 및 주주 구성 ③기술 개발 실적과 기술적 능력 등 3대 심사항목에서 골고루 높은 점수를 받았으며 특히 기술 개발 실적과 능력에서 보다 높은 점수를 받았다. 이밖에 비동기식 사업자로서는 한국통신이 선정됐으며 비동기식에 신청한 LG글로콤과 동기식에 사업계획서를 제출한 한국 IMT-2000은 탈락했다.

SK텔레콤은 IMT 사업권 획득으로 21세기 국가전략 산업인 통신 시장에서의 입지를 확보했으며 동시에 SK그룹은 21세기 SK를 이끌어갈 두 축인 생명공학과 정보통신 가운데 하나의 도약대를 마련했으며 최첨단 고부가가치 사업을 장악하게 되었다.

세계 최초 3세대 이동전화

SK텔레콤은 SKIMT 법인 설립을 시작으로 본격적인 IMT-2000 서비스 준비 작업에 들어갔다. 2001년 3월 20일 SKIMT는 전체 출연금의 50%인 6,500억 원을 정부에 납부했으며, 나머지 50%는 2001년부터 10년간 납부하는 것이었다.

2001년 3월 SK텔레콤은 IMT-2000 상용화를 위한 핵심 장비인 무선망 설계 및 최적화 시스템 'Cellplan과 IMT2000 단말기의 IP(Internet Protocol) 이동성 기능을 제공하는 고속 모바일 인터넷 장비'를 세계 최초로 개발, 완료하고 시연회를 가졌다. 그리고 2001년 11월에는 장비 개발 협력업체 7개 사를 선정하고 IMT-2000 이동통신 장비 개발 작업에 착수했다.

2001년 12월 IMT-2000 B 대역 주파수가 SK텔레콤에 배정되었으며 2002년 3월 SKIMT의 IMT-2000 식별번호가 7번으로 확정되었다. 2002년 2월 22일 SKIMT는 사업설명회를 열고 2005년까지 1조 6,000억 원을 투자해 전국 81개 시는 물론 주요 군지역까지 서비스를 확대해 나가겠다는 계획을 발표했다.

2002년 4월 17일 SKIMT는 GSM Association에 정식 가입, 전 세계 비동기식 IMT-2000 및 GSM 사업자들과 글로벌 로밍을 위해 원활한 협의를 추진할 수 있는 기반도 마련했다. GSM은 Global System for Mobile Communication의 약자로 전 세계에서 가장 널리 사용되는 휴대 통신시스템으로 TDMA 기반의 통신 기술이다.

2002년 1월 28일 SK텔레콤은 인천에서 세계 최초로 동기식 IMT-2000(CDMA2000 1x EV-DO) 이동통신 시대를 열었다. 1996년 1월 1일 CDMA 이동진화, 1999년 8월 16일 IS-95B, 2000

년 10월 1일 CDMA2000 1x 등의 세계 최초 상용화에 이어 또 하나의 세계 최초 상용화라는 타이틀을 추가하게 되었다.

1x EV-DO 서비스는 전송 속도가 CDMA2000 1x 망에 비해 16배 이상 빠른 최고 2.4 Mbps로서 이동 중에도 고속의 인터넷 검색을 물론 쌍방향 데이터 전송까지 가능한 동기식 IMT-2000 서비스이다. 2000년 2월 25일 SK텔레콤은 800MHz 대역의 동기식 IMT-2000 서비스를 서울 지역으로 확대했으며 2002년 4월에는 2002 월드컵이 개최되는 전국 10개 도시를 포함, 총 26개 시에 서비스를 제공했다.

휴대폰 하나로 뉴스, 영화까지

SK텔레콤은 2001년 6월 1일 세계 최초로 휴대폰 하나만으로 영화와 뉴스를 보고 음악을 들을 수 있는 무선 인터넷 멀티미디어 시대를 열었다. 디지털 생활 혁명의 시작이었다. 서울과 6대 광역시를 중심으로 전국 23개 시에서 이동전화 단말기를 통한 VOD(Video on Demand)와 AOD(Audio on Demand) 등 멀티미디어 상용서비스를 개시한 것이다. 그리고 이듬해 2월 세계 최초로 이동전화 단말기만으로 멀티미디어 모바일 방송을 볼 수 있는 'Nate on Air' 서비스를 제공하기 시작했다. 'Nate on Air'는 상용서비스를 시작한 지 2개월이 되지 않아 가입자 수 10만 명을 돌파했으며 2002년 9월 75만 7,000여 명의 가입자를 확보했다.

SK텔레콤은 이러한 서비스를 제공하기 위해 그 기반이 되는 기술을 지속적으로 개발했다. 2001년 8월 세계 최초로 서로 화면으로 얼굴을 보면서 통화할 수 있는 'CDMA2000 1x 패킷망을 기반으로 한 이동 화상 전화 서비스'를 개발한 데 이어 2002년 5월에는 세계 표준의 차세대 동영상 압축 기술인 H.264 기술 개발을 완료했다. H.264 기술은 기존의 동영상 압축 방식인 MPEG-4 방식보다 40~50% 정도 압축률이 향상된 것으로 국제 통신 연맹(ITU-T)에서 표준화를 진행 중인 차세대 멀티미디어 동영상 압축 기술이었다. SK텔레콤은 2001년 4월부터 H.264 국제표준화에 참여해 9건의 기고를 제출하고 7건의 국내 특허를 출원했다.

SK텔레콤은 업계의 리더로 타 업체와의 제휴를 통해 새로운 사업을 발굴해 나갔다. SK텔레콤은 2000년 5월 8일 ㈜KIS정보통신, ㈜KOVAN 등과 세계 최초로 WAP 서비스를 이용한 '이동전화 신용카드 조회 서비스'를 제공하기 시작했다. '이동전화 신용카드 조회 서비스'는 이동전화만으로 대금 결제, 물품 구입 등 신용카드로 가능한 모든 업무를 대신하도록 한 서비스다.

SK텔레콤은 VISA, NETS 등 13개 금융 기관 및 삼성물산, 롯데칠성음료 등 국내 17개 업체와 함께 전자화폐 서비스를 위한 그랜드 컨소시엄 'V cash 주식회사(V cash Company Limited)'를 탄생시켰다. V cash 주식회사는 2000년 하반기부터 전자화폐 사업을 추진했다. SK텔레콤은 2000년 11월 '011 이동전화' 자동판매기에 전화를 걸어 물건을 구입할 수 있는 'Mobile coin 서비스'를 실시했다.

SK텔레콤은 2000년 9월 22일에는 국내 보안 시장 업계 1위인 에스원사와 무선 보안시스템에 관한 협약을 체결했다. 양사는 유선과 무선을 이용해 보안 업무의 효율을 높이는 한편 SK텔레콤의 CDMA2000 1X(IS95C) 서비스망을 이용해 신용가드 조회 서비스,

위치 추적을 통한 차량 도난방지 서비스 등 고객별로 차별화된 서비스를 제공하기로 했다. 양사는 향후 IMT-2000을 통해 고객의 이동전화로 보안상태를 실시간 영상으로 점검할 수 있는 각종 서비스 분야에서도 협력을 확대해 나가기로 했다.

SK텔레콤은 2002년 1월 차세대 LBS(Location-Based Service, 위치기반서비스) 사업도 본격화했다. 차세대 LBS란 기존의 위치정보 서비스가 기지국 단위로만 위치 파악이 가능했던 것과 달리, GPS(Global Positioning System)를 도입해 이용자의 위치를 세밀하게 파악해 그 위치에 맞는 각종 정보, 지도, 엔터테인먼트 등을 제공하는 차별화된 서비스를 말한다. SK텔레콤은 이후 출시되는 모든 단말기에 GPS 칩을 내장해 차세대 위치정보 서비스를 제공하기로 했으며 Nate의 위치정보 서비스를 업그레이드(Upgrade)하여 PDA 및 차량용 단말기(VMT, Vehicle Moun-ted Terminal) 등으로 확대해 나가기로 했다.

SK텔레콤은 '차세대 LBS' 사업의 일환으로 2002년 2월 SK주식회사의 엔트랙과 공동으로 차량 운전자를 위한 신개념의 텔레메틱스 서비스 'Nate Drive'를 출시했다. 같은 해 7월 30일에는 주변 지도, 지역 정보, 길 안내 등을 제공하는 지도 기반의 LBS인 'Nate GPS' 서비스도 시작했다.

SK텔레콤은 2001년 7월 국내 유수의 카드사 및 은행 등 5개사 그리고 SK주식회사의 OK 캐쉬백 서비스와 제휴를 맺고 무선상거래(Mobile Commerce) 시장에 본격적으로 진출했다. SK텔레콤은 통신과 금융 서비스를 결합한 모바일 '모바일 커머스 카드'를 통해 모바일상에서의 지불, 결제 기능을 강화함으로써 무선상거래 시장을 활성화시켰다.

SK텔레콤은 2001년 11월 5일 외환은행, 하나은행, 한미은행, 한빛은행 등과 공동으로 전자화폐 '네모(NEMO)'를 출시했다. 네모(NEMO)는 'Net-Money'를 결합해 만든 약어로서 은행 간 송금 기능은 물론 각종 온·오프라인에서의 구매 시 지불, 결제가 가능한 신개념 전자화폐였다. 네모는 서비스 개시 8개월 만에 가입자 100만 명을 돌파했다.

37

세계의 SK텔레콤

　세계 통신 시장은 국경을 초월한 거대 M&A 등으로 급격한 환경 변화와 글로벌 경쟁이 치열하다. SK텔레콤은 그 와중에서도 회사의 장기 비전인 '21세기 세계 일류 종합정보통신 사업자'의 회사 장기 비전 실현을 위한 준비를 착실히 해나갔다.

　SK텔레콤은 1995년 10월 인도 델리에서 무선 호출 해외사업을 시작으로 1996년 태국, 1996 브라질 등지에서 이동전화 서비스를 제공하는 등 1990년대 중반부터 활발히 해외로 진출했다. 1990년 말 다수 사업자의 치열한 경쟁과 이동전화 가입자 수의 포화 상태로 내수시장은 한계를 드러냈다. 따라서 SK텔레콤의 해외 통신 시장을 향한 행보는 속력을 내기 시작했다. SK텔레콤이 집중한 지역은 중국, 일본을 비롯한 동북아였다.

　SK텔레콤은 1999년 8월 북경에서 개최된 제22차 UPU(만국우편연합) 총회에 참가했다. 행사 기간 중 한·중 두 나라 장관은 CDMA 이동통신과 소프트웨어 분야에 대한 협력 방안을 논의했고 이 자리에는 운용사업자로는 유일하게 SK텔레콤 조정남 사장이 참석했다.

조정남 사장은 중국 정보산업부의 오기전(吳基傳) 장관에게 SK텔레콤 CDMA는 입자가 800만이라는 사실과 CDMA 세계 최초 상용화를 전하면서 한·중 두 나라의 국제로밍이나 소프트웨어 교류 협력을 요청했다.

SK텔레콤은 2000년 2월 17일 북경에서 중국 연합통신유한공사와 'SK텔레콤과 중국 제2 종합 정보통신 사업자인 차이나유니콤(China Unicom)과 공동 발전의 원칙 하에 기술 및 경영관리 분야에서 포괄적으로 상호 협력한다'는 협약을 체결했다. 나아가 IMT-2000 기술을 공동 개발, 공동 대응해 아태지역 이동통신 기술을 주도해 나가기로 협의했다.

SK텔레콤은 2001년 3월 차이나유니콤과 CDMA 분야 협력 합의서를 체결했다. 이는 중국으로서는 CDMA 망 구축과 관련한 해외업체의 첫 진출이었다. 이후 양사는 세부 협력을 위해 사장단 회의를 정례화했으며 분야별 실무 추진 그룹의 정례회의를 개최했다.

SK텔레콤은 2000년 5월 중국 인터넷 사업의 진출에도 시동을 걸었다. SK텔레콤은 중국 최대 게임소프트웨어 개발업체 중 하나인 게임킹(영문명 ShenZhen Game King Software co. Ltd) 사와 게임소프트웨어 개발과 게임 포털사업을 공동 추진하기로 합의하고 'ShenZhen Game King SK Software Ltd'를 설립하는데 120만 달러를 투자하기로 계약을 체결했다. 국내 대기업으로서는 최초의 중국 인터넷 시장 진출이었다.

SK텔레콤은 2000년 10월 20일 SK텔레콤 보라매 사옥에서 중국의 장차관 급 고위 인사들과 손길승 회장, 조정남 사장 등 SK텔레콤 임직원들이 참석한 가운데 CDMA2000 1x 시연회를 가졌다. 이는 중국의 주룽지(朱鎔基) 총리가 CDMA 방식의 이동 전화 도입 입장을 공식 표명한 가운데 이뤄진 중국 대표단의 방문이어서 비상한 관심을 끌었다. SK텔레콤은 시연회와 더불어 1,000만 명 이상의 가입자를 관리하는 고객관리 시스템을 소개해 중국 대표들이 놀라움을 표시하기도 했다.

SK텔레콤 베트남 진출

2000년 10월 국내 CDMA 이동통신 서비스가 처음으로 세계시장에 진출했다. 1992년에 이동전화 서비스를 시작한 베트남은 2001년 2월 이동전화 보급률이 1%로, 아시아 지역 다른 국가에 비해 매우 낮은 수준이었다. 하지만 중국에 이어 세계에서 두 번째로 빠른 성장을 기록할 것으로 예상되는 성장 잠재력이 매우 높은 시장으로 평가받고 있었다.

SK텔레콤은 베트남 내에서 CDMA 우수성을 지속적으로 홍보했고 결국 베트남은 CDMA 이동전화 서비스 도입을 결정했다. SK텔레콤은 1997년 사이공 포스텔 사와의 양해각서 체결을 시작으로 베트남에서 CDMA 기술 세미나 등을 실시해 CDMA 기술 우수성을 알리는 작업을 계속해나갔다.

SK텔레콤이 LG전자사, 동아일렉콤사 등과 2000년 4월 싱가포르에서 합작 설립한 SLD텔레콤을 통해 베트남 제2 이동통신 사업자인 SPT(Saigon Post & Telecommunicaion Service Corp) 사와 BCC(Business Cooperation Contract, 경영협력계약) 형태로 베트남 CDMA 이동전화 사업에 진출한 것이다.

BCC는 베트남 내의 투자 활동을 수행하기 위해 양 당사자 또는 복수의 당사자 사이에 별도의 합작법인을 설립하지 않고 서명한 문서를 말한다. SK텔레콤은 한·중·일 및 베트남을 비롯해 아시아 대륙과 오세아니아를 아우르는 광대한 CDMA 단일 통화권 형성을 목표로 해외 진출을 추진했다.

2002년 1월 SK텔레콤과 LG전자가 대주주로 참여하고 있는 SLD 텔레콤은 캄보디아 정부로부터 CDMA 이동전화 사업권을 획득했다. 이에 따라 SK텔레콤은 캄보디아 이동전화 사업권과 800MHz 대의 양방향 주파수 대역 10.2MHz를 할당받아 향후 30년간 캄보디아에서 CDMA 이동전화 전국 서비스를 할 수 있게 되었다.

캄보디아는 경제 및 지리적 여건상 유선에 비해 무선 통신의 발전 가능성이 높은 국가였다. 당시 캄보디아의 이동통신 전화 보급률은 1.83% 수준이었으며, 1996년부터 6년간 평균 77%의 폭발적 이동전화 가입자 증가율을 보였다. SK텔레콤은 1998년 3월 7일부터 유럽, 아시아 및 호주 등 GSM 방식의 이동전화 서비스를 제공하는 76개국을 대상으로 'GSM 임대 로밍 서비스'를 제공했다. GSM 임대 로밍 서비스는 스피드 '011' 고객이 GSM 방식의 서비스 지역을 방문할 때 SK텔레콤과 임대 로밍 협약을 맺은 현지 이동전화 사업자의 망을 이용하여 이동전화를 사용할 수 있도록 해주는 서비스다.

SK텔레콤은 1999년 4월 몽골(Mongolia)의 제2 이동전화 사업자인 스카이텔(Skytel) 사에 현물출자 방식으로 진출, 그해 7월부터 아날로그 방식으로 이동전화 서비스를 시작했다. 1998년 말 몽골의 인구는 240만 명, 이동전화 가입자는 3,300명으로 보급률은 0.14%였다. 몽골의 이동전화 사업 시장은 성장 잠재력이 높고, 외국인 투자 제한이 없고 통신장비 수입 관세가 면제되는 등 좋은 여건을 갖추고 있었다. 게다가 SK텔레콤이 몽골에 진출한 시기는 1995년 5월 김대중(金大中) 대통령의 몽골 방문과 때를 같이해 양국 간 협력 관계에 관심이 고조된 상황이었다.

SK텔레콤은 2000년 11월 거대한 성장 잠재력을 가진 러시아 및 CIS(독립국가연합) 이동전화 시장에도 진출했다. SK텔레콤은 러시아 연방의 89개 자치공화국 중 카스피해 연안에 있는 다케스탄(Daghestan) 자치공화국의 이동전화 사업자인 DCN(Daghestan Cellular Network) 사와 이동전화서비스 계약을 체결하고 2000년 11월 29일(현지 일자)부터 서비스를 개시했다.

SK텔레콤은 1999년 6월 25일 BTA(Beijing Telecom Administration, 중국 제1 이동전화 사업자인 China Telecom의 자회사)와 임대 로밍 서비스 계약을 맺고 중국 GSM 임대 로밍 서비스를 제공했다. 2000년 9월 18일에는 SK텔레콤과 신세기통신이 중국의 제2 종합 정보통신 사업자인 차이나유니콤과, 같은 해 10월 25일에는 SK텔레콤이 차이나모바일과 임대 로밍 서비스 계약을 맺었다. 일본과는 2000년 8월 10일 일본 최대 이동통신 사업자인 NTT 도코모와 자동 로밍 서비스를 실시한 데 이어 2001년 4월 19일 KDD 사와 자동 로밍 서비스 계약을 체결했다.

SK텔레콤, 신세기통신은 2001년 6월 14일 홍콩 컨벤션 센터에서 차이나유니콤신시공(新時空, China Unicom Horizon Telecommunication)과 국제 자동 로밍 기본 합의서를 체결하고 그해 12월부터 국제 자동 양방향 로밍을 개시하기로 했다.

SK텔레콤이 2001년 4월 1일 미국 3위의 무선 통신 서비스 사업자인 스프린트 PCS(Sprint PCS) 사와 양국 간 최초로 기존 단말기와 기존 번호로 서비스가 가능한 자동 로밍 계약을 체결했다. 이에 따라 스프린트 PCS사는 그해 9월부터, SK텔레콤은 단말기 개발이 완료되는 2002년 2분기부터 자동 로밍 서비스를 제공했다.

SK텔레콤은 2001년 8월 23일 세계 최초로 음성만이 아니라 데이터까지 자동 로밍할 수 있는 '무선 데이터 접속 로밍 서비스'를 제공하기 시작했다. SK텔레콤의 무선 데이터 접속 로밍 서비스는 홍콩 허치슨텔레콤(Hutchison Telecom)사와 공동으로 제공되었다.

SK텔레콤은 자동 로밍 계약을 체결한 일본 KDD사, 미국 스프린트 PCS사, 호주 텔스트라(Telstra)사, 중국 차이나유니콤사 등과도 '무선 데이터 접속 서비스'를 공동 추진해 2002년 초부터 서비스를 제공했다.

SK텔레콤과 신세기통신은 2001년 9월 13일 캐나다 텔러스모바일리티(Telus Mobility)사 및 뉴질랜드 텔레콤모바일(Telecom Mobile)사와 공동으로 양방향 CDMA 자동 로밍 서비스 계약을 체결했다. 이에 따라 '011'과 '017' 고객은 캐나다 서부 지역 11개 도시와 뉴질랜드에서 2001년 12월부터 로밍서비스를 이용할 수 있게 되었다.

SK텔레콤은 2002년 상반기 월드컵을 맞아 본선 진출 국가를 중심으로 유럽, 아시아, 중남미, 아프리카 지역 32개국의 GSM 사업자와 'SIM 카드 방식 국제 자동 로밍 서비스'에 대한 계약을 체결해 나갔다.

SIM 카드 방식 자동 로밍 서비스란 GSM 가입 고객이 본인의 SIM 카드만 소지해 입국하면 공항에서 SIM 카드 삽입형 CDMA 단말기를 임대해 자신의 번호로 이동전화를 이용할 수 있는 방식이다. SK텔레콤은 GSM 자동 로밍 서비스를 제공하기 위해 독자 기술로 개발한 장비를 이용해 신호 변환과 과금 시스템을 구축했으며 SIM 카드 삽입형 CDMA 단말기를 개발해 GSM 고객에게 제공했다.

SK텔레콤은 2002년 10월 부산 아시안 게임 개막 시점에 맞춰 마카오, 캄보디아, 방글라데시, 스리랑카, 카타르, 카자흐스탄 등 6개국 GSM 사업자들과 반자동 로밍 서비스를 개통했다.

SK텔링크 설립

SK텔레콤은 휴대폰으로 국제전화를 거는 꿈을 현실화했다. 국제전화 '00700'이 그것이다. SK텔링크는 1998년 4월 9일 통신 시장의 개방화, 국제화 시대를 맞아 저렴하고 편리한 통신서비스로 고객의 요구에 부응한다는 취지로 SK텔레콤의 100% 자회사로 설립되었다.

SK텔링크는 짧은 기간 내에 시장을 선점해야 한다는 전략으로 노력한 결과 1998년 7월 세계 최대의 통신사업자인 미국의 AT&T사와 MCI사, 일본의 KDD사 등과 제휴, 세계 223개 지역을 연결하는 SK 국제전화 '00700 서비스'를 개시했다.

서비스 6개월 만인 1998년 12월에는 기간사업자들을 제치고 51%의 통화량을 확보하는 성과를 올렸다. 1999년에는 국제전화 총 통화량이 별정 사업자 중에서는 유일하게 1억 분을 돌파하면서 국내 전체 국제전화 시장의 5% 이상을 점유하여 기간사업자들을 위협하는 수준까지 성장했다.

SK텔링크는 휴대폰에서만 이용 가능하다는 제약 조건을 역으로 이용해 국제전화 시장 내에서 '휴대폰 국제전화'라는 새로운 영역을 만들고 이를 확대해 나가는 차별적인 시장 접근을 시도했다. 국제전화를 이용할 때 유선전화로 세 자리 번호를 사용하던 당시로서는 휴대폰 국제전화 '00700'의 저렴한 가격과 편리함으로 휴대폰 국제전화 분야에서 선도적인 위치를 차지했다.

SK텔링크는 모든 이동전화 사업자와의 제휴를 통해 016, 017, 018, 019의 고객까지 서비스 대상에 포함시켰다. 2001년 약 15개의 브랜드가 난립하고 있는 휴대폰 국제전화 시장에서 '00700'은 통화량 기준 약 40%의 시장 점유율을 확보함으로써 제2위 별정 통신사업자로 자리를 확고히 했다.

SK텔링크는 2002년 4월 기간통신 사업자들의 주무대였던 이동전화 국제 콜렉트콜 시장에 진출했다. 이동전화 국제 콜렉트콜 서비스는 해외에서 별도의 가입절차 없이 휴대폰으로 전화를 걸 때 국가별 접속 번호만 누르면 편리하게 통화할 수 있는 수신자부담 국제전화 서비스다.

SK텔레텍 설립

SK텔레콤이 정보 통신 사업 분야에서 우위를 차지하기 위해서는 자체 단말기 제조가 필수적이다. SK텔레콤은 1998년 10월 1일 일본 교세라사와 공동 출자해 단말기 제조업체 'SK텔레텍'을 설립했다. 교세라는 이나모리 가즈오(稲盛和夫)가 이끄는 전자기기, 세라믹, 정보기기 제조 세계 1위의 회사다. SK텔레텍은 SK텔레콤의 첫 제조업체이기도 하다. 출자된 자본금은 378억 원으로, SK텔레콤이 72.5%, 교세라 사가 27.5%의 비율이었다. SK텔레텍이 설립될 당시 국내 단말기 제조시장은 선발대 기업들이 시장을 선점하고 있었고 단말기 시장 자체가 성숙기에 접어든 상태였다. 후발 업체가 참여하기는 때

늦은 감이 있었다.

그간 단말기 제조시장은 생산량, 기능, 디자인이 생산업체 위주로 되어 있어서 서비스사의 요구가 잘 반영되지 않았었다. SK텔레콤은 부가서비스 시스템을 설치하고도 단말기 출시가 늦어져 시장 경쟁에서 뒤처졌다. SK텔레콤은 SK텔레콤의 서비스를 온전히 구현해 낼 수 있는 단말기의 필요성이 절실했고 향후 IMT-2000을 대비한 단말기 기술 확보도 절대적으로 필요했다. SK텔레텍은 1998년 2월부터 단말기 개발에 착수했다. 같은 해 7월 세원텔레콤과 무선 통신 단말기 협력 계약을 체결했으며 1998년 2월에는 교세라와 합작법인 설립 및 기술 협력 계약을 맺었다.

SK텔레텍은 1998년 12월 개발에 착수한 지 10개월 만에 최초의 생산품 IM-700 이동전화 단말기를 'SKY'라는 브랜드명으로 내놓았다. 'SKY'는 기존 이동전화 단말기의 성능을 크게 향상시켰고, 획기적인 디자인 및 다양한 기능으로 소비자들의 반응은 매우 좋았다. SK텔레콤은 1999년 5월 일본 교세라와 CDMA 방식의 동영상 휴대폰을 공동 개발하기로 합의, 2001년 8월에는 세계 최초로 사진 촬영은 물론 즉시 전송까지 가능한 사진 전송 컬러폰을 출시했다. 이에 따라 SK텔레텍과 SK텔레콤은 본격적인 멀티미디어 이동통신 서비스인 IMT-2000 초기 단계 서비스를 가장 앞서 제공할 수 있게 되었다.

SK텔레텍은 2001년 3월 이스라엘에 2,000만 달러의 CDMA 단말기 10만대 수출 계약을 맺는 것을 시작으로 국내 이동전화 단말기 시장에서 일으킨 돌풍을 해외로 확산시켜나갔다.

SK텔레텍은 2002년 1월 중국에서 최초로 이동전화 단말기 CDMA 인증을 받았다. 이 인증은 중국의 CDMA 망에서 사용하기 위해 4~8주간 단말기의 성능을 시험하는 것으로서 중국 신식 산업부와 차이나유니콤이 주관했다. 당시 시험에는 미국 모토롤라사, 한국의 삼성전자, LG전자 등 CDMA 선진 업체들과 중국 업체 하이센스(Hisens)사, 하이얼(Hierl)사 등 총 19개 업체가 참가했고 SK텔레텍이 최초로 시험을 통과했다.

SK텔레텍은 CDMA 최초 인증 성과를 바탕으로 2002년 중국 시장에 본격 진출해 총 1억 달러의 수출 실적을 달성하는 계획을 세웠다. SK텔레텍은 2002년 10월 중국 최대 CDMA 서비스 사업자인 차이나유니콤에 2003년까지 100만 대의 CDMA2000 1x 단말기를 공급하기로 양해각서를 체결했다. 이는 중국 수출 단일 물량으로서는 사상 최대 규모였다.

38

정보기술 컨설팅 SK C&C

　SK그룹은 선진 기업의 새로운 경영 패러다임으로 떠오르는 정보
기술컨설팅 분야로 진출하기 시작했다. SK텔레콤보다 한 차원 높은
지식관리 체계를 다루는 것이었다. SK컴퓨터통신은 1998년 4월 엔
더슨컨설팅과 함께 지식관리체계 구축 프로젝트를 추진하기 시작했
다. 그리고 1998년 10월 15일 지식관리시스템 'SK Office Net' 서
비스 첫발을 내디뎠다. 이로써 SK컴퓨터통신은 개인의 지식 및 경험
그리고 프로젝트 산출물 등을 체계화·방법론화하여 정보기술 컨설
팅 전문 기업으로 발전할 토대를 만들었다.

　SK컴퓨터통신은 1998년 8월 쿠웨이트 국영 석유회사인 KNPC
사와 미나-알하마디 정유공장의 탈황설비 공정 제어 관련 시스템
구축 프로젝트를 수주했다. 이는 미나-알하마디 정유 공장 내에 SK
건설이 1996년부터 신규 건설 중에 있는 '탈황설비'의 공정 정보 관
리를 위한 APC(Advanced Process Control)를 구축하는 프로젝
트였다. IMS는 공장의 운전 상황을 실시간으로 모니터링하여 장애
발생 시 원인 규명과 장애 복구가 가능하도록 만든 시스템이며, APC

는 국내 정유·석유 화학 업계에서 적극 도입하고 있는 선진 공정 제어 기술로 국내에서는 SK컴퓨터 통신만이 유일하게 솔루션 공급을 맡고 있었다. SK컴퓨터통신과 대한텔레콤이 공식 합병해 1998년 2월 SK C&C로 거듭났다.

SK C&C는 SK 울산 컴플렉스의 통합 생산관리 시스템(Yield Accounting)을 구축하기 시작했다. 정유 및 화학 공장 대상의 대규모 프로젝트는 국내에서 SK C&C가 최초로 구축하는 것이었다.

이후 SK C&C는 정유·석유화학산업 등 고도 산업시설에 대한 국내의 각종 프로젝트 수행을 통해 경쟁력을 쌓았고 2001년 6월에는 석유화학 회사인 호남석유화학(주)로부터 '공정정보(RTDB, Real Time Database) 시스템' 구축 프로젝트를 수주했다.

SK C&C는 1991년 1월 세계 유수 IT업체와의 협력 관계 확보 등을 통해 국내 아웃소싱 시장에 대해 적극적으로 마케팅을 펼쳤다. SK C&C는 SI 업계 최초로 그룹 관계사에 대한 SM(System Management) 서비스를 아웃소싱 서비스 체제로 전환했으며 아웃소싱 사업의 핵심 인프라 확보를 위해 세계 유수의 IT 업체와의 협상을 진행했다. SK C&C는 1999년 1월 18일 한국 HP사와 1억 2천 500만 달러의 프로젝트파이낸싱 계약을 체결하고 이 자금을 IT 아웃소싱 사업을 펼치기 위한 하드웨어와 소프트웨어의 통합 사업 빛 데이터 센터를 건립하는데 사용하기로 했다.

SK C&C는 1999년 2월 새로운 컴퓨팅 환경의 하나로 관심을 불러 모으고 있던 모바일 컴퓨팅(Mobile Computing) 솔루션 개발에 박차를 가했다. SK C&C는 마이크로소프트 사와 국내 컴퓨팅 시장 공동 진출 협력과 관련된 양해각서를 교환 후 곧바로 전담팀을 구성, 활동에 들어갔다. SK C&C는 이외는 별도로 연구소 내에 솔루션 센터를 구축해 마이크로소프트사의 솔루션뿐만 아니라 기타 모바일 컴퓨팅 관련 솔루션에 대한 벤치마킹 및 개발을 추진했다.

SK C&C는 1999년 4월 9일 미국 최대 CRM 솔루션 공급업체인 시벨(Siebel)사와 기술 제휴 및 공동 마케팅에 관한 계약을 맺고 국내 CRM 시장에 본격적으로 진출했다. 시벨사는 미국 CRM 시장 점유율 1위였다. 시벨사의 CRM 솔루션은 고객사의 마케팅, 영업 및 고객서비스에 이르는 업무의 자동화를 지원하고 그간 사각지대로 남아있던 고객 접점에서 발생하는 정보를 체계적으로 관리하고 공유할 수 있게 해주었다.

SK C&C는 1999년 5월 20일 한국 데이터제너럴(Data General) 사와 저장장치(Disk Array)에 관한 제휴 계약을 체결하고 국내 저장장치 시장에 본격 진출했다. 데이터저널 사의 저장장치는 1997년부터 1998년 사이 OEM 방식을 통해 판매된 시스템 중 세계시장 점유율 1위였다.

SK C&C는 1999년 10월 SK건설 등과 컨소시엄을 구축, 서울시 내부순환도로 교통관리 프로젝트를 수주했다. 이는 당시까지만 해도 국내 ITS 프로젝트 사상 최대 규모로 삼성전자, LG산전, 대우정보시스템 등이 주축이 된 컨소시엄과 치열한 경합을 벌인 끝에 얻어낸 값진 성과였다.

SK C&C는 2001년 6월 한국은행의 '전산 재해 복구시스템 구축 사업'을 수주했다.

보이스포털 시장 진출

SK C&C는 2000년 5월 국내 최고의 보이스(Voice) 기술력을 보유하고 있는 벤처기업 보이스웨어사와 전략적 제휴를 체결하고 보이스포털 시장에 본격 진입하기 위해 '보이시안닷컴(Voician.com)'사를 설립했다.

SK C&C는 2000년 8월 정부에서 주관하고 있는 한국데이터베이스 진흥센터(KDPC)에서 추진하는 '디지털 컨텐츠 식별체제(DoI)' 사업의 주사업자로 XML 전문솔루션 업체인 한국지식웨어사와 함께 선정되었다. 이 사업의 선정 작업은 SK C&C 등 총 4개 업체가 참여해 우선 협상 방식으로 진행되었으며 다양한 국책사업의 노하우를 인정받아 SK C&C 컨소시엄이 사업을 수주하게 되었다. DOI 사업은 디지털 컨텐츠에 고유번호를 부여하는 프로젝트로 국내에 처음 도입되는 것이다.

같은 달 SK C&C는 SK건설, SK텔레콤과 공동으로 정통부 위성전파 감시분석 센터 구축사업을 수주했다. 이 기술은 미국, 영국, 독일, 일본에 이어 세계 다섯 번째로 개발한 것으로 완료 시 국내 위성 분야 최고의 위치를 확보하게 된다.

SK C&C는 2000년 하반기 중국, 몽골 등 해외시장에 진출했다. 2000년 7월 SK C&C는 북경, 상해, 중경(重京)에 소재한 SI 및 엔지니어링 전문회사 텔런트(Talent)사와 전략적 제휴를 위한 양해각서(MOU)를 교환했다. 양사는 ITS(Intelligent Transportation System) 관련 솔루션 외에 무선 데이터베이스 관련 솔루션 분야에 공동으로 사업 기회를 발굴하는 등 협력 체제를 유지하기로 합의했다. 이는 중국 내에서 외국 기업의 단독 참여가 제도적으로 불가능한 제약을 돌파하기 위한 것이었다.

SK C&C는 2002년 5월 중국 최대 정보통신 기업인 보천(普天) 신식 산업그룹 산하의 북경 우전전화 설비공장과 중국 내 ITS 사업을 위한 합의의향서를 체결했다. 북경 우전전화 설비공장은 보천그룹의 ITS 사업을 중추적으로 담당하는 회사였다. 양사는 보천 그룹의 중국 내 인지도 및 영업력과 SK C&C의 기술력을 바탕으로 중국 내 ITS 분야에서 독보적인 위치를 확보한다는 전략이었다.

SK C&C는 2000년 10월 몽골 제2 이동통신 사업자인 스카이텔(Skytel)사에 대한 선불카드 시스템 공급 계약을 체결, 몽골 시장에 진출했다. 이어 SK C&C는 2000년 11월 10일 몽골에 IT 서비스회사, SkyC&C사를 설립하기로 하고 몽골 스카이텔사 등과 합작 계약을 체결했다. SkyC&C는 SK C&C 40%, 스카이텔사 40%, 울젠사 10%, MRErdenebat&MR Batbold사 10% 등의 지분 투자를 통해 2000년 12월에 설립되었다.

SkyC&C는 2001년 1월부터 본격적으로 SI 사업에 진출해 2001년 한해 동안 스카이텔사 IT 아웃소싱 프로젝트, 몽골관세청 네트워킹 프로젝트, 몽골 정유회사 주유소 통합 시스템 구축 프로젝트 등을 수행했다. 2002년 SkyC&C는 기존 사업 영역인 IT 아웃소싱 및 SI 사업과 더불어 인터넷 국제전화 사업을 통해 확보한 위성인터넷 관련 기술을 기반으로 사업 영역을 확대해 나간다는 전략을 세웠다. 이에 따라 2002년 2월 SkyC&C는 몽골 최초의 인터넷 국제전화 서비스 'World Call 002'서비스를 개시했다.

SK C&C 선거 전자개표(선거 개표 혁명적 개선)

SK C&C는 선거 개표 사상 최초로 전자개표 시스템을 도입케 해 선거 개표에 혁명적 변화를 가져오게 했다. SK C&C는 2002년 6월 13일 지방선거에서 선거 사상 처음으로 도입된 '전자개표 시스템' 운영을 성공리에 수행해 냈다. 전자개표 시스템은 투표지 스캐닝을 통해 분류 및 계수를 자동화하고 각 선거구별로 집계된 개표 결과를 통신망을 통해 선관위로 전송하는 것이다. 이 시스템 도입으로 인해 선거 개표에 투입되는 인력이 대폭 감소되었으며, 투표지 처리 속도가 시간당 1만 3,200표 정도로, 수작업으로 진행되었던 기존 선거 개표와는 비교할 수 없을 정도로 빨라졌다. SK C&C는 이해 8월 8일 재·보궐 선거에서도 전자개표 시스템을 통해 개표 개시 2~3시간 후인 밤 9시경 개표 작업을 완료함으로써 '전자개표 시스템'의 진가를 보여 주었다.

SK C&C는 2002년 하반기 국내 최대 규모의 데이터 센터, 선진서비스 수준 합의서 (Service Level Agreement) 등 첨단 IT 아웃소싱 서비스 프로세스 등을 강점으로 내외 아웃소싱 사업 및 공공·금융 분야 등에 대한 외부 IT 사업을 지속적으로 강화해 나갔다.

SK C&C는 2002년 7월 첨단 네트워크 MSP 서비스인 'ENSIST(www. ENSIST.co.kr)를 개시했다. MSP(Management Service Provider)란 고객사 네트워크를 원격지에서 실시간으로 관리하고 운영해주는 전문 네트워크 관리 서비스다. SK C&C의 'ENSIST'는 네트워크 운영 프로세스 및 고객사와의 서비스 수준 합의서에 초점을 맞춰 자산관리, 구성관리, 성능진단, 장애처리, 변경 작업 관리, 보고서 등 일련의 서비스를 체계적인 프로세스에 따라 제공했다.

SK C&C의 전자개표 시스템은 2002년 16대 대통령 선거 개표에서도 다시 한번 진가를 발휘했다. 투표지 분류 및 계수의 자동화 등 개표 과정을 전산화한 SK C&C의 전자개표 시스템을 통해 방송 3사는 개표 3시간 반 만에 '당선 확정' 보도를 내보낼 수 있었다. SK C&C는 2001년 지방 선거에서 처음으로 전자개표 시스템을 선보여 호평을 받은 바 있다. 2003년 1월 말 실시된 재검표에서도 기계 오작동에 따른 오류는 하나도 없는 것으로 밝혀져 이 시스템의 우수성을 과시했다.

39

체육, 문화, 환경 분야 공헌

SK그룹은 그룹의 몸집을 키우는 데만 집중하지 않았다. 대기업 그룹의 사회적 책임을 서서히 자각하면서 수익이 발생하지 않더라도 사회적으로 유익하면 이를 시행했다. SK가 스포츠 분야에 뛰어드는 때는 그룹이 그렇게 강력한 재정적 능력이 있지 않은 시점이었다. SK는 1969년에 선경합섬 여자배구단을 창단한 데 이어 1975년 선경직물 여자농구단, 1982년 유공코끼리축구단, 1999년 SK나이츠프로농구단, 2000년 SK와이번스 프로야구단 등을 창단했다. SK빅스는 1999년 12월 SK텔레콤의 신세기통신 지분 인수로 SK스포츠단 대열에 참여하게 된다. 이러한 스포츠단을 바탕으로 SK는 각종 대회에서 좋은 성적을 올림으로써 기업 이미지를 높이는데 공헌하고 많은 국가대표를 배출하여 우리나라 체육 진흥에 기여했다.

SK는 1969년 9월 해체 위기에 직면한 제일은행 배구단을 인수, 선경합섬 여자배구단을 창단했다. 국내 체육 진흥과 우수 선수 보호 육성을 목적으로 창단된 선경합섬 여자배구단은 이후 IMF로 해체되기 직전까지 한국 여자배구계의 성장 토양을 다지는데 일익을 담당했다. 창단 당시 국내 여자실업 배구단은 선경, 유공, 산은, 국세청, 동방 등 5개 업체에 불과했다. 선경합섬 여자배구단은 SK 최초의 구단이라는 점에서 의의를 찾을 수 있다. SK의 여자농구단은 1975년 2월 8일 선경직물 여자농구단으로 창단된 것이 그 시초였다. 이후 선경직물 농구단은 선경직물이 1976년 1월 1일 ㈜선경으로 사명이 바뀜에 따라 ㈜선경여자농구단으로 구단명이 바뀌게 된다.

1984년 4월 11일에는 농구단의 소속이 ㈜선경에서 선경화학으로 변경되었고 1987년 1월 1일 선경화학의 사명이 SKC로 바뀌면서 농구단의 이름도 'SKC여자농구단'으로 변경되었다. SKC농구단은 1994년 12월 24일부터 1995년 3월 5일 막을 내린 '012배 94-95 농구대잔치'에서 대회 참가 13년, 창단 20년 만에 처음으로 우승을 차지했다. 이후 SKC농구단은 1995년 7월 18일 선경증권으로 소속이 바뀌어 같은 해 8월 2일 출범식을 열었으나 모기업인 선경증권이 IMF 외환위기 이후 경영난을 겪게 됨에 따라 1998년 2월 해체됐다.

부천 SK축구단은 1982년 유공코끼리 축구단으로 창단한 우리나라 최고의 전통을 자랑하는 프로축구단이다. 창단 2년째인 1984년 시즌에서 슈퍼리그 전반기 우승을 시작으로 각종 국내대회에서 중·상위권 이상의 꾸준한 성적을 올렸다. 그리고 1997년에는 팀 명칭을 '부천 SK축구단'으로 변경했다. '전통과 미래를 향한 비상'이라는 목표 아래 제2 창단을 선언했다. 부천 SK축구단은 2001년 시즌부터 본격적인 부천 홈경기장(부천종합운동장) 시대를 열었다. 이후 2006년 시즌부터는 제주 유나이티드로 명칭을 변경하고 연고지를 제주로 이전하여 제주월드컵경기장을 홈구장으로 이용하고 있다.

SK나이츠프로농구단은 1997년 7월 진로농구단을 인수해 9월 11일 프로농구 제10 구단으로 창단했다. '1997~1998년시즌'에는 신생팀의 한계를 극복하지 못하고 10위를 기록했으며 '1998~1999 시즌'에서도 8위를 기록하는 등 두 번의 시즌 동안 부진을 면치 못했다. 그러나 '1999~2000시즌'에는 시즌 전초전인 '1999 애니콜 투어 챔피언십'에서 우승을 차지했고 '1999 ~ 2000 정규시즌'에서는 새 천년 첫 챔피언에 등극했다.

SK는 국민들에게 꿈과 희망을 주고 프로농구 팬들에게는 건전한 여가 선용의 기회를 제공함으로써 기업의 사회적 책임을 다한다는 취지 아래 2000년 'SK와이번스' 프로야구단을 창단했다. SK와이번스는 신생팀다운 패기를 바탕으로 힘있고 박진감 넘치는 경기를 펼쳐 명문 야구단으로 도약하기 위해 숨가쁘게 달렸다. 이런 가운데 SK와이번스는 2002년 우리나라 최고의 야구장으로 평가받기에 손색이 없는 문학구장을 개장했다.

SK빅스는 '21세기 무선 통신 분야의 글로벌 리더로 도약하겠다는 SK신세기통신의 포부와 정신을 담아 1999년 10월 창단했다. 1999~2000년 시즌 정규리그 10위, 2000~20001년 시즌 정규리그 5위를 기록했다. 2002년 1월 15일 신세기통신과 SK텔레콤의 합병에 따라 구단 소속 회사도 SK텔레콤으로 변경했다. SK는 스포츠단 운영 외에도 각종 대회를 개최함으로써 우리나라 스포츠 발전에 참여했다.

SK주식회사는 1996년 우수한 한국 여자 프로골퍼의 발굴과 국내외에서 활약하고 있는 여자 프로들의 경기력 향상, 그리고 이를 통한 골프의 대중화에 이바지하고자 '유공엔크린 Invitaional 여자 골프선수권 대회'를 창설해 매년 개최했다. 그리고 1998년 제3회 대회부터는 'SK엔크린 Invitational 여자골프선수권 대회'로 명칭을 변경해 개최하고 있다. 이후 SK엔크린 Invitational 여자골프선수권 대회는 국내 최대 규모의 여자 프로골프 대회 중 하나로 성장, 최정상급 실력을 갖춘 여자 프로골퍼들이 출전, 기량을 다투는 대회로 자리잡았다.

SK텔레콤은 1997년 6월 총상금 3억 5천만 원을 내걸고 'SK Telecom Open 골프대회'를 시작했다. 이는 국내 최대 규모의 남자 프로골프 대회로 2002년부터는 총상금 5억 원으로 규모가 더욱 커졌다. SK텔레콤은 또한 미래 한국 골프계를 짊어질 주니어골프 선수의 발굴 및 육성이라는 철학으로 초등학교 아마추어 골퍼를 대상으로 한 'SK텔레콤 꿈나무 골프대회'도 개최했다.

SK가스는 'SK가스배 신예 프로 10걸전' 바둑대회를 후원하고 있다. 이는 1996년부터 매년 개최되었으며 SK가스는 1억 3천만 원을 후원했다.

SK생명은 장애인들의 스포츠활동을 지원하고자 2000년 SK생명컵 코리아 오픈 국제 휠체어 테니스 대회를 개최했다.

SK 문화진흥 사업 부문에서는 워커힐 미술관 운영을 들 수 있다. 워커힐 미술관은 개관 이후 왕성한 활동을 펼쳤으며 2000년 12월에는 디지털 미술관으로 개조되어 '아트센터 나비(Art Center NABI)'로써 새롭게 출발했다. 외국 대사관과 문화원과의 교류를 통해 국내에서 접하기 어려운 해외의 독창적인 작품들이 전시될 수 있는 기회를 마련했고 외국 미술관의 소장품들을 통해 동구(東歐) 미수교국을 포함한 비주류 미술도 국내에 소개했다. 1980년대 중반까지만 해도 국내 공연 예술은 양적으로는 팽창된 반면, 내용 면에서는 빈곤한 상황이었고 다양한 공연 작업들을 소화해 낼 공간이 부족했다. 이러한 상황에서 워커힐 미술관은 전시장 주위 시설을 일부 공연장으로 활용하면서 새로운 문화공간으로 떠올랐다. 워커힐 미술관

은 일본의 전통 음악이나 인도 무용 샤크티, 재즈댄스와 같이 친숙한
듯하지만 사실상 잘 모르고 있는 공연 형태를 국내에 소개시키는데
적극적이었고 동시에 우리 전통문화에 대한 부단한 관심과 애정을
표시했다.

청소년 장애에 대한 관심

1990년 말 세계 기업들의 사회 공헌 활동은 '자선에서 참여로, 참
여에서 투자'로 트렌드가 전환되고 있었다. SK 역시 사회 공헌 철학
을 바꾸기 시작했다. SK는 물량 중심적인 기부와 자선, 그리고 봉사
활동을 사회 공헌 활동의 전부로만 생각하던 국내의 여타 기업들과
차별화하는 것을 고민했다. SK는 장기적인 사회 개발을 목적으로 정
교한 컨셉트와 연간 운영 계획을 수립해 실행하는 방식을 택했다.

SK텔레콤은 당장의 효과가 나타나지 않고 더 많은 돈이 들어가는
일이지만, 21세기 정보화 사회를 선도하는 기업의 사명을 다하는 방
식을 선택했다. 그것은 모든 사회 구성원들이 정보를 공유하고 그로
부터 소외되는 사람이 없는 '열린 정보화 사회'를 구축하는 것이었
다. SK텔레콤의 사회 공헌 활동은 SK텔레콤만의 특성을 활용하는
내용으로 이루어졌다. SK텔레콤은 정보화 중심의 사회 공헌 활동을
광고 등 홍보 매체와 연계해 캠페인을 벌임으로써 국내 정보통신 1위
업체로 이미지를 높이는 동시에 보는 사람들에게 이웃을 위한 따뜻
한 마음까지 함께 전달함으로써 효과를 극대화하는 전략을 펼쳤다.

SK텔레콤은 무한한 잠재력을 가진 청소년들, 특히 장애 청소년들
과 수년수녀가장, 농어촌 청소년 등 정보 소외 영역에 남아있는 청소

년들에게 PC를 비롯한 정보화 인프라를 제공함은 물론 지속적인 정보화 교육을 통해 새로운 시대의 중요한 사회 구성원으로서 경쟁력을 배양하고 인터넷을 통해 더 큰 세상을 열어갈 수 있도록 했다. SK텔레콤은 1999년 매년 장애 청소년 정보 검색 대회를 주최해 신체의 장애가 삶의 장애가 될 수 없음을 깨달을 수 있는 계기를 만들어 주었다. 2002년 7월 4일 대회에는 전국 89개 특수학교에서 260여 명의 아이들이 참석했으며 수상자들은 해외연수 기회까지 얻었다. 1999년부터 시작된 소년소녀가장 사랑희망 캠프는 소년소녀가장들에게 세상은 결코 혼자가 아니라는 것을 실감할 수 있도록 다양한 행사와 이벤트로 채워졌다.

SK텔레콤은 2001년 정보 소외 계층을 위한 사회공헌 활동 이외에 지역 공동체를 위한 새로운 공헌 방향을 모색하던 중 600여 명의 임직원이 전국적인 네트워크를 형성하는 '자원봉사단'을 조직하기도 했다. 자원봉사단은 주말이나 연휴를 이용해 소외 계층에게 봉사활동을 했고, '김장배추 이웃돕기'나 '복지시설 방문 봉사활동'은 기업 봉사 활동의 기준이 되기도 했다. SK텔레콤은 '자원봉사 프로그램 가이드 북'을 제작하고 자원봉사 활동에 소요되는 비용을 지원하는 등 효과적인 활동이 되도록 유도했다.

SK텔레콤은 사회적 이슈가 되는 문제 등에 주목하고 신속하게 지원이 이뤄지게 하는 활동 방식을 채택했다. 일례로 학원가의 '왕따'가 심각한 사회문제로 대두되던 1997년에는 '자녀 안심하고 학교 보내기' 운동을 전국적으로 펼쳐 사회적 주목을 받고 상당한 성공을 거두었다.

또한, 국경을 초월한 사랑의 실천으로 베트남 어린이들에게 무료 성형 수술을 해줌으로써 새 얼굴을 찾아주는 사업을 1996년부터

했다. 이를 위해 매년 의약품과 의료장비 일체를 지원했으며 그 결과 2002년까지 1,300여 명의 베트남 꿈나무들이 밝은 미래를 되찾을 수 있었다.

SK텔레콤은 장애 청소년들의 정보 검색 대회 규모를 더욱 확대해 실시하는 한편, 장애 청소년들에게 스스로 장애를 극복할 수 있다는 용기를 길러주기 위해 '인터넷서바이벌 대회'를 새롭게 개최했다. 또한 '전국 특수학교 정보화 순회 교육'과 '전국 특수학교 홈페이지 무료 구축 작업'을 펼쳤으며 '소년소녀가장 정보화' 사업과 '농촌 벽지 초등학교 무료 순회 교육'을 통해 정보 소외 계층을 위한 '인프라 구축 및 확산'을 위해 노력했다.

2002년 8월 SK텔레콤이 후원하고 사단법인 한국 장애인 정보격차협의회가 추진해 온 장애인 인터넷 전자도서관 '오픈 디지털(Open Digital)'이 개관해 본격적인 서비스를 시작했다. 장애인을 위한 정보화 사업을 중심으로 사회 공헌 활동을 펴온 SK텔레콤이 2001년 9월 7억 원을 지원하고 한국 장애인 정보격차 협의회가 추진함으로써 얻게 된 결실이었다.

인터넷 전자도서관 '오픈 디지털'은 국내 최초로 전자도서 원문을 음성으로 낭독해주는 보이스 북 뷰어(Book Viewer)를 개발해 시각 장애인이 전자도서를 컴퓨터를 이용하여 읽도록 했으며 지체 장애인을 위한 각종 기능 등을 활용하여 모든 장애인이 쉽게 사용할 수 있도록 했다.

SK텔레콤은 2002년 12월, 2003년 2월에 1,000억 원을 출연해 IT 관련 장학 재단을 설립하기로 했다. SK텔레콤이 설립하는 이 재단은 차세대 성장 엔진으로 주목받고 있는 IT 분야에 특화된 장학 재단으로써 이 분야에서 최대 규모였다. SK텔레콤은 이 재단을 통해 매년 30억 원 내외의 장학 사업을 전개키로 확정하고 이 기금으로 ①청소년 실업 해소를 위한 IT계 교육 장학금 지급 ②IT 전공 대학생에 대한 장학금 지급 ③특성화 대학 지원 ④연구 활동 지원 등의 폭넓은 사업 방향을 수립했다.

범지구 환경 사랑(울산대공원 조성)

SK는 환경 문제를 비용이나 지역적인 문제로 생각하지 않고 범지구적 관점에서 접근했다. 지구온난화, 자원 고갈, 생물 다양성, 오존층 파괴 문제 등 전 세계가 공생할 수 있는 지속 가능한 개발에 관련된 문제에 많은 관심을 가지고 끊임없이 노력했다. SK는 경영활동을 전개해 가는데 있어 환경 오염이 없도록 사회적 책임과 의무를 수행함은 물론 기존 환경 개선을 위한 각종 사회 활동을 진행한다.

SK주식회사는 1996년부터 2005년까지 10년간 총 1,000억 원을 들여 공원시설물을 건립해 울산광역시에 기부했다. SK는 지난 40년 동안 그룹 발전의 터전이 되어온 지역사회의 성장에 기여하고, 울산광역시 시민의 삶의 질을 향상시킨다는 취지 아래 기획된 것이었다. SK는 2002년 4월 13만 평의 공사를 마무리, 1차 개장을 했으며 2005년 9월에 완전 개장을 했다. SK 울산 콤플렉스와 울산광역시는 울산대공원 조성 사업 수행을 위한 기본 약정을 체결했고 1997년 2월 울산대공원에 대한 마스터플랜을 수립했다. 이어 같은 해 1월 울산광역시 남구 공원탑 로터리 주변 신정동과 옥동 일대의 110만 평의 부지에 공사를 착수한 바 있다.

2002년 4월 1차 개장 시설물은 실내의 4계절 워터파크(Water

Park) 형 수영장, 수중 생태계를 복원한 풍요의 못, 2km에 달하는 느티나무 산책로, 2,500여 명이 동시에 관람할 수 있는 옥외공연장, 자연학습장, 각종 이벤트 행사를 위한 잔디 광장과 용의발 광장, 자전거 도로, 호랑이발 테라스, 잉여 연못, 산림 놀이시설, 잉어 물놀이 시설, 다목적 운동장, 사계절 정원, 이벤트 가든, 공원 이용객 편의를 위한 공원안내소, 입구 광장, 880여 대의 주차시설 및 편의 시설 등으로 구성돼 있었다.

SK주식회사는 미래의 주역인 어린이들에게 환경의 중요성을 일깨워주고 환경 사랑을 생활에서 실천하게 한다는 취지에서 1994년부터 '환경 사랑 어린이글 모음 잔치'를 실시해왔다. 1994년 첫 출발 행사에 6,700여 명이 참석한 이후 꾸준히 발전되어 국내 최대 환경 글짓기 공모전이 되었다. SK주식회사는 대회 개최에 그치지 않고 수상작을 모은 단행본 '파란나라 푸른세상'을 제작, 전국 초등학교와 도서관, 전국 대형 서점에 비치했다.

SK케미칼은 환경 녹지공원 조성 사업과 'SK케미칼과 함께하는 생태문화 기행'을 실시했다. 생태문화 기행은 인근 주민 입주자 대표 및 환경 NGO를 초청, 전국 주요 지역 환경 탐사 행사를 펼쳤다. SK케미칼의 환경 관련 투자 및 녹지공원 조성은 인근 주민은 물론 전국민의 좋은 반응을 불러일으켰다.

40

외국 투기 자본의 비수(匕首)

비수란 암살용 단도를 말한다. 글로벌 금융시장에는 행동주의란 그럴 듯한 타이틀로 기업사냥꾼들이 있다. 금융뿐 아니라 특허 분야에도 사냥꾼들이 있다. 우리는 이 장에서 한국 경제가 폭풍 성장을 하면서 그 주역이었던 대기업그룹(재벌)이 제도적 결함 때문에 자칫 기업 소유권을 상실할 수 있는 가능성이 충분히 있다는 것을 알 수 있을 것이다.

여기서 말하는 제도적 결함이란 1986년 12월 31일에 도입된 공정거래법 상의 '출자총액제한' 조항이다. 정부는 대규모 기업 집단의 경제력 집중을 억제하기 위해 계열사 확장을 통한 상호출자 금지, 업종 전문화 등을 골자로 하는 조항을 마련했다. 그러나 이 조항은 처음부터 외국 투기자본의 적대적 M&A를 허용할 수 있고 국내 기업에 대한 역차별 가능성이 있다고 지적되었다.

소버린의 SK 주식 집중 매입

 외국인 투자자들이 SK주식회사 주식을 집중적으로 사들인다는 소문이 나돈지는 오래되었지만, 정식으로 확인된 날은 2003년 3월 30일이었다. 이날 증권 거래소는 외국인 투자자가 3월 26일부터 28일까지 주로 '굿모닝신한증권' 창구를 통해 SK주식회사 주식을 930만 주를 순매수했다는 것을 확인했다. 놀랄만한 대량 매수(買收)였다.

 이에 대해 '세종증권'은 ①주가 하락에 따른 지분매입 비용 감소 ②최태원 회장의 경영권 상실 가능성 ③SK주식회사 인수 시 사실상 SK그룹 전체에 대한 지배권 확보 가능성 등을 이유로 SK주식회사에 대한 적대적 인수합병(M&A) 또는 그린 메일(Green Mail, 경영권이 취약한 대주주에게 자신의 보유주식을 높은 가격에 팔아 프리미엄을 챙기는 수법) 시도 가능성을 제기했다. 반면, SK 관계사 중 에너지와 이동통신 등 국가 기간 산업에 속하는 회사가 많다는 점과 최대주주인 SK그룹 오너 일가의 지분율이 25%를 넘는다는 점에서 M&A 가능성은 낮다는 분석도 있었다.

 2003년 3월, 4월은 SK글로벌 사태가 본격적으로 나타난 시기로 SK로서는 매우 어려운 시기였다. 따라서 이 와중에 외국인 투자자가 SK주식회사 주식을 집중적으로 매수한다는 사실이 어떤 결과를 가져올지 가늠하기란 쉽지 않았고 베일 속에 가려진 이 투자자의 존재를 확인하기란 더 어려웠다. 그러나 4월 3일 마침내 이 외국인 투자자의 실체가 드러났다.

 크레스트시큐리티즈(Crest Securities)란 이름을 가진 외국계 펀드가 자신들의 주식 취득 사실을 금융감독원에 신고했기 때문이다.

이 펀드가 이날까지 취득한 SK주식회사의 주식은 SK주식회사의 1 대 주주였던 SK C&C의 지분을 웃도는 것이었다.

4월 4일자 한국경제신문은 '외국계 펀드, SK(주) 1대 주주로... M&A 가능성 제기에 관심'이란 제목으로 보도했다. 이날 이후 크 레스트시큐리티즈(이하 크레스트)는 SK주식회사 지분을 계속 매 입, 지분율을 높여 나갔다. 크레스트는 4월 10일 12.39%, 16일에는 14.9%를 매입했다고 공시했다. 그리고 18일에는 지분 추가 매입 중 단을 발표했다. 크레스트의 SK주식회사 지분매입은 아주 묘한 시점 에 일어났다. 최태원 회장이 SK글로벌 사태로 자신의 계열사 지분을 전량 채권단에 담보로 내놓은 때와 일치하는 것이다. 크레스트는 그 런 시점을 계산했을 가능성이 있다. SK주식회사의 경영권 문제가 복 잡하게 되었다. 재계와 정부, 시민 단체 사이에서는 적대적인 인수합 병 논의와 함께 경영권 방어와 출자총액 제한 제도와의 관계를 놓고 논의가 무성했다.

논란의 초점은 첫째, 경영권이냐 투자수익이냐의 문제였다. 적대적 M&A 가능성이 수면 위로 떠오른 것은 4월 초 영국계로만 알려진 크 레스트가 SK주식회사 지분 8.4%를 사들이면서부터였다. 그러나 이 정도 지분만으로는 SK주식회사에 대한 경영권을 확보할 수 없기 때 문에, 증권 관계 전문가들조차도 수익 창출을 위한 단기 투자 또는 '그린 메일'일 것으로 추측했다. 하지만 4월 10일 크레스트가 추가 매입으로 SK주식회사 지분 12.3%를 확보했다고 공시하면서 상황은 변했다. 크레스트 쪽은 공시를 통해 '수익 창출'이 목표라고 밝혔으나 출자총액 제한에 의한 의결권 제한으로 SK주식회사의 경영권 방어 능력을 능가한 상태였기 때문에 그것을 전적으로 믿을 수는 없는 것 이었다.

공정거래위원회는 4월 13일 '외국 동일인(크레스트) 지분이 10%를 넘었기 때문에 SK주식회사는 외국인 투자기업으로 분류되어 출자총액제한의 예외가 적용된다'는 유권해석을 내렸다. 이것은 SK에게 숨통을 터주는 것이었다. SK는 의결권이 묶여있던 7.6%의 계열사 지분을 활용, 경영권 방어에 문제가 없게 된 것이다. 그러나 크레스트의 모(母)기업인 소버린 측은 지분만큼의 경영권 참여나 기업지배구조 개선 요구가 있을 것 임을 예고했다. 소버린이 만만한 상대가 아니라는 점이 드러났다. 그 위에 SK텔레콤과 관련해 SK주식회사 경영권 문제는 재연될 가능성을 품고 있었다. 크레스트의 SK주식회사 보유지분이 전기통신사업법상 외국인으로 간주되는 15%에 육박해 SK주식회사가 가지고 있는 SK텔레콤 지분(20.85%)에 대한 의결권이 절반 이하로 떨어져 SK텔레콤에 대한 지배력을 잃을 위기에 처했기 때문이다. 지배력 유지를 원하는 SK주식회사에게 크레스트가 자신의 지분을 비싸게 되팔 가능성이 제기되었다.

한편 출자총액제도에 대한 정부와 재계의 갈등이 있었다. SK주식회사가 적대적 M&A에 노출된 것이 알려지면서 경제계는 '출자총액제한 때문에 계열사를 통한 지분 추가 매입이 제한되어 국내의 대표적인 기업 마저 해외자본으로부터 경영권을 방어하지 못하고 있다'는 불만을 나타냈다. 반면, 재정경제부는 SK글로벌 사태가 다른 계열사로 확산되는 것을 막는데 출자총액제한 제도와 상호출자 채무보증 금지 등이 큰 역할을 했다는 사실을 강조했다. 하지만 국내 산업자본이 외국자본과의 경쟁에서 혜택을 받지는 못하지만, 역차별을 받아서는 안된다는 논리에서 출자 규제를 철폐해야 한다는 주장이 계속되었다.

조동근(趙東根) 명지대 경영학과 교수는 '월간 조선(2005년 5월호)에 기고한 글에서 다음과 같이 말했다. "SK(주)와 소버린의 경영권 분쟁에서 보듯이 소버린이 SK를 공격한 것은 출자 규제를 우회하기 위한 '주식 맞교환'이 무위로 돌아가면서 드러난 소유 구조의 취약한 연결고리였다. 글로벌 경쟁 시대에 외국자본을 차별하거나 백안시할 필요는 없다. 그러나 출자 규제 등으로 인해 외국자본과 국내자본과의 공정 경쟁이 이루어지지 못하고 있다. 국내 산업자본을 역차별하는 출자 규제는 폐지되어야 한다...." 수십 년에 걸쳐 피땀 흘려 일궈온 자산 규모 47조 원(당시 기준)의 한국 재계 서열 3위 그룹을 겨우 1,700억 원을 들여 통째로 집어삼키는 것은 시장의 공정의 관점에서도 '있을 수 없는 일'인 것이다.

채권단 이기주의(SK글로벌 정상화)

SK주식회사의 최대주주가 크레스트로 바뀌고 SK(주)의 인수합병 문제가 클로즈업 되면서 SK글로벌의 경영정상화에 대한 이해 당사자 사이에 시각차가 드러났다. 채권단은 그동안 SK글로벌의 경영정상화 조건으로 SK주식회사를 비롯한 그룹의 지원을 줄기차게 요구하고 있었다. 그러나 SK주식회사의 최대주주가 크레스트로 바뀌면서 계열사 지원이 사실상 어려워졌다. 채권단은 SK 계열사의 지원이 없다면 은행만 손해를 감수하면서 SK글로벌을 살릴 이유가 없다고 보고 있었다. 이에 따라 자신이 보유했던 전 계열사의 주식을 채권단에 SK글로벌 정상화 담보로 잡힌 최태원 회장이 주식을 되찾을 가능성이 희박해졌다.

크레스트의 모회사인 소버린 자산운용은 4월 14일 발표한 성명에서 소버린의 목표는 '주주가치 확립'이라고 말했다. SK주식회사의 기업 가치를 낮출 수 있는 부실 계열사에 대한 지원에 반대한다는 의사표시였다. SK글로벌은 4월 15일까지 제출하기로 했던 2차 구제 계획안 제출을 연기했다. 소버린 측의 입장표명으로 자구안의 핵심인 SK주식회사에 대한 주유소 매각과 대주주 출자 등에 차질이 빚어진 까닭이다.

소버린 측은 SK주식회사에 기업 가치를 높이기 위한 조건으로 이사회 중심의 기업지배 구조조정을 강조했다. 이렇게 되자 채권단의 분위기는 '채권단만 손해볼 수 없다'는 쪽으로 흘러갔다. 채권단은 SK글로벌의 경영정상화를 위해 SK주식회사가 SK글로벌 소유의 주유소를 제값에 사주며 SK글로벌에 외상으로 준 석유 대금을 회수하지 말고 현행 수준으로 유지하라고 주문하고 있는 상황이었다. 당시 채권단의 입장은 SK글로벌의 매출과 이익 상당 부분이 SK주식회사와 SK텔레콤 등 관계사와의 거래에서 발생하기 때문에 이 조치가 선행되지 않으면 정상화는 불가능하고 따라서 지원도 무의미하다는 것이었다. 반면 소버린은 반대했다. 이와 관련 '동아일보'는 4월 16일자 보도에서 '소버린, SK글로벌 지원 반대'라는 타이틀을 달고 SK주식회사 최고 재무책임자(CFO)인 유정준 전무와의 회견 내용을 실었다. 이 무렵 SK글로벌에 대한 지원과 관련해 SK주식회사 및 SK글로벌 채권단과 소버린은 의견 차가 많았으나 SK주식회사 등 SK 관계사의 주가가 상승하는 부분에서는 이해가 일치하는 아이러니컬한 일이 있기도 했다.

소버린의 이중성

크레스트는 SK주식회사 지분을 매입하면서 '단순투자'라는 목적을 제시했다. 그럼에도 불구하고, SK글로벌 정상화를 위한 SK주식회사의 지원이 가시화되자 주주 이익에 반한다는 명분으로 반대의 뜻을 밝히기 시작했다. 이어서 경영참가를 위한 간섭을 노골화했다. SK주식회사가 SK글로벌을 지원하다가 계열사들이 함께 쓰러질 수 있고 그렇게 되면 SK주식회사의 주주들의 손실로 돌아올 수 있다고 주장했다. 크레스트, 헤르메스 등 외국 펀드들은 사내이사 3명의 재판과 관련, 특정 이사의 위법 행위 유지 가처분 신청을 법원에 내는 등 기존 경영진의 경영권을 빼앗기 위해 동원할 수 있는 모든 수단을 행사했다. 비록 실패하기는 했어도 소버린의 경영 참여 시도와 간섭은 집요했다.

소버린은 여기에서 그치지 않았다. 2004년 초 이후 주주 제안을 통해 이사 후보 5명 추천과 정관 개정안 제안(1월 29일), 최 회장 퇴진 요구안(2월 24일), 소버린 대표에 의한 SK주식회사 노조 및 소액주주 접촉(3월 3일), 자신들이 추천한 이사 후보 및 소액주주 대상 설명회 개최(3월 6일), 임시주총 소집 요구(10월 25일)와 이것들이 성사되지 않자 법원에 SK주식회사 임시주총 허가 신청 제출(11월 9일), 법원이 소버린 임시주총 허가 신청을 기각(12월 15일)하자 다시 항고(12월 22일) 등으로 이어진다. 소버린은 국내외 여러 이해관계자와 연대 또는 단독으로 이런 행동을 자행했다. 결국, 2004년과 2005년 두 차례의 정기주주 총회(3월)에서 표 대결을 통해 자신들의 주장을 관철하려다가 실패했다. 소버린은 2005년 6월 20일 투자 목적을 '경영참가'에서 '단순투자'로 변경하고 7월 18일 지분 매각을 공식 발표했다.

행동주의 펀드를 앞세우고 해외투자자로 한국에 나타난 소버린은 SK주식회사의 주식매입과 경영 간섭을 통해 한국 재계 3위의 SK 경영권을 위협했으며 농락했다. 소버린이 한국 정부가 재벌 그룹의 부의 집중을 억제하기 위해 총액출자제한 제도를 도입했고 이 때문에 재벌 그룹의 계열사 간의 출자지원에 약점이 있다는 것을 어떻게 연구했고 먹이감으로 SK주식회사를 선택했는지는 아직 밝혀지지 않고 있다.

다만 소버린이 경영 간섭을 위해 행사한 수단들이 고도의 법률 지식과 경영전략에서 나왔고 그 배후에 소버린 측에 가담한 한국 측 유명인사들이 기록으로 나와 있는 것은 뒷맛을 흐리게 하고 있다. 소버린은 결국 당시 9,000억 원 이상의 시세 차익을 챙기고 한국을 떠났다. 결코 적지 않은 국부 유출이었다. 소버린의 전주(錢主)인 챈들러 형제가 뉴질랜드 최고 부자에 등극했다는 후문은 두고두고 입맛을 쓰게 하고 있다.

41

최태원 뉴(New) SK호 출범

"···사회로부터 「신뢰받는 기업」, 고객으로부터 「선택받는 기업」, 구성원 모두가 「신바람 나게 일하는 기업」을 만들기 위해 최고경영자로서 할 수 있는 모든 역량을 집중할 것임을 다짐하며 To-be Model 달성과 재도약을 위해 다음과 같은 사항에 중점을 두고 회사를 경영해 나갈 것임을 밝힙니다.

첫째, 회사는 사업구조, 재무구조 그리고 지배구조를 개선해 모든 이해관계자로부터 신뢰받는 기업이 되도록 노력하겠습니다. 두번째는 고객으로부터 선택받는 기업을 만들도록 노력해야 하겠습니다. 셋째, 구성원들이 신바람 나게 일할 수 있는 회사를 만들어 나가겠습니다. 마지막으로 앞으로의 모든 경영활동은 SKMS의 올바른 실천을 통하여 수행해야 할 것입니다."

최태원 회장의 2004년 신년사 일부이다. 최태원 회장은 단독 회장 체제로 새해를 맞으면서 그의 경영 철학을 피력한 것이다. SK그룹은 2004년 10월 18일부터 20일까지 제주도 서귀포시 파라다이스

호텔에서 SK 최고경영자(CEO) 세미나를 열었다. 이 세미나에는 최태원 SK주식회사 회장, 최신원 SKC 회장, 조정남 SK텔레콤 부회장, 신헌철 SK주식회사 사장 등 20여 명의 SK 관계사 사장 등이 참석했다. SK는 이 세미나에서 기업 이념을 '이윤극대화'에서 '행복극대화'로 변경하고 ①강한 기업 ②신뢰받는 기업 ③행복한 사회 등을 3대 추구가치로 설정했다. 하나의 기업이 그의 기업 이념을 바꾸는 것은 국가의 개헌과 같다. 그의 본질을 바꾸는 것이다. 최태원 회장은 21세기를 바라보면서 자신의 경영 철학이 이윤 극대화보다는 행복 극대화에 있다고 밝히고 있는 것이다.

우리는 여기서 아주 미묘한 혼란에 마주치고 있다. 기업이 '이윤'보다는 '행복'을 생산해 내겠다는 철학이다. 낯설지만 신선하다. SK는 뉴 SK 기업 이념을 '그동안 이윤 극대화였던 경영의 최우선 목표를 고객 → 구성원(종업원) → 주주 →사회 등 기업을 둘러싼 전체 이해관계자의 행복 극대화'라고 설명했다.

최종현 선대 회장에 의해 정립된 'SKMS'는 1979년 3월 이후 모두 11번의 개정 작업을 거쳤다. 'SKMS'가 화석화한 경영 이념이 되어서는 안되며 경영환경 변화에 따라 끊임없이 최적화되는 살아 있는 경영시스템이어야 한다는 맥락에 따라 행복 극대화는 SKMS와 배치되지 않는 것이다. 좀 더 복잡다기화된 사회에서는 기업이 이윤만을 추구할 것이 아니라 회사와 고객, 구성원의 행복을 위해 존재해야 한다는 견해는 훌륭한 것이다. 최태원 회장은 SKMS의 변화 가능성, SK 지배구조 개선에 대해 기회 있을 때마다 거론했다. 최 회장은 2000년 5월 카이스트(KAIST) 강연, 2002년 서울대 대학원 공개 강의 등에서 이를 거론했다.

최태원 회장은 2004년 4월 창립 51주년 기념사에서 '기업의 사회적 책임 문제를 고민하다가, 이것이 SKMS에 어떻게 표현되고 우리가 어떻게 행동해야 하는가를 깊이 생각한 끝에 기업의 사회적 책임이란 곧 기업을 둘러싼 이해관계자들에게 행복을 드리는 것이라고 깨닫게 되었다'고 밝혔다. 최태원 회장은 이후에도 SK 경영워크숍, 최고경영자와의 대화 등에서 '뉴 SK 50년을 위한 시스템 경영과 SKMS 실천의 솔선수범, 그리고 내가 회사라는 생각으로 계속 진화'할 것을 강조했다. 이 때문에 최 회장은 회사 안팎에서 '강사 최태원'이란 닉네임을 얻기도 했다.

이해관계자들의 행복 극대화로 진화된 SKMS는 ①이윤 극대화 기업 이념에서 이해관계자(고객-구성원-주주-사회) 행복 극대화로 ②재벌 기업에서 기업 문화와 브랜드를 공유하는 네트워크로 ③1인 의사 결정 체제에서 동시 다중 의사 결정 체제로 ④주식 네트워크에서 고객 네트워크로 정리된다. SKMS는 흔히 경영학의 교과서로 불렸던 미국 GE의 잭 웰치 회장의 '잭 웰치 경영법'에 비유되곤 하는데 잭 웰치 회장이 은퇴한 후 잭 웰치 경영법은 사라졌다. 그러나 SKMS는 토론을 통해 진화하고 시스템으로 구축되어 어느 한 개인의 경영법이 아니라 기업의 보편적인 시스템이라는 점에서 '잭 웰치 경영법' 보다 우월하다. SKMS는 회사와 주주 등의 구성원 모두를 위한 경영시스템이기 때문에 회사가 존재하는 한 존속되는 경영법이다. SK가 시련과 위기를 최단기간에 극복할 수 있었던 것도 SKMS 경영법을 가지고 있었기 때문이다.

최태원 회장 투명 경영 선언

SK그룹은 2004년 1월 11일 서울 서린동 본사에서 최태원 회장 주재로 관계사 사장단 회의를 갖고 그룹 최고 의사 결정 기구로 'SK 경영협의회'를 발족시켰다. 협의회 멤버로는 최태원 회장과 SK주식회사 황두열 부회장, 김창근 사장, SK텔레콤 조정남 부회장, 표문수 사장이었다.

SK가 최태원 회장 체제로 시련을 극복해가는 끝마무리에 복병을 만났다. 2대 주주인 소버린의 돌출 행동이었다. 소버린자산운용은 경영권 장악이라는 헛된 꿈을 버리지 못하고 SK주식회사의 정관 개정을 요구하고 나섰다.

2004년 1월 29일 소버린은 자신들이 정한 SK주식회사의 사외이사 후보라며 한승수 전 유엔총회 의장(후일 국무총리), 김진만 전 한빛은행장, 조동성 서울대 교수 등 5명의 명단을 발표하고 참여연대가 제안했던 집중 투표제, 서면 및 전자투표제 도입, 내부거래위원회 신설 등 여덟 가지 항목을 제시했다. 이들이 발표한 사외이사 후보 5명의 인사는 한국 사회에서 사회적 지명도가 높은 인사들이었다. 이들이 소버린 편에 무엇 때문에 가담했는지는 의문이다. 소버린의 느닷없는 제안에 참여연대조차 어처구니없어 했다.

참여연대는 1월 19일 SK주식회사 개선안을 내놓았으나 소버린 측이 수용 거부 의사를 밝힘에 따라 2004년 3월 SK 주식회사 주총에 개입하지 않겠다고 밝혔다. 소버린자산운용의 정체는 이때까지도 오리무중이었다. 단기 차익을 노린 투기자본인지, 투명경영을 외치는 장기 투자자인지 정체를 알 수 없었던 것이다. 2004년 1월 21일 자 '조선일보'는 소버린의 오너인 리처드 체득러를 모나코에서 직접 만나장하성(張夏成) 고려대 교수(참여연대 경제개혁센터 운영위원장, 후일 청와대 정책실장)가 "그동안 수천명의 투자자들을 만나봤지만 도무지 (소버린의 정체가) 판단이 서지 않는다."라고 말했다고 보도했다.

SK주식회사는 소버린 측의 움직임에 관계없이 1월 30일 2003년 실적설명회를 열고 전년도 실적과 함께 획기적인 지배구조 개선안을 발표했다. SK주식회사는 2003년도 매출이 전년 대비 3% 증가한 13조 7,889억 원을 기록했다고 밝혔다. 영업이익은 8,954억 원으로 사상 최대를 기록했으나 SK네트웍스의 영향 때문에 6,759억 원으로 줄었다.

SK주식회사는 기업 설명회에서 밝힌 기업 지배구조 개선안에 따라 이승윤 전 부총리, 유장희 이화여대 국제대학원장, 양만기 투자신탁 협회장, 정광선 기업지배구조 개선 지원센터 원장, 최도성 서울대 경영학과 교수 등 5명으로 이루어진 '사외이사 후보 추천 자문단'을 구성하고 2월 초부터 본격적인 활동에 들어갔다.

SK 서린동 빌딩에서 열린 SK주식회사 이사회는 사외이사 비중 70% 확대, 신임이사 후보선정, 투명경영위원회 신설을 위한 정관 개정 등 '2004년 정기주총' 관련 의안을 의결했다. 1월 말에 발표한 기업지배구조 개선안에 따르면 사외이사 비중 70% 이상은 2006년부터 시행하기로 되어 있었다. 그러나 이날 이사회에서 최태원 회장이 "2006년까지 미룰 것 없이 당장 올해부터 실시해서 세계 일류 수준의 독립적이고 효율적인 이사회를 만들어보자,"고 제안했고 다른 이사들이 찬성, 전격 결정되었다. 사외이사 비중 70%는 국내 최고 수준의 선진된 지배구조였다.

최태원 회장은 "이번 이사회는 지배구조 개선을 직접 실행하는 시금석."이라고 밝히고 "앞으로 지배구조 개선 계획을 단계별로 충실히 이행할 뿐만 아니라 이사회 중심의 경영에 주력해 회사의 장기적인 발전을 도모하고 주주 이익을 극대화하겠다,"며 투명경영 의지를 피력했다. 이러한 최 회장의 의지는 2004년 SK주식회사 등 SK 계열사별 주주총회에서 사상 최대의 실적이 시현되고 특히 공개적이고 객관적으로 추천한 SK주식회사 사외이사들이 주주들의 전폭적인 지지를 얻은 것에 힘입어 '독립과 자율의 시스템 경영' 강조로 나타났다.

뉴 SK의 또 다른 축은 투명성 제고를 통해 기업 가치를 높이는 동시에 독립 경영을 보장받은 계열사들에 대해서는 대주주의 입장에서 '관리'의 고삐를 늦추지 않겠다는 액션플랜이다. 이를 실행하는 조직은 SK주식회사의 투자회사 관리실이다. 기존 IR팀, 홍보팀, 법무팀 등 SK주식회사 이해관계자들에게 회사의 경영환경을 투명하게 공개한다는 목표 아래 구성된 조직이다. SK는 뉴 SK 플랜을 통해 에너지, 화학, 정보통신 등 주력 사업을 '국가 성장의 플랫폼 사업'으로 육성한다는 구상도 보여 주었다.

최태원 회장, 사퇴 결단

"뉴 SK" 투명경영에 대한 최태원의 강한 의지는 SK텔레콤 이사회에서 본인 스스로 이사직을 사임함으로써 말이 아니라 행동으로 나타났다. SK텔레콤 이사회는 2004년 2월 24일 서울 종로구 본사 18층 회의실에서 열렸다. 이 자리에서 최태원 회장은 "회사 지배구조의 획기적인 개선은 위해서는 패밀리(오너 가족) 전체가 물러나는 게 (시장에 대한) 가장 강력한 시그널"이라고 말하고 "이사회와 관련 없는 최재원 부사장(최태원 회장 동생)까지도 물러날 것."이라며 사의를 표했다. 이사들의 반대가 있었으나 최 회장은 뜻을 굽히지 않았다. 대단한 결기였다.

한편 손길승 회장은 2월 25일 SK텔레콤 이사직을 사임했다. 이로써 손 회장은 SK그룹 경영 일선에서 물러났다. 손 회장은 1965년 선경직물의 최초 대졸자 신입 사원으로 입사해 39년 동안 그룹 성장에 많은 기여를 했다. 사임한 손 회장은 전 임직원들에게 E-메일을 보내 'SK텔레콤이 세계적인 정보통신 기업이 되기 위해서 독립적이고 효율적인 이사회를 조속히 구성해 기업 가치 제고와 투명경영을 실천할 수 있도록 하기 위해 용퇴를 결정했다'며 '본인이 50년 SK그룹 역사에서 공(功)과 과(過)의 중심에 서 있었으나 새로운 시대를 열 수 있도록 하기 위해 과거의 과실에 대한 모든 책임을 지고 경영 일선을 떠난다'고 말했다.

3월 12일 SK주식회사, SK텔레콤, SK케미칼, SKC 등 주요 관계사의 정기주주총회가 열렸다. 이 자리는 사상 최대의 실적 달성과 지배구조 개선을 통해 기업 가치를 제고하겠다는 약속의 장이 되었다. 특히 SK주식회사 제42차 주주총회는 2대 주주 소버린자산운용과의 경영권 문제로 많은 사회적 관심을 모았다. 그러나 결과는 SK그룹의 압승이었다. 의결권 있는 주주의 87.62%(총 1억1,042주)가 참석한 이날, 주총에서 사내이사 1명과 사외이사 5명 등 총 6명을 이사로 선임했다. 사내이사는 신헌철 SK가스 대표이사 부사장이, 감사위원인 사외이사에는 서윤석 이화여대 경영대학장과 남대우 전 가스공사 사외이사가, 조순 전 경제부총리, 오세종 전 장기신용은행장, 김태우 자원경제학회 회장(서울대 공대 교수)이 사외이사로 선임되었다.

이날 주총에서는 외국인 투자자와 소액주주 상당수가 SK 측 사외이사를 지지, 양측(SK와 소버린)의 표 차이는 거의 20%(60대 40) 포인트에 육박했다. 아슬아슬한 표 대결이었다. SK주식회사의 2003년도 총매출액은 13조 7,886억 원, 영업이익 6,713억 원, 당기순이익 152억 원으로 나타났다. 주주배당금은 보통주 750원, 우선주 800원으로 결정돼 총 961억 2,874만 3,300원의 배당금 지급을 확정했다.

SK텔레콤 제20기 주주총회도 이날 열렸다. 2003년도 총매출액은 9조 5,202억 원으로 전년 대비 10.26%가 증가했고 당기순이익은 전년 대비 28.6%가 증가한 1조 9,427억 원이었다. 이 주총에서는 전년도보다 3배 이상 늘어난 주당 5,500원을 배당키로 결정했다. 주주총회는 임기 만료된 조정남, 남상구 이사를 각각 사내 및 사외 이사로 재선임하고 하성민 SK텔레콤 경영기획실장을 신임이사로 선임했다. 이로써 사내이사 4명(조정남 대표이사 부회장, 김신배 대표이사 사장, 김영진 이사, 하성민 이사)과 사외이사 4명(김용운, 남상구, 이상진, 윤재승)으로 구성된 이사회가 새롭게 출범하게 되었다. 사외이사 비중 50%를 현실화한 것이다. 당시로서는 대단한 개방이었다.

SK케미칼 제35기, SKC 제31기 정기주주총회도 같은 날 열려 각각 사내외 이사들을 선임했다. 상장 SK 관계사들은 사외이사 비중 70% 이상의 SK주식회사를 필두로 선진적인 기업지배 구조를 갖추게 되었다.

'뉴 SK'를 본격 추진하기 위해 그룹의 양대 주력인 SK주식회사와 SK텔레콤은 조직 개편 및 임원 인사를 단행했다. SK주식회사는 3월 15일 이사회를 열고 신헌철 신임이사를 대표이사 사장으로 선임했다. 방엽성 생산부문 전무를 부사장으로 승진시키고 박상훈 R&D 센터장 등 4명의 상무를 전무로 승진시켰다. SK텔레콤은 위성 DMB 사업을 담당하는 자회사 TU미디어 대표에 서영길 사장을 선임하는 등 대규모 인사를 단행했다. SK텔레콤은 이 인사에서 비즈니스 부문장인 이방형 전무를 대외담당 부사장으로, 기업 문화 실장인 이노종 전무를 부사장으로 승진시켜 SK아카데미 원장으로 발령냈다.

'뉴 SK'는 SK 브랜드와 문화를 공유하는 네트워크 체제를 꾸려가기 위해 'SK 경영협의회'를 신설했다. 이 협의회는 SK주식회사의 최태원 회장, 신헌철 사장, SK텔레콤의 조정남 부회장, 김신배 사장 등 4명으로 구성되었다. 막강한 조직이었다. 이 위원회는 그룹의 핵심 경영 사안을 결정하기도 했다.

제5부

행복 날개 SK

42

SK, 행복한 대한민국을 위해

최태원 회장은 "이제는 기업이 사회를 따듯하게 만들고 행복하게 만드는 변화의 원동력이 되어야 하는 시기이고 SK그룹이 앞장서 나가자."고 말한 바 있다. SK 최고 의사결정 기구인 SK SUPEX추구협의회도 '기업이 사회를 따뜻하게 만들고 행복하게 만드는 변화의 원동력이 되어야 하는 시기'라고 SK의 '시대적 소명'을 규정했다. 지난 10여 년 동안 유지해 온 'OK! SK!'가 고객 지상주의 경영을 표방한 것이었다면 '뉴 SK'는 사회 전반의 '행복 극대화'를 최종 이정표로 삼고 있다고 해석할 수 있다.

SK 자원봉사단

2004년 7월 22일 경기도 파주시 소재 문산제일고등학교에서 500여 명의 SK그룹 임직원과 자원봉사자들이 참석한 가운데 'SK 자원봉사단' 발대식이 열렸다. SK 자원봉사단 단장인 조정남 SK텔레콤 부회장은 'SK그룹이 자원봉사단을 구성하는 것은 '뉴 SK'의 기업 이념으로 천명한 행복 극대화를 구체적으로 실천하기 위한 것'이라고 밝혔다. 이어 남녀 2명의 사원이 '우리 SK 봉사단은 자원봉사를 통해 국민과 고객 우리 모두의 삶의 가치를 높여가는데 노력할 것'이라고 다짐하며 세 가지를 선서했다.

①투철한 책임의식과 즐거운 마음으로 ②소외된 이웃과 함께하는 마음으로 ③자원봉사를 통해 지역사회에 봉사하고 개인의 발전을 도모하겠다는 것이다. SK 자원봉사단은 13개 주력 관계사 전체 임직원의 5분의 1에 달하는 6,000여 명으로 구성되며, 2004년 한 해동안만 연인원 35,000여 명이 활동한다는 계획을 세웠다. SK그룹은 2004년도 신입 사원 437명을 대상으로 1월 5일부터 2월 5일까지 SK아카데미에서 신입 사원 교육을 진행하면서 사회봉사 활동을 도입, 제도화했다. 이러한 방침은 2003년 말 최태원 SK주식회사 회장 등 최고경영진이 '신입사원 연수 과정은 최고 경영인의 출발점이기 때문에 이때부터 사회적 기업인을 양성하는 방안을 모색해야 한다'는 조언에 따른 것이었다. 불행한 이웃에 대한 SK의 지원은 때와 장소는 물론 이념을 가리지 않았다. SK는 북한 용천역 열차 폭발 참사 지원을 위해 '한 끼 금식(禁食) 캠페인'을 펼쳐 1인당 5,000원의 성금을 적립하는 한편, 각 관계사에서 자체적으로 모은 성금 10억 원을 내기도 했다. 최태원 회장은 4월 27일 열린 SUPEX추구협의회에서 "북한 용천역 열차 사고로 불의의 피해를 당한 북한 동포들의 고통에 깊은 위로와 애도의 뜻을 전한다."고 말하고 "기업 차원에서 할 수 있는 일에 SK 관계사들이 다 같이 동참하자."라고 당부했다.

SK 자원봉사 활동

2004년 SK는 8월 2일부터 7일까지 충남 천안시 목천면에서 진행된 '한국 사랑의 집짓기(Habitat) 2004' 행사에 건축 후원 기금 2억 4000만 원과 함께 관계사 CEO를 비롯한 건축 현장 자원봉사자 70여 명이 참여할 수 있도록 지원했다. 휴가 중 하루를 반납한 주요 관계사 CEO 14명과 임직원 등 70여 명은 2개 조가 되어 2박 3일 일정으로 4가구가 입주할 수 있는 1개 동을 건축하는 봉사활동을 펼쳤다.

최태원 회장과 조정남 부회장은 봉사활동 5일 차인 8월 6일, 건축 현장의 자원봉사에 직접 참여해 봉사활동을 한 후 입주자에게 열쇠를 전달하는 헌정식을 가졌다. 최태원 회장은 작업 헬멧을 쓰고 드릴로 벽을 뚫는 봉사활동 모습이 동아일보 등 신문 매체에 기사화되어 관심을 모았다.

최 회장은 이날 SK의 '행복 극대화 경영'에 대해 '기업이 돈만 버는 것 이외에 세상을 위해 할 수 있는 일들을 찾아나서 보자는 취지'이며 '오랜 시간이 걸리겠지만 꾸준히 해나갈 생각'이라고 말했다. SK 관계사 임직원들의 자원봉사 활동은 휴가철을 지나고도 봉사활동에 흥미를 유발시키는 다양한 아이디어를 접목하여 많은 인원의 참여를 유도했다. 가령 마라톤 같은 스포츠나 바자회 같은 행사를 통해 참여를 유도하고 성금을 모으는 방식이 대표적인 것이었다. SK케미칼의 서울, 수원, 울산 등 전국 사업장에서는 한 걸음을 내딛을 때마다 '1원'의 상금을 모아 불우이웃에게 전달하는 '마라톤 봉사'를 펼쳤다.

'1M(미터) 1원'의 사랑을 전합니다. '1M 1원 사랑' 슬로건으로 슈수하게 개인적인 차원에서 출발한 마라톤 봉사는 2003년 울산 공장의 'SKY 마라톤 동호회'와 봉사 모임인 '아름다운 사람들의 모임(이하 아사모) 회원들이 전사(全社) 게시판에 올리면서 외부에 알려졌다. SK케미칼 SKY마라톤 동호회와 '아사모'는 2003년 10월 26일 경주에서 열렸던 '동아 오픈마라톤'대회를 계기로 '의미있는 달리기를 해보자'는 아이디어에 의기투합했다. SKY 마라토너들은 이 아이디어에 적극 동참해 2004년 10~11월에 열린 풀코스 마라톤 대회에 참가하면서부터 유니폼 등에 후원자의 서명과 메시지를 달고 '1M 달릴 때마다 1원씩'을 기부하게 됐다. 수원 공장은 11월 7일 잠실에서 출발하는 '서울 국제마라톤대회'에 참가해 '1M 1원 사랑' 행사를 전개했다.

수원 공장 마라톤 동호회는 6월 '양평 이봉주 마라톤 대회'와 10월 오산 독산성 마라톤 대회에도 참가했고 참가자들이 직접 달린 거리만큼 성금을 모았다. 마라톤동호회는 공장 자원봉사단과 협력해 이 성금을 연말에 주변 불우이웃들에게 전달했다.

SK 관계사 임직원들이 펼친 2004년도 대 사회 활동의 결정판은 용산 KTX 역사에서 열린 '사랑 나누기 기쁨 더하기' 사랑 바자회였다. SK는 12월 10일 오전 10시부터 오후 4시까지 서울 용산 KTX 역사 안에서 최태원 회장을 비롯한 각 관계사 임직원들이 참여한 가운데 '사랑의 바자회' 행사를 열었다. 이 행사에는 임직원들이 기증한 1만 1,000점의 물품 및 SK와이번스 프로야구단, TI 프로게임단 등이 기증한 물품 및 SK 관계사에서 기증한 물품 3만 5천여 점 등 총 4만 6,149점의 물품이 시민들을 대상으로 판매되었다.

최태원 회장은 "어려운 이웃을 돕는데 조금이나마 도움이 됐으면 좋겠다." 라며 평소 본인이 가장 아끼는 물건인 테니스라켓을 비롯해 커프스세트, 넥타이핀 등 10여 점을 내놓았다. SK 자원봉사단장인 조정남 SK텔레콤 부회장은 2003년 북한에서 선물받은 그림 1점과 쇼팽을 기념하기 위해 만든 만년필과 CD 등 애장품 5점을 내놓았다. 신헌철 SK주식회사 사장은 도자기를, 김신배 SK텔레콤 사장은 전통 자수 공예품을, 윤석경 SK C&C 사장은 그림과 골프채 등을 내놓았다. SK와이번스 프로야구단의 김기태, 이승호, 강선우 선수와 TI 프로게임단의 임요한, 최연성 선수 등도 참여해 직접 자신들의 기증품을 판매했으며 SK주식회사 - SK네트웍스, SK가스, SKC 등 주요 관계사들은 가스히터, 네이트 드라이브, 의류, 유아용품 등을 기증해 60% 할인 가격으로 팔도록 했다. 이외에도 모바일 미아 찾기 시연회, 연예인이 기부한 휴대폰과 SK 광고 소품 판매행사, 매직 풍선 증정 등 다채로운 행사가 이어졌다.

SK그룹이 2003년 사회공헌 활동에 기부한 금액은 1,200여억 원이었고 이날 바자회 이후에도 SK그룹 13개 자원봉사단 6,600여 명은 12월 31일까지 전국 100여 곳의 사회복지시설을 방문해 봉사활동을 펼쳤다.

SK의 사회 기여

SK 사회공헌 활동은 불우이웃 돕기와 같은 우리 사회의 절대적 약자에 대한 배려에서 한발 더 나아가 SK와의 관계에서 경쟁 관계에 있는 다른 사업자와 관련 사업자, 그리고 상대적 약자인 중소 협력업체, 일반 시민에 대한 배려로까지 확대되었다.

SK텔레콤은 삼성전자와 공동으로 2월 2일부터 3월 14일까지

'2004 대한민국 희망 프로젝트'를 실시해 총 2억 원의 창업 자금을 지원했다. 2004년 대한민국 희망 프로젝트는 '창업지원 프로젝트', '스피드 010 행운 찾기 프로젝트', '소원성취 프로젝트'로 구성됐다. 창업지원이나 실업 해소 정책 등은 정부의 역할이지만 SK는 그런 정부의 정책에 호응해 투자 확대를 통한 고용 창출에도 나섰다.

SK주식회사를 비롯한 관계사들은 정부의 일자리 창출 정책에 적극 호응, 미래성장 기반 차원에서 대졸 신입 사원 1,000여 명을 포함해 총 2,000여 명을 신규 채용하기로 했다. SK는 그룹 사장단 회의인 SUPEX추구협의회에서 중소기업 협력업체들의 추석 연휴 및 추석 이후 결제분을 연휴 이전에 조기 결제하고 전자어음도 조기 발행하기로 결정했다. 또 주력 관계사들을 중심으로 현재 시행하고 있는 중소기업 협력업체들이 실질적인 사업파트너로서 함께 발전해 나갈 수 있는 다양한 방안을 지속적으로 마련해 나가기로 했다.

최태원 회장은 5월 15일~16일 이틀간 울산대공원에서 열린 'SK 울산 사랑 페스티벌'의 메인 행사와 울산대공원 2차 기공식에 참석, 울산 시민들에 대한 감사표명과 함께 '사회 공헌을 통한 사회 전체의 행복 극대화'라는 기업 이념의 실천을 약속하는 연설을 했다. 최태원 회장은 "오늘의 SK가 있기까지 지난 40년간 따뜻한 동지가 되어 준 울산시에 늘 감사해왔다."며 "특히 지난해 울산 시민들이 보내 주신 뜨거운 지지와 격려야말로 SK가 위기를 극복할 수 있는 큰 원동력이었다."라고 했다. 최 회장은 "성원에 보답하기 위해서라도 SK는 진정한 윤리 강령과 참다운 사회 공헌 활동에 매진할 것."이라고 말하고 "울산 시민들께서 SK의 새로운 도약을 계속 지켜봐 달라."고 부탁했다.

SK 울산 사랑 페스티벌은 SK주식회사가 울산 현지에서 개최한 행사로 SK주식회사가 1,000억 원을 기부해서 울산시와 함께 조성 중인 울산대공원 2차 기공식을 전후해 각종 체육 행사, 문화행사, 콘서트 등 다양한 프로그램으로 진행됐다.

박맹우(朴孟雨) 울산 시장은 이날 행사장에서 "10년 사업인 울산대공원 2차 조성공사 기공식이 감격스럽다."며 "오늘 이 자리가 SK는 국가산업의 원동력으로서, 울산시는 환경 도시로 한층 도약할 수 있는 계기가 되기를 바란다."라고 말했다.

SK 사회공헌 활동의 시초를 따라가다 보면 MBC 장학퀴즈를 만나게 된다. SK는 우리나라 대표적 인재양성 산실인 장학퀴즈를 30년 이상 후원해 오고 있다. 1973년 2월 18일 첫 방송을 시작한 후 1997년 1월 EBS 방송으로 자리를 옮겨 2004년 4월까지 제작한 횟수만 1,500편이 넘고 출연 고교생도 9,000명에 달하고 있다.

SK의 장학 사업은 중국에서도 벤치마킹, 'SK장원방'이 SK 단독 후원으로 중국 최고의 교양 프로그램으로 자리잡은 것이다. 우리는 여기서 SK그룹의 걸작 '한국고등교육재단'을 만나게 된다. 최종현 선대 회장은 1974년 11월 사재 80억 원을 출연해 재단을 만들었다. 그 때는 SK그룹의 재정적 능력이 교육 재단을 만들 만큼 강하지도 않은 때였다. 최종현 선대 회장은 ①순수장학 사업 ②연구지원 사업 ③국제 학술지원 사업 및 국제 학술포럼 등 3대 사업을 중심으로 국가 발전에 도움이 될 인재를 양성하기를 원했다.

한국고등교육 재단은 2004년 11월 26일 창립 30주년을 맞았다. 최태원 회장은 6월 18일 가을 학기에 출국하는 한국고등교육 재단 해외유학생 18명과 재단 이사를 SK 서린동 빌딩 회장실로 초청, 오찬 간담회를 가졌다. 이 자리에서 최 회장은 "열심히 공부한 후에는 돌아와서 반드시 사회에 환원해야 한다."라고 당부했다. 이날 참석한 유학생들의 진학대학원은 하버드대 4명, 스탠퍼드대 1명, MIT 2명,

UC버클리 2명, 미시간주립대 1명, CIT 1명, 펜실베이니아대 2명, 콜롬비아대 2명, 일리노이주립대 2명, 브라운대 1명이었다.

43

중국 속의 SK

　최태원 회장은 일찍부터 "세계 경제의 두 축이 미국과 중국으로 모아지고 있으므로, 우리는 중국 속으로 들어가야 하며 중국에 네트워크를 구성해야 한다."라고 말해왔다. 이에 앞서 최종현 선대 회장은 생전에 중국의 중요성을 알고 "중국과의 관계는 장기적인 안목을 가지고 반드시 긴밀한 사이로 발전시켜 나가야 한다."라며 방향을 제시한 바 있다.

　SK주식회사는 2004년 10월 28일 중국 베이징에서 'SK중국투자유한공사(中國投資有限公司) 설립 행사를 열고 2010년까지 중국에서 매출 5조 원과 20여 개 현지 법인을 보유한 에너지, 화학 그룹을 육성한다는 중국사업 계획을 발표했다. SK중국투자유한공사를 통해 중국 시장 진출을 가속화하고 신규사업 진입을 통해 새로운 성장동력을 발굴함으로써 '아·태 지역 에너지, 화학 메이저'로 도약한다는 계획이다.

　이 목표 달성을 위해 SK주식회사는 2010년까지 중국에서만 5조 원의 매출을 올릴 계획이고, 이 중 60% 이상을 현지 법인을 통해 올리기로 했다. 매출 5조 원은 SK주식회사 전체 매출(13조 7,889억 원, 당시 기준)의 37%에 해당하는 규모로, 특히 중국 매출 중 현지 법인 매출 비중이 2003년 2%에서 60% 이상으로 대폭 증가하는 것을 뜻한다. 대단히 야심찬 청사진이다. 이것은 SK주식회사의 중국 사업 전략이 '수출 중심'에서 '현지화를 통한 안정화'로 전환하는 것을 말하는 것이다. 실제로 SK주식회사의 2004년 3분기 매출액 구성비를 보면 중국 등에 대한 수출 비중이 얼마나 큰가를 알 수 있다. SK주식회사는 3분기 매출 4조 4,728억 원, 영업이익 4,156억 원의 실적을 올렸다. 이 실적은 전년 동기 대비 각각 49%와 76% 증가한 것으로 추정 당기 순익은 3,087억 원이다. 1월 1일부터 9월 30일까지의 누적 매출은 총 12조 4,381억 원, 누적 영업이익은 1조 1,642억 원이었다. 국내 경기 침체 및 유가 상승 등으로 인해 주력 사업인 에너지 화학 분야의 국내 수요가 감소했음에도 불구하고 이 같은 실적을 낸 것은 중국을 중심으로 한 수출이 증가하면서 해외 매출이 대폭 증가되었기 때문이었다.

중국에서의 중점 육성 분야는 석유, 화학, 윤활유, 아스팔트 등이며 분야별 사업 계획을 보면 ①석유 사업. 화동·화북 지역을 중심으로 도, 소매망 진출 추진 ②화학 사업. 기존 생산 설비 확장과 생산제품 범위 확대를 통해 유통 판매까지 사업 영역 확장 ③윤활유 사업. 현지 생산체제를 갖추고 판매망의 전국적 확대 ④아스팔트 사업. 현지에서 R&D, 생산, 물류까지 포괄하는 인프라 구축 등이다.

최태원 회장은 기념사를 통해 "무한한 성장 잠재력을 가진 중국이야말로 SK 제2의 기지."라며 "최근 가시적인 성과를 거두고 있는 해외 자원 개발 사업과 더불어 중국 사업은 SK의 새로운 성장 엔진이 될 것."이라고 내다봤다. 최 회장은 "현지화를 바탕으로 한 사업 패러

다임의 변화 없이는 중국의 폭발적인 성장을 따라잡을 수 없다."면서 "중국 사업의 성공을 바탕으로 진정한 글로벌 메이저로 도약할 것." 이라고 포부를 밝혔다. 이날 개소식을 가진 SK중국투자유한공사는 현지 투자법인 관리 지원을 목적으로 설립된 자본금 3,000만 달러의 지주회사로, SK주식회사는 향후 이 회사를 중국 사업 전체를 관장하는 독립지역 본부로 육성하는 것이다.

SK중국투자유한공사는 어느 의미에서는 SK 중국 진출의 큰 산맥이다. SK는 1991년 국내 대기업으로는 가장 먼저 북경에 사무소를 개설한 바 있다. 1991년 한·중 관계의 초창기로 양국 간 무역 협정이나 투자 보장 협정이 발효되기 전이었다.

중국 진출과 관련, SK의 구체적인 복안이 도출된 것은 1999년 12월에 열린 북경 CEO 세미나를 통해서였다. 12월 6일부터 8일까지 열린 이 세미나는 크게 세 가지 결론에 도달했다. 첫째는 중국 사업의 성공을 통해 세계 일류기업으로 도약한다는 기본 원칙에 모든 CEO들이 완벽하게 합의했다. 두 번째는 중국 사업을 위해 그들의 역량을 집중하겠다는 것이었다. 이에 따라 SK의 이후 중국 사업에 전략의 우선순위를 두고 적극적으로 중국 사업을 추진해 간다. 세 번째로 불안정한 중국 시장의 상황을 고려, 각종 위협요인에 대한 철저한 대비를 결의했다. 이후 북경 사무실에는 벤처, IT, 인터넷, 생명과학, PR 인프라, R&C(Research & Consulting) 등 5개 팀이 만들어졌다.

벤처팀은 상해 복단대, 교통대 등과 벤처 인큐베이션 센터를 합작회사로 설립했다. 벤처기업 정보를 모아놓은 벤처 포털, 특급호텔 500여 객실에 인터넷을 깔아주고 이 망을 관리하는 '호텔 포털' 같은 여러 가지 실험을 진행했다. IT 인터넷 팀은 동창생 찾기 사이트로 중국판 'I love school' 사이트인 'Via Friend' 사이트를 만들었다. 또 만화사이트인 'Via Comic' 사이트의 문도 열었다. 생명과학팀은 중국 의약품의 신뢰도를 높이기 작업을 주요 과제로 삼았다. 약품이 신체에서 작용하는 메커니즘을 밝히고 중국 약을 먹기 쉽게 알약으로 만드는 등 세계에서 통하는 의약품을 만들겠다는 것이었다. 이후 이 사업은 SK의 중국 관련 핵심 사업으로 발전했고 SK 상해연구소를 통해 본격적으로 추진되었다.

SK의 중국 진출 전략

SK는 2010년까지 한국 내의 SK와 맞먹는 또 하나의 SK를 중국에 만든다는 '베스트 중국 기업' 전략을 세웠다. 최태원 회장은 2002년 11월 그룹 내 편집진과의 인터뷰에서 "중국은 굉장히 중요한 세계 경제의 축이다. 현재 세계 경제의 두 축이 미국과 중국으로 모아지고 있다. 중국은 수출 경쟁력이 엄청난 수출 기지 역할을 하고 있다. 중국은 빠른 속도로 우리 기술을 빨아들이고 있다. 가령 중국은 CDMA 기술을 가지고 미국과 한국을 상대로 '딜(Deal)'을 할 수도 있다. 우리에게는 '미국이 이렇게 나오는데 너희는 어떻게 할래?'라는 협상이 가능할 것이다. 중국이 볼 때 한국은 참 독특한 나라일 것이다. 보잘것 없는 소국 같으면서도 업신여길 수 없는 특성이 있으니까 서로 사이가 나쁜 일본과 중국 틈새에서 양국 간의 완충 역할을 함으로써 '윈-윈(Win-Win)하게 하는 것이 한국의 역할일 수도 있을 것이다. 중국과 일본, 아시아에서 우리의 역할을 찾아야 한다. 그 역할이 저절로 주어질 리는 없으므로 중국 속으로 들어가야 한다. 이제 더 시간이 없다. 그래서 우리는 중국에 들어가 중국 사람을 직원으로 뽑는 등 별 프로그램을 다 짜보는 것이다. 중국에 네트워크를 구성해야 한다.”라고 밝혔다.

SK는 최고경영자의 이러한 구상 하에 ‘또 하나의 SK를 중국에 만든다’는 ‘베스트 중국 기업 계획’을 세웠다. 세계화(Globalization) 시대를 맞아 서구의 지역 연합과 대등한 위치에서 세계 경제의 중심에 서기 위해서는 동북아 3국(일본, 중국, 한국)의 지역 연대가 필요하며, 중국이 발전해야 한다는 기본 인식 아래 중국 내에서 낸 이익을 계속적으로 재투자하여 중국의 경제 발전에 기여하고 중국과 더불어 발전해 나감으로써 동북아 3국 연대 구축에 앞장선다는 것이다.

SK는 이러한 목표를 달성하기 위해 중국에 단순히 투자만을 하는 것이 아니라 ‘중국기업, 중국 속의 SK’를 설립하는 것이 목표였다. 여기서 말하는 ‘중국기업’이란 중국 현지에서 중국인을 고객으로 중국 사람이 원하는 가치를 제공하는, 중국인들이 직접 경영하는 기업을 말한다. SK는 현재 중국이 추진하는 과학 기술 중시 정책에 발맞춰 SK가 목표로 삼는 21세기 첨단 산업인 정보통신, 인터넷을 비롯해 정밀 화학, 생명 공학 분야에서 중국과 합작을 통해 사업을 전개해 나가는 것이다.

44

SK텔레콤, 새 영역 개척(생활 혁명)

　SK텔레콤은 우리의 생활 패턴, 생활 리듬을 본격적으로 변화시켰다. 이동 중 또는 야외에서 TV를 보고 싶다는 우리의 욕구를 충족시켜줬다. 디지털 미디어 방송(DMB, Digital Multimedia Broad Casting)이 바로 그것이다. DMB는 음성, 영상 등 다양한 멀티미디어 신호를 디지털 방식으로 변조해 고정 또는 휴대용, 차량용 수신기에 제공하는 방송 서비스 이며, 그래서 위성 DMB를 '손 안의 TV(Take out TV) 또는 모바일 TV라고 부른다.

　무선 인터넷 서비스를 통해 휴대전화로 방송을 볼 수 있는 방법이 있다. 자동차에 부착해서 사용하는 차량용 액정 TV나 소형 LCD TV를 부착한 손목시계, TV 튜너가 내장된 휴대폰 등도 일종의 이동용 TV다. 기존의 휴대용 TV는 지상파 아날로그 TV를 수신하는 것이기 때문에 안테나의 성능이나 방향에 따라 TV 수신이 제대로 되지 않아 시청이 불가능한 경우가 많다. 이동 중에는 TV 수신이 거의 불가능할 정도로 화질이 좋지 않다. 하지만 DMB는 이동 중에 방송을 수신하는데 최적화되어 화질이 선명하다.

기존 방송은 고정형에다 가족이 함께 시청하기 때문에 채널 선택권이 한정되어 있다. 그러나 위성 DMB는 개인의 기호에 맞춘 '나만의 방송' 수신이 가능하다. 서비스가 상용화되면서 저렴한 비용으로 채널 11개, 오디오 채널 26개 등 총 37개의 채널(당시 기준, 현재는 수백 개 채널)을 다양하게 이용할 수 있게 되었으며 향후 데이터 채널도 서비스되게 되어 있다. 비디오 채널에서는 뉴스, 영화, 스포츠 등의 다양한 전문 채널이, 오디오 채널에서는 음악, 뉴스, 교육 등이, 그리고 데이터 채널에서는 각종 정보 서비스가 제공된다.

DMB에는 지상파와 위성 두 종류가 있다. 지상파 DMB는 지상의 기지국을 통해 방송 신호를 송출하고 주파수를 이용해 이것을 전국의 DMB 단말기에 뿌려주는 형식이다. 위성 DMB는 SK텔레콤이 2002년부터 일본 mbcco와 사업 협력 계약을 맺고 위성 DMB 사업을 추진하면서 우리에게 처음 선을 보였다. 2005년 말 현재 위성 DMB 사업권을 획득한 업체는 TU미디어가 유일하다. SK텔레콤으로부터 위성을 임차해 서비스를 제공하는 TU미디어는 SK텔레콤이 위성 DMB 사업성에 대한 검토를 시작하면서 꾸려진 PMSB 사업추진단으로부터 출발한다.

2003년 12월 본격적인 사업 채비를 갖춰 약 30%의 지분을 가진 SK텔레콤을 최대주주로, 삼성전자, LG전자, 하나은행 등 150여개 업체들이 참여한 법인체로 정식 발족했다. SK텔레콤은 세계 최초의 DMB용 위성 '한별'의 제작을 마치고 2004년 3월 13일 미국 플로리다주 케네디 우주 센터에서 이를 발사했다. '한별'의 발사는 세계 최초의 DMB 사업으로 전 세계 위성 및 IT 업체가 많은 관심을 보였고 세계 최초 실시를 위한 한·일 양국의 자존심 대결과 시장 선점 주도권 확보라는데 이미가 컸다

TU미디어는 위성 DMB의 고품질 서비스 실력을 2005년 11월 부산에서 열린 APEC 정상회의(11월 12~19일)에서 가감 없이 보여 주었다. 행사 기간 동안 영어방송 채널인 '아리랑TV'를 통해 APEC 관련 소식 등 주요 뉴스를 실시간 생중계했다. TU미디어는 이를 위해 500대의 위성 DMB 단말기를 APEC 기간 동안 각국 정상 및 관료들, 기업 관계자, 내·외신 기자들에게 빌려주는 한편, 행사장 전 지역에 걸쳐 완벽한 수신 품질을 보강해 각국 참가자로부터 높은 호평을 가졌다.

TU미디어가 기울인 이런 노력의 결과 위성 DMB 본 방송개시 8개월 만에 가입자 수가 37만을 넘어서게 되었다. 위성 DMB는 국내외 프리미엄 콘텐츠의 지속적인 보강으로 차별화된 방송을 선보였고 2000억 원을 투자해 전국 84개 시에 중계기를 설치하여 서비스 품질을 높였다. 그리고 다양한 단말기 출시도 한몫을 했다. TU미디어의 핸드폰 겸용 단말기에 의한 위성 DMB 방송은 이 자체가 세계 최초일 뿐만 아니라 이동 방송을 지향하고 있는 세계 방송 발전사에 획기적 사건으로 간주된다.

TU미디어의 방송 개시 후 상용화된 위성 DMB의 서비스 현황을 체험하기 위해 세계 각국의 방송 통신 관계자들(93개 업체, 111회, 650여 명)이 TU미디어를 방문했다. 또한, 한국 언론재단이 발행하는 '신문과 방송' 2006년 1월호는 '2005년 한국 신문방송의 10대 사건' 중 두 번째로 위성 DMB 방송을 꼽기도 했다.

SK텔레콤 약진

SK텔레콤은 소비자에게 실익이 되는 서비스를 개발, 실천에 나섰다. SK텔레콤은 2004년 2월 6일 통신 사생활 보호 지침을 발표했다. 2월 12일부터 만 20세 미만의 미성년자의 경우 별도 신청 없이 060/030을 최신 번호로 하는 광고성 메시지는 단말기에 착신이 되지 않도록 원천 봉쇄했다. 이와 함께 저녁 9시부터 아침 9시까지의 야간에는 사전에 수신 동의를 받은 경우라 할지라도 광고성 메시지 발송을 제한키로 했다. 또한, 고객이 수신 동의를 하지 않거나 메시지 내용에 발송업체 이름이 없는 광고성 메시지 등의 불법 스팸 메시지를 받았을 경우 고객의 신고를 직접 접수받는 불법 스팸신고접수센터(1566-0011 또는 휴대폰 114)를 운영하고 발송업체에 대한 관리도 강화했다. 디지털 시장에서 싹트고 있는 부작용을 최소화하기 위한 적절한 시스템을 마련한 것이다.

SK텔레콤의 스스로의 결정으로 시장 점유율 자제, 이동통신 요금 인하 등의 조치를 취했음에도 SK텔레콤의 서비스는 고객들의 폭발적인 사랑을 받아 결과적으로 시장 확대와 매출 증가로 선순환되었다. SK텔레콤은 고객 요구에 부합한 단말기와 요금제를 실시한 결과 5월에 들어 Nate Drive 가입자 10만 명 돌파라는 성과를 얻었다. 이 성과는 세계적으로 텔레메틱스에 대한 전망이 엇갈리는 가운데 거둔 것으로, 미국 GM 온스타에 이은 세계에서 가장 많은 가입자 확보였다.

SK텔레콤의 성과는 국내뿐만 아니라 해외까지 이어졌다. 세계 유수 기업들과 제휴, 또는 상호 협력을 통해 세계시장 진출을 활성화시킬 것이다. SK텔레콤과 안랩유비웨어, 안철수연구소는 6월 21일 한국형 무선 인터넷 플랫폼인 WIPI(Wireless Internet Platform For Interoper ability) 기반의 휴대폰 용 백신 V3모바일을 세계 최초로 개발했다고 밝혔다. 이때 개발된 WIPI 기반 휴대폰 용 백신 V3모바일은 2003년 2월 위탑(Wi-Top-Wireless Internet Terminal Open Platform) 기반 백신 개발에 이은 것으로 3사는 휴대폰 용 백신 개발을 두 차례 성공시킨 사례를 낳았다. 3사가 공동으로 개발한 V3모바일은 SK텔레콤이 무선통신 플랫폼 부문을, 안랩유비웨어가 무선보안기술 부문을, 안철수연구소가 모바일 백신엔진기술 부문을 각각 담당했다. 이에 따라 SK텔레콤은 무선망 개방 등의 무선 인터넷 환경에서 안전하고 지속적인 서비스 기반을 구축할 수 있게 되고 안철수연구소와 안랩유비웨어는 모바일 기기에 대한 백신 기술과 무선보안기술 및 응용 기술을 확보할 수 있게 되었다.

SK텔레콤의 앞선 기술과 서비스 솔루션은 해외에서도 높은 평가를 받아 수출로 이어졌다. SK텔레콤은 카자흐스탄 시내전화 및 ISP 사업자인 Nursat 사에 SK텔레콤의 네이트 포털 플랫폼, 네이트 서비스 솔루션 등을 포괄하는 700만 달러 규모의 무선 인터넷 플랫폼 공급 계약을 체결했다. 이보다 앞서 SK텔레콤은 2002년 이스라엘 펠레폰 사에 1,000만 달러 규모의 네이트 플랫폼을 처음으로 수출한 바 있다. 이후 대만과 태국 등의 이동통신 시장에 꾸준히 진출해 Nursat 사와의 계약을 포함해 무선 인터넷 수출로만 5,000만 달러를 돌파하는 성과를 거두었다.

SK텔레콤은 디자인과 기능성을 강화한 단말기로 또 한번의 차별화를 시도했다. SK텔레콤은 양방향 번호 이동 시장에서 마켓 리더십을 유지하고 고객에게 차별화된 서비스를 제공하기 위해 디자인과 기능성이 대폭 강화된 단말기를 연이어 출시했다. 휴대폰이 멀티미디어 기능이 강화됨으로써 동영상 수요가 증가하는 것에 대비 '가로보기 단말기'를 지속적으로 시장에 내놓은 것이다.

SK텔레콤은 이제까지의 장비 수출 위주의 글로벌 사업에서 장기적 수익 창출형 운영 사업을 통해 해외 진출의 모델 다각화에 나섰다. SK텔레콤은 미국 현지 시각으로 11월 16일부터 미국 최대 이동전화 사업자인 Verizon Wireless(VZW) 사의 가입자를 대상으로 컬러링 서비스를 제공하기 시작했다. SK텔레콤이 제공하는 컬러링 사업은 SK텔레콤의 미국 현지 법인 SKT가 컬러링 서비스 제공을 위한 시설투자 및 컬러링 서비스 운영을 담당하는 ASP(Application Service Provisioning) 형태로 추진되며 3년간 투자 금액은 약 200만 달러였다. 컬러링 서비스는 우선 미국 서부지역 VZW사 가입자를 대상으로 시작됐으며 2005년 상반기 중에 미국 전역의 VZW사 가입자를 대상으로 확대되었다. VZW사는 가입자 4,000만 명을 보유하고 있는 미국 최대의 이동 통신사업자이다.

SK텔레콤은 2004년 연말 서울 중구 을지로 2가에 건립한 신사옥 'SKT 타워'를 완공하고 준공식을 가졌다. 준공식에는 최태원 회장을 비롯해 조정남 SK텔레콤 부회장, 김신배 사장, 남상구 사외이사 등 회사 임직원과 신헌철 SK주식회사 사장 등 100여 명이 참석했다. 신사옥은 지하 6층, 지상 33층, 높이 148m, 연 면적 2만 7,000여 평 규모이다. 이 건물은 27층을 기점으로 정면으로 15도가 기울어진 '폴더형 이동전화'의 독특한 외형을 띠고 있다. SK텔레콤은 '신사옥은 단순한 오피스 빌딩 개념을 넘어 첨단 유비쿼터스 빌딩을 지향하고 있는 것이 특징'이라고 밝혔다. 건물 내부를 모네타(Moneta) 서비스를 지원하는 대표적 유비쿼터스 공간으로 구축해 휴대폰으로 사옥 출입이 가능하도록 했으며 구내식당이나 자판기 이용 시에도 모네타 신용카드로 결제할 수 있도록 했다.

45

사이버 세계의 강자 SK커뮤니케이션

　우리는 신기술이 우리를 둘러싼 생활 환경을 어디까지 바꿀 수 있는가를 이 장에서 실감할 수 있을 것이다. SK텔레콤의 무선 인터넷 신기술은 우리를 사이버 세계(가상 공간, 컴퓨터, 인터넷 등으로 만들어진 공간)로 이끌어 가는 것이다.

　「동아일보」는 2004년 12월 15일 '2004년의 최대 화두는 '싸이질'이라고 보도했다. '싸이질'은 인터넷 커뮤니티 사이트 싸이월드(cyworld.nate.com)에 미니홈피(홈페이지)인 블로그(Blog)를 만들어 글과 사진을 올리거나 타인의 미니홈피를 방문하는 것을 일컫는다.

　이해(2004년) 9월 가입자 수 1,000만 명을 돌파한 싸이월드는 온라인 커뮤니케이션의 새로운 형태를 만들었다는 평을 들었다. 숫자로 보면 싸이월드의 위력을 실감할 수 있다. 11월 말 기준으로 가입자 수 1,200만 명, 평균 동시 접속자 수 60만 명, 하루 평균 도토리(싸이월드 화폐단위로 개당 100원) 소비량 150만 개, 한 달 1인당 평균 체류 시간 5시간 10분, 19~24세 인터넷 이용 인구 중 싸이월드 미니홈피 사용 비율 90.11%였다.

전문가들은 '자기표현 욕구를 자극하며 '1촌'이라는 네트워크를 통해 '도토리'로 선물을 주고받고 정보를 공유하는 싸이월드 미니홈 피 시스템이 한국인 정서에 잘 맞기 때문'이라고 싸이월드 열풍 이유 를 분석했다.

블로그(Blog)란, 인터넷을 의미하는 웹(W)과 일지(日誌)를 뜻하는 로그(log)의 합성어, 개인의 미니 인터넷 홈페이지이다.

삼성경제연구소는 12월 15일 내부평가와 언론의 히트상품 명단에 오른 50개 후보상품 가운데 자체 인터넷 회원의 투표와 외부 전문 가 의견을 반영해 '올해의 10대 상품'을 선정, 발표했다. 여기서 새로 운 사회, 문화 현상의 상징으로써 싸이월드는 서비스를 시작한 지 3 년 만에 회원 수 1,000만 명을 넘었고 '싸이질', '싸이 폐인(싸이월드 에 중독된 사람)' 등의 신조어를 유행시키며 감성 소비와 또래 문화 심취 경향을 대변하며 1위로 선정됐다고 이 연구소는 설명했다. 2위 는 카메라와 MP3 등이 장착된 '복합기능 휴대폰'이, 3위는 2001년 발매 이후 매년 100% 이상 고성장을 지속한 비타민C 드링크 '비타 500'이 차지했다.

히트작 싸이월드의 운영 주체가 바로 SK텔레콤의 관계 자회사인 SK커뮤니케이션즈이다. SK커뮤니케이션즈는 유·무선 연계 포털 네 이트 닷컴(www.nate.com)을 운영하는 사업자로 2002년 11월 출 범했다. 네이트 닷컴을 통해 새로운 개념의 유·무선 통합 커뮤니케 이터인 '네이트온(Nate on)과 쇼핑몰, 검색, 지식 뱅크, 뉴스, 클럽, 만화, 아바타 서비스 등을 제공하고 있다. 네이트 닷컴은 2002년 12 월 라이코스코리아와의 통합을 완료함으로써 국내 최고의 포털로 자리 잡기 시작했다. 2003년 8월 1일 SK커뮤니케이션즈는 ㈜싸이월드를 합병했다. SK커뮤니케이션즈의 자금력 등 풍부한 자원과 벤처 기업 특유의 혁신적인 서비스가 만나 폭발적인 성장 동력을 갖추게 된 것이다.

합병 이후에도 메신저 기능을 주로 하는 네이트온과 블로그 기능을 주로 하는 싸이월드는 상호 선의의 경쟁을 하면서 발전을 거듭했다. 네이트 닷컴도 블로그 서비스(Blog.nate.com)를 오픈했고 네이트온(Nateon. nate.com) 2.0 버전을 출시했다. 싸이월드는 4.0 버전과 폰 폴더 서비스를 오픈했다. 이러한 변화는 해가 바뀐 2004년에 와서도 이어졌다.

2004년 1월과 2월 사이에 네이트닷컴은 네이트온 무선 1.5버전, 모바일 지식뱅크(Kbank.nate.com) 유무선 연동 전화번호, 지도 검색을 연달아 오픈하고 싸이월드는 3~4개월에 걸친 선물 가게 개편과 '제1회 싸이데이' 개최에 이어 모바일 싸이월드를 오픈했다.

싸이월드 신화가 만들어지게 된 것은 정보통신 전문가 유현오(兪賢午) 신임 대표이사 취임과 연관이 있다. 유 대표는 한 경제지와의 인터뷰에서 '싸이월드 성공의 가치는 새롭게 창출된 아이디어가 온라인 커뮤니티에서 사업적 성과를 거둔 것'이라고 말했다. 네이트가 서비스하기 전 싸이월드의 개념은 참신하고 새로웠지만, 비즈니스 측면에서 성공하지 못한 것이었다. 당시 미국이나 일본에서도 인맥이나 네트워킹 관계를 통한 사업 모델 등은 한국에서처럼 고전을 면치 못했다. 유 대표의 말을 들으면 '싸이월드는 이성적인 커뮤니케이션과 함께 한국 젊은이들의 정서와 감성적인 것에 초점을 맞춘 전략이 맞아떨어져 성공했다'는 것이다. 싸이월드는 디지털카메라와 휴대폰 카메라가 활성화되고 연예인, 스포츠 스타 들의 미니홈피 가입, 대통령 선거와 총선을 전후해 정치인들이 미니홈피에 대거 합류하면서 시너지 효과를 만들어냈다. 이런 안팎의 요인들이 싸이월드를 단시간 내에 성장시켜 일종의 '사회현상'으로 자리 잡게 한 전체적인 원동력이라고 할 수 있다.

싸이월드는 '1인 퍼블리싱 미디어 페이퍼(Papercywolrd.com)'을 런칭했고, 2004년 9월 30일 드디어 가입자 1,000만 명을 돌파했다고 선언했다. 대단한 기록이었다. 이해 12월 싸이월드는 '2004년 대한민국 국회 대중문화 & 미디어 대상 인터넷 부문 대상'을 받았다.

싸이월드 못지않게 네이트닷컴, 네이트온도 새로운 서비스 오픈이나 기록 경신, 수상 등을 통해 SK커뮤니케이션즈의 영예를 높였다. SK커뮤니케이션즈는 게임 포털 '땅콩(www.ddangkong.com)'을, 네이트온은 일정관리 서비스 '메모짱(memozang.nate.com)'을 론칭 또는 오픈했다. 네이트닷컴은 인터넷 포털업계 주간 PV(Page View) 1위 달성(메트리스 집계)에 이어 인터넷 포털업계 주간 페이지뷰(PV) 10주 연속 1위(코리안 클릭 집계)에 올라 수위 자리를 지켰다.

2004년 네이트닷컴은 정통부 후원 '인터넷 그랑프리 대상'을, SK커뮤니케이션즈는 제5회 '올해의 인터넷 기업 대상'을 수상했다. 경제적인 면에서도 싸이월드는 사이버 머니 '도토리' 판매로 월평균 매출 30억 원, 한 경제지는 월 45억 원 매출을 올린다고 보도했다. 싸이월드는 아바타 이후 새로운 수익원을 창출했다는 점에서도 눈길을 끄는 것이다.

2005년 들어와서도 SK커뮤니케이션즈의 사업 열기는 식을 줄을 몰랐다. 네이트닷컴이 정보 중심 네트워크 '통(www.tong.co.kr)'을 론칭한 데 이어 네이트온은 3월 말 기준으로 메신저 시장 1위로 등극했다. 그동안 메신저 시장 부동의 1위는 MSN(Microsoft

Network) 메신저였다. 네이트온이 MSN을 제치고 최고의 메신저로 등장했다.

언론들은 '토종 메신저 네이트온, MSN을 눌렀다'의 제목으로 대서특필했다. 2005년은 싸이월드의 외국 진출 원년이었다. 6월 중국에 이어, 12월 일본 서비스를 오픈했고 2006년에는 미국과 유럽에서 정식 서비스를 시작했다. 싸이월드의 동시다발적 외국 진출은 SK 커뮤니케이션즈가 구글, 야후에 필적하는 인터넷 기업으로 성장하겠다는 의지의 표현이었다.

46

SK그룹의 월드베스트들(World Best)

SK주식회사(사외이사 비율 70%)

SK주식회사는 석유개발 전문회사이기도 하다. SK주식회사 2004 년 전체 매출액이 창사 이래 최대인 17조 원을 넘어섰다. SK주식회사는 2005년 1월, 2004년 경영 실적과 2005년 투자계획 및 지배구조 개선 성과 등을 발표했다. 매출액 17조 3,997억 원, 영업이익 1조 6,163억 원을 달성했으며 이는 전년 대비 각각 26%, 14% 증가한 실적이었다. 또한 당기순이익은 1조 6,448억 원이었다. 국내 정유, 화학 기업 중 최초의 순익 1조 원 돌파였다. SK주식회사가 매출과 영업이익, 당기순이익 면에서 이처럼 약진할 수 있었던 것은 해외사업 강화와 전략적 투자 덕분이었다.

1998년 전략적으로 투자한 베트남, 페루, 리비아 광구의 상업 생산 개시와 원유 가격 강세로 매출과 영업이익이 전년 대비 2배 이상 증가해 각각 2,757억 원, 1,982억 원의 실적을 거두었다. 윤활유 사업도 제2 윤활기유 공장이 가동되면서 국내 윤활유 메이커로는 최초로 매출 5,000억 원을 돌파했다. 석유사업과 화학 사업의 매출은 내수 침체에도 불구하고 중국 수출 확대로 전년 대비 각각 19%, 44% 증가한 11조 8,476억 원과 4조 4,054억 원을 달성했다.

SK주식회사는 이 같은 실적을 근거로 2003년에 비해 2배 이상 증가한 주당 1,800원(액면가 기준 배당률 36%)을 주주들에게 배당키로 했다. SK주식회사는 경영 실적 발표와 함께 2003년 1월 지배구조 개선 로드맵 발표 이후 1년간 실시해 온 기업 지배구조 개선 성과에 대한 설명회도 가졌다. 최태원 회장이 2004년 2월 "GE보다 더 독립적이고 효율적인 이사회를 만들겠다."라고 공언하고 3월 사외이사 비율 70%의 새로운 이사회를 구성한 이후 2004년 연말까지 총 121회의 이사회를 가졌다. 정기이사회와 전문위원회 출석률은 각각 94%와 100%에 달했으며, 총 148개의 안건을 협의, 검토, 처리해 독립적이고 일하는 이사회가 회사 경영의 중심으로 자리잡았음을 보여주었다.

SK주식회사의 기록 경신은 이런 안팎의 호조건을 배경으로 2004년을 넘어 2005년으로 이어진다. 2006년 1월 초 국내 정유업계에 따르면 SK주식회사는 2004년 사상 최대 매출을 달성한 데 이어 2005년 11월까지 이미 매출이 21조 원대에 달한 것으로 알려졌다.

선대회장의 선견지명, 해외 유전 결실

SK주식회사의 성장에 가장 큰 역할을 한 것은 해외유전 개발 사업이었다. 최종현 선대 회장의 앞날을 내다본 해외유전 개발 투자가 빛을 발하는 순간인 것이다. SK주식회사는 8월에 들어 페루 카미시아 유전과 가스전 생산 시설을 완공하고 본격적인 상업 생산에 들어 갔다. 카미시아 유전은 페루 남동부 육상에 위치한 남미 최대의 단일 유·가스전이다. SK주식회사는 2000년부터 미국 헌트오일, 아르헨티나의 플루스페트롤, 데킨트 등 해외 유수의 에너지 개발업체들과 컨소시엄을 구성해 참여했다. SK주식회사는 이 유전에 3,000억 원을 투자, 개발·생산의 17.6%, 수송 사업의 11.19% 지분을 확보해 각각 2040년, 2033년까지 안정적 수익을 확보하게 됐다. SK주식회사는 이곳에서 2004년에만 320억 원, 사업 기간 전체로는 약 4조 원의 매출을 기대하게 되었다.

SK주식회사의 신헌철 사장은 페루 현지(Malvinas. Lulin. Pisco)에서 개최된 준공식에 톨레도(Alejandro Toledo) 페루 대통령을 비롯한 컨소시엄사 대표 등 100여 명과 함께 참석했다. 신 사장은 톨레도 대통령, 카안드리아 에너지 장관 등 페루 정·재계인사들에게 성공적인 프로젝트 추진을 위한 지원에 감사를 표하고 미국 헌트오일 레이 헌트 회장 등을 만나 협력 관계를 더욱 강화해 나가기로 했다.

카미시아 유·가스전은 가스와 컨덴세이트(Condensate)를 생산해 가스는 수도 라마 지역에 판매한다. 컨덴세이트는 해안에 위치한 플랜트에서 정제해 LPG, 나프타, 경유 등을 판매하게 되는 개발 및 생산 사업, 그리고 생산된 가스와 컨덴세이트를 파이프라인으로 수송하는 수송 사업으로 나뉘어 추진됐다. 컨덴세이트란 가스전에서 가스와 함께 추출되는 액상 탄화수소로, 나프타 및 경유 등이 추출된다. SK주식회사는 카미시아 유·가스전이 상업 생산에 들어감으로써 2004년 5월 8.33%의 지분을 보유한 리비아 엘리펀트 유전 등 모두 7개의 생산 광구를 보유하게 되어 국내 최대 민간 에너지 개발업체로서의 입지를 더욱 확고하게 유지하게 됐다.

SK주식회사는 1983년부터 총 23개국 50여 개 프로젝트에 참여, 2004년 현재 11개국 16개 광구에서 석유개발 사업을 진행 중이다. SK주식회사가 확보한 보유 매장량은 국내 연간 소비 물량의 49%에 달하는 3억 배럴에 이르며 이는 미국 내 약 200개 석유 개발 전문회사 중 30위 권에 드는 수준이다. SK주식회사의 현재 지분 원유 1일 생산량은 평균 2만 4,000배럴이며 2005년까지 1일 생산량은 3만 배럴까지 확대된다.

SK주식회사는 이외에도 서아프리카 적도 기니(Equatorial Guinea) 해상에 위치한 D 광구에서 천연가스와 컨덴세이트를 찾는 데 성공하고, 브라질 캄포스 해상 광구에서 원유를 발견했다. 적도 기니 D 광구 탐사는 1995년부터 참여해 왔는데 여러 차례의 시추 끝에 총 260피트의 가스·컨덴세이트 함유층을 발견한 것이다. SK 주식회사는 브라질 광구에서 미국 데본사와 공동으로 탐사를 해왔다. 캄포스는 브라질 최대의 산유 지역으로 SK주식회사는 40%의 지분으로 개발에 참여, 2000년 9월 데본(지분 60%)과 함께 탐사·개발권을 확보한 바 있다.

SK주식회사의 상업 발전 자회사인 케이파워 주식회사는 세계적인 에너지·화학 기업인 BP가 운영하는 인도네시아 탐구 LNG 프로젝트와 LNG 도입 계약을 8월 31일 현지에서 체결했다. 계약 체결식에는 케이파워 대주주인 SK주식회사 신헌철 사장과 R&I 부문장 유정준 전무, 케이파워 박영덕 대표, 윤해중(尹海重) 주 인도네시아 대사 등이 참석했다.

케이파워는 2006년 상업 생산에 들어가는 광양 LNG 발전소의 연료 공급자로 BP가 운영중인 인도네시아 탐구 LNG 프로젝트를 선정, 2003년 8월 주요 도입 조건에 대한 합의(Heads of Agreement)를 체결한 후 1년여에 걸친 협상을 거쳐 이날 최종 LNG 구매 계약을 체결하게 된 것이다. 이 계약으로 케이파워는 탐구 LNG 프로젝트로부터 2006년부터 20년간 매년 평균 60만 톤의 구매 우선권을 확보해 국내 LNG 수요 안정에 기여함은 물론 향후 수요 변동에 탄력적으로 대응할 수 있게 됐다.

SK주식회사는 9월에 들어 또 하나의 의미있는 국내 공장을 완공했다. 9월 9일 제2 원유기유 공장을 준공함으로써 고급 윤활유 판매 세계 1위의 자리를 더욱 확고히 한 것이다.

SK주식회사는 이날 울산 공장에서 최태원 회장, 신헌철 사장, 박맹우 울산 시장 등이 참석한 가운데 제2 윤활기유 공장 준공식을 갖고 본격 가동에 들어갔다. 제2공장 가동으로 SK주식회사는 기존 제1 윤활기유 공장(1일 1만 배럴)과 함께 고급 윤활기유인 Group-Ⅲ의 1일 1만 7,000배럴의 생산 능력을 확보하게 됐다. SK주식회사는 이 능력을 바탕으로 세계 윤활기유 시장에서 점유율 60%로 세계 1위를 차지하고 있는 자사 고급 윤활기유 브랜드 유베이스(Yubase)의 시장 지배력을 더욱 높일 수 있게 됐다. 제2공장 준공은 SK주식회사가 독자적으로 개발해 미국, 유럽 등 세계 22개국에서 특허를 받은 고급 윤활기유 제조 공정 기술인 UCO 공정(SK UCO Technology)으로 기술에 있어서도 선도적 위치에 있음을 과시한 것이다.

리튬이온전지 핵심 소재 독자 개발

SK주식회사는 2004년 12월 말 세계에서 3번째로 2차 전지인 리튬이온전지 핵심 소재인 세퍼레이터(Separator)를 독자 개발하고 사업화에 본격 착수했다. 당시까지 세계 세퍼레이터 시장은 원천 기술을 보유한 일본의 아사히(旭)화성과 토넨 등이 양분해 왔다. 이에 따라 휴대전화, 노트북, PC 등 휴대용 정보통신 기기 사용의 증가로 인해 급증하고 있는 리튬이온전지의 수요를 감당하기 위해서는 세퍼레이터의 국산화는 물론 안정적인 공급 물량 확보가 시급한 실정이었다.

SK주식회사는 40여 년간 축적해 온 화학기술과 최첨단 나노(Nano) 테크놀러지를 적용해 2003년부터 개발에 착수해 국내 최초로, 세계에서는 3번째로 독자 개발하는데 성공했다. SK주식회사가 단시간 내에 세퍼레이터 개발에 성공할 수 있었던 것은 국내 최대 에너지, 화학 기업으로서 세퍼레이터 개발에 필수적인 폴리메 제조기술을 보유하고 있었던 점, 그리고 통상적인 연구개발 과정 대신 실험실 단계의 연구와 동시에 시험 생산 설비 및 양산 체제에 대한 연구를 진행하는 등 과감한 R&D 전략이 주효했기 때문이다. SK주식회사는 SK 기술원 내에 설치한 시험 생산 설비를 통해 시제품을 생산하고 국내 유수의 리튬이온전지 완제품 업체들로부터 시제품에 대한 적용 테스트를 받았다. 테스트 결과 성능 면에서 기존 일본 제품 대비 동일한 수준 이상이며, 특히 고강도 박막 제품에 강점이 있다는 평가를 받았다.

SK주식회사는 일본과는 차별화된 관련 기술에 대해 국내·외 특허 출원도 출원해 놓았다. SK주식회사는 시험 생산 설비를 기초로 양산 체제 구축을 추진하고 2005년 중에는 양산 제품을 시장에 공급할 수 있을 것으로 내다봤다. 한국은 전 세계 리튬이온전지용 세퍼레이터의 30%를 사용하는 대규모 시장으로 휴대용 정보통신 기기나 하이브리드(Hybrid) 전기자동차의 발달에 따라 향후 사용량은 폭증할 것이 확실하다.

SK의 환경 인프라 구축

SK 관계사들은 '환경 친화적인 경영'을 기업의 사활이 걸린 핵심 경영 요소로 인식하고 최종현 선대 회장 시절부터 환경 경영에 기업 역량을 집중해 왔다. 1970년대의 SKMS에도 '안전 환경 관리'를 관리 요소로 규정해 최고 경영층부터 환경 친화적인 경영을 할 수 있도록 철저하게 관리했다.

1989년에는 실정 법규 기준을 능가하는 수준의 자체 환경 기준을 설정하기도 했다. 환경 보존을 위한 사회 활동도 활발히 펼쳐 왔다. 시민, 학계, 정부 기관, 기업이 함께 참여하는 '환경 심포지엄'을 매년 개최하고 SK주식회사는 매년 '어린이 환경 사랑 글모음 잔치' 등 환경 의식을 고취하는 다양한 이벤트를 개최해 왔다.

SK주식회사는 1989년부터 환경 오염 예방 제품 책임주의 등을 근간으로 한 '환경관리 마스터플랜'을 수립해 2001년까지 총 5,000억 원을 투자하는 등 환경관리 인프라를 완벽하게 구축했다. 또 공장 내 요소마다 대기오염 자동감지 시스템을 설치해 24시간 대기오염 물질 배출 상태를 지속적으로 감시하고 원유 하역 및 제품 해상 출하시 해상 오염이 없도록 선박 및 해상 설비를 위해 해상 감시선이

24시간 순찰할 정도로 철저하게 관리하고 있다.

SK주식회사는 이런 환경 보호 노력의 결실로 ISO14001 인증 획득과 환경 경영대상을 획득하는 등 환경 및 안전 관리에 대한 성과를 인정받았다. SK케미칼은 특히 환경친화적이거나 에너지 절약을 위한 설비와 제품 공급에 신경을 썼다. 대표적인 경우가 '먹는 물 설비 보호제', '친환경 상수도관 산화 방지제 개발', '잉여 가스 재활용 설비' 등이다.

SK케미칼은 미국 하니웰과 고순도 솔벤트를 국내에서 생산키로 하는 내용의 협약을 체결했다. 이 협약에 따라 SK케미칼은 하니웰의 기술력을 기반으로 고순도 솔벤트(B&JHP Solvent)를 울산 공장에서 생산, SK케미칼과 하니웰 브랜드로 아시아 지역에 공급하게 됐다. 솔벤트(연구용 시약)는 전량 수입에 의존해 온 화학제품으로 기기분석용, 전자용의 고순도 용매로 사용되어 왔다. SK케미칼은 2004년 7월부터 제품을 생산, 국내 300여 개 연구소에 제품을 공급했다. 이렇게 되면, SK케미칼은 생산뿐 아니라 아시아 지역의 물류와 기술 지원 센터 역할까지 하게 된다. 세계 솔벤트 시장의 주요 공급자는 선도기업인 하니웰을 포함해 머크, JT베이커, 시그마 등이 있다. 이 가운데 하니웰은 40년 이상의 생산 경험과 균일하고 안정된 품질로 미국 내 솔벤트 시장 점유율 1위를 유지하며 높은 신뢰를 받고 있는 기업이다.

SK케미칼은 2월 27일 DTC(Dringking Water Treatment Chemicals, 먹는 물 설비보호제) 공장 착공식을 울산 공장에서 가졌다. SK케미칼은 이를 시작으로 5월에 공사가 완료되는 연간 생산능력 5,000톤 규모의 DTC 공장을 가지게 됐다. 이미 국내 방청제 제조 등록과 미국 NSP(National Sanitation Foundation, 위생협회 인증) 등록을 마쳤으며 하반기부터는 본격적인 생산, 판매를 시작했다. SK케미칼이 판매하는 방청제는 세계적으로 인정받고 있는 미국의 음용수 처리 관련 설비와 NSF에 등록된 복합 인산염 타입으로 타사 제품에 비해 부식 억제 능력이 탁월하다. 또 급수라인과 온수 공급 급탕 라인 모두에 적용 가능하며 급수 밸브와 자동 연결된 약주 펌프에 의해 주입되기 때문에 관리 적정 농도 유지가 가능하다는 장점을 지니고 있다.

SK제약의 개가

SK제약은 2004년 4월 30일 영국 런던에서 다국적 제약사 파마코사와 위궤양 치료제 '오메드'의 중동 7개국 수출을 위한 계약을 체결했다. 중동 7개국은 사우디아라비아, 아랍에미리트, 리비아, 오만, 쿠웨이트, 바레인, 카타르 등이다. SK케미칼 생명과학 연구소가 보유한 독창적인 제제 특허를 이용해 제조되는 위궤양 치료제 '오메드'는 1999년 국내 완제 의약품으로는 최초로 독일 및 아일랜드로 수출을 시작한 바 있다. 2002년에는 아이슬란드, 영국, 네덜란드, 벨기에, 룩셈부르크로 수출 영역을 확장했다. 또 2003년에 호주, 미국, 2004년에는 3월 대만, 4월 캐나다와 수출 계약을 체결하고 전 세계 주요 국가에 '오메드'를 수출할 수 있는 기반을 마련했다. 오메드는 2년 동안 유럽 수출로만 연간 200억 원의 매출을 달성했고 수출 계약이 체결되어 있는 지역에 대한 본격적인 론칭 작업을 성공적으로 마쳤다. 따라서 향후 지속적인 매출 확대가 기대되는 약품이다.

47

최종현과 이나모리 가즈오(稻盛和夫)

우리는 여기서 잠시 SK 성장사를 따라가는 걸음을 멈추고 최종현 SK그룹 선대 회장과 이나모리 가즈오 일본 교세라 회장 이야기를 듣고 가 보는 것이 최종현 선대 회장을 더 많이 이해할 수 있을 것이다. 두 분은 기업을 이끌어가는 경영 철학이나 일상생활에서도 공통점을 많이 가지고 있다. 이나모리 회장은 '아메바 경영'의 창시자로 최종현 선대 회장과는 생전에 서로의 경영 철학에 공감하고 아메바 경영과 SKMS/SUPEX 추구 등의 경영 철학을 교류했다.

이나모리 가즈오 회장은 1932년 1월 일본 가고시마 시골 가난한 집에서 태어났다. 가고시마 대학 공학부를 졸업, 조그마한 중소기업체에 취직했다. 그는 4년 후 회사를 이직하고 교세라(첫 사명은 교토 세라믹)를 창업했다. 그의 나이 27세 때였다. 그는 창업 자금 300만 엔을 아르바이트해서 모은 돈 100만 엔과 은행에서 대출받은 200만 엔으로 마련했다. 교세라는 IT 하드웨어에 사용되는 부품을 수주, 납품하는 B2B 회사였다. 교세라는 내셔널 브랜드로 유명한 마쓰시다(松下田) 전기에서 각종 부품을 수주, 납품했다. 마쓰시다 전기는 납품업체에 가격 후려치기로 납품가를 내려깎아 납품업체들이 도산하거나 거래를 끊었다. 이나모리 회장은 그럴 때마다 자신의 월급을 깎거나 받지 않으면서도 납품 기일을 어기지 않고 납품했다. 이 소식은 미국의 IBM에게도 알려졌다.

IBM은 1969년 교세라에 찾아와 부품(콘덴서 회로) 20만 개를 주문했다. 교세라는 납기일 3일을 앞두고 설계를 완성, 시제품을 IBM에 보냈다. IBM은 시제품을 받아보고 즉시 2,000만 개를 주문했다.

교세라는 이를 계기로 IT 하드웨어 디스크 점유율 세계 1위, 세라믹 패키지 세계 1위 점유율 회사로 성장했다. 이나모리 회장은 후일 심한 납품가 후려치기를 한 마쓰시다 전기에 대해 "마쓰시다 전기야말로 우리 회사를 성장시켜준 고마운 회사다."라고 말했다. 경영의 고수다운 말이었다.

이나모리 회장은 일본 정부가 NTT 민영화로 통신 사업 독점 체제를 해제하자 통신 산업 분야에 진출했다. 여기서 SK의 SK텔레콤과 겹치며 후일 최종현 선대 회장과 이나모리 회장은 만나게 된다.

교세라의 통신 분야 진출은 사내의 강력한 반대에 부딪혔다. 그러나 사내 반발을 잘 마무리하고 KDDI를 창업했다. KDDI는 일본의 제2위 민간 통신 회사다. 일본의 휴대전화 브랜드인 'au'를 운영하고 있다. KDDI는 NTT의 최대 라이벌이자 일본 제2위 후발 통신업체이다.

교세라는 KDDI를 성공시켜 일본 재계에서 대기업 반열에 올라섰다. 최종현 SK 선대 회장과 이나모리 회장은 회사 생활이나 사생활에서도 닮은 데가 많다. 최종현 회장은 양말을 꿰매 신을 만큼 절약했으며 외부 점심 약속이 없을 때는 회사 구내식당에서 직원들과 점심하는 것을 즐겼다. 최종현 선대 회장은 항상 임직원들을 사업 동지라고 말하고 실제 그렇게 행동했다. 이나모리 회장도 회사가 어느 정도 성장했을 때에도 사장이라고 우쭐대지 않았으며 사원들과 동고동락했고 월급도 중간 관리직과 비슷한 수준으로 받았다.

이나모리 가즈오 회장의 검소한 점심 식사는 유명하다. 이나모리 회장은 손님을 접대할 때 소고기덮밥 체인점 '요시노야(吉野家)'를 이용했다고 한다. 덮밥 한 그릇에 500엔(4,900원) 이하인 저렴한 식당이다. 정치인과 식사할 때도, 교세라가 후원하던 J리그 교토 퍼플 상가(현 교토상가FC)에 일본 국가대표였던 라모스 루이를 데려오려고 만났을 때도 장소는 요시노야였다. 덮밥을 각자 한 그릇씩 시키고 소고기 토핑을 추가해 나눠 먹었는데 마지막 남은 고기는 상대에게 권했다. 직원들과도 자주 밥을 먹었지만 보통 한 끼 만원이 넘지 않는 식사다. 보통 상사가 이런 식당에서 밥을 샀다면 '뭐 이런데서'라고 하기 마련이지만 이나모리 회장과 함께한 사람들은 '부담스럽지 않게 대접받은 기분'이라고 좋아했다. 돈이라면 넘칠 만큼 있는 대기업 회장이지만 스스로 워낙 검소한 생활을 한다는 것을 알고 있는 직원들이기 때문이었다. 이나모리 회장은 "기업인이기에 앞서 인간으로서 무엇이 올바른 행위인지를 생각해야 한다."고 말한 경영 현장에서도 이를 최대한 실천하려고 노력했다. "독점은 좋지 않다."는 철학으로 기업인으로서는 드물게 장기 집권하고 있는 여당인 자민당이 아닌 야당을 꾸준히 응원해왔던 것으로 유명하다.

이나모리 회장은 수십 권(32권)의 책을 남긴 저술가이기도 하다. 한국에서도 많은 책이 번역되었는데 일하는 자세를 다룬 '왜 일하는가'는 지금도 널리 읽히고 있다. '인간은 자신의 내면을 성장시키기 위해 일을 하며 그러니 전력을 다해야 한다'고 말하고 있다. 이런 점에서 최종현 SK 선대 회장의 수펙스(SUPEX) 철학과 맞닿는다. 최종현 선대 회장도 '인간의 능력으로 도달할 수 있는 최고의 수준까지 일해야 한다'라고 했다.

이나모리 회장은 2005년 경영 일선에서 물러났다가 78세 때인 2010년 JAL(Japan Air Lines) 회장에 취임했다. 일본항공은 국책 항공사로 일본의 상징 같은 항공사였다. JAL이 파산 위기에 몰리자 하토야마 유키오 당시 총리가 경영을 요청했고 이를 수락했다. 무보수 회장에 취임해 전 직원의 3분의 1에 해당하는 1만 6천여 명의 정리 해고를 단행했다. JAL은 3년이 지나지 않아 흑자 전환했다.

개혁 당시 공항 카운터 여직원이 회장 앞에서 월 2,000엔(2만원)의 비용 삭감을 발표한 일화가 유명하다. 다들 적은 금액에 당황했는데 이나모리 회장은 크게 기뻐했다. 주인의식을 갖고 노력한 그 직원의 열정이 금액보다 훨씬 중요하다고 여긴 것이 그의 철학이었다. 이나모리 회장은 JAL을 회생시킨 후 '경영의 신(神)'으로 존경받았다. 최종현 SK 선대 회장도 그의 경영 철학이나 업적으로 '경영의 신'의 반열에 올라 일반으로부터 추앙받고 있다.

48

최태원 회장의 행복 날개, 스킨쉽 경영

우리의 이야기를 다시 SK 성장사 쪽으로 되돌려보자.

최태원 회장은 2005년 SK의 신규 로고 '행복 날개'를 확정지었다.

"우리 그룹이 새로운 경영 이념인 '행복 경영'을 구현하고 글로벌 시장 확대에 대응하기 위해 새로운 심벌마크와 로고 타입을 개발했다. '브랜드와 기업 문화를 공유하는 네트워크'라는 새로운 경영 체제를 구축한 우리 그룹은 행복 경영을 근간으로 한 '브랜드 아이덴티티(일체감)'를 구현하기 위해 신규 로고 개발을 추진해 왔다. 또한, 글로벌 시장 확대에 따라 브랜드의 법적 보호를 강화하기 위해 '행복 날개'로 명명된 새로운 심벌을 개발했다. 새로운 심벌 '행복 날개'는 연(鳶), 통신위성 등을 모티브로 SK의 양대 성장축인 에너지, 화학과 정보통신 사업에서 '따로 또 같이' 비상(飛翔)하는 두 날개를 형상화함으로써 글로벌 시장을 향해 진취적으로 나아가는 SUPEX 정신을 반영하고 있다."

스킨십 경영, 행복전도사

최태원 회장은 2005년 신년사에서 "지난해의 눈부신 성과도 의미 있고 자랑스럽지만, 눈에 보이지 않는 또 다른 성과, 우리가 한마음 한뜻이 되어 힘을 합하면 어떤 어려움도 극복할 수 있다는 믿음이 생긴 것이 더욱 자랑스럽다."라고 말했다. 그리고 "우리의 50년 미래와 안정과 성장을 지속한 SUPEX Company, 자발적이며 의욕적인 두뇌 활용, 저력과 패기로 낙관을 돌파하는 우리의 자신감과 희망들! 이 모든 것을 가능하게 하는 것은 다름 아닌 여러분이며 회사가 곧 우리이고 우리가 하나 되어 행복을 나누는 것."이라고 강조했다.

최태원 회장은 1월 28일 워커힐 비스타홀에서 마련된 신입 사원과의 대화에서도 '내가 회사라는 생각으로 행복을 창출하는 사원이되어 줄 것'을 요구했다. 최 회장은 "신입 사원 여러분은 새롭게 제정된 SKMS를 체험하는 첫 세대가 된 만큼 새로운 사고로 실천력을 제고할 수 있는 통로 역할을 해 달라."고 말하고 "신입 사원 여러분도 행복 만들기의 주체가 되어 적극적으로 남에게 행복을 전달하도록행동해 달라."고 강조했다. 최태원 회장은 2004년 5월 27일 열린 그룹 R&D 위원회(위원장 조정남(SK텔레콤 회장))에 참석해 '글로벌 경쟁 시대에 국가가 안정적인 성장을 하기 위해서는 성장 동력의 연속성이 있어야 하며 이를 구체화해 나가는 것은 기업의 R&D'라며 "현재 최고의 경쟁력을 확보하고 있는 에너지, 화학과 정보통신을 중심으로 신규사업을 개발하는데 SK의 R&D 부문이 책임과 소신을 가져야 한다."고 말했다.

SK는 이날 열린 위원회에서 ①에너지 안정적 공급 ②차세대 정보통신 서비스 ③생명과학 기반 구축 등을 SK가 책임져야 할 3대 투자

영역으로 삼기로 하고 연구 인력 및 인프라 확충, 비즈니스 컨버전스를 반영한 주력 관계사 연구소 중심의 기능 강화 등을 논의했다. 이 같은 연구개발을 실제 사업으로 구체화하기 위해서 정보통신 및 에너지 분야를 중심으로 2007년까지 9만 개의 일자리를 창출할 수 있는 규모인 15조~20조 원을 투자하기로 했다.

2004년은 손길승 회장이 경영 일선에서 물러난 해이다. 손 회장은 퇴임에 즈음해 "50년 SK 역사 가운데 40년 동안 고락을 같이 했다."면서 "이제 여러분은 창업자 최종건 회장님과 최종현 2대 회장님의 크고 훌륭한 가르침 속에 자라고 그동안 경영 능력과 자질을 갈고 닦아 온 최태원 회장을 중심으로 SK가 세운 원대한 비전을 반드시 이뤄내기를 기원한다."고 말했다. 이보다 앞서 2004년 12월에는 김항덕 회장 대우 고문의 퇴임식이 있었다. 이들 1세대의 빈자리는 후배들이 채울 수밖에 없는데 이들의 퇴임 후 최태원 회장의 행동반경이 크게 넓어지는 것은 아주 자연스러운 흐름인 것이다.

최태원 회장은 잰걸음으로 SK 내부 임직원을 만나고 현장을 누볐으며 외부적으로는 에너지, 정보통신 관련 민간 외교 사절 역할을 맡아 국내·외를 오갔다. SK는 2005년 1월 3일 워커힐 비스타홀에서 최태원 회장을 비롯한 관계사 CEO와 서울 지역 임원 등 300여 명이 참석한 가운데 신년 교례회를 가졌다. 이 자리에서 최태원 회장은 2005년 경영 방침으로 '강한 기업, 신뢰받는 SK, 행복한 사회 추구'를 제시했다. 여기서 최 회장을 비롯한 12개 관계사 CEO들은 'SKMS 실천 결의문'을 채택하고 3만여 임직원을 대표해 결의문에 서명했다. 최태원 회장을 비롯한 SK 관계사 CEO들은 2005년 3월 25~26일 사이 하나의 의미 있는 결의를 했다. 최 회장과 조정남 SK텔레콤 부회장, 신헌철 SK주식회사 사장 등 주요 관계사 CEO들은 강원도 원주의 오크밸리에서 CEO 세미나를 열고 상장계열사를 비롯해 비상장 계열사까지 사외이사 제도를 도입해 명실상부한 '브랜드와 기업 문화를 공유한 이사회 중심 그룹'을 만들어 나갈 것을 결의했다. 이에 따라 SK텔레콤, SK네트웍스, SK케미칼, SKC 등의 주요 상장사가 2005년 사외이사 50% 이상의 이사회를 구성한 데 이어 빠르면 이 해부터 나머지 상장 계열사와 비상장 계열사까지 사외이사 제도를 확대 도입하기로 했다. 당시 증권거래법은 상장사 중 자산 2조 원 이상 기업에게만 사외이사 비중을 최소 50% 이상으로 하도록 규정하고 있었다. 의무가 없는 비상장사까지 사외이사 제도를 도입한 것은 전례가 없던 일로, 최태원 회장의 SK그룹이 처음이었다.

한편 세미나에 앞서 SK주식회사와 SK텔레콤, 그리고 각 관계사 CEO들은 향후 경영전략을 담은 'To-be 모델'을 발표했다. 이번 'To-be 모델'은 각사별 생존 바탕을 마련한 2002년 1차 모델 성공을 바탕으로 본격적인 성장을 위한 전략을 담고 있었다.

SK텔레콤 조정남 부회장은 '2007년까지 중국, 미국의 3세대 휴대전화 진출과 전자테크(RFID), 모바일 쇼핑 등 3대 사업을 성장 동력으로 키울 계획'이라고 말했다. SK주식회사는 해외유전과 수소 에너지 개발, 바이오 사업을 강화하기로 했다.

기업 문화와 브랜드를 공유하는 네트워크라는 개념에 중심한, SKMS라는 그룹 경영의 기본 방향과 정신 그리고 브랜드를 공유하기 위해서는 관계사 간 보직 순환을 통한 인사교류가 불가피했다. SK의 3월 말에 있은 대규모 인사는 이러한 원칙에 입각한 것이었다. 이때의 인사 내용 중 관계사 및 자회사의 전무급 이상 명단은 다음과 같았다.

- 대표이사 전무에서 대표이사 부사장
  SK해운 = 이정화, SK가스 = 김세광

- 부사장
  SK(주) = 지성태,
  SK건설 = 김영종, 유웅석, 진영헌

- 전무
  SK(주) = 김상국, 김완식, 박철규, 이규빈, 조기행,
  SK텔레콤 = 박만식, 서진우, 신영철, 하성민,
  SK네트웍스 = 김승시, 김영호,
  SKC = 이하일,
  SK건설 = 최병,
  SK C&C = 조재수, 주정수, 정철길

최태원 회장의 대외 행보

　최태원 회장의 대외 활동 보폭은 훨씬 넓어졌고 눈부셨다. 최 회
장은 에너지, 화학, 정보통신, 건설, 물류, 금융, 서비스 등 그룹의 업
역이 다양한 만큼 그 발걸음도 바쁠 수밖에 없다.

　특히 2004년과 2005년에 걸쳐 에너지, 정보통신 사업과 관련된
그의 발길은 시간과 지역의 한계를 뛰어넘었다. 2004년 5월 25일 최
태원 회장은 이건희(李建熙) 삼성 회장, 구본무(具本武) LG 회장, 정
몽구(鄭夢九) 현대차 회장, 강신호(姜信浩) 전경련 회장 등 재계 인사
18명과 함께 노무현(盧武鉉) 대통령 주재의 '경제 활력 회복을 위한

간담회'에 참석했다. 이날 간담회에서 최태원 회장을 비롯한 기업 대표들은 경제 활성화를 위한 투자 확대 계획을 대통령에게 설명하고 관련 규제의 해소를 건의했다. 특히 최태원 회장은 '고유가 시대를 맞아 국가 경제 안정을 위해 SK가 지난 20여 년간 추진해 온 해외유전 개발 사업을 더욱 확대하겠다'고 밝혀 해외유전 개발에 강한 의지를 보였다.

최종현 선대 회장에 이은 최태원 회장의 '산유국을 향한 의지'는 당시 고유가 사태가 우리 경제의 발목을 잡는 최대 변수로 떠오르면서 관심을 모았다. 석유가 나지 않는 한국이 산유국이 되겠다는 꿈을 가진 것은 유래가 있었다.

'무자원 산유국 프로젝트'는 1980년 선경그룹 시절의 최종현 회장이 유공(SK주식회사)를 인수하면서 추진한 해외유전 개발 사업을 말한다. 최종현 선대 회장은 1984년 투자한 예맨의 마리브 광구에서 처음으로 상업성 있는 원유를 찾아냈으며 1987년 사상 처음으로 우리가 캔 원유를 들여와 '산유국의 꿈'을 실현했다. SK주식회사는 조직 개편을 통해 해외유전 개발 사업을 전담하는 R&I 부문을 신설하고 유정준 전무를 R&I 부문장으로 임명한 바 있다.

최태원 회장의 구상에 의해 만들어진 이 조직은 SK가 포화 상태에 있는 내수시장을 탈피, 아태지역 메이저로 성장하기 위한 핵심적 기능을 담당하게 되었다. SK는 세계 24개국 52개 광구에서 유전 개발 사업을 추진중이었고 2004년에만 1,857억 원의 매출과 862억 원의 이익을 기대하고 있었다. SK는 이들 해외유전에서 국내 연간 소비 물량의 49%에 해당하는 3억 3천만 배럴의 원유 매장량을 확보한 상태였다.

최페인 회장이 민간 외교관으로서 보인 진면목은 2004년 6월 4일 열린 '페루-SK 우정의 날' 행사에서였다. SK주식회사는 이날 워커힐에서 최태원 회장 및 신헌철 사장, 호르헤 바요나(Jorge Bayona) 주한 페루 대사, 김칠두 산업자원부 차관, 이억수 한국 석유 공사 사장, 오강현 한국가스공사 사장 등 국내외 인사 150여 명이 참석한 가운데 페루-SK 우정의 날 행사를 가졌다. SK주식회사가 이 행사를 기획한 것은 하반기 상업 생산을 앞두고 있는 페루 카미시아 가스전 프로젝트와 관련, 당사국과의 이해의 폭을 넓히고 우의를 다지기 위한 것이었다.

페루 카미시아 가스전은 확인된 매장량만 8조 7,000억 입방 피트, 콘덴세이트 6억 배럴이 매장되어 있는 초대형 규모로 이를 원유로 환산할 경우 20억 5,000만 배럴에 해당한다. 카미시아 가스전은 2004년 하반기 상업 생산을 개시해 가스는 페루 수도 리마 지역에 공급하는 한편 콘덴세이트는 가공해 LPG, 나프타(Naphta), 경유(Diesel) 등을 추출해 페루 국내 수요에 충당하고 해외로도 수출하게 된다.

최태원 회장의 에너지 사절로서 행보는 이후에도 계속 이어진다. 최 회장은 7월에는 방한 중인 알사바 쿠웨이트 총리와 만나 에너지 협력을 논의하고 9월에는 마리브 유전 개발 20주년을 맞아 SK주식회사를 방문한 바라바 예멘 석유장관 일행과 향후 협력 방안을 논의했다.

SK의 시각은 베트남으로 꽂혔다. 최태원 회장은 9월 초 노무현 대통령의 러시아 순방에 동행했고 10월 4일 베트남 방문 일정에 맞춰 베트남으로 출국, SK가 현지에서 진행 중인 유전 개발과 이동전화 서비스 사업을 점검하고 현지 임원들을 격려했다. 최 회장은 10일 경제 사절단의 일원으로 한·베트남 포럼과 양국 기업인 오찬 간담회,

국빈 만찬 등에 참여하는 한편 도쭝따(Do Thung Ta) 베트남 정보통신부 장관과 단독회담, 11일에는 부관(Vu Khoan) 에너지 담당부수상과의 단독 회동을 통해 SK의 무선전화 사업과 유전 개발 사업에 대한 협력과 지원을 요청했다. 이어 베트남 국영 석유회사인 페트로베트남을 방문해 찐욕칸 사장과 함께 협력 방안을 논의했다.

최 회장은 12일 SK가 호치민 시에서 운영하고 있는 CDMA 서비스 S-Fone 가입자 10만 명 돌파 기념행사에 참석해 한국에서의 CDMA 신화를 베트남에서도 이룩해 줄 것을 당부했다. 1998년 베트남 유전 개발에 참여한 SK주식회사는 이 무렵 수투덴(Su Tu Den), 수투방(Su Tu Vang) 등의 지역에서 광구 탐사 및 개발 활동을 해왔다. 특히 수투덴 지역에서는 2003년 10월부터 하루 8만 5,000배럴의 원유를 생산하고 있었다.

한편 최태원 회장의 앞선 지배구조 실현과 행복 극대화 추구 의지는 외국 유수의 경영자들로부터도 관심의 대상이 되었다. 2004년 10월 서울에 온 미국 제너럴일렉트릭(GE)의 제프 이멜트 회장은 한국의 경제계 및 주요 인사 10명과 '원탁 모임'을 갖고 "앞으로 다가올 저성장 시대를 어떻게 헤쳐가느냐는 대단히 중요하며 중국, 일본 등 어느 나라를 가봐도 국가 최고 지도자나 기업 최고경영자(CEO)의 가장 큰 관심은 '성장'이었다."고 말했다. 이 자리에는 최태원 SK 회장을 비롯해 박용성 대한상공회의소 회장, 황영기 우리금융지주 회장, 어윤대 고려대 총장, 제프리존스(Jefrey Jones) 전 주한 미국 상공회의소 회장 등이 참석했다.

최태원 회장은 11월 22일 세계 최고의 파인세라믹 회사로 성장한 교세라(Kyocera)의 이나모리 가즈오 명예 회장을 만나 한일 양국 간이 경제 협력 방안을 논의했다.

SK와 미국의 헌트오일(Hunt Oil)의 오너들은 진한 인연을 맺어왔다. SK와 헌트오일은 1984년 예멘 마리브 유전을 시작으로 1997년 예멘 LNG(액화천연가스), 2000년 페루 카미시아 유전, 가스전에 이어 캐나다 샌드 오일 개발에 이르기까지 20여 년 동안 공동으로 해외자원 개발을 추진해 왔다. 최종현 선대 회장과 현재 CEO인 레이 헌트 회장이 협력해 예멘에서 석유를 발견했고 두 사람의 아들들인 최태원 회장과 헌터 헌트 수석 부사장은 여기서 발견된 LNG 수출을 성사시켰다.

최태원 회장과 헌트 부사장은 2000년 미개발 원유전인 페루 카미시아 개발에 공동으로 뛰어들었다. SK 주식회사는 개발에 17.6%, 수송에 11.2%의 지분으로 참여했다. 원유 매장량 6억 배럴, 가스전에서 약 9조 입방피트에 달하는 천연가스를 발견했고 이를 페루 수도 리마에 파이프라인을 통해 공급하는 것이다. 최태원 회장과 헌트 부사장은 차세대 에너지원으로 각광받고 있는 LNG에 관심이 높아 동반자로 자주 연락을 주고 받는다.

아시아 지역 공존 모색

최태원 회장은 2004년을 시작으로 아시아 지역의 공존을 모색하는데 힘을 기울였다. 최 회장의 그런 노력이 현실적으로 나타나는 것이 '베이징 포럼(Beijing Forum)'과 '상하이 포럼(Shanghai Forum)'이다. SK는 이 두 포럼을 직접 마련하거나 후원했다.

베이징 포럼은 2004년 8월 23일부터 25일까지 중국 베이징 인민대회장에서 열렸다. 중국이 포럼 장소를 인민대회장으로 허용해 준

것은 이 포럼의 중요성을 높이 평가하고 있다는 것을 의미한다. 이 포럼은 최종현 선대 회장이 설립한 한국고등교육재단(이사장 최태원)과 베이징대학, 베이징시가 공동으로 개최했다. 이 포럼의 주제는 '문명과 화해와 번영'이었고 35개국 600여 명의 석학들이 참석했다. 한국 측에서는 이정우(李廷雨) 청와대 정책기획 위원장, 조순(趙淳) 전 부총리, 문정인 동북 아시아시대 추진위원회 위원장, 최태원 회장 등 34명, 외국 학자로는 93년 노벨경제학상 수상자인 더글러스 노스(Douglass C. North) 워싱턴대 교수, 투웨이밍(Tu Wei-ming) 하버드대 교수 등이었다.

한편 한국고등교육재단은 2000년부터 아시아 각국의 석학들을 국내 대학 및 연구기관에서 연구케 하는 '국제학술 교류 지원 사업'을 시작해, 2004년 현재 중국권 107명, 베트남 13명 등 총 10개국 40개 기관의 189명을 지원하고 있다. 또 2001년부터는 아시아 주요 대학에 '아시아 연구센터'를 설립, 2004년 현재 중국의 북경대, 칭화대, 사회과학원, 몽골국립대, 미얀마 양곤대, 베트남 하노이대 등 총 6개국 13개 기관에 아시아 연구센터라는 학습 협력 인프라를 구축했다.

제2회 베이징 포럼(Beijing Forum 2005)은 2005년 4월 16일부터 18일까지 중국 인민대회당과 베이징대에서 열렸다. 두 번째로 열린 이 포럼에서는 아시아 41개국 석학 470여 명이 참석해 '문명의 조화와 공동 번영 - 세계화 관점에서 본 아시아의 기회와 발전'이란 주제로 열띤 토론을 벌였다. 한국고등교육재단이 후원하고 베이징대학이 주관하는 '베이징 포럼'은 이미 아·태 지역 학술 올림픽이란 평가를 받고 있다.

조지부시(George Bush) 전 미국 대통령, 조셉 버너리즈(Joseph

Vernerreed) UN 사무차장, 한치더(韓啓德) 중국전인대 부위원장, 판보위안(范伯元) 베이징 부시장, 우치디 중국교육부 차관 등 정·관계 인사들이 대거 참석해 국제학술포럼으로서의 '베이징 포럼'의 높아진 위상을 실감케 했다.

최태원 회장은 16일 인민대회당에서 열린 개막식 축사를 통해 '세계화는 국경이라는 장벽을 넘어서 경제적 교류가 확산되는 일련의 과정'이라고 전제하고 '경제적 교류가 확대되면서 불가피하게 발생하는 마찰을 줄이기 위해서는 국가 간 상충되는 이해관계를 조정하는 것이 중요하다' 며 아시아 각국의 상호 이해와 협력을 역설했다.

한국 고등교육 재단과 중국 복단대(復旦大)는 2005년 5월 15일부터 17일까지 경제 학술포럼인 '상하이 포럼(Shanghai Forum 2005)'을 중국 상하이 전담센터에서 공동개최했다. 이 포럼은 에너지, 정보기술(IT), 금융 등 3개 분야를 대상으로 세계적인 전문가와 지도층 인사들이 모여 아시아와 세계가 공존할 수 있는 방향을 모색하는 자리였다. '경제 글로벌화와 아시아의 선택' 대주제로 3개 분야의 학자, 중국 정부 관계자와 기업인들이 참석하여 이틀 동안 분과별로 전체 회의와 학술회의를 열었다.

포럼에는 왕성홍(王生洪) 푸탄대 총장, 한정(韓正) 상하이 시장, 류민캉(劉明康) 중국 금융감독위원회 주석, 잔우덴 펠트(Janudden Feldt) 에릭슨 그룹 수석 부사장, 리콴요(李光耀) 전 싱가포르 총리, 정운찬(鄭雲燦) 서울대 총장 등 에너지, 정보기술(IT), 금융 등 3개 분야 관련 학자와 정부 관료, 기업가 300여 명이 참석했다.

최태원 회장과 SK 관계사에 대한 세계 경제인들의 관심은 2005년 서울에서 개최된 '세계 화상(華商) 대회'에서 나타났다. 최태원 회장에게 많은 화상(해외의 중국 사업가)들이 큰 관심을 보이며 몰려

들었다. 최태원 회장은 10월 10일 코엑스에서 열린 제8차 세계 화상 대회 개막식에 참석했다. 노무현 대통령의 개회사와 황멍푸 중국 전국 공상업 협회 주석의 축사로 시작된 이 날 행사는 '화상과의 동반 성장, 지구촌의 평화·번영이 주제였다.

두드러진 최태원 회장 민간 외교

최태원 회장의 민간 외교 활동 가운데 가장 돋보인 부분은 2005년 11월 17일부터 19일까지 열렸던 APEC 최고 경영자 회의(CEO Summit)에서였다. 최 회장은 이 기간 동안 중국, 러시아, 인도네시아, 베트남, 페루 등의 정상들을 만나 향후 협력 관계에 대한 의견을 나누는 등 활발한 비즈니스 외교를 펼쳤다.

최 회장은 17일 APEC 최고경영자 회의에 기조연설자로 참여한 후진타오(胡錦濤) 중국 주석과 회동을 갖고 양국 경제 협력 증진 방안과 SK의 중국 사업 등에 대해 환담을 나누었다. 한국의 대기업이긴 하지만 후진타오 주석이 최 회장을 단독으로 만나 환담한 것은 SK가 중국에서 차지하는 비중이 크다는 것을 말해 주는 것이다. 이 자리에서 최 회장은 "아시아 지역 공동 발전을 위해 노력하고 있다."라며 SK의 향후 중국 사업에 대한 방향을 소개했다. 이어 진행된 최고경영자 회의에서 최 회장은 약 3분에 걸친 연사 소개를 통해 '후진타오 주석은 경제적으로 부강한 중국의 새로운 시대를 만들어가는 13억 중국인의 지도자'로 소개했다. 최 회장의 소개로 단상에 오른 후진타오 주석은 아태지역 주요기업 CEO 300여 명을 대상으로 '아태지역에서 중국 경제 성장이 주는 시사점'이란 주제로 30여 분 동안 기조연설을 했다.

한편 최태원 회장은 20일 부산 파라다이스 호텔에서 유도요노 인도네시아 대통령과 단독 면담을 갖고, 양국 경제 협력 방안과 SK의 인도네시아 사업에 대해 의견을 나누었다. 이날 만남에서 최 회장은 'SK의 주력 사업인 에너지·화학이 인도네시아에서의 중요 사업이기 때문에 상호협력해 윈-윈 할 수 있는 분야로 생각한다."라고 말하고 "유전 개발에 이어 이동통신, 화학 사업 등의 협력 관계가 확대되기를 희망한다."라고 말했다. 이외에도 최태원 회장은 알레한드로 톨레도 페루 대통령, 찐득로엉 베트남 주석을 만나 통신 및 유전 개발 사업과 관련, 협조를 구하는 등 다각적인 비즈니스 활동을 벌였다.

이에 앞서 18일에는 블라디미르 푸틴 러시아 대통령과 만나 환담했다. 최태원 회장의 이러한 화려한 민간 경제 외교는 언론의 하이라이트를 받았다. '매일경제'나 '한국경제' 같은 주요 경제지는 물론 일간지들도 최 회장 단독으로, 혹은 다른 기업인들과 함께 활동상을 소개했다. 특히 최 회장을 소개할 때는 '에너지 외교에 앞장선...', '가장 성공한 세일즈 외교', '영어에 능숙한 회장' 등의 수식어가 붙어 주목을 끌었다.

최태원 회장은 3월 10일, 전경련 회관에서 열린 월례 전경련 회장단 회의에서 비상근 부회장으로 선임되었다. 이날 회의에서 회장단 자격으로 처음 참석한 최 회장은 "3월 9일 열린 투명사회 협약 체결식에서 제시된 기업의 투명성 및 윤리 강령 강화, 지배구조 개선, 사회 공헌 사업 활성화 등을 재계가 촉구하자."라고 제안했다. 전경련은 SK와 인연이 많다. 최태원 회장의 부친 최종현 선대 회장은 1993년부터 3기 연속으로 전경련 회장으로 재임했다.

신 성장동력 해외시장

최태원 회장의 시선은 언제나 해외시장을 향하고 있었다. 최 회장은 SK를 글로벌기업으로 체질을 변화시키고 새로운 성장 동력을 해외에서 찾아 하는 것은 당연한 일이고 하나의 사명이라고 생각했다.

최 회장은 2005년 4월 14일부터 17일까지 노무현 대통령의 유럽 순방에 경제 사절단의 일원으로 터키를 방문했다. 최 회장은 터키(현 튀르기예) 정통부 장관과 미팅을 갖고, 세제르(Ahmet Necdet sezer) 대통령의 국빈 만찬에 참석했다. 이어 이스탄불로 이동하여 한·터키 경제 협력위원회의 합동 회의와 양국 경제인 오찬 간담회에 참석해 SK가 터키 정보통신 산업 발전에 기여할 수 있는 방안을 현지 관계자들과 협의했다.

최 회장은 귀국하자마자 국빈방문 중인 알리 압둘라 살레(Ali Abdullah Saleh) 예멘 대통령을 예방하고 즈엉찐득(Doung Chin Thuc) 주한 베트남 대사를 초청해 만찬을 함께 했다. 예멘과 베트남은 SK가 정유와 정보통신 사업을 진행하고 있는 곳으로 최 회장은 SK의 현지 사업 진행에 해당 정부 차원의 협력을 요청했다.

최 회장은 예멘 대통령을 예방한 자리에서 SK주식회사가 참여 중인 마리브 광구 사업의 성공이 있기까지 예멘 정부가 보여준 지지와 협력에 감사의 마음을 전했다. 또한, 마리브 광구의 계약 기간 연장과 LNG 사업 본격화를 비롯한 에너지 자원 개발 분야에서 지속적인 협력이 이루어지기를 희망했다.

최 회장은 주한 베트남 대사를 만난 자리에서 SK가 베트남에서 석유 개발 사업뿐만 아니라 이동통신 사업에 참여하는 등 다양한 분야의 사업을 전개하고 있다고 소개하고 베트남 15-1 광구 사업에 대한 베트남 정부의 지원에 감사의 뜻도 전했다.

최태원 회장과 SK건설은 2005년 5월 국내에 커다란 낭보를 전했다. SK건설이 쿠웨이트 국영 석유회사인 KOC(Kuwait Oil Company)가 발주한 12억 2,100만 달러(약 1조 2,100억 원) 규모의 대형 플랜트 공사를 단독으로 수주한 것이다. 최태원 회장은 5월 23일(현지시각) 쿠웨이트에서 이 공사의 수주계약식에 참석했다. 이 공사는 SK건설이 1997년과 99년에 수주한 총 28억 달러 규모의 멕시코 까데리아따와 마데로 정유 공장 건설 공사 이래 한국 업체가 해외에서 수주한 최대 규모의 원유 처리 플랜트 턴키 베이스 공사였다.

사실 이 프로젝트 수주에는 최태원 회장이 에너지 자원 개발 민간 외교를 통해 구축해 온 쿠웨이트 정부나 KOC 관계자와의 인연이 큰 역할을 했다. 40여 년에 걸친 원유 공급을 통해 SK에 대한 쿠웨이트의 신뢰와 최 회장과의 각별한 인연이 이번 SK건설 수주에 시너지 효과로 작용한 것이다.

그해 12월에는 방한한 쿠웨이트 국영 석유회사 KPC의 자회사인 KOC 회장단 일행과 면담을 가졌다. 최태원 회장은 KOC의 알잔키 회장과의 면담에서 "우리 그룹 차원에서 중요한 의미를 지닌 이 프로젝트를 성공적으로 수행하기 위해 최선을 다하겠다."고 말했다. SK건설이 수주한 FUP(Facility Upgrade Project)는 설계, 구매, 시공을 포함하는 턴키 공사로, 공사 범위는 크게 두 분야다. 쿠웨이트 남동쪽 일대에 산재되어 있는 10개소의 노후 원유 집화 시설 및 1개 가입장의 원유 처리 시설을 증설하는 공사와 지하에 매설된 배관에 대한 부식 진단의 효율적 안전 관리를 위해 지상에 대체 배관을 구축하는 것이다. 공사 기간은 25개월로 2007년 7월 준공 예정이었다.

SKC, 글로벌 그린(Green) 소재 컴퍼니로

SK는 세계적 흐름인 '저탄소 녹색성장'에 주목했다. SKC는 1976 년 선경 화학으로 설립되어 폴리에스터 필름의 국내 최초 개발로 사업을 시작했다. SKC는 R&D의 경쟁력을 기반으로 인간과 환경을 생각하는 산업의 트렌드에 맞게 상품을 개발하고 글로벌 시장에서 경쟁력을 키웠다. 국내 최초로 개발한 폴리에스터 필름을 기반으로 세계 최고 수준의 디스플레이 광학용, 태양전지용, 친환경 제품을 생산하는 필름 사업과 대규모 PO/SM 공장을 국내 최초로 가동하고 세계 최초로 친환경 Hppo공법을 적용해 아시아 폴리우레탄 산업의 리더로 발돋움했다. 이와 동시에 태양전지 소재 및 LED 소재, 차세대 파워 반도체 및 2차 전지 등 친환경 무기 소재 사업을 새로운 성장 축으로 하는 성장 전략을 실행하며 도전과 혁신을 이어나가고 있다. 태양전지 산업은 세계 유수 기업의 글로벌 신성장 에너지로 각광받고 있다.

태양전지 신업에 휘입어 태양전지용 필름 산업의 규모 역시 한 해 평균 30% 이상 고속 성장하고 있다. 이에 따라 SKC는 2008년 1월부터 연구개발에 착수, 2009년부터 EVA 시트의 본격적인 상품화를 시작했다. 2009년 10월 국내 및 해외 공인 인증을 취득한 데 이어 태양전지 셀과 모듈 메이커로 세계 1, 2위를 다투는 일본 샤프로부터 EVA 시트의 품질 인증을 받았다. 일반적으로 태양전지에는 불소 필름, EVA 시트, PET 필름이 핵심 소재로 사용되는데 SKC가 2009년 세계 4대 PET 필름 업체로 경험과 노하우를 바탕으로 불소 필름과 EVA 시트 개발에 동시 성공하며 태양전지 필름 소재를 모두 국산화해 국내 태양전지 산업의 경쟁력을 크게 강화시켰다.

태양전지 소재 전문기업을 향한 SKC의 도전은 필름을 넘어 가공용 백시트(Back Sheet)로 이어졌다. 2009년 11월 세계적인 백시트 생산 기업인 일본 게이와(GEIWA) 사와 합작해 태양전지용 백시트 사업에 진출한 것이다. 이로써 태양전지 생산에 필요한 모든 필름 소재에서부터 가공을 위한 백시트에 이르기까지 일관 생산의 수직 계열화를 완성했다. 자회사인 SKC 솔라믹스는 2010년 2월 태양전지용 실리콘웨이퍼 사업에 진출하기로 하고 2010년 말 평택 공장에 50MW 규모의 생산라인을 완공했다.

SKC는 2010년 3월 수원 공장에 연간 6,000톤 규모의 EVA 시트 생산 라인을 완공한 데 이어, 진천 공장에 태양전지용 EVA 시트 생산 설비 3개 라인 증설에 들어가 2011년 4월 15일 준공식을 가졌다. 태양전지용 EVA 시트와 백시트는 태양전지 모듈에 사용되는 핵심 소재로 각각 태양 전지 양측을 밀봉해 주고 모듈 후면에서 셀을 보호해 태양전지가 장기간 안정된 태양광 발전을 할 수 있도록 해주는 기능을 갖고 있다.

또 충북 진천에 PET 필름 공장을 신설하고 2012년 10월부터 태양광용과 광학용의 고부가 필름 양산에 나섰다. SKC는 고부가 필름인 태양광, 광학용, 열수축 필름 분야에서 세계 1위를 차지하고 있었다. 진천 공장의 신축으로 고부가 필름 세계 1위 지위는 더욱 확실해졌다. EVA 시트 생산으로 SKC는 기존의 생산 규모와 함께 2만 4,000톤의 생산 규모를 보유하게 됐다. 이와 더불어 2011년 3월 태양전지용 불소 필름의 2,800 톤의 추가 증설을 결정, 2012년까지 4,000톤의 생산 규모를 확보해 급성장이 예상되는 불소 시장에서 주도적인 위치를 차지했다.

2011년 4월 충북 진천에 태양전지 소재 공장 준공에 이어 SKC는 그해 5월 미국 조지아 공장에서 EVA 시트공장을 준공했다. SKC는 1999년부터 폴리에스터 필름을 생산해 온 조지아 공장을 복합 소재 단지로 확장해 북미 지역의 글로벌 거점으로 만든다는 전략을 수립하고 1단계로 2009년 5월 25일 폴리우레탄 시스템 하우스 공장을 준공했으며 동시에 태양전지 소재 공장을 착공해 1년 만에 준공했다. 태양전지용 EVA 시트 공장 준공으로 SKC 조지아 공장은 폴리에스터 필름과 폴리우레탄 원료에 이어 태양전지 소재에 이르는 부합 소재 단지로서의 모습을 갖추고 제2 도약을 본격화했다.

또 SKC는 조지아 공장의 EVA 시트 2개 라인 준공으로 1만 2,000 톤의 생산 규모를 확대하게 되면서 기존 수원 공장 및 진천공장과 함께 총 6개 생산 라인에서 3만 6천 톤의 생산체제를 갖추었다.

한편 2010년 9월 SKC 솔라믹스가 R&D용 사파이어 웨이퍼 사업 부지를 매입했으며 2011년 9월 7일 자회사 'SKC라이팅'을 출범시켜 LED 사업을 본격화했다. 일반조명 기업 '섬레이'와 국내 안정기 생산 1위 기업 '두성' 두 회사를 통합해 탄생한 SKC라이팅은 LED 밸류체인(Value Chain) 중에서도 핵심 부품인 SMP(Switched- Mode Power Supply), 방열 소재, 렌즈 등 핵심 소재의 사업화에 역점을 두고 차별화된 LED 조명 제품의 설계와 디자인 등으로 전 세계 시장 공략에 나섰다.

SKC는 첨단 소재의 개발로 글로벌 그린 소재 컴퍼니를 향한 대장정을 계속하고 있다. 2012년 10cm 내의 근거리 통신용 핵심 소재인 '페라이트 시트(Ferrite Sheet) 개발에 성공했다. 페라이트 시트는 NPC(근거리 무선 통신) 휴대전화 등에 장착돼 안정적인 통신이 가능하게 하는 일종의 세라믹 소재였다. SKC는 35년이 넘는 필름 기술과 무기 소재 기술의 기술 융합을 통해 1년 만에 세계 최고 수준의 제품 개발에 성공할 수 있었다. 특히 SKC 제품은 두께가 타사에 비해 무려 10% 이상 줄인 세계에서 가장 얇은 제품이며, 줄어든 두께만큼 원가경쟁력도 확보했다.

2012년 6월에는 핸드폰, LCD, TV 등 전자기기의 발열 문제를 해결해 주는 고효율 방열(放熱) 시트 개발에 성공했다. SKC가 개발한 방열 시트는 고농축 탄소나노튜브(CNT, Cabon Nanotube)를 적용한 제품으로 열 방출 방향성과 효율성에 있어서 세계적 수준이라는 평가를 받았다. 대부분의 기존 제품들은 수평 방향으로만 방열이 가능한 반면, SKC 제품은 수평과 수직 모두 열 방출이 가능하면서도 방열 효율은 세계적 제품과 동등한 수준이었다. SKC의 제품 핵심 원료인 CNT는 응집력이 강한 특성으로 인해 CNT를 고르게 분산시키는 것이 어려운데 SKC는 통상적 수준 2배가 넘는 고농축 CNT를 분산시키는 데 성공해 기술력을 인정받았다.

50

집단에너지 기업(LNG 부문 수직계열화) SK E&S

·

SK는 집단에너지 사업을 새로운 미래 성장 동력으로 선택했다. SK E&S는 7개의 도시가스 사업 자회사와 3개의 집단에너지 자회사, LNG 트레이딩 컴퍼니를 포함한 11개의 자회사를 보유하고 있으며 해외에 3개의 조인트벤처를 운영하고 있다. 도시가스 사업은 전국 346만 세대에 도시가스를 공급하면서 업계 1위를 지키고 있다.

도시가스 사업에서 쌓은 역량과 LNG 도입 판매 및 발전 사업과의 시너지, 자회사의 사업 경험을 활용해 집단에너지 사업을 활발하게 추진하고 있다. 집단에너지 사업은 5개 지역에서 성공적으로 열과 전기를 공급하고 있으며 10건의 사업권을 추가로 확보해 사업 확장의 기반을 마련해 놓고 있다. 발전 사업으로는 광양 천연가스 발전소를 운영 중이며 2013년 운영을 목표로 오성 천연가스 발전소를 건설하고 있다.

SK E&S는 2011년 8월 케이파워를 합병했다. 이는 SK E&S를 지주회사로 하는 LNG 사업의 수직계열화의 시작을 의미한다. 석유화학 부문의 수직계열화를 통해 사업적 성과를 극대화시켰던 SK는 차세대 에너지원으로 주목받고 있는 LNG 부문의 수직계열화에도 도전함으로써 발전 사업 분야의 시너지 창출은 물론 경쟁력 있는 가스전 확보, LNG 플랜트 투자, LNG 발전 및 집단에너지 사업 확대, 해외 도시가스 및 발전 사업 추진 등 신규 성장 사업을 한층 가속화시킬 수 있게 됐다. SK는 LNG 사업을 미래 핵심 사업으로 키우기 위해 2010년 말부터 SK에너지와 SK E&S, SK해운, SK건설 등 개별사별로 나눠 추진하던 LNG 사업의 통합에 나섰다. SK(주)가 컨트롤타워 역할을 맡아 LNG 사업의 투자비를 책정, 배분하고 종합적으로 관리하는 방식이었다.

이는 석유 중심의 에너지 사업 구조를 유망 분야인 LNG 분야로 넓혀 성장 잠재력을 확충한다는 전략에서 비롯된 것이다. 이에 따라 LNG 생산 및 판매(SK이노베이션)부터 LNG 처리, 저장 및 복합 화력 발전소용 인프라 구축(SK건설)에 이르기까지 LNG 밸류체인의 수직계열화를 이뤘다. 이처럼 그룹 차원에서 LNG 사업 강화에 나선 것은 확장을 거듭하고 있던 LNG 사업의 성장 가능성에 주목했기 때문이었다. LNG는 친환경 연료로 주목받으면서 중국과 유럽을 중심으로 수요가 늘어나 전 세계적으로 매년 연평균 6%의 높은 성장세를 유지하고 있다.

한편 케이파워 통합을 통해 LNG 사업 수직계열화의 중심에 서게 된 SK E&S는 2012년 5월 SK가스가 보유하고 있던 차이나가스홀딩스의 지분 9846만 주(7.1%)를 매입했다. 이로써 SK E&S는 차이나홀딩스의 3대 주주로 올라섰다.

대규모 LNG 가스전 확보에도 나섰다. 2012년 11월 3억 달러를 투자해 호주 바로사칼디타(Barossa-Caldita) 가스전 지분 37.5%를 확보한 것이다. 이로써 SK E&S는 2004년 인도네시아 탕구 가스전과의 장기 LNG 공급 체결을 통해 국내 민간 사업자 최초로 LNG 직도입을 시작한 이래 보다 안정적이고 저렴한 LNG 공급원을 확보함으로써 경쟁사 대비 높은 원가경쟁력을 기대할 수 있게 됐다. SK는 2012년 말 현재 호주 바로사-칼디타 가스전 외 페루, 예멘, 카타르, 오만 등 4곳에서 LNG 프로젝트를 추진하고 있다.

51

SK 해외유전, 가스전의 결실

2005년 하반기가 되면서 SK주식회사가 그동안 쏟은 땀이 해외 유전 또는 가스전에서 결실을 맺기 시작했다. 이에 앞서 SK 주식회사는 국내 에너지, 화학 기업으로는 유일하게 싱가포르 지사인 SKEA(SK Energy Asia PTE)를 운영하고 있으며 2005년 1월 아시아 지역 석유 중심지인 싱가포르 주롱섬(Jurong Island)에 들어선 대규모 석유 물류 기지의 15%를 확보했다. 530만 배럴(84만m³)의 석유 제품을 저장할 수 있는 탱크와 입·출하부 두 설비가 들어서는 이 기지는 2006년 10월부터 상업 운영에 들어가게 된다. SK주식회사는 싱가포르 이외에도 10개의 해외 지사를 운영하고 있다.

2005년 하반기가 되면서 7월 초 국내 최초로 브라질 유전 개발에 성공했다고 발표했다. 이에 따라 5,000만 배럴 이상의 원유 매장량이 추정되는 브라질 BM-C-8 광구의 상업성을 확인하고 개발 단계에 진입하게 었다. SK주식회사는 이 광구에 40%의 지분을 보유하고 있어 추정 매장량중 약 2,000만 배럴을 SK주식회사 몫으로 보유하게 된다.

브라질 BM-C-8 광구는 브라질 리우데자네이루 동쪽 250km 해상에 위치하며 2000년 9월 미국의 석유개발 전문기업인 데본에너지(Devon Energy) 지분 60%와 함께 광권을 취득해 탐사 및 개발을 진행해왔다. 양사는 광권 계약 체결 후 3개의 탐사정과 2개의 평가정 시추를 통해 탐사 및 평가 작업을 진행한 결과 5,000만 배럴 이상의 원유 추정 매장량을 확인하게 된 것이다. 이번 상업성 확인에 따라 2006년 초부터 하루 5만 배럴의 원유를 처리할 수 있는 생산설비 건설에 착수해 2007년 하반기부터 상업 생산에 들어간다. SK주식회사와 데본에너지 양사는 BM-C-8 광구에서 향후 27년간 원유를 개발, 생산하게 된다.

SK주식회사는 이외에 BM-C-30 및 32 광구 개발 프로젝트에도 미국의 데본에너지 등과 함께 참여하고 있어 추가적인 브라질 유전 개발 성공을 기대할 수 있게 됐다.

SK주식회사는 세계 최초로 개발한 'APU 기술 (열분해 가솔린 최적 활용 기술)' 수출을 위한 사업 협력 계약을 7월 6일 프랑스 악센스(Axens) 사와 체결했다. 이날 SK 서린동 빌딩에서 최태원 회장과 신헌철 사장, 악센스 사장 싼토낙 회장 등이 참석한 가운데 APU 기술의 세계 시장 마케팅을 위한 SK주식회사 – 악센스 사 간의 사업 협력 계약식이 열렸다. 이 계약 체결로 세계적인 촉매 공정 기술 판매 회사인 악센스 사는 전 세계 석유화학 공장에 SK주식회사가 개발한 APU 공정과 촉매를 판매하고 SK주식회사는 악센스 사로부터 기술 판매 로열티와 함께 촉매 공급에 따른 촉매 판매 수익을 받게 됐다. 이를 통해 SK주식회사는 향후 연 200억 원 이상의 수익 향상과 신규 나프타 분해 공장 및 기존 공장 개조 시장의 최소 20%에 APU 기술을 적용할 수 있을 것을 기대하게 됐다. 대단한 기술 개발 쾌거였다.

APU 기술은 나프타 분해 공장에서 나오는 톤당 400~500달러의 저가 부산물인 열분해 가솔린을 원료로 톤당 800~1,000달러의 BTX 벤젠, 톨루엔, 자일렌 생산이 가능하다. 기존 BTX 생산 공정은 복잡하고 값비싼 용제추출 공정을 거쳐야 하지만 APU 기술을 활용하면 별도의 용제추출 공정 없이 BTX 제품을 바로 생산할 수 있고 생산된 LPG를 나프타 분해 공장의 원료로 재투입할 수 있어 생산 원가가 대폭 절감된다. SK주식회사는 1998년 3년간 약 50억 원의 연구비를 투입, 세계 최초로 APU 기술 공정 컨셉트 및 촉매 개발에 성공한 것이다.

SK주식회사는 페루 88광구(카미시아)와 56광구에서 개발하는 대규모 LNG의 판로 확보에 성공했다. SK주식회사와 미국 헌트오일이 주주로 참여하고 있는 LNG컴퍼니와 스페인 석유회사인 렙솔-YPF가 LNG 매매 계약을 정식 체결함에 따라 렙솔을 통해 2009년 하반기부터 연간 420만 톤의 LNG를 멕시코 및 미국 서부지역에 18개월 동안 공급하게 되었다. 이 계약에 따라 페루 수도 리마 남부 해안에 위치한 팜파 멜초리타(Pampa Melchorita) 지역에 천연가스를 수송이 용이한 상태(LNG)로 바꾸는 대규모 LNG 플랜트 건설이 시작되었다.

본격적인 건설 작업은 2006년에 시작되고 2009년에 완공되는 스케줄이다. SK주식회사가 석유 공사와 함께 원유를 생산하고 있는 베트남 15-1 광구의 '수투노' 구조에서 1억 배럴 이상의 추가 유전이 발견되었다. 이때 발견된 수투노(Su Tu Nau, 갈색사자) 구조는 추정 매장량이 1억 2,000만 배럴 규모로 시추 결과 하루 평균 9,197배럴의 원유가 산출됐다. 이 광구의 컨소시엄 지분율은 석유 공사와 SK주식회사가 각각 14.25%와 9%이고 페트로베트남 50%, 코코노 필립스 23.25%이다.

SK주식회사가 포함된 러시아 서캄차카 사업 컨소시엄이 모스크바에서 러시아 국영회사인 로스네프트 사와 서캄차카 광구 지분 인수계약을 체결했다. SK주식회사는 한국가스공사, GS칼텍스, 대우인터내셔널과 함께 각 10% 지분을 보유하게 된다. 서캄차카 광구는 2007년 시추에 착수하여 2008년까지 탐사정 3공을 시추하게 된다.

SK주식회사는 다른 회사와 공동으로 유전 개발에 나선 것 외에 운영권자 자격으로 유전 개발에 나서기도 했다. SK주식회사는 2005년 10월 11일 미국 현지 법인 SKE&P컴퍼니를 통해 지분 70%와 운영권을 보유하고 있는 미국 루이지애나주 북이베리아(Iberia North) 광구의 탐사정 시추를 개시했다. SKE&P컴퍼니는 2004년 10월 북이베리아 광구의 지분을 획득했으며 파트너는 미국의 독립 석유개발 전문기업인 진저오일(Ginger Oil, 지분 12.5%) 사와 일본의 리갈체인(Regal Chain, 지분 7.5%) 사이다. SK주식회사는 1994년 이후 11년 만에 북이베리아 광구를 통해 운영권 전반을 획득했다. 이것은 일반 기업의 관점에서 보면 대주주로서 경영권을 행사하는 것과 유사한 것으로 단순 지분 참여와 비교해 국제 석유 업계에서 명실상부하게 전문기술력을 보유한 석유회사로 인정받았다는 데 의미가 큰 것이다.

SK 인천정유 인수

인천 지방법원은 2005년 8월 19일 국내 5대 정유회사인 인천정유 내각 입찰 제안서를 접수해 인수 희망 가격과 경영능력 등을 종합

평가한 결과 SK주식회사를 우선 협상자로 선정했다고 발표했다. 인천정유는 1969년 한국화약이 미국 유니온오일과 합작해 설립되었으나 모기업의 부도로 법정 관리 업체였다.

SK주식회사는 법 절차에 따른 상세한 실사를 거친 후 9월 2일 인천정유의 유상증자 참여 및 회사채 인수(각각 1조 6,000억 원)를 골자로 하는 양해각서를 체결했다. 이 양해각서 체결로 SK주식회사의 인천정유 인수가 본격화됨에 따라 SK주식회사는 '아태지역 에너지, 화학 메이저의 도약' 중장기 목표에 한 발짝 다가서게 되었다.

인천정유의 인수로 SK주식회사의 하루 정제 능력은 84만 배럴에서 111만 5,000배럴로 늘어나 2위 업체인 GS칼텍스(65만 배럴)와 격차가 크게 벌어졌다. 이는 아태지역 정유업체 중 중국 시노펙(392만 배럴), 페트로차이나(265만 배럴), 신일본석유(117만 배럴)에 이어 4위 규모였다. SK주식회사의 인수계약은 12월 16일 SK 서린동 빌딩 본사에서 최태원 회장, 신헌철 사장, 인천정유(주) 김재옥 법정관리인 등이 참석한 가운데 체결됐다.

SK주식회사는 9월 2일 양해각서 체결 이후 정밀 실사 등을 거쳐 1조 6,000억 원의 유상증자 참여 및 1조 4,000억 원의 회사채 인수를 최종 확정하고 이날 인수계약을 체결한 것이다. 글로벌기업 SK주식회사의 성장은 법인 스스로뿐만 아니라 SK주식회사 CEO에게도 각종 상을 안겨주었다. 신헌철 사장은 11월 9일 경기도 고양시 KINTEX에서 개최된 제1회 에너지 주간행사에서 에너지 산업에 기여한 공로로 동탑산업훈장을 받았다. 신헌철 사장은 12월 9일 한국경영학회가 우리나라 국제화를 선도한 대기업에 수여하는 제3회 글로벌 CEO 대상 수상자로 선정됐다.

SK주식회사는 2005년 한국의 10대 브랜드에 진입했다. SK주식회사는 12월 6일 산업경제 연구원이 발표한 브랜드 가치 분석에서 1조 6,000억 원의 브랜드 가치로 9위를 차지해 처음으로 10대 브랜드 기업에 진입했다. SK텔레콤은 이 평가에서 9조 7,097여억 원으로 삼성전자에 이어 2위를 차지하기도 했다.

52

SK케미칼, SK가스 중국 법인

SK 본질 중 하나는 해외시장을 항상 지향하는 것이다. SK케미칼은 석유 산업 성장기에 들어간 유럽 시장을 공략하기 위해 석유화학 관련 제품 생산 법인인 'SK유로켐(SK Eurochem)' 공장 준공식을 6월 22일 폴란드 버츄와벡 현지에서 가졌다.

이날 준공식에는 김창근 부회장, 홍지호 사장, 이상철(李相哲) 주 폴란드 한국 대사, 신동규 한국수출입 은행장, 쿠야브스코-포모르스키 주 부지사, 버츄와벡 시장 등 관련 이사 180여 명이 참석했다. 준공식은 SK유로켐의 연혁 보고와 내빈 축사, 유로켐 대표 상부의 답사, 카톨릭 성직자의 공장 축성(祝聖) 및 테이프 절단 등의 순으로 진행됐다.

SK유로켐은 SK케미칼이 유럽 시장 공략을 위해 2002년 6월부터 추진한 화학제품 생산 법인으로 명실상부하게 SK그룹 최초의 유럽 생산 기지 역할을 하게 됐다. 화학 산업 선진 지역인 유럽에 동방의 먼 자그마한 나라, 대한민국이 전진 기지를 만든 것은 특기할 만한 일이었다.

SK유로켐은 국내 유화 업체가 유럽 현지에 플라스틱병의 주원료가 되는 PET 칩 생산 거점을 확보한 첫 사례가 된다. SK유로켐은 연간 12만 톤 규모의 PET 칩을 생산, 폴란드 등 동구 지역에 공급하여 2006년에만 1억 3,000만 유로의 매출을 올린다는 계획을 세웠다. SK케미칼은 공장 준공을 위해 2001년 말부터 폴란드 현지 업체인 안빌(Anwil) 및 유럽 부흥 개발은행(EBRD) 등과 합작 협상을 진행했고 2002년 6월 버츄와벡에 SK유로켐을 설립해 공장 건설을 추진해 왔다.

글로벌 기업, 성장하는 기업으로서 SK케미칼의 진로는 중국 및 생명과학 부문에 대한 청사진과 비전 제시로 한층 정교하게 다듬어져 왔다. SK케미칼은 10월 26일 본사 임원회의실에서 기자간담회를 갖고 중국 비즈니스 로드맵을 발표했다.

SK케미칼은 ①인도네시아 SK-끄리스(1991년 설립) ②중국 SK칭다오 유한공사(2001년 설립) ③폴란드 SK-유로켐(2002년 설립) ④중국 쑤저우 화공유한공사(2005년 설립) ⑤중국 생명과학 베이징 판매 법인(2005년 11월 설립) 등 5개 법인과 4개 사무실을 통해 글로벌 전략을 추진해 왔다.

SK케미칼은 중국을 중심으로 한 투자를 통해 2010년까지 현지 매출 2,700억 원, 영업이익 430억 원 달성을 목표로 세웠다. SK케미칼은 11월 23일 중국 마케팅 법인 설립을 위한 행정 절차를 모두 마치고 중국 베이징 법인 개소식을 가졌다.

중국 베이징 법인의 설립으로 SK케미칼의 관절염 치료제 '트라스트패치'는 중국 의약품 시장에 본격 진출하게 되었다. 국내 제약회사로는 최초로 마케팅 법인으로 설립된 SK북경의약과기유한공사(北京醫藥科技有限公司)는 9월 중국 공산국으로부터 영업 허가증을 받았고 10월에는 국제 및 세관 등기와 법인 등록 자본금 납입을 완료했다. 이때 SK북경의약과기유한공사는 관절염 치료제 트라스트패치의 현지 임상실험을 마치고 2006년 2월 중국 식품의약품 관리 감독국 승인과 6월의 현지 의료보험 의약품 등재를 앞두고 있었다.

중국 의약품 시장 규모는 전 세계시장의 2%(90억 달러, 당시 기준)에 불과하지만 높은 경제 성장률과 고령 인구 증가에 따른 의료비 상승으로 2003년 이후 매년 10% 이상의 급속한 성장률을 기록하고 있다.

SK E&S와 SK가스

SK가스의 중국 투자법인 중 하나인 '쯔보(淄博,치박) SK능원유한공사'는 10월 18일 김세광 대표, 중국 사업 본부장 김형준 상무, 리우후이안 쯔보 시장이 참석한 가운데 2개의 주유 충전소 기공식을 가졌다.

SK그룹 최초로 중국에서 주유소 사업에 진출한 치박 SK능원유한공사는 당시 쯔보시에 2개의 주유충전소와 1개의 LPG 충전소를 운영 중이며, 1개의 LPG 충전소를 건설 중이었다. 이번에 기공식을 한 주유충전소가 영업을 개시하는 2006년 상반기에는 총 4개의 주유충전소와 주유소 및 LPG 충전소 각각 1개씩을 보유하게 된다. 이날 기공식을 한 2개의 주유충전소는 쯔보시 고시개발지구와 치천개발지구에 위치하고 있으며, 부지 면적이 각각 1만 3,000m², 9,680m²에 이르는 대형 충전소이다.

SK가스는 11월에 또 하나의 중국 현지 법인을 세웠다. SK가스는 이번 법인 설립으로 중국 법인을 기존 6개(장춘, 심양시 각 2개, 청도, 치박시 각 1개)에서 7개로 확대 운영하게 됐다.

청도 선경능원유한공사는 SK가스가 단독 투자해 설립한 독자 기업으로 2006년 6월까지 청도경제기술 개발 구내에 4개의 주유충전소를 건설, 운영할 예정이며 연간 2만 톤 이상의 LPG 및 석유 판매를 목표로 하고 있다. SK가스는 나이카, 청도시 및 산동성 주요 도시에서 주유충전소 사업과 유류 도매사업까지 사업을 확장하게 된다.

SK엔론은 10월 10일 이사회를 열고 최재원 SK 부회장을 대표이사 부회장으로 선임했다. 이에 따라 SK엔론은 기존 이종순 대표와 스티븐 호퍼(Steven M.Hopper) 대표의 공동 대표이사 체제에서 최재원-이종순 대표이사 체제로 바뀌었다.

SK엔론은 SK주식회사와 미국의 Enron이 1999년 50대 50으로 합작해 만든 도시가스 공급지주회사로 10월 7일 SK주식회사가 엔론 인터내셔널 코리아가 보유하고 있던 지분 50% 중 9만 9,999주를 인수, 지분율을 51%로 높였다. 이에 따라 SK엔론은 10월 28일 회사명을 SK E&S로 바꾸고 11월 11일 주주총회에서 사명 변경에 대한 승인을 받았다.

SK E&S 최재원 부회장은 11월 8일 2주간에 걸쳐 회사별 업무 파악을 위해 부산 도시가스를 필두로 남부지역 4개 사, 충남 도시가스 등 중부지역 4개 사와 SK가스, 대한도시가스 등 수도권 지역 4개 사를 포함한 총 12개 자회사를 방문하고 업무 현황을 파악하는 열의를 보였다.

SKC, P1 필름 사업 확대

SKC 최신원(崔信源) 회장은 2005년 8월 10일 한국무역협회와 '매일경제신문사'가 공동 개최한 '2005년 무역학자 전국대회'에서 무역인 최고 영예인 '무역인 대상'을 수상했다.

이 대회를 주관한 김진삼 회장은 "최 회장이 2000년 1월 SKC 회장으로 부임한 이래 한계 사업의 과감한 철수와 정보통신 관련 사업 진출 등의 적극적인 턴어라운드(Turn Around, 개선)를 유도, SKC를 한 차원 높은 우량 기업으로 변신시켰다는 평가를 받고 있다."고 선정 이유를 밝혔다.

SKC PPP 필터사업팀은 10월 초 세계 최대의 가전제품 및 멀티미디어 박람회인 '베를린 IFAC(International Funk Ausstellung)' 박람회에서 유럽의 메이저 TV 업체 필립스와 PPP 필터 관련 일반구매 계약서에 서명했다. 양사의 사업 규모는 2005년 3,000만 달러에서 2006년 5,000만 달러 수준으로 확대되고 SKC는 안정적인 사업 성장을 기대할 수 있게 됐다.

SKC는 10월 12일부터 14일까지 '한·미 우호 증진을 위한 주한미군 모범 장병 초청 행사'를 가졌다. 이번 행사는 지난 50년간 지속되어 온 한·미 양국의 굳건한 동맹의 의미를 재확인하고 그 튼튼한 토대 위에서 발전, 보존되어 온 한국의 발전상과 고유의 미풍양속을 직접 체험함으로써 양국의 유대 강화에 기여하기 위해 마련됐다. 이 행사에 참여한 200여 명의 주한미군 모범 장병들은 SK 울산캠퍼스를 비롯해 석굴암, 불국사, 왜관 다부동 등 전적 기념관 등을 방문한 데 이어 다도, 판소리, 국궁, 공예 등 한국을 대표하는 전통문화를 체험했다. 행사 마지막 날 반기문(潘基文) 외교통상부 장관, 리언 러포트

(Leon. J. Laport) 주한미군 사령관 등 내외 귀빈 80여 명이 참석한 가운데 워커힐 비스타홀에서 격려 만찬이 있었다.

SKC는 PI 필름 증설을 위한 306억 원 규모의 투자안을 10월 13일 확정했다. SKC는 2002년 산업자원부가 중기 과제로 선정한 PI필름 개발에 한국화학연구원과 함께 참여해 기술을 축적하고 세계 4위의 시장 점유율을 확보하고 있는 폴리에스터 필름 제조기술을 바탕으로 국내 최초로 PI 필름 개발에 성공했다.

2004년 소형 라인을 완공한 SKC는 2005년 3월부터 PI 필름을 생산, 판매해 왔다. 추가로 증설키로 한 양산 2호기는 306억 원 투자에 연 500톤 생산이 가능한 설비로 2007년 상반기에 가동된다. 2호기는 1호기의 인력과 인프라를 활용함으로써 생산 원가를 획기적으로 절감할 수 있게 된다. SKC는 경쟁력을 조기 확보함으로써 외국 기업이 선점하고 있는 세계 시장에서 향후 2010년까지 5~7개 라인을 추가 증설해 세계 3위의 시장 점유율 달성을 목표로 PI 필름 사업을 지속적으로 확대하게 된다.

53

세계 최초 'Take out TV' 등장
(이동 휴대 방송)

　우리는 신기술이 우리의 생활 패턴을 상상 이상으로 바꾸게 된다는 것을 앞장에서 이미 보아 왔다. 이 장에서도 그러한 환상적인 변화를 보게 되는 것이다. TV라면 거실이나 사무실에서 고착된 상태로만 시청할 수 있는 것이었지만 SK텔레콤은 우리의 그런 인식을 송두리째 바꾸었다. TV를 손으로 들고 다니면서도 시청할 수 있는 이동 휴대 방송(Take out TV)이 그것이다.

　2005년 위성 DMB 본 방송이 시작된 것은 미디어업계 새로운 지평을 열어주었다. TU미디어는 4월 27일 신라호텔에서 각계인사 500여 명이 참석한 가운데 위성 DMB 본 방송 개국 행사를 갖고, 이동 휴대 방송 개념을 새롭게 브랜드화한 'Take out TV'라는 슬로건을 발표했다. 세계 최초로 '이동 휴대 방송'이 등장한 것이다.

　TU미디어는 본 방송에 모바일 전용 채널인 자체 채널 '채널블루(ChBlue)'와 음악, 뉴스, 영화, 스포츠, 드라마, 게임 등 비디오 7개 채널, 논스톱 음악 채널 12개, DJ 음악 채널 4개, 코미디, 영어/중국어 회화, 스타&스포츠, 오디오북 등 총 20개의 채널을 우선 운용하고 향후에는 비디오 14개, 오디오 24개, 데이터방송 등 총 40여 개의 채널을 제공할 방침이다.

채널블루는 기존 방송과는 주 시청시간대가 다르며 1~30분 정도의 짧은 분량은 물론 이동전화의 무선 인터넷망과 연동한 쌍방향 프로그램 제공 등에서 차별화된다. SK텔레콤과 팬택앤큐리텔은 5월 3일 이사회를 열고 SK텔레콤이 보유한 SK텔레텍 지분 89.1% 가운데 60% 1,454만 2,000주를 총 3,000억 원(주당 6만 6,050원)에 양도, 양수하기로 의결했다. SK텔레콤과 팬택앤큐리텔은 이번 제휴를 통해 ①전략 휴대폰 공동 연구 개발, R&D 공동 투자, 제품 공급 협력 ②미국 이동통신 서비스 시장을 비롯한 해외시장 개척 및 확대 공동 추진 ③양사의 협력업체 등 기존 거래 관계를 최대한 존중해 시장의 신뢰를 높이는 등 양사가 상호 윈-윈 할 수 있는 핵심 사안을 공동 추진키로 합의했다.

당시 국내 최대 이동통신 사업자이자 해외시장 진출을 적극 추진하고 있던 SK텔레콤과 해외 마케팅 인프라 및 세계 최고 수준의 연구개발 능력을 갖춘 팬택 계열이 전략적 제휴를 함으로써 막대한 시너지 효과를 거두게 되리란 전망이 우세했다.

SK텔레콤은 5월 24일 네덜란드의 모바일 시큐리티 전문회사인 SF-Alert 사에 GSM용 I-kids 솔루션을 31만 유로(한화 약 3억 9,000만 원)에 판매하는 계약을 체결하면서 이 회사 지분 20%도 함께 인수한다고 밝혔다. 이 계약을 통해 SK텔레콤은 SF-Alert 사에 서버-소프트 결합 형태인 GSM용 I-kids 솔루션 및 I-kids 전용 휴대폰을 공급하는 기술 부문을 담당하게 된다. SF-Alert 사는 SK텔레콤이 공급한 I-kids 솔루션 기반의 어린이 안심 서비스와 I-kids 전용을 KPN-MCC, Wehcamp와 같은 유럽의 주요 통신사, 통신 전문 유통회사, 홈쇼핑 회사 등에 납품하는 역할을 맡게 된다. 특히 SK텔레콤은 앞으로 5년간 SF-Alert 사 수익의 20%를 나눠 갖게 돼 최소 400억 원에 달하는 추가 매출을 기대할 수 있게 됐다.

SK텔레콤은 6월 7일 일본 VodafoneK.K. 사와 함께 한국과 일본에서 WCDMA 방식 자동 로밍 서비스를 동시에 제공했다. WCDMA 즉 광대역 CDMA 서비스는 영상통화, 고품질데이터, 멀티태스킹을 제공하는 3세대 이동통신 서비스인데 SK텔레콤은 이미 서울 지역에서 상용화 중이었다. 2006년 말까지는 수도권과 주요 도시로, 2006년 하반기에는 84개 시로 서비스를 확대하기로 했다.

VodafoneK.K. 사는 2002년 12월 상용화로 일본 전 지역에서 서비스를 제공하고 있다. WCDMA 자동 로밍 서비스는 기존의 CDMA 자동 로밍 서비스와 함께 국내에서 사용하던 WCDMA 이동전화 단말기(삼성 W120)와 전화번호를 그대로 해외에서 사용할 수 있으며 영상통화도 가능하다. 이로써 한·일간 최초의 영상통화가 이루어진다.

SK텔레콤은 11월 부산에서 열린 APEC 정상회의와 최고경영자회의에서 세계 최고의 이동통신 기술과 CEO의 민간 외교 활동 등을 통해 전 세계 정치, 경제 지도자들에게 강한 인상을 심어 주었다.

또 IT 전시회에 참가해 컨버전스 환경을 겨냥한 다양한 유비쿼터스 서비스를 소개하고 HSPDA등 세계 최고 수준의 이동통신 기술을 보여주고 직접 체험하게 함으로써 IT 선진국 한국의 위상을 세계에 널리 알리기 위해 마련됐다. 8개의 정부 주재관과 4개의 민간기업관으로 구성됐다. SK텔레콤은 우리나라 IT를 대표하는 4개 전시 참가기업 중 하나로 360m² 규모의 부스를 마련하고 '유비쿼터스 리더, SK텔레콤'의 슬로건 아래 '유비쿼터스 & 컨버전스 서비스', '멀티미디어 & 엔터테인먼트 서비스'의 두 가지 코너에서 다양한 신기술 이동 통신 서비스를 방문객들이 직접 체험할 수 있도록 했다.

SK커뮤니케이션즈 MSN(Microsoft Network) 제압

SK커뮤니케이션즈의 메신저 네이트온이 2000년 이후 국내 메신저 시장에서 독보적 권좌를 지켜왔던 MSN(Microsoft Network) 메신저를 누르고 국내 메신저 시장 1위에 올랐다. 인터넷 시장 조사 업체 코리안 클릭이 발표한 3월 넷째주 메신저 수치에 의하면 주간 이용자 수 기준으로 네이트온이 719만 5,878명을 기록, 704만 11명의 MSN 메신저를 15만 명 앞질렀다.

네이트온의 메신저 시장 1위 등극은 전 세계적으로 윈도우 독점력을 기반으로 한 MSN 메신저를 누르고 국내 서비스가 1위로 올라선 선례가 없었던 만큼 매우 큰 사건으로 받아들여졌다. 국내 언론들은 '토종 메신저, MSN 눌렀다', '네이트온 MSN 앞서' 등의 제목으로 이 사실을 크게 보도했다.

네이트온이 MSN을 누를 수 있었던 것은 20대 중심의 탄탄한 사용자 기반을 보유하고 있는 '싸이월드'가 네이트온과 연계되면서 싸이월드의 커뮤니케이션 창구가 네이트온으로 확장, 기존 MSN 메신저 이용자들의 네이트온 전환 트렌드를 이끌었기 때문이다.

SK커뮤니케이션즈는 6월 8일 중국 서비스 오픈을 공식 선언하고 싸이월드의 중국 사이트 URL(www.Cyworld.CN)을 공개했다. 이번 중국 진출은 한국 만의 독창적인 인터넷 서비스 모델로 해외시장을 공략하는 첫 사례라는 점에서 큰 의미가 있었다. 또한, 기존의 비즈니스 모델에서 탈피, 사람 중심의 개인형 네트워크 서비스로 성공한 첫 모델인 싸이월드가 처음으로 해외에 진출한다는 점에서 기대가 컸다.

싸이월드의 중국 서비스는 '촌'을 서로 친근하고 막역한 사이를 뜻하는 '지기(知己)'로, 사이버 머니 '도토리'는 팥을 의미하는 '홍두(紅豆)'로 번역해 서비스에 도입했다. 중국에서 '홍두'는 은유적 의미로 사랑을 뜻하기도 한다.

싸이월드는 7월 모바일 연동 기능을 내놓고 하반기에는 디지털 아이템을 공급하는 중국 CP(Contents Provider) 업체를 확보했다. 그리고 2006년 중에는 브랜드 미니홈피 등 싸이월드의 성공적인 마케팅 모델도 도입키로 했다.

싸이월드의 해외 진출은 여기서 멈추지 않았다. 10월 중순 타이완 진출에 이어 10월 말에는 미국 법인을 설립했다. SK커뮤니케이션즈의 싸이월드는 10월 30일 미국 IT 사업의 본거지인 샌프란시스코에서 미국 현지 법인 싸이월드(Cyworld Inc) 설립을 완료하고 연내 서비스 오픈 계획을 진행시켰다. 싸이월드의 미국 법인 설립은 블로그의 본고장이자 최대 시장인 미국에서 미니홈피라는 독창적인 1인 미디어 서비스로 현지 업체들과 본격적인 1인 미디어 주도권 경쟁에 나선다는 점에서 의미가 컸다.

이 무렵 미국의 미니홈피 시장은 연평균 45%를 기록하며 높은 성장을 지속하고 있었다. 특히 미국 1인 미디어 시장에서 미니홈피와 유사한 형태의 네트워크 서비스로 폭발적인 큰 인기를 얻고 있는 마이스페이스닷컴의 경우 전년 대비 1,350%의 성장률을 기록했다. 미국 법인 설립을 마무리한 싸이월드는 12월 중으로 현지 네티즌들을 대상으로 베타 서비스를 오픈했다.

싸이월드가 일본에서 미니홈피 서비스를 공식적으로 시작한 것은 2005년 12월 5일이었다. SK커뮤니케이션즈는 이날, 1년의 준비 기간을 거쳐 일본에서 미니홈피 서비스를 개시했다고 밝혔다. 싸이월드 해외 서비스는 6월의 중국에 이어 두 번째였다. SK커뮤니케이션즈는 2005년 4월 일본에 현지 법인을 세우고 서비스를 준비해 왔다. 사이버 머니 '도토리'란 이름은 일본에서도 그대로 사용하되 미니홈피의 핵심인 '1촌'은 '사이프렌드(Cy-Friend)'로 이름을 바꾸었다. 싸이월드는 일본이 모바일 인프라가 발달해 있는 것을 감안, 휴대폰으로 미니홈피 서비스를 이용하는 '모바일 싸이월드' 서비스도 이른 시일 내에 시작하기로 했다.

SK C&C의 윤석경 사장은 5월 25일 정부 혁신 박람회 참석차 방한 중인 라흐마노프 타지키스탄 대통령 일행을 만나 IT 분야 협력 관계 강화 방안에 대해 논의했다.

윤 사장은 경기도 분당 소재 SK텔레콤 홍보관에서 라흐마노프 대통령, 솔리에프 경제통상부 장관, 주바이도프 통신부 장관 등이 참석한 가운데 타지키스탄의 전자정부 구축과 인터넷 전산망의 현대화 등 IT 분야에 대해 논의했다.

통(通)(www.Tong.co.kr)의 선풍

네이트닷컴은 2005년 1월 20일 세계 최초로 정보와 관심사가 중심이 된 혁신적 개념의 개방형 관심 네트워크 서비스 '통(www. Tong.co.kr)을 선보였다. 2004년 싸이월드 열풍을 일으킨 후 또 하나의 야심작을 내놓은 것이다. 같은 관심을 가진 사람들끼리 통한다는 의미와 전문가를 지칭하는 '통(通)', 그리고 정보를 담는 곳으로서의 '통(桶)'이라는 뜻을 가지고 있다.

통은 개인의 관심사나 정보를 매개로 서로 연결되는 정보 중심의 서비스다. 이용자는 자신의 공간인 '마이통' 안에 관심사별로 게시물을 올리는 여러 개의 '통'을 개발하고 관심사가 같은 다른 사람의 통과 '일촌통'이라는 관계를 맺어 정보를 공유할 수 있다. 특히 이번 서비스는 SK커뮤니케이션즈 첫 번째 프로젝트란 점과 인터넷 관련 업계의 베끼기 위주 서비스를 극복한 신개념의 정보서비스란 점에 의미가 있다.

'통'의 인기는 시간이 지날수록 가열되었다. 2005년 9월 19일 웹사이트 조사업체 코리안 클릭 자료에 따르면 최근 3개월간 '통'은 순방문자(UR)와 페이지뷰(PV) 기준으로 평균 60% 이상 성장한 것으로 나타났다. 페이지뷰의 경우 7월 3,729만 건에서 8월 6,764만 건으로 100% 가까이 급증했으며 회원 수는 50% 이상 늘었다. 평균 이용시간도 상위 5위권 블로그 중 유일하게 증가, 네이버 블로그에 이어 2위로 도약했다.

이에 대해 SK커뮤니케이션즈는 '기존 블로그와 차별화된 '통'만의 기능적 특성' 때문이라며 '네이버 등의 경우 검색 서비스와의 연계를 통해 일회성 이용자가 유입되고 있는데 반해, '통'은 이용자가 다채로운 정보와 컨텐츠에 매료돼 사이트를 직접 방문하기 때문'이라고 말했다.

한편 2006년 1월 20일로 서비스 1주년을 맞은 '통'은 블로그 성장률 1위에 올랐다. 서비스 활성화 정도를 나타내는 페이지뷰와 이용시간 부문에서 2005년 하반기 블로그 성장률을 비교한 결과 '통'은 월평균 페이지 뷰 39%, 월평균 방문자 수(UR) 23%의 성장률을 보이며 네이버(Naver), 다음(Daum)을 제치고 1위를 차지했다(코리안클릭 기준). 네이버, 다음 블로그 서비스의 월평균 PV 성장률은 각각 7%와 8%를 기록했으며 월평균 UV는 1.8%와 5%의 성장률을 나타냈다.

SK커뮤니케이션즈는 싸이월드와 같은 다양한 커뮤니티와 양질의 교육 콘텐츠를 결합하여 서비스를 제공함으로써 산업적 시너지 효과를 높인다는 측면에서 온라인 교육 시장에 진출했다. SK커뮤니케이션즈는 이사회를 열어 ㈜이투스 그룹과의 합병을 결의하고 공정거래위원회에 기업 결합 신고를 하기로 했다.

연평균 20% 이상의 성장을 거듭하며 온라인 게임 등과 함께 가장 높은 콘텐츠 분야로 손꼽히고 있는 e-learning 사업에 본격적으로 뛰어들게 된 SK커뮤니케이션즈는 이 합병을 통해 독창적인 1인 미디어 서비스 싸이월드의 두터운 이용자 층과 프리미엄 교육 서비스를 연계시켜 새로운 차세대 성장 동력을 만들어내겠다는 계획을 발표했다. 브랜드의 인기 상승은 각종 상의 수상과 신입 사원 지원 증가, 외국 언론의 관심 등으로 나타났다.

싸이월드는 세계적 비즈니스 컨설팅사인 프로스트앤설리반이 수여하는 2005년도 아태지역 기술 어워드 베스트 오브 더 베스트 부문에서 '최고 혁신 서비스' 상을 받았다. 이 상은 싸이월드가 아시아 태평양지역에서 혁신적인 서비스를 통해 고객 만족과 매출 증가에 이바지하고 업계 성장에도 기여한 것을 인정한 것이다. 프로스트앤설리반 기술 어워드 상은 글로벌시장에서 요구되는 혁신적인 서비스 전략, 책임의식 등의 베스트 사례를 보여주는 기업 및 서비스를 대상으로 수여하는 것이다.

싸이월드는 2006년에 와서 와튼 스쿨(미 아이비리그 펜실베이니아 대) 선정 '비즈니스 혁신상'도 받았다.

싸이월드는 1월 7일 세계 최고 권위의 비즈니스 스쿨 와튼 (The Wharton School)과 인도 최고의 글로벌 소프트웨어 인포 시스(Infosys Techn-ology Ltd)가 공동으로 개최, 시상하는 비 즈니스 혁신상인 '2006 WIBTA, Warton Infosys Business Transformation Award)에 선정됐다. 주최 측은 싸이월드가 1,700만 회원 경계를 허물며 새로운 디지털 시대의 사람들 간 상호 작용을 새롭게 정의하고 이를 통한 시대적 변화를 선도해 가고 있다 는 점을 높이 평가했다.

한편 싸이월드는 세계적 경제신문인 월스트리트 저널에 여성 해 방 공간으로 소개되기도 했다. 월스트리트 저널은 한국 여성에게 가 장 인기있는 온라인 공간으로 싸이월드를 소개하고 일기와 포토앨범 등으로 구성된 미니홈피와 '도토리'로 불리는 사이버 머니로 미니홈 피를 꾸밀 수 있어 여성들이 개성을 표현할 수 있다고 전했다. 신문 은 또 젊은 여성뿐 아니라 40~60대 여성도 싸이월드를 활용하고 있 다고 하면서 그 예로 여성 정치인들의 미니홈피 개설을 소개했다. 온 라인에서의 인기는 오프라인으로도 이어졌다. SK커뮤니케이션즈는 2005년 상반기와 하반기에 각각 인턴 사원과 신입 사원을 뽑았는데 국내의 대학 및 대학원 졸업자를 대상으로 한 인턴사원 모집에는 20 명 모집에 7,000여 명이 모였고 30명을 뽑는 신입사원 모집에는 1만 8,000여 명이 몰려 600대 1의 경쟁률을 기록하여 화제가 되기도 했 다.

54

최태원 시대 월드베스트들

최태원 시대에 들어 SK그룹은 성장에 가속력이 붙었다. 선대 회장이 꿈꾸었던 글로벌 1위 기업들이 속속 등장하고 세계 최초의 개발이 이루어졌다.

SK주식회사

SK주식회사는 2005년 매출 21조 9,205억 원에 영업이익 1조 2,076억 원, 당기순익 1조 6,902억 원의 실적을 올려 매출과 당기순익에서 사상 최대를 기록하며 국내 정유사 중 처음으로 매출 20조 원 시대를 열었다.

SK주식회사의 활동은 에너지, 화학, 생산기술, 신약 개발 등 회사가 펼치고 있는 모든 사업 부문에서 활발하게 이루어졌다. SK주식회사는 2월, 자체 개발한 정신분열증 치료용 신약 후보 물질(YKP1358)이 국내 임상 실험에 들어갔다. 미국 FDA 임상실험 승인에 이어 한국 식약청에서도 임상실험 승인을 받았기 때문이다.

'YKP1358'은 2003년 SK주식회사 바이오팜 사업부가 독자 개발한 정신분열증 치료용 신약 개발 후보 물질로 같은 해 9월 미국 FDA 승인을 얻어 미국에서 독자적인 임상 1단계 시험을 진행해 왔다. 이 시험 결과 비교 약물에 비해 최대 내약 용량에서 100배 수준의 내약(耐藥)성을 보였고 약물 동력학 등의 분야에서도 비교 약물에 비해 우수한 것으로 나타났다. 또 동물 실험 결과에서도 기존 약물에 비해 3배 이상 향상된 치료 계수를 보였으며 부작용도 낮은 것으로 나타났다. SK주식회사는 이 같은 실험 결과를 바탕으로 서울대 병원에서 글로벌 스탠다드에 부합하는 임상시험을 진행해 이를 SK 브랜드의 신약으로 국내에서 출시할 계획을 세웠다.

SK주식회사는 차량 관리, 휴식, 비즈니스 등 화물차 운전자들을 위한 모든 서비스를 원스톱으로 제공하는 화물차 전용 복합휴게소 사업에 진출했다. SK주식회사 신헌철 사장과 한국 컨테이너부두 공단(이하 컨공단) 정이기(程伊基) 이사장은 SK 서린동 빌딩에서 관계자들이 참석한 가운데 50대 50 비율로 120억 원을 출자해 화물차 전용 복합휴게소 사업 합작 법인 'SKCTA' 설립 협약서 조인식을 가졌다. 5월 30일에는 인천항 화물차 전용 복합휴게소' 기공식이 열렸다. 이 복합휴게소는 대표적 항구 도시인 인천시 중구 신흥동에 1만 7,600평 규모로 들어서며 2006년에 완공된다.

SK주식회사는 11월부터 유황 함량을 획기적으로 낮춘 친환경 석유 생산 및 공급에 본격적으로 나섰다. 2006년부터 대기환경 보전법에 따라 휘발유와 경유 제품의 유황 함량 규제가 강화되는 것을 감안해 초저유황 휘발유 생산 설비에 640억 원, 초저유황 경유 설비에 520억 등 1,160억을 투자했다.

SK주식회사는 12월 1일 SK 울산 컴플렉스에서 최태원 회장과 신헌철 사장, 조순 이사 등 사내·외 이사 10명이 참석한 가운데 정기이사회를 열고 제 3자 배정 유상증자 참여 형식으로 SK모바일에너지(SKME)에 600억 원을 출자하기로 결의했다. 이에 따라 SK주식회사는 90% 내외의 SKME 지분을 확보하게 됐다. 600억 원의 출자 금액은 12월 중 출자가 이루어져 리튬이온폴리머전지(LIPB) 신규설비 증설에 사용되는데 SKME는 이를 통해 2006년까지 월 375만 셀의 생산 능력을 보유하게 된다.

SK주식회사는 하이브리드 자동차의 에너지원으로 손꼽히고 있는 리튬 2차 전지의 핵심 부품이 되는 리튬이온 배터리 세퍼레이터(LIBS) 조조기술력을 국내에서 유일하게 확보하고 있다. 이번 SKME 경영권 확보로 LIPB의 원활한 생산이 가능하게 돼 차세대 에너지 사업 추진이 한층 탄력을 받게 됐다. LIPB의 세계시장 규모는 2005년 6,000억 원대이며 20028년에는 8,000억 원대까지 폭증될 전망이다.

이사회는 서린동 사옥을 매각하기로 의결했다. SK주식회사는 신한은행-메릴린치 컨소시엄을 사옥 매각 우선 협상 대상자로 선정하고 협상을 진행, 1주일 만에 본 계약을 체결했다. SK는 사옥을 매각한 뒤 '세일즈앤리스(Sale & Lease) 방식'으로 5년 동안 건물을 임차해 사용하게 된다. 5년 후 시장 가격으로 건물을 되살 수 있는 우선 매수 선택권도 보유하게 된다.

SK주식회사의 사옥 매각은 인천정유 인수, 운영에 따른 자금 조달과 관련이 있는데 금융권에서는 돈을 은행에서 직접 빌리는 대신 본사 사옥을 담보로 부채 없이 투자자금을 마련한다는 현실적 판단에 의한 것으로 평가했다. 선진화된 자금 조달 기법이었다. SK주식회사는 R&D를 넘어 비즈니스 마인드와 사업화 과정을 접목, 신규사업을 창출하는 R&BD(Re-search & Business Development) 차원으로 도약하고 있다는 평가를 받았다.

SK주식회사는 11월 11일 대전시 소재 SK 기술원에서 최태원 회장, 박인철 대덕 연구개발 특구 이사장, 최재익 산업기술 진흥회 부회장 등 관계자들이 참석한 가운데 'SK주식회사 R&D 20주년 기념식'을 가졌다. 최태원 회장은 이날 기념식에서 현장 연구원들의 20년 간 쌓아온 R&D 성과를 격려하면서 "성장의 축으로써 기술 선도 기업을 구축하고 이를 기반으로 시장을 선도하는 블루오션을 개척해 나가자."고 말했다.

1998년 최태원 회장의 취임과 동시에 '무형 자산의 상품화'를 적극 추진한 SK주식회사는 연구개발 분야에서도 'R&BD 시스템'을 도입해 신기술 사업을 추진해 왔다. 경유차 매연 저감장치와 석유화학 공장을 촉매·공정 기술 같은 연구개발 성과물을 적극적으로 사업화해서 2005년 매출 1,000억 원을 바라보게 되었다.

SK케미칼(SK제약합병)

SK케미칼은 2004년 12월, 삼일 회계법인과 SK제약 관련 평가 계약을 체결한 바 있다. SK케미칼은 합병 추진 과정을 거쳐 2005년 4월 1일 새로운 모습으로 출발했다. SK케미칼은 이전부터 '생명과학'을 미래의 핵심사업으로 선정, 회사의 향후 비전으로 제시한 바 있다. SK제약과의 합병은 이 같은 맥락에서 추진되어 온 것이며 생명과학 중심의 사업구조를 한층 강화하기 위한 조치였다. SK제약은

SK케미칼 생명과학 부문(SK Chemical Life Science)이라는 공식 명칭을 사용하며 제약 사업의 장점을 살릴 수 있도록 1사 2체제의 독립 경영 체제를 당분간 유지하게 됐다.

SK케미칼은 이 합병으로 매출 1조 3천억 원 대의 생명과학 전문 회사로 거듭나게 됐다. 신승권 SK제약 전 대표가 SK케미칼 생명과학 부문 대표로 선임되었다. 신 대표는 동신제약 회사의 대표도 겸하고 있다. SK케미칼 자회사 SK유티스(UTIS)가 김창근 부회장과 홍지호 사장, 각 부문장들이 참석한 가운데 경기도 안양시 평촌 SK유티스 본사에서 개소식을 가졌다.

SK유티스는 IT 산업에서 충격 흡수, 진동 컨트롤 용으로 주로 사용되는 고성능 폴리우레탄 폼(Foam)과 패드(Fad) 생산기술을 자체 개발한 국내 중소기업과의 합작으로 출범했다. SK유티스의 제품은 '이소바(Esorba)'라는 브랜드로 시장에 나와 있으며 휴대폰, 디스플레이, 하드디스크드라이브, 음향기기 등의 사장에 이미 진입했거나 진입을 준비 중이었다.

SK케미칼은 11월 25일 임시주주총회를 열어 'SK유화주식회사' 설립을 의결했다. SK케미칼의 유화 사업은 12월 1일부터 SK유화주식회사라는 별도법인 이름으로 사업을 전개했다. 유화 사업의 분리는 전문적인 의사결정을 가능케 함으로써 사업별 경쟁력을 강화시키고 기능성 소재 산업, 정밀 화학 사업, 생명과학 사업에 기업의 역량을 집중해 효율화를 기할 수 있다는데 목적이 있었다.

SK케미칼은 2005년 한 해 동안 석유화학 사업 부문을 분할하고 생명과학 사업 부문인 SK제약을 합병하는 등 수익성 제고를 위한 틀을 갖췄다. 이렇게 진행한 사업 부문 정리 효과는 2006년부터 나타날 것으로 기대되고 있다.

SKC 컬러 밀베이스 개발 성공

SKC는 충북 진천에서 박장석 사장과 충북 진천 군수, 도의회 의원 등 관계 인사 50여 명이 참석한 가운데 PI(Polyimide, 폴리이미드) 필름 라인 착공식을 가졌다. PI 필름은 내열성과 내한성이 우수한 필름으로 주로 IT 기기의 핵심 부품인 FOCB(연성회로기관)와 반도체 등에 사용한다. SKC는 PI 필름 제조기술을 이미 확보하고 있었으며 파일럿 라인에서 시제품을 생산 중이었다.

진천공장 PI 필름 라인에는 총 670억 원이 투자돼 2개의 라인이 구축된다. 2005년 상반기 중 SKC는 TFT-LCD의 컬러를 구현하는 컬러 밀베이스(Milbase) 개발에 성공, 국내 컬러 포토 레지스트 업체에 공급을 시작함으로써 일본에 이어 세계 두 번째로 밀베이스 양산 국가 대열에 합류하게 됐다.

SKC가 양산을 시작한 밀베이스는 빨강, 초록, 노랑, 검정의 다섯 가지 색으로 구성된 '잉크 형태'의 제품이다. TFT LCD는 밀베이스가 균일하게 도포(塗布)되어 있는 상태에서 전기 신호를 받아 다양한 색상을 구현한다. 당시 TFT LCD 시장은 연 20% 이상 지속적으로 성장하고 있었고 관련 소재 시장도 급격히 성장하고 있었기 때문에 밀베이스는 2005년 약 700억 원의 시장 규모를 이룰 것으로 전망됐다.

SKC는 60억 원의 투자로 2개 파일럿 라인과 1개의 양산 라인을 가동하고 있었으며 2005년 중 2개 양산 라인을 증설, 2027년 총 6개의 양산 라인을 운영함으로써 국내 시장 점유율을 40% 이상으로 끌어올린다는 전략을 세웠다. 그동안 밀베이스는 산용색소, 미쿠니 색소, 도요잉크 등 일본 업체로부터 전량 수입하고 있었으나 SKC가 국내 최초로 양산을 시작함으로써 수입 대체와 제품 가격 경쟁력 강화라는 긍정적 효과를 얻게 되었다.

SKC 화학 부문은 에틸벤젠(EB) 생산 능력 증대 사업을 완료하고 8월 5일 울산에서 준공식을 가졌다. 이 사업은 2004년 4월 개시됐으며 총 110억 원이 투자되었다. 이에 따라 SKC의 EB 생산 능력은 연간 37만 톤에서 46만 톤 규모로 확대되었으며 자가 수요에 필요한 전량을 스스로 공급할 수 있게 됐다.

EB는 SKC 주력 제품 중 하나인 스티렌모노머(SM) 생산에 필요한 핵심 원료이다. 신규 공장에 적용한 기술은 분리탑 등 시설 추가 설치 없이 반응기와 촉매 교체, 에너지 교환망 제설제 등에 의한 공정 최적화를 통해 생산 능력을 25% 이상 늘릴 수 있다. 또 연간 40억 원에 달하는 에너지 비용 절감 효과를 거둘 것으로 추산된다.

SKC 이사회는 10월 13일 PI 필름 2호기 증설을 위한 306억 원의 투자안을 확정했다. SKC는 2002년 산업자원부가 중기거점 과제로 선정한 PI 필름 개발에 한국화학 연구원과 함께 참여해 기술을 축적하고 세계 4위의 시장 점유율을 확보하고 있는 폴리에스터 필름 제조기술을 바탕으로 국내 최초로 PI 필름 개발에 성공한 바 있다.

2004년 소형 라인을 완공한 SKC는 2005년 3월부터 PI 필름 및 판매 중이다. SKC는 외국 기업이 선점하고 있는 세계시장에서 향후 2010년까지 5~7개 라인을 추가 증설해 세계 3위의 시장 점유율 달성을 목표로 PI 사업을 지속적으로 확대할 계획이다.

이 같은 SKC의 경영전략 결과는 2005년 경영성과 호전으로 나타났다. SKC의 2005년 3분기 매출은 3,554억 원으로 증가했고 영업이익은 276억 원으로 전 분기 대비 97% 증가의 놀라운 증가를 보였다. 경상이익은 127억 원으로 흑자 전환했으며 당기순이익은 117억 원으로 나타났다. 이 같은 수익성 개선은 2년 내지 2년 반 주기로 실시해야 하는 울산 공장의 정기 보수 작업이 2분기에 완료되어 영업이익이 회복됐고 LCD 과학 필름과 PDP 필터 등의 디스플레이 소재 부문의 매출이 꾸준히 늘고 있기 때문으로 분석됐다.

SK네트웍스, 관리종목 탈출

SK네트웍스 주식은 2005년 4월 1일부로 증권 시장 관리종목에서 벗어났다. 이해 3월 말 거래소에 제출한 SK네트웍스 2004년도 사업보고서에 따르면 자본금 6,158억 원, 자본 총계 6,498억 원으로 자본 잠식 상태를 완전히 벗어났다. SK네트웍스의 관리종목 탈피는 2003년 4월 자본 잠식을 사유로 관리종목으로 편입된 지 2년 만이다.

관리종목이란 한국 거래소에서 상장회사가 갖추어야 할 최소한의 유동성이 없거나 제대로 작성된 재무제표를 갖추지 못하거나 영업실적의 지속 악화 등으로 부실이 심화되어 상장 폐지 기준에 해당할 가능성이 있는 종목을 따로 분리, 관리하는 것을 말한다.

SK네트웍스는 2007년 말까지 달성키로 약속한 채권단과의 약속을 2004년 약속 1년 만에 80%가량 달성하여 조기 졸업을 위한 자구 계획 관련 요건을 충족한 것이다. 뿐만 아니라, 채권단과의 약속과는 별도로 자체적인 비영업용 자산 매각 작업 진행 등 자구 계획을 성실히 이행해 왔다. SK네트웍스는 2003년 3분기부터 2004년 4분기까지 '6개 분기 연속 어닝 서프라이즈'라는 실적 고공 행진을 펼쳤다.

어닝 서프라이즈(Earning Surprise)란 어닝 시즌에 기업이 발표한 영업 실적이 시장의 예상치보다 크게 웃도는 것을 말한다. 이 같은 실적 호조는 채권단 공동 관리 기업은 물론 정상 기업에서도 유례를 찾기 어려운 일이었다. 2004년 SK네트웍스는 연간 매출액 13조 6,148억 원, 경상이익 4,212억 원을 달성, 전년 대비 매출은 7.6%, 경상이익은 4.66%가 증가하는 실적을 보였다. 놀랄만한 경영 호전이었다.

　SK네트웍스는 비즈니스 실적 외에 이사회 중심 경영에 대한 의지도 관철시켰다. SK네트웍스는 4월 12일 이사회 및 사외이사 활동에 대한 지원 업무 강화를 위해 이사회 사무국을 신설했다. 3월 11일 정기주주총회에서 사외이사 비중을 반수 이상(사외이사:사내이사=4:3)으로 확대한 바 있는 SK네트웍스가 이사회 사무국을 신설, 운영키로 한 것은 지배구조 개선과 투명경영에 대한 확고한 실천 의지를 보여준 것이었다.

　SK네트웍스는 실적 호조와 국내 최고 수준의 기업 지배구조 및 경영 투명성을 확보했다는 자신감을 근거로 국가 경제에 크게 기여하는 세계적인 기업이 될 것을 선언하고 구체적인 청사진인 '비전 2010'을 발표했다. SK네트웍스는 정만원 사장은 4월 26일 '2005년 1분기 실적 발표를 겸한 기자간담회를 갖고 회사 성장 전략에 대한 계획을 발표했다. 이날 발표한 실적에 따르면 SK네트웍스는 1분기에 1,209억 원의 에비타를 달성하여 목표대비 188억 원, 전년 동기에 대비해서는 200억 원 이상을 초과한 것으로 나타나 전년도의 호조를 이어갔다. 이 같은 양호한 경영실적을 감안할 때 SK네트웍스는 이미 정상 기업 수준을 넘어 우량 기업의 대열에 들어갔다는 평가를 받았다.

실제로 SK네트웍스는 전체 국내 상장 기업 가운데 매출 8위, 당기 순이익 22위를 기록하고 있으며 국내 종합상사들 가운데 수출 실적, 매출, 순이익 등에서 단연 2위 자리를 지키고 있었다. SK네트웍스는 지속적인 실적 호조 위에 장기적인 플랜을 구체화하는 한편 채권단과 약속한 자구 계획도 착실하게 실천에 옮겼다.

SK생명의 대주주인 SK네트웍스는 5월 12일 SK 관계사가 보유 중인 SK생명 지분 중 51%를 840억 원 내외 수준으로 미래에셋에 매각하는 계약을 체결했다. 잔여 지분은 경영권 양도가 완료되면 순차적으로 매각할 예정인데 총 매각 대금은 1,600억 원 선으로 알려졌다. 미래에셋은 SK생명의 종업원 고용을 승계하고 일정 기간 고용을 보장하기로 했다.

매각된 SK생명은 자본 규모 1,000억 원, 자산 규모 4조 8,000억 원의 업계 5위 생명보험 회사였다. 최근 3년 연속 흑자를 달성했으며 특히 2004년에는 당기순이익이 400억 원을 달성한 우량 기업이었다. SK생명 지분 74.3%를 보유하고 있는 SK네트웍스는 SK생명 매각으로 1,200억 원의 자금을 확보하게 되었다. 채권단과 체결한 경영정상화 약정상의 매각 예상가는 855억이었다.

SK건설, 원전(原電) 건설 사업 진출

SK건설이 원전 건설 사업에 진출하려는 노력이 결실을 맺었다. 2003년에 수주한 신고리 원자력 발전소 1, 2호기 기공식이 2005년 5월 19일 부산시 기장군 효암리 현장에서 열렸다. 공사비 4조 9,000억 원에 이르는 신고리 원전 1, 2호기는 각각 100만 KW급으로 2010년 말과 2011년 말에 준공된다. SK건설은 현대건설, 대림산업 등과 함께 시공에 참여했다.

SK건설은 2005년 하반기 주택 공사가 발주한 충남 아산 배방 프로젝트 파이낸싱 사업을 따냈다. 이 사업은 주공이 민간 개발자의 자본과 개발 능력을 도입해 택지 개발 사업의 조기 완성과 주민 편의 제공을 위한 것으로 공공-민간 합작 사업이란 점에서 의미가 크다.

이번 입찰에는 SK건설 컨소시엄을 비롯해 신영 컨소시엄, GS 컨소시엄, 포스코 컨소시엄 등이 참여, 치열한 경합을 벌였다. SK건설은 아산 배방 PF 사업을 수행할 SPC(특수목적법인)를 설립해 SK건설이 전체의 20% 자금을 투자하고 주택공사는 토지를 출자하는 방식으로 역시 20%의 지분을 갖게 되며 나머지는 금융회사와 시행사, 테넌트(Tenant) 사업자 등이 참여해 완공 후 지분만큼의 수익을 가져가는 구조라고 설명했다.

SK건설은 2005년 상반기 영업실적을 집계한 결과 478억 원의 당기순익을 낸 것으로 나타났다. 이는 전년 동기 대비 120% 증가한 것으로 건축, 플랜트, 토목 전 부문에 걸쳐 고른 영업 성과를 거둔데 따른 것이었다. 또한, SK View 브랜드의 가치 상승으로 인한 분양 호조도 주요인이었다. 순수 영업 활동의 지표라 할 수 있는 영업이익 부문에서는 전년 동기 대비 63.7%가 증가한 794억 원을 기록했다.

SK건설은 2005년 상반기 중 750만 가구의 평택 소사 SK View를 비롯해 총 2,700여 가구를 분양했고 대부분 90%가 넘는 계약률을 기록했다. 국내 건설 특히 재개발, 재건축 사업 수주에서 SK건설은 11월 한달 동안 서울, 부산 4곳, 대구 재건축 한 곳에서 시공사로 선정되는 기록을 남겼다.

건설 기술 개발에 대한 SK건설의 노력도 돋보인다. SK건설은 2년

여의 연구 끝에 복합 재료 '지진 격리 받침'을 국내 최초로 개발하는 데 성공했다. 이 기술은 과학기술부가 주관하는 국산 신기술(ICT마크)에 선정됐고 인증서 수여식은 12월 8일 있었다. SK건설이 ㈜브레이크, 한국 시설안전기술공단과 공동으로 개발한 '폴리에스터 복합제를 이용한 마찰전자형 지진 격리 받침'은 국내 최초로 복합 재료를 이용해 만든 면진 방식으로 교량과 초고층 건물의 지진 격리에 사용돼 지진 하중을 감소시키는 것을 핵심으로 하는 기술이다. 중·장대 교량 및 초고층 건물을 시공할 때 필수적인 기술로 현재 하중을 견디는 수준의 내진 방식보다는 하중을 감소시키는 면진 방식이 우수한 기술로 인정받고 있다. 이 기술은 특히 무게가 기존 제품의 7분의 1 수준이어서 유지 보수에 유리하고 가격도 기존 제품의 60% 정도로 저렴하다. SK건설은 이 기술과 관련해 2건의 특허를 출원 중이며 시제품 제작을 통한 제품 규격화로 상용화에 박차를 가하고 있다. 신기술의 타겟 시장은 연 900억 원 규모로 이 신기술을 통해 270억 원 이상의 매출을 기대할 수 있게 됐다.

주택건설과 관련, SK건설은 주방 설계를 위한 새로운 컨셉트인 'Mom's Office'를 개발해 저작권을 획득했다. Mom's Office는 주방에서 많은 시간을 보내는 주부들을 위한 차별화된 시스템으로 주부들이 여가 시간을 활용할 수 있도록 독서 및 인터넷 활용 공간 등을 마련한 것이다. 특히 원터치 슬라이딩 방식을 도입해 책꽂이와 책상 부분으로 인한 동선 제약이나 정리 정돈의 어려움을 동시에 해결하도록 설계했다는 점이 특징이다. SK건설은 포항 웰빙타운 SK View 2차 사업에서 Mom's Office를 처음 적용했다.

SK증권, 창립 50주년

SK증권은 2005년 5월 27일 제51기 정기주주총회를 열었다. 영업 이익 1,627억 원, 당기순익 88억 원이었다. 증권사의 자산 건전성 평가 척도인 NCR(영업용 순자본 비율)을 전년도 98% 수준에서 535%로 높임으로써 재무구조를 개선시켰다. 이날 주총에서는 신임사외이사로 조승현 전 교보증권 대표이사를 선임했다. 이로써 SK증권의 사외이사 비율은 50%로 높아졌다.

두 달 뒤인 7월 28일 SK증권은 창립 50주년을 맞아 워커힐 컨벤션 센터에서 임원, 사외이사, 본사 팀장, 지점장 등이 참석한 가운데 창립 50주년 기념행사를 갖고 미래 성장 전략 구현을 위한 새 출발을 다짐했다.

55

최태원 회장의 행복 날개

최태원 회장의 경영 이념은 행복 극대화다. 이윤 극대화가 아니다. 모두가 행복한 사회를 추구하는 최 회장의 메시지는 끊임없이 반복, 강조되어 오고 있다.

최 회장은 2005년 신년사에서 3대 경영 방침으로 ①강한 기업 ② 신뢰받는 SK ③행복한 사회 추구 등을 제시하고 이를 위해 SKMS를 진정으로 실천하자고 당부했다. 그는 또 2005년에는 성과를 창출한다는 생각 대신 우리가 행복을 만들어낸다고 생각하고 행복을 더 많이 만들어 다수의 이해관계자와 나눌 것도 강조했다.

2005년 SK의 행복 나누기는 크게 분류하자면 ①사회적 약자와의 행복 나누기 ②상대적 약자인 중소협력 업체 지원과 상생 협력 ③소외 계층 일자리 창출 등으로 나눌 수 있다. SK그룹은 공사비와 건설 인력을 투입해 무주택 소외 계층을 위한 '해비타트 - SK행복마을'을 조성키로 했다. 그동안 각 기업이 '사랑의 집짓기' 행사에 동참해 왔지만 이처럼 대규모로 지원해 마을 이름까지 붙인 것은 SK가 처음이었다.

이를 위해 SK는 2005년 3월 15일 경기도 수원 시청에서 SK 자원 봉사단장인 조정남 부회장과 정근모 한국 해비타트 이사장, 김용서 수원시장이 참석한 가운데 '해비타트 - SK행복마을' 조성을 위한 협약을 맺었다. 이 협약에 따라 SK그룹은 주택 건설에 소요되는 부지와 건설 자재 구입비, 그리고 실제 건설에 필요한 자금 전액을 지원하고 해비타트 측은 부지 확보 및 개발, 건축 시행 사후관리 등을 맡게 된다. 또한, 수원시는 이와 관련된 부지 추천 등 관련 행정적 지원을 담당키로 했다.

SK그룹은 약 200명이 거주하게 될 전용면적 16평 크기의 50여 세대를 건설할 계획으로 부지 매입과 자재 구매 등으로 60여억 원을 투입하게 된다. 공사는 4월부터 부지 선정 작업에 들어가 4년 뒤인 2008년 완공이 목표였다. SK는 이 사업에 처음부터 관심을 표명한 최태원 회장을 비롯해 그룹 내 자원봉사단과 관계사 고객봉사단, 임직원 가족봉사단 등 전 임직원이 집짓기 공사에 참여한다는 방침을 세웠다. '해비타트 - SK행복마을' 기공식은 10월 26일 SKC 최신원 회장과 정근모(鄭根謨) 해비타트 이사장, 김용서 수원시장 등 관계자 200여 명이 참석한 가운데 수원시 곡반정동 현장에서 열렸다.

물질적인 지원 못지않게 직접 참여하여 '몸으로 실천하는 봉사활동'은 그 나름대로 의의가 있다. 최태원 회장은 5월 11일 SK주식회사 소매영업본부 및 SK네트웍스 임직원들과 함께 경기도 고양시 덕양구 벽제동 소재 근로 복지 센터 'We Can'을 방문해 정신지체장애우 40여 명과 함께 쿠키를 굽는 등 함께하는 사랑 나눔에 앞장섰다.

'We Can'은 샬트로 성바오로 수녀회에서 운영하는 곳으로 장애우들이 신체적, 정신적, 사회적 능력을 기를 수 있도록 도움을 주고 있다. SK 자원봉사단인 '천사단'은 2004년부터 매주 'We Can'에서 자원봉사 활동을 펼쳐오고 있다.

최태원 회장은 이날 '자원봉사 활동을 할 때마다 나 자신이 행복해지는 느낌'이라고 말하고 그룹 차원의 지속적인 자원봉사를 강조했다. 최 회장과 장애우들이 이날 만든 쿠키는 SK에서 전량 매입한 후 SK 임직원들에게 판매하고 수익금은 사회복지기관에 기부했다.

최태원 회장은 10월 25일에는 서울 종로구 신교동과 청운동 일대에서 주민들이 따뜻한 겨울을 날 수 있도록 연탄배달 자원봉사에 나섰다. 최 회장은 이날 가파른 달동네 골목길에서 SK주식회사 등 에너지 관련 4개사 임직원 160여 명과 어깨를 맞대고 구슬땀을 흘렸다.

2005년 7월 22일은 SK 자원봉사단 출범 1주년이 되는 날이다. 48개 봉사팀 1,290명으로 시작한 SK 자원봉사단은 2005년 6월 현재 259개 자원봉사팀에 8,437명이 단원으로 등록될 정도로 급성장했다. 1년 동안 SK 전체 임직원의 30%가 넘는 인원이 자원봉사 활동에 참여해 17만 시간의 봉사활동을 기록했다. 1년 동안 사회봉사 활동으로 집행한 비용은 1,000억 원을 넘어섰다. SK는 우리 사회에 '자원봉사'라는 따뜻한 기풍을 불어넣은 원천이 되었다.

SK 뉴(New) 로고(Logo) 행복날개

SK는 일찍이 생존을 넘어 '행복'을 위한 경영시스템을 만들기 위해 '브랜드와 기업 문화를 공유하는 네트워크'라는 새로운 경영 체제를 출범시킨 바 있다. 이에 따라 뉴 SK의 가치와 SK 브랜드 아이덴티티를 성공적으로 구현하고 글로벌 시장 확대에 따른 SK 브랜드의 법적 보호를 강화하기 위해 2005년 4월 10여 개 관계사가 참여한 태스크포스를 구성했다. 그리고 세계적인 CI 전문회사 리핀코트 머서(Loppincott Mercer)에 로고 개발 작업을 의뢰했다. 이후 개발된 10여 개의 디자인을 대상으로 사내·외는 물론 미국, 중국에서 고객 반응 조사를 실시하면서 법적 보호가능성 검토도 함께 진행했다. 주요 관계사 CEO의 의견을 수렴한 것은 물론이다. 장기간의 검토와 협의 끝에 마침내 9월 13일 SUPEX추구협의회에서 SK의 '행복날개'가 탄생한 것이다.

새로 개발된 로고 '행복날개'는 연(鳶), 통신위성, 나비 등을 모티브로 SK의 두 성장 축인 에너지·화학과 정보통신의 비상하는 두 날개의 형상을 표현함으로써 진취적이고 높이 날아오르는 SK의 글로벌 의지를 반영했다. 날개 사이를 가르는 금빛 SK 또한 SK가 추구하는 행복 이미지의 극대화를 위해 로고의 전체 윤곽을 부드럽게 디자인하고 그에 맞춰 SK의 타이포그래피도 기존보다 유연한 서체를 채택했다. 새로운 로고의 색깔 역시 큰 의미가 있다. 패기와 열정 등 SK의 자부심을 표현하는 역동적이고 생명력 넘치는 기존의 적색을 기본색으로 사용하고 여기에 행복, 따뜻함, 매력을 의미하는 주황색을 새롭게 추가했다. 이러한 디자인과 색깔은 전 관계사에 공통으로 적용된다.

개발된 신 로고는 다음과 같은 기대효과를 지니고 있다.

우선 행복 날개를 상징한다. 이는 SK그룹이 표방하는 '행복 추구'를 나타내고 있다. SK그룹은 '고객에게 행복을 전달하는 것'을 기업의 궁극적인 추구 가치이자 브랜드 에센스로 삼고 있다. SK그룹은 변경된 로고를 통해 '행복 경영' 의지를 더욱 확고히 하게 됐다.

다음은 SK 관계사 간의 시너지를 제고한다. SK는 공통의 경영 이념과 문화를 기반으로 관계사 간 시너지를 창출하여 모든 이해관계자의 행복을 추구한다. 주요 관계사 모두 통일된 로고를 통해 비주얼 아이덴티티(Visual Identitiy)를 유지함으로써 관계사 간 시너지를 높일 수 있다.

그리고 글로벌 시장으로의 진출에 박차를 가한다. SK그룹은 글로벌 시장으로의 사업 영역을 확대 추진하고 있는바 변경된 로고는 글로벌 시장에서 확고한 SK그룹의 이미지를 구축할 수 있고 커뮤니케이션하기에 용이할 것으로 기대되고 있다.

뉴 로고 개발을 통해 해외에서 SK 브랜드의 법적 보호가 강화됐다. 즉 유사상표로부터 SK 브랜드를 보호하고 상표권 침해에 대한 대응력이 커졌다.

SK의 신 로고 '행복날개'의 의의 및 미래와 관련, 최태원 회장은 2006년 1월 20일 신입 사원 연수 중 '회장과의 대화' 시간에 "SK의 심볼 마크인 '행복날개'는 궁극적으로 SK란 로고 없이도 세계에서 사용될 수 있는 날이 와야 한다."고 말했다. 이것은 다국적 기업인 나이키(Nike) 제품에 Nike란 문자 대신 스워시(Swosh)라 불리는 갈고리 모양의 브랜드 마크만 존재하는 것과 같은 이치이다. 우리나라 축구 대표팀 셔츠와 골프 황제 타이거 우즈의 모자에 '행복날개'를 달았을 때 모든 세계인이 '오! SK!'라고 알아보는 수준일 것이다.

비즈니스 스쿨 SK 아카데미

최태원 회장은 "SK아카데미가 단순히 한 기업의 연수원이라는 차원을 넘어 글로벌 리더를 육성하는 비즈니스 스쿨로 진화해 달라."고 주문했다.

2005년 3월 7일은 SK아카데미 설립 30주년이 되는 날이다. SK 아카데미는 SK그룹이 섬유 기업에서 에너지, 화학, 그리고 정보통신 기업으로 발전하는데 핵심적인 역할을 수행한 인재들을 키웠다. SK 아카데미는 SK의 경영자를 양성하기 위한 인재 육성의 도량으로써 1975년 3월 워커힐 부지 내에 '선경연수원'이란 이름으로 설립되었다.

SK아카데미 개원사에서 최종현 선대 회장은 '현대 기업 경영에서 가장 중요한 것은 사람'이라고 밝힌 바 있다.

2005년 12월 21일 SK아카데미에서는 경영관 증축 기념식이 열렸다. 기념식에는 최태원 회장을 비롯한 관계사 CEO들이 참석했다. 이날 행사는 최 회장의 기념사, 기념세미나, 경영관 투어의 순으로 진행되었다. 기념세미나에는 서울대 윤석철 교수가 '경영환경 변화와 인재 개발 전략'이란 주제로 강연을 하고 서강대 하영원 교수와 동국대 이병철 교수가 패널로 참석했다.

이날 증축 개관한 경영관은 약 4,860평 대지에 건축면적 약 920평, 연면적 약 1,650평으로 건축 규모는 지하 1층, 지상 2층의 경영관과 지상 1층의 패기관 등으로 나뉜다. 주요 시설은 대강의실 1개, 중강의실 1개, 분임토의실 10개, 식당 1개, 기업문화홀, 휴게실 2개 등이다.

56
최태원 회장의 승부수 하이닉스 인수

우리는 국내 재계 순위 2위 SK그룹의 70년이란 꽤 긴 성장사 중에서 가장 드라마틱한 장면을 이 장에서 볼 수 있게 된다. 최태원 회장이 2009년 산업은행으로부터 매물로 나온 반도체 전문 제조 회사인 '하이닉스'를 인수, 그룹의 한 계열회사로 만드는 과정은 하나의 드라마같은 흥미진진한 내용을 담고 있다.

최태원 회장은 2009년 산업은행이 하이닉스를 워크아웃에서 졸업시키고 정상 기업으로 되돌리는 결정이 되는 것을 보면서 가슴이 뛰는 흥분을 감추지 못하면서도 고심에 빠져들었다. 하이닉스를 인수할 것인가 말 것인가이다.

최태원 회장에게는 반도체 산업이야말로 뜻깊은 유래를 가지고 있다. 최 회장의 선친이신 최종현 선대 회장이 사실은 30년 전 반도체 산업에 뛰어들려다 뜻을 접은 일이 있었기 때문이다.

최종현 선대 회장은 1970년대 말 반도체 산업 진출을 준비했다. 1978년 4월 반도체 분야 진출을 선언하고 그해 10월 선경 반도체를 설립했다. 당시 반도체 산업 진출을 구상했다는 것은 대단한 선견지

명이었다. 이병철 삼성그룹 회장이 반도체 산업을 시작한 것이 1983년의 일이었던 것을 감안해 보면, 최종현 선대 회장의 발상이 얼마나 빨랐던가를 알 수 있다. 그러나 뜻밖의 암초를 만났다. 제2차 오일쇼크였다. 유가 급등으로 세계 경제는 흔들렸고 국내 경제 상황도 악화되었다. 반도체 생산 설비를 도입할 수 있는 여건이 아니었다. 최종현 선대 회장은 1981년 7월 선경 반도체(SK 이전 그룹명)를 해산시켰다.

종합반도체 산업체인 하이닉스는 경기도 부발읍에 위치해 있다. 2022년 현재 세계 반도체 시장 판도는 매출액 기준으로는 1위 삼성, 2위 인텔, 3위 SK하이닉스이고 반도체 중 '메모리'만을 떼어내어 보면 1위 삼성, 2위 SK하이닉스다.

SK그룹이 인수하기 이전까지 하이닉스의 운명은 변화무쌍했다.

1997년 IMF 위기 이전에는 삼성, 현대, LG 등 상위 3대 재벌들이 종합전자 산업체를 가지고 있었고 모두가 반도체 부문도 가지고 있었다. IMF가 터지고 재벌 그룹의 몸집을 줄이는 구조조정이 필요했고 재벌들의 업종이 중복되는 것은 단순화하는 것이 국가 경제 정책의 중요현안이 되었다. 그러나 재벌들은 자신들의 계열사는 내놓지 않고 지키려고 했고, 그중에서도 반도체 부문이 문제였다. 현대그룹과 LG그룹은 반도체 부문을 놓고 예리하게 대립했다. 결국 정부는 빅딜(Big Deal) 정책을 들고 나와 재벌들의 구조조정에 개입했다. 빅딜이란 산업계의 대규모 구조조정 과정에서 서로 업종이 중복된 재벌들이 각각 경쟁력 없는 계열 기업을 포기함으로써 살아남은 기업들의 경쟁력을 강화하는 것이다. 정부는 LG그룹에게 반도체 부문을 현대그룹에 넘길 것을 종용했다. 외국 컨설팅 회사의 평가에 따른 선택이었다. 당시 LG전자와 현대전자 평가를 맡은 외국계 컨설팅 회사는 아서디리틀(ADL)이었으며 편파판정 시비가 있었다. LG그룹은 반발했다. 정부는 LG그룹에 대한 전 금융사의 신규 대출을 중단시키는 강경 조치를 했고 결국 LG 반도체 사업 부문은 현대그룹 현대전자에 넘어갔다.

하이닉스의 운명은 여기서 곡절을 거치게 된다. 현대그룹으로 넘어간 현대전자는 그룹 내의 왕자의 난(형제간의 재산 싸움)과 계열분리, 반도체 치킨 게임 사항으로 결국 채권단의 관리하에 들어갔고 워크아웃에 돌입했다. 그사이에 사명이 하이닉스로 변경되었다.

하이닉스는 10년간의 숙성 기간을 끝내고 2011년 새 주인을 찾는 상황이 되었고 M&A 시장에 나왔다. 대어였다. 재계는 술렁였다. 하이닉스의 기업 생성 과정을 보면 인수 유력 후보는 LG, 현대였다. LG는 빅딜 정책에 따라 반강제적으로 반도체 부문을 넘긴 여한이 있고, LG그룹의 사업 연관성 면에서 반도체 사업을 다시 착수할 가능성이 충분히 있다고 재계는 내다봤다.

LG그룹은 하이닉스 인수설에 대해 2011년 7월 6일 공시를 통해 '인수의사 없음'이라는 그룹 공식 입장을 밝혔다. 현대그룹의 태도가 궁금했다. 현대그룹은 마침 정주영 창업 회장의 10주기를 맞는 때였다. 현대그룹은 재벌 계열 분리 정책 이후 흩어진 그룹의 기업들을 하나하나 회수해 구 현대그룹의 모습을 갖춰가는 과정에 있었다. 정몽구 현대자동차 그룹 회장이 현대건설을 되찾아 간 시기였다. 재계는 현대중공업(정몽준)이 하이닉스를 인수할 가능성을 높게 보았다. 현대중공업은 자체의 사업 성격으로 보아 반도체 사업이 연관성은 크지 않으나 현대전자가 워크아웃에 들기 직전의 소유주였고 자금 동원 능력도 있었던 것이다. 그러나 현대중공업은 끝내 아무런 논평이나 의사 표시도 없었다.

최태원 회장은 유력한 라이벌들이 경쟁권에서 멀어지는 것을 보면서 하이닉스에 대한 전략을 여러 번 수정하면서 전략을 짜나갔다. 하이닉스의 1차 입찰에서는 LG와 효성이 참여했지만 유찰되고 말았다. 두 회사는 대규모 투자에 대한 위험 부담에 주저하는 모습이었다. 최태원 회장은 이 과정을 지켜보았다. 반도체 진출 기회가 다가오고 있는 것을 예감할 수 있었지만 좀 더 신중한 자세로 관망했다. 현대중공업이 잠시 관심이 있는 것처럼 보였지만 그 정도 수준에서 그쳤으며 신흥 강자 STX가 등장했다. 인수전은 SK와 STX로 좁혀지는 양상이었다. 그러나 STX가 중도에 포기하면서 새로운 국면을 맞았다. 재계에서는 막대한 인수 자금에 그 어떤 기업도 하이닉스를 인수할 수 없을 것이란 풍문이 돌았다. 채권단도 애를 태우고 있었다. SK는 철저하게 침묵으로 일관했고 의혹이 증폭되기도 했다.

최태원 회장은 이런 분위기 속에 드디어 2011년 11월 10일 본 입찰에 전격적으로 단독 입찰에 참여했고 11월 11일 우선 협상자 지정에 이어 채권단-하이닉스-SK텔레콤 간 지분인수 계약이 체결되었다. 전광석화의 속력이었다. 최종현 선대 회장이 반도체 사업을 추진한 이후 31년 만에 숙원이 풀어지는 순간이기도 했다. 이듬해 2012년 2월 1일 하이닉스 구주 매수 가격 주당 2만 3,326원으로 최종 확정(인수가격 3조 4,267억)되고 2월 13일 임시주주총회를 거쳐 2월 14일 SK가 주식인수대금 납입을 완료함에 따라 비로소 하이닉스가 SK의 가족이 되었다. 이어 3월 26일에는 SK하이닉스가 공식 출범했다. 하이닉스는 이때 SK하이닉스로 사명을 변경했다. SK는 하이닉스 인수로 내수기반만으로 돈을 번다는 사회적 인식을 바꾸었다. SK는 에너지, 정보통신 등이 주력이었지만 SK하이닉스 인수로 해외시장에서 막대한 수익을 창출하게 된 것이다.

중국에 생산 기지 확보

2001년 하이닉스는 현대그룹으로부터 독립을 선언했다. 그러나 구조조정 과정에서 대부분을 매각하면서 남은 거라곤 D램 (Dynamic Flash) 메모리 반도체 사업뿐이었다. 성장 동력을 갖추기 위해서는 낸드플래시(Nandflash) 반도체가 필요했지만, 워크아웃 기업으로서 개발자금을 마련할 길이 없었다. 그래도 하이닉스는 포기하지 않고 적극적으로 파트너 물색에 나섰다.

2003년 4월 하이닉스는 세계 3위의 반도체 업체인 ST마이크로닉스와 낸드플래시 메모리에 대한 전략적 제휴를 맺었다. 스위스 제네바에 본부를 둔 ST마이크로닉스는 다양한 어플리케이션 분야에서 칩솔루션을 제공하고 있는 세계적인 기업으로 솔루션 기술 분야에서 독보적인 위치를 차지하고 있었다. 플래시메모리는 D램과는 달리 전원이 끊어져도 정보가 기억되는 비휘발성 메모리반도체로, 용도에 따라 크게 낸드형(데이터저장형)과 노어형(코드저장형)으로 분류된다. 특히 하이닉스가 개발하고자 하는 낸드플래시메모리는 이동통신 단말기, 디지털카메라, MP3플레이어 등 IT 제품의 대용량화, 고속화 추세로 시장이 급속하게 성장하고 있었다. 하이닉스는 기존 노어플래시 메모리(Nor Flash Memory) 기술을 기반으로 낸드 제품 개발에 진력한 결과 조기에 본격적인 양산 체제에 돌입할 수 있었다.

특히 낸드플래시 메모리 반도체 양산으로 하이닉스는 SD램, DDR SD램은 물론 슈도(Pseudo) S램, 모바일용 저전력 SD램 등 경쟁력 있는 메모리반도체 제품의 다양한 포트폴리오를 구축할 수 있었다. 또 이러한 사업구조를 통한 안정적인 매출 구조 확립은 수익성과 성장성을 더욱 개선시키는 요인이 되었다.

이후 하이닉스는 수요가 폭발적으로 증가하고 있는 낸드플래시 메모리 시장에서의 조기 정착을 위해 '플래시 사업 본부'에 신설 회사의 핵심역량을 더욱 집중시켜 나갔다.

낸드플래시 기술 확보에 이어 중국 장쑤성(江蘇省)의 우시(无锡) 공장 설립은 D램 도약의 기폭제였다. 하이닉스는 비메모리 반도체 사업 부문을 매각하고 메모리 반도체 전문회사로 새롭게 출발하면서 중국 진출을 모색했다. 중국 진출은 최소의 비용으로 300mm 웨이퍼(반도체의 재료가 되는 얇은 원단) 생산 시설을 확충하고 중국의 저렴한 비용 구조를 활용해 원가경쟁력을 강화하기 위한 전략의 일환이었다. 또 중국 시장에서 경쟁 우위를 유지하는 등 장기적인 성장 기반을 확충하고자 하는 의도도 있었다.

이런 전략으로 2004년 8월 하이닉스는 장쑤성 우시시와 중국 현지 공장 설립에 관한 본 계약을 체결했으며 그해 11월에는 ST마이크로닉스와도 우시 공장 설립을 위한 전략적 제휴를 체결했다. 전략적 제휴에 따라 하이닉스는 총 20억 달러가 투자되는 중국 현지 합작 공장에 ST마이크로닉스와 함께 10억 달러를 투자하기로 했으며 나머지 10억 달러는 중국 현지 금융기관으로부터 조달하기로 했다. 합작 공장의 지분은 하이닉스가 67%, ST마이크로닉스가 33%이며 합작법인 운영은 하이닉스가 맡기로 했다.

우시 공장은 2005년 4월부터 건설이 시작돼 2006년 10월 준공됐다. 총 면적 16만 평 규모의 단지 내에 200mm 웨이퍼 생산 라인과 300mm 에이퍼 생산 라인에 들어섰다. 200mm 생산 라인은 준공 이전인 4월부터 생산에 들어갔으며 300mm 라인은 7월부터 가동에 들어갔다. 특히 우시 공장 건설에서 하이닉스는 평균적으로 2년 남짓 소요되는 반도체 전(前) 공정 공장 건설을 1년 만에 완료하고 장비 이설에서 시험 생산 및 각종 인증을 획득했다. 이처럼 양산 체제 돌입에 이르기까지 모든 과정을 한 번의 시행착오도 없이 최단 시일 안에 완벽하게 끝마침으로써 하이닉스만의 저력을 내외에 과시했다.

이후 하이닉스는 우시 공장 운영으로 많은 성과를 달성했다. 반도체 시장에서 경쟁력 유지에 중요한 300mm 웨이퍼 생산 능력을 최소의 비용으로 확충함으로써 업계 최고 수준의 원가 및 생산 경쟁력을 확보했다. 또 반도체 시장이 가장 가파르게 성장하고 있는 중국 현지에 합작 공장을 설립함으로써 이미 선도적인 위치를 확보하고 있던 중국 반도체 시장에서의 입지를 더욱 공고히 다질 수 있었다.

우시 공장 준공의 의미와 성과에 대해 SK하이닉스 박성욱 사장은 "기술 유출에 대한 우려 때문에 어떤 기업도 중국에 반도체 공장을 세울 엄두를 내지 못했다. 그러나 우리는 과감하게 도전했다. 첫 도전에 대한 보상으로 우리는 중국 정부로부터 많은 혜택을 받았으며 더구나 주변의 우려와는 달리 기술 유출 문제없이 우시 공장은 하이닉스가 세계 D램 시장을 석권하는데 중요한 원동력이 되었다. 우시 공장은 글로벌 기업들에게 벤치마킹 대상이 되기도 했다. 이후 IT 공장들의 중국 설립이 러시를 이루었다."고 회고했다.

2005년부터 2007년까지 진행된 대만 프로모스와의 전략적 제휴도 성과가 많았다. 위탁 생산으로 가격 경쟁력을 확보함에 따라 많은 수익을 올렸다.

2005년 1월 하이닉스는 대만 프로모스와 300mm 파운드리(Foundry, 수탁반도체 제조사업) 수탁가공 생산을 위한 전략적 제휴를 맺었다. 전략적 제휴에 따라 하이닉스는 자사의 공정기술을 적용한 프로모스의 300mm 파운드리 서비스를 통해 추가 신규 투자

없이 300mm 웨이퍼 가공 제품에 대한 안정적인 생산 능력을 확보
할 수 있었으며 해외 생산 기지 확보로 통상 문제도 근본적으로 해
결할 수 있었다. 하이닉스는 시장 점유율 및 수익성 등을 향상시킬
수 있었으며 대외적으로도 우수한 기술력을 입증할 수 있었다.

최태원 회장의 하이닉스 대표이사 사원증

2012년 3월 26일 대망의 'SK하이닉스' 출범식이 있었다. 최태원
회장은 이날 SK하이닉스로부터 특별한 선물을 받았다. SK하이닉스
가 최태원 회장에게 '대표이사 사원증'을 보낸 것이다. 최 회장은 자
랑스러운 듯 이날 오후부터 하루종일 사원증을 목에 걸고 다녔다. 선
친이신 최종현 선대 회장이 선경 반도체를 설립했다가 사업을 중단
한 지 만 31년 만에 꿈의 반도체 사업에 진출한 만큼 사원증이 갖는
의미는 남다를 수밖에 없는 것이다.

최 회장은 이날 이례적으로 1박 2일간 이천 공장에 머물며 업무
보고를 받고 직원 230여 명과 호프데이를 가졌다. 호프데이 행사는
최태원 회장이 직접 제안해 이뤄졌다. 이천 공장 인근 호프집 4곳을
빌렸고 3시간을 예상하고 시작한 행사는 11시가 넘어서까지 화기애
애한 분위기 속에서 진행됐다.

SK하이닉스의 출범으로 성장의 새로운 전기를 맞이한 SK는 5만
명 선의 구성원 수가 단숨에 7만 명을 넘어섰고 70%에 미치지 못했
던 '수출 비중'도 70%를 훌쩍 넘어서면서 대한민국 대표 수출 기업
으로 올라섰다.

최태원 회장은 SK하이닉스 출범과 함께 강력한 리더십과 성장 전

략으로 SK하이닉스 중장기 경쟁력을 강화시켜 나가고 있다. "기술력이 뒷받침되지 않으면 글로벌 기업으로서의 성장에 한계가 있다. 움츠러들지 말고 한 발자국 더 내디뎌야 한다."고 격려했다. 최태원 회장의 이러한 강력한 의지에 따라 신설된 미래전략실을 주축으로 지속적인 성장 전략에 박차를 가하게 됐다.

먼저 SK하이닉스는 2012년 6월 IBM과의 차세대 반도체인 PC램 공동 개발 및 라이센스에 관한 계약 체결은 PC램 공장의 핵심인 상변화 물질 및 MLC 구현 기술에 관한 IBM의 탁월한 연구 성과와 SK하이닉스의 뛰어난 미세공정 기술력 및 제품 양산이 결합되어 PC램 시장의 주도권을 확보하는 기회가 될 것으로 기대를 모았다.

PC램은 결정 상태에 따른 저항 차이를 이용한 메모리 반도체로 전원이 공급되지 않는 상태에서도 직전의 저항상태를 기억할 수 있는 비휘발성 특성을 갖고 있다. 낸드플래시의 일반적인 읽기 및 쓰기 속도보다 100배 이상 빠르고 내구성은 1000배 이상 좋으며 D램과 같이 낮은 전압에서 동작이 가능하다. 또한, 구조가 단순해 생산 비용을 줄일 수 있으며 고용량의 제품 개발이 가능해 주력 제품인 D램, 낸드플래시와 함께 새로운 시장을 만들어갈 차세대 메모리 솔루션으로 평가받고 있다.

특히 IBM과의 협력을 통해 개발된 PC램은 엔터프라이즈 서버의 성능 향상 및 전력 소비 완화를 위한 SCM(Storage Class Memory) 제품으로 상용화돼 PC램의 새로운 응용 분야를 개척하게 될 전망이다.

SK하이닉스는 2012년 6월 이탈리아에 위치한 낸드플래시 개발업체 아이디어 플래시를 인수하고 '유럽기술센터'로 설립, 전환했다. 유럽기술센터 설립을 계기로 SK하이닉스는 이탈리아 기술 센터 연구진의 사업 개발 능력과 종전 SK하이닉스 R&D와의 시너지를 통해 유럽 시장을 공략할 수 있는 차세대 낸드플래시를 개발해 나가기로 했다.

SK하이닉스는 유럽기술센터 설립과 동시에 미국 컨트롤러 업체인 LAND도 인수했다. LAND는 2004년 미국 캘리포니아주 산타클라라에 설립된 회사로 스토리지 컨트롤러 분야에서 세계 최고 수준의 기술력을 가지고 있다. SK하이닉스는 LAND 인수를 계기로 고부가가치 낸드 솔루션 개발을 더욱 앞당기고 급변하는 시장 환경에 빠르게 대처해 나갈 수 있게 됐다.

57

상의(商議) (KCCI) 회장 최태원
(대한상공회의소)

최태원 회장은 2021년 3월 상의 회장에 취임했다. 대한상의는 국내 지방 상공회의소를 종합 조정하고 그 의견을 대표하고 국내외 경제 단체와 상호 협조하는 상공공익 법인이다. 회원은 총 19만 사에 달한다. 현재 전국 71개 주요 도시에 지방 상공회의소가 설립, 운용되고 있다. 대한상공회는 지방의 특정 시, 군에 설립된 지방회의소를 정회원으로 두고 있다. 상공회의소는 지역과 업종을 망라한 종합성을 갖춘 전국적 경제 단체이다.

우리나라는 상의 외에 전경련(전국경제인연합회), 무역협회, 중소기업중앙회, 경영자 총연합회 등 이른바 경제 5단체가 있지만, 지역과 업종을 제한하지 않고 종합성을 갖추고 있는 단체는 상공회의소가 유일하다.

우리나라의 상공회의소 역사는 100년을 넘는다. 역사적으로 상공회의소는 산업혁명을 전후해 유럽에서 폐쇄적인 중세 길드 조직에 대항해 자유, 개방을 목적으로 근대적 기업들에 의해 자생적으로 발달했다. 그 뒤 전 세계적으로 영미(英美)계의 임의 단체적 성격과 대륙계의 법정 단체적 성격의 두 갈래로 발달되어 왔다.

우리나라의 현 상공회의소 제도는 대륙계의 법정 단체의 갈래에 속한다. 국제적 조직으로는 국제상공회의소 ICC(International Chamber of Commerce)가 있으며, 세계 각국의 상공회의소가 가입되어 있는 국제협력기구이다. 산하에 국제 상업 분쟁을 해결하는 세계 최대의 중재기관인 국제 중재재판소(ICA)가 있다.

우리나라 상공회의소도 국제상공회의소에 가입해 있다. 1867년의 개항 이후 개항지를 중심으로 외국 상품과 서구식 산업 방식이 도입되고 이와 함께 주로 일본 상인들에 의해 상공회의소 제도가 도입되었다. 이에 대항하는 민족계 상인 조직이 생겨났으며 원산상의소(1882년), 한성상업회의소(1884년) 등이 속속 설립되었다. 그 뒤 1895년 상무회의소 규례가 제정되어 상공회의소 조직에 최초의 법적 근거가 마련되었고 활기를 띠기 시작했다. 갑오개혁에 따라 육의전 등 특권 상인층이 해체되고 근대적 회사가 출현하는 등 근대적 상공업 발전의 시대적 기운을 받아 상공인 계층이 생겨나고 조직도 활성화되었다.

그러나 1897년 대한제국 출범 후 친러파 내각이 출범하자 상무회의소 규례는 사라지고 보부상단 중심의 '상무사자정'이 제정되자 한성상무회의소가 사라졌다. 상공회의소 조직이 살아난 건 1905년 러일 전쟁에서 승리한 일본제국이 고문정치로 대한제국의 내정에 점차 간섭해가며 화폐 개혁을 실시해서 금융 공황 사태가 벌어졌고 이에 위기의식을 느낀 한성(서울)의 운종가 상인들이 '경성상업회의소'를 창설했다. 이를 전후해 각 도청 소재지와 개항상에 상업회의소, 상의소, 민의소, 객주회 등의 명칭 하에 17개소를 더 세웠다. 1910년 한일합병 후 1915년 조선총독부가 '조선상업회의소령'을 제정하여 경성상의 등 민족계 조직들을 일본인 상공회의소에 통합시켰고 1930년 '조선상업회의소령'으로 고쳐 기존 조직을 일본인 우위로 해서 민족계 상공인 조직들을 억압했다. 1944년에는 '조선상공경제회'로 바꿔 전시 동원에도 써먹었다.

1945년 8.15 광복 후 미 군정 체제하에 민족계 상공인들은 구 상공회의소 조직을 기반으로 임의단체 '조선상공회의소' 및 22개 지방 상공회의소를 재건했고 1948년 현재의 명칭으로 개칭했다. 1949년부터 이 조직의 법제화를 추구해 1952년 '상공회의소 법' 제정으로 결실을 보았다.

1974년부터 '상공의 날' 행사를 개최하고, 1984년 서울 남대문로 4가에 새 상공회의소 회관 건물을 세웠다. 1988년 EAN 가입 후 유통표준코드를 도입했고 1994년 한국산업안정공단의 8개 직업훈련을 인수해서 직업훈련 사업에도 영역을 넓혔다. 2005년에는 '지속가능경영원'을 세우고 기존 건물을 증축한 새 회관을 열었으며 2018년 SGI를 세웠다.

대한 상의는 각 지방 상공회의소들의 정책을 조정하는 단체이며 근거 법률은 상공회의소 법률이다. 다른 경제 단체와는 달리 직접적으로 정부 정책에 영향을 미칠 수 있는 기관이다. 국가 기술 자격 검정이나 기타 자격증 업무도 여기서 하는 것들이 있는 데다 금융위원회나 한국은행 금융통화위원회에 상임 위원을 추천할 수 있는 등의 권한이 있다. 대통령 해외 순방 등이 있을 때는 재계에서 기업인 단을 조직, 대통령을 수행하며 정상외교와 함께 통상 활동을 전개하게 되는데 이때 기업인 단을 조직하는 역할도 대한상공회의소에서 맡는다. 과거에는 전국경제인연합회에서 맡았으나 전경련이 최순실 게이트로 경제계 대표성을 상실한 이후 상공회의소 소관이 되었다.

2018년 기준으로 73개 지방 상공회의소가 있으며 지방 상공회의소는 법률상 당연히 대한상의 정회원이 된다. 특별시나 광역시는 지방 상공회의소 1개가 전부 통합해서 관리하나 단 서울의 경우 서울상공회의소 산하에 구(區) 단위의 하부 기관인 상공회가 있다. 중구상공회, 영등포구 상공회 등이 그것이다. 도(道)의 경우는 좀 달라서 도 상공회의소가 있다가 각 기초 단체별로 쪼개지기도 했다. 경기도는 이 쪼개지기 현상이 심하다. 경기도는 경기북부(의정부시 + 남양주시 + 동두천시 + 연천구), 경기동부(구리시 + 남양주시 + 가평군) 상공회의소가 있으며 이외에 각 기초 단체별로 상공회의소가 있다. 지방 상공회의소 경우와 유사하게 상공업과 관련된 업무를 하는 영리법인 및 단체의 중앙회 또는 이에 준하는 기관과 업종별 사업자 단체는 정관으로 정하는 바에 따라 대한상공회의소의 특별 회원이 될 수 있다.

경제 5단체 중 어느 곳이 대표성을 갖는 맏형 격의 역할을 하는가는 당시의 집권 세력의 선택에 따라 변천해 오고 있다. 경제 성장 제일주의와 거대한 자본 투자가 필요한 개발 연대 때는 전경련이 대표성을 가지고 있었다. 그러나 윤석열 정부가 출범하고 최순실 스캔들로 전경련의 위상이 흔들리면서 상공회의소의 역할일 두드러지고 있으며 대표성이 강해지고 있다.

최태원 회장의 상공회의소 회장 취임은 여러 점에서 높은 관심을 불러일으키고 있다. 우선 재계 순위 2위의 대그룹 총수가 상공회의소 회장이 된 점이다. 역대 회장들은 상공 부문에서 두각을 나타낸 인물들이 대부분이었다. 둘째는 최태원 회장은 무사가 성세 난제의 수장을 맡게 된 점이다. 최 회장의 선친이신 최종현 회장은 전경련(전국경제인연합회) 회장을 3 연임한 기록을 가지고 있다. 우리는 이

책 앞장에서 최종현 선대 회장이 전경련 회장일 때 정부의 경제 정책, 특히 금리 정책에서 정부와 맞서 강한 비판적인 정책 대안을 제시하고 정부와 마찰을 빚었던 것을 기억하고 있다. 흔히 전경련 회장을 '재계 총리'라고 말하고 있다. 최태원 회장은 상공회의소 수장이 되면서 '상공 총리'로 불릴 수 있는 위치에 있게 됐다. 미·중 경제 패권, 에너지 파동 등 세계 경제 환경 변화와 국내 경제 구조와 환경의 변환의 시기에 최태원 회장이 어떤 비전과 좌표를 보여줄지 국민의 기대가 큰 것이다.

【역대 상공회의소 회장】

- 이중재(李重宰) 1954
- 이세현 (1954~1960)
- 송대순(1961/1961~1967)
- 전용순(1961)
- 전택보(1961)
- 박두병(1967~1973) - 임기 중 사망
- 김성곤(1973~1975) - 임기 중 사망
- 태완선(1976~1979)
- 김영선(1979~1980)
- 정수창(1980~1988)
- 김상하(1988~2000)
- 박용성(2000~2005) - 박두병의 아들
- 손경식(2005~2013)
- 박용만(2013~2021) - 박두병의 아들
- 최태원(2021~)

58

에필로그(epilogue)

최태원 회장은 2004년 SK그룹 3대 회장으로 취임 이후 20년이 지난 현재 매우 바쁜 그룹 총수가 되었다.

미·중 반도체산업 패권 전쟁이 격화되고 반도체가 국가 경제 안보의 핵심 가치가 되면서 세계 3위 반도체 업체인 SK하이닉스를 효과적으로 운영해가는데 24시간 골몰할 수밖에 없다. 이와 더불어 경제 주요 단체 중 주도적 역할을 하는 상의(商議, 대한상공회의소) 회장직을 수행하는데도 시간을 내야 한다. 최근에는 2030 부산 엑스포 유치 위원장(한덕수 국무총리와 공동)을 맡아 세계를 누벼야 하는 막중한 역할을 수행하고 있다. 부산 2030 엑스포는 대한민국이 세계 5위권의 경제 대국으로 올라가는 데 꼭 필요한 행사다.

필자는 최태원 회장에게 이 책의 완성도를 높이기 위해 대면 인터뷰를 요청했으나 위와 같은 최 회장의 스케줄 때문에 서면 인터뷰로 대체하게 되었다.

필자는 총 9개 항의 질문을 드렸으나 질문 중 2개는 답변이 생략되고 하나의 새로운 답변이 추가되어 필자에게 되돌아왔다. 최태원 회장의 답변에서 우리는 향후 SK그룹이 21세기에 어떤 방향으로 진화해 간다는 것을 예측할 수 있게 되었다.

다음은 필자의 질문과 최태원 회장의 답변을 원문대로 실은 것이다.

문 최 회장님은 2004년 그룹 회장님으로 취임하실 때 SK 새로운 경영 철학으로 '행복극대화'를 선언하셨습니다. 창업 70주년을 맞아 또 다른 경영 이념이나 미래 비전을 준비하신 것이 있으시면 말씀해 주십시오.

답 대내외 환경 등을 고려하여 창립 70주년 행사는 내부적으로 최종건 창업회장님과 최종현 선대회장님을 추모하면서 차분하게 두 분의 유지를 기리는 시간을 갖고자 합니다. 어려운 시기마다 빛을 발휘해 오늘날 SK 성장을 견인해 온 것은 두 분이 남기신 전화위복의 DNA라고 생각합니다. (SK는 폴리에스터 필름 개발 과정에서 삼성그룹 제일합섬과의 기술개발 보호 문제, 유공(대한석유공사, 현 SK이노베이션) 인수, SK텔레콤 사업자 선정, 하이닉스반도체 인수 등 수많은 위기를 성공으로 이끌었다)

이러한 SK만의 유산의 의미를 구성원 및 이해관계자들과 함께 나누고, 새로운 70년 도약을 다짐하는 계기로 삼을 계획입니다.

문 선대회장님(최종현 회장)이 품으신 대학 개설의 꿈을 염두에 두고 계신지요.

답 현재로서는 대학 설립을 검토하고 있지 않습니다. (최 회장의 답변 중 '현재로서'라는 단서가 눈길을 끈다. 필자는 이 질문을 드릴 때 삼성그룹과 현대그룹이 성장 과정에서 국가의 인적 자산을 기르기 위해 각가

대학을 인수하거나 개설했고 대형의료법인(병원)을 설립해온 것을 염두에 두었다. 어떻든 최태원 회장의 '현재로서'는 매우 희망적이다.)

선대회장님은 대한민국의 미래는 인재 양성에 있다는 소신을 가지고 한국고등교육재단 및 대학을 지원해오셨고, 이러한 선대의 유지를 받들어 글로벌 인재 육성을 위한 지원은 계속 확대 중입니다.

한편 인재 육성의 한 일환으로 그룹의 교육, 연구 플랫폼인 'SK University(mySUNI)를 2020년에 오픈하여 양질의 커리큘럼을 운영 중이며, 향후 이해관계자와 일반인에게 개방하여 '공유학습 플랫폼'으로 발전시킬 계획입니다.

문 SK그룹은 50년 전 국내 최초로 생명공학에 진출하였습니다. 그 분야 특성 대학이나 초대형 첨단 의료기관 개설 계획은 있으십니까.

답 1980년에 생명과학 사업에 진출한 이래 최초 합성 신약 개발부터 최근 코로나 백신 국산화 등 의미있는 성과를 이뤄낸 바 있습니다. 바이오 산업은 장기간의 투자와 실패에도 '꺾이지 않는 마음'이 있어야 성과를 낼 수 있다고 생각합니다.

SK는 대학이나 의료기관 설립보다는 적극적 R&D 투자 및 스타트업을 포함한 다양한 기업과의 협력 생태계를 통해 바이오산업 경쟁력 강화에 기여할 계획입니다.

문 '최종현 숲'의 활용 방안이나 개발 계획은 있으십니까.

답 선대회장께서 지속적인 상학 사업을 위해 SK임업 등을 통해 일찍이 조림 사업에 힘쓰신 것이 현재 넷 제로(Net Zero) 등 SK그룹 ESG 경영의 모태가 되었다고 생각합니다. (넷 제로란 지구 기후에 변화를 초래하는 온실가스 배출과 흡수가 균형에 이른 상태.)

SK임업은 숲이 흡수한 온실가스를 측정하여 탄소 배출권을 인정받는 사업과 탄소배출권 거래 플랫폼 구축, 해외 조림산업 등 새로운 영역으로 비즈니스 모델을 혁신 중에 있으며, SK그룹 차원에서도 넷 제로(Net Zero) 이행은 선택이 아닌 당위의 문제로 이행하고 있습니다.

최근 인등산에 넷 제로(Net Zero) 경영 의지를 담은 디지털 전시관을 개관했으며 앞으로도 '최종현 숲'의 정신을 기리며 ESG 경영관을 추진할 계획입니다. (ESG란 기업의 비재무적 요소인 환경(Environment), 사회(Social), 지배구조(Governance)를 뜻하는 것으로 ESG 경영이란 장기적인 관점에서 친환경 및 사회적 책임경영과 투명경영을 통해 지속가능한 발전을 추구하는 것.)

문 시대 변화에 따른 대한상의 개혁 방안을 고려하시는지요.

답 대한상의(KCCI)는 기업과 산업의 성장을 넘어 국가경제 발전이라는 총체적이고 거시적인 접근을 통해 국민경제 현안을 바라보고 해결을 위해 노력 중에 있습니다.

또한, 소통 플랫폼을 통해 이해관계자의 참여의 장(場)을 마련하고 여기에서 나온 의견을 바탕으로 신(新) 기업가 정신 등 새로운 길을 모색하고 있습니다. 아울러 ESG경영, 탄소중립 실천 등 경영환경 변화에 맞게 기업들이 대응해 나갈 수 있도록 지원해 나갈 계획입니다.

문 선대회장님이신 아버님께(최종현 회장) 배운 경영 상의 가르침이 있다면 말씀 부탁드립니다.

답 아버님께서 저에게 결정하는 방법을 직접 가르쳐 주시기보다는 다양한 질문을 던지고 토론을 통해 깨우치도록 하셨습니다. (최종현 회장은 생전 현역일 때도 격식을 떠나 사람들과 토론하는 것을 매우 즐겼다.) 경험이 많은 아버지께 좋은 답을 얻고 싶을 때도 "네 문제다. 네가 고민해서 네 실력으로 해결하라, 그걸 왜 나에게 묻느냐."고 매번 단호한 가르침을 주셨습니다. 이렇게 스스로 질문하고 답을 찾아 생각하는 힘과 지식을 단련시키신 아버지의 교육관이 세월이 흐를수록 깊이 새겨집니다.

또한, 아버지는 결국 경영진(사람)과 시스템이 중요하고 이 두 가지가 있어야 장기적이고 합리적 경영이 가능하다고 항상 강조하셨는데 그룹경영을 하면서 그 뜻을 알아가게 되었습니다.

문 그룹 내에서 회장님의 바람직한 역할은 무엇이라고 생각하시는지요.

답 CEO들에게 아젠다를 제시하고 스스로 답을 찾도록 조언하는 'CEO 코칭' 역할이라고 생각합니다. 매년 그룹의 'Deep Change(근본적 변화)'를 위해서 비즈니스 모델 혁신, 파이낸셜 스토리, ESG경영 등을 제시하고 각 사의 CEO가 최적의 방향성을 디자인할 수 있도록 돕고 있습니다.

특히 최근에는 회사가 나아길 방향에 대해 이해관계자로부터 공감과 신뢰를 확보하여 기업가치를 제고해 나가는 파이낸셜 스토리(Financial Story)를 강조하고 있습니다.

문 최근 글로벌 경기 침체 및 지정학적 위기 심화와 관련 전망과 해법이 있다면 말씀 부탁드립니다.

답 세계화 시대가 저물고 글로벌 시장이 분리되는 등 과거에는 경험해보지 못한 리스크가 중첩되어 변화의 파고가 큰 상황입니다. 현재 위기 상황에서는 '예측'보다는 '대응'을 잘해야 한다고 생각합니다. 시나리오 플래닝을 통해 준비 태세를 잘 갖추고 경기 변동 등과 상관없이 '예정된 미래'라고 할 수 있는 것에 대한 철저한 대비가 중요할 것입니다.

또한, 싸고 좋은 제품을 효율적으로 팔던 시절의 이야기는 끝난 만큼 환경 변화에 맞추어 기업도 관계(Relationship)를 확장하고 이해관계자와의 신뢰를 강화해야 할 것입니다.